中国外交

China's Foreign Affairs

2019年版

中华人民共和国外交部
政策规划司/主编

世界知识出版社

图书在版编目(CIP)数据

中国外交：2019年版 / 中华人民共和国外交部政策规划司主编.
—北京：世界知识出版社，2019.4
ISBN 978-7-5012-5976-2

Ⅰ.①中… Ⅱ.①中… Ⅲ.①外交—概况—中国—2019
Ⅳ.①D82

中国版本图书馆CIP数据核字（2019）第048520号

中国外交 / 2019年版

Zhongguo Waijiao / 2019 Nian Ban

责任编辑 / 王晓娟 侯奕萌
责任出版 / 王勇刚
责任校对 / 陈可望

出版发行 / 世界知识出版社
地址邮编 / 北京市东城区干面胡同51号（100010）
网　　址 / www.ishizhi.cn
电　　话 / 010-65265923（发行） 010-85119023（邮购）
经　　销 / 新华书店
印　　刷 / 河北新华第一印刷有限责任公司
开本印张 / 720×1020毫米 1/16 29¼印张 516千字
版次印次 / 2019年5月第一版 2019年5月第一次印刷
标准书号 / ISBN 978-7-5012-5976-2
定　　价 / 98.00元

《中国外交》(2019年版)指导委员会

《中国外交》(2019年版)编辑委员会

政策规划司编辑小组 / 李中州　马文静　张以楠　王　琦

国务委员兼外交部长序

2018年是世界形势经历重大变化调整的一年。国际力量对比加速演变，单边主义不断蔓延，国际体系受到冲击，大国竞争日趋激烈，传统热点挥之不去，非传统难题接踵而来。习近平总书记站在人类历史演进的高度，把握时代风云，作出了重要论断：“放眼世界，我们面对的是百年未有之大变局。”

2018年也是中国外交取得非凡成就的一年。中央外事工作会议胜利召开，确立习近平外交思想的指导地位，为进入新时代的中国外交提供了根本遵循和行动指南。在习近平外交思想指引下，我们冷静应对国际形势复杂深刻演变，妥善应对新困难、新挑战，坚定维护国家利益，深入拓展友好合作，积极展现大国担当，推动中国外交取得了一系列重要成果。博鳌亚洲论坛年会、上海合作组织峰会、中非合作论坛和中国国际进口博览会成功举行。共建“一带一路”的国际合作踏上新征程。中国同主要大国关系保持总体稳定，同周边国家关系全面改善发展，南南合作又迈上新的台阶。中国坚定捍卫多边主义和国际规则，支持全球治理体系朝着更加公正合理的方向改革完善，推动各国携手建设人类命运共同体。中国分别与多米尼加、萨尔瓦多、布基纳法索三国建交或复交，国际社会坚持一个中国的格局更加稳固。

2019年是中华人民共和国成立70周年，也是新中国外交70周年。我们将进一步深入学习领会习近平外交思想，全面梳理总结70年来中国外交的光辉历程和宝贵经验，既传承弘扬对外工作的优良传统，又奋力开创新时代中国特色大国外交的新局面。

2019年版《中国外交》白皮书深入分析过去一年国际形势演变的发展动向，全面总结中国外交的丰硕成果，为读者了解中国外交提供了系统、权威参考。谨以此书向关心和支持中国外交事业的朋友们致以诚挚谢意，期待与您共同谱写新时代中国特色大国外交的崭新篇章。

中华人民共和国

国务委员兼外交部长

王毅

2019年3月

目 录

第一章 2018年的国际形势

第二章　2018年的中国外交

第三章　中国与各建交国家的关系

第四章　中国与国际和地区组织的关系

第五章 中国外交中的国际安全、军控与防扩散工作

第六章 中国外交中的条约法律工作

第七章　中国外交中的边界与海洋工作

第八章　中国外交中的新闻和公共外交工作

第九章　中国外交中的领事工作

附录一

附录二

附录三

第一章

2018年的国际形势

（一）概述

2018年，国际形势变乱交织，充满不确定性。单边主义和保护主义蔓延，大国合作与竞争博弈同步上升，传统和非传统安全问题挥之不去，复杂和不稳定因素明显上升。

1. 大国关系加速调整

美国加大对俄罗斯经济制裁和军事施压，单方面挑起对华经贸摩擦，同欧洲在防务、经贸、伊朗核等问题上分歧加大。俄罗斯努力保持国家复兴发展势头，同美国等西方国家关系龃龉不断。欧盟积极维护多边主义，推进全球自贸战略。英国脱欧进程一波三折。金砖国家等新兴大国合作势头加强。

2. 全球治理困难增大

美国推行单边主义和保护主义，宣布将退出《中导条约》等现有国际机制，冲击国际秩序规则稳定。民粹主义上升，“逆全球化”蔓延，以及一些国家国内问题发酵，给全球治理带来复杂因素。国际宏观政策协调和合作意愿明显减弱。新一轮科技和产业革命给传统治理模式带来新的挑战。新兴市场和发展中国家在多边舞台上更加活跃，推动全球治理体系朝着更加公正合理的方向发展。

3. 地区热点深刻演变

朝鲜半岛核问题重回对话解决轨道，朝韩推进和解合作，美朝领导人实现历史性会晤，但半岛局势仍有不确定性。美国退出伊朗核问题全面协议，全面恢复对伊朗单边制裁，启动自叙利亚撤军，将美驻以色列使馆迁往耶路撒冷，中东热点动荡升温。乌克兰问题重趋紧张。

4. 世界经济稳中有忧

世界经济复苏势头较前减弱。贸易保护主义扰乱全球产业链、价值链稳定，削弱世界经济增长动力。美国加息、减税、推动产业回流等政策外溢效应凸显，引发部分新兴市场国家经济金融动荡。一些国家高债务、高泡沫等结构性问题进一步凸显。

（二）全球各地区形势

1. 亚洲地区形势

2018年，亚洲地区总体和平稳定，经济保持增长势头，全球影响继续上升，求和平、谋稳定、促发展是地区形势主流。同时，大国竞争博弈加剧，地区秩序酝酿深刻调整，本地区亦面临各种困难挑战。

亚洲各国政局相对平稳，热点问题实现阶段性缓和。朝鲜半岛出现重大积极变化，各方积极互动，半岛问题重回无核化与政治解决轨道。南海局势总体稳定。

亚洲经济稳中有进，中长期发展前景看好。共建“一带一路”扎实推进，战略对接、经济走廊、基础设施、产能和第三方市场合作取得积极进展。区域合作保持势头，经济融合进一步加深。在逆全球化和贸易保护主义抬头背景下，各国推进区域一体化的紧迫感增强，“区域全面经济伙伴关系”谈判取得实质进展，《全面和进步跨太平洋伙伴关系协定》生效，东盟共同体建设深入推进。

同时，亚洲形势中的不稳定、不确定因素依然突出。大国地缘博弈加剧，域外势力加大介入地区事务。经贸摩擦对地区贸易和产业链的影响逐步显现。一些国家发展环境更加复杂，政局波动增多。朝鲜半岛、缅北、若开邦、阿富汗问题结构性矛盾犹存。极端势力加紧向亚洲地区渗透。维护亚洲和平、稳定与繁荣任重道远，需要各方共同努力。

2. 西亚北非地区形势

2018年，西亚北非地区局部动荡仍在持续，地区矛盾复杂演变。同时地区也呈现积极动向，一些国家更加重视改革，积极谋求发展。

地缘格局复杂调整。美国中东政策调整加快落地，对地区局势产生重要影响。俄罗斯对地区保持投入，维护主动地位。欧洲在伊朗问题上同美分歧加大，筹建“特殊目的机制”（SPV），在巴以问题上亦同美拉开一定距离。伊朗积极开展“反制裁外交”。土耳其同美发生龃龉。以色列同部分阿拉伯国家关系改善进一步公开化。

热点问题持续发展。伊朗核问题全面协议因美国退约遭受重大打击，但在其他各方努力下仍勉力维持。叙利亚战场形势总体趋缓，政府军收复大量失地，伊德利卜省停火局面基本得到维持。美酝酿出台中东和平新计划，中止资助联合国近东巴勒斯坦难民救济和工程处（UNRWA），并关闭巴勒斯坦解放组织驻美办事处，巴勒斯坦处境艰难。南苏丹全面和平协议签署，也门交战双方就局部停火达成一致，但两国内部和解仍面临严峻挑战。利比亚问题政治解决进程重启，但各方依然分歧重重。

地区国家在自主发展上迈出新步伐。地区民众普遍期待安定，人心求稳、思和、盼发展。地区国家在应对乱局的同时加快探索符合自身国情的发展道路，一些国家结构改革初见成效，经济社会状况总体企稳。另一方面，制约地区经济发展的结构性问题依然突出，一些国家经济社会发展未见明显起色。

3. 撒哈拉以南非洲地区形势

2018年，撒哈拉以南非洲地区总体继续保持和平、稳定、发展局面。

政局总体保持和平稳定，但局部形势时有波动。2018年，撒哈拉以南非洲地区津巴布韦、塞拉利昂、马里、喀麦隆等国举行总统或议会选举，总体实现政权平稳交接。肯尼亚总统同反对派达成和解，埃塞俄比亚改善同厄立特里亚关系，非洲之角局势发生重大变化。索马里、马里等热点问题仍有起伏，“博科圣地”“沙巴布”等恐怖组织不时发动恐怖袭击，几内亚湾海盗袭击事件多发。

经济增长继续回暖，多元多速发展势头加强。据国际货币基金组织等预估，2018年撒哈拉以南非洲经济增长2.9%，与上一年度持平。埃塞俄比亚、肯尼亚、加纳、塞内加尔、科特迪瓦等国可实现5%以上的中高速增长。刚果（布）、加蓬、乍得等产油国经济未走出低谷，南非经济增长低迷。刚果（布）、喀麦隆、津巴布韦、莫桑比克等国债务水平有所上升，部分国家爆出债务危机。

联合自强取得重要进展，一体化进程稳步推进。非洲国家在气候变化、2030年可持续发展议程等重大问题上坚持共同发声，致力于提升非洲整体地位和影响。非洲大陆自由贸易区（CFTA）和全非单一航空运输市场（SAATM）建设稳步推进，东部非洲共同体（EAC）、中部非洲国家经济共同体（ECCAS）等次区域组织在解决布隆迪、刚果（金）等热点问题上发挥了重要作用。

主要大国对非洲投入增多，加大发展对非关系。美国发布“新非洲战略”，美国时任国务卿雷克斯·蒂勒森、商务部长威尔伯·罗斯、第一夫人梅拉尼娅·特朗普、非洲事务助理国务卿蒂波·纳吉先后访问非洲。欧盟与非盟在奥地利首都维也纳举行“欧非高级别论坛”。法国总统埃马纽埃尔·马克龙赴毛里塔尼亚出席第31届非洲联盟首脑会议，并访问尼日利亚。英国在伦敦举行第25届英联邦政府首脑会议（CHOGM），19个非洲成员国参加。德国举办对非投资领导人峰会，日本在东京举行东京非洲发展国际会议（TICAD）部长级会议，印度尼西亚在巴厘岛举行首届印尼—非洲论坛，韩国政府同非洲开发银行在釜山共同举办非洲开发银行年会和第五届韩国—非洲经济合作部长级会议，印度总理纳伦德拉·莫迪访问卢旺达、乌干达并赴南非出席金砖国家领导人第十次会晤。

4. 欧亚地区形势

2018年，欧亚地区形势总体保持稳定。

普京高票连任俄罗斯总统，开启第四任期后推出延迟退休、增税等系列改革，在社会上引发一定争议，但俄政局总体稳定可控。俄经济步入低速增长轨道，继续保持企稳向好势头。俄同美国等西方国家关系持续恶化。俄与北约相互强化军事威慑。俄东向外交频频发力，继续巩固同中国、印度等国关系，强化对日本、东盟外交力度，谋求在朝鲜半岛等热点问题上发挥积极作用。稳步运筹叙利亚危机，在叙和解进程中发挥主导作用。

欧亚地区各国政局基本维持稳定但表现存在差异。吉尔吉斯斯坦新老总统矛盾公开化。亚美尼亚反对党推动议会提前举行选举获取政权。乌克兰、格鲁吉亚、摩尔多瓦国内各派围绕总统和议会选举激烈角逐。土库曼

斯坦议会选举、阿塞拜疆总统提前选举平稳举行。

地区各国经济保持企稳增长势头。得益于全球经济复苏、国际油气价格回稳以及国别经济改革和宏观调控措施的推进，各国经济不同程度增长，但经济内生动力仍然不足。欧亚经济联盟一体化程度进一步提高，吸收摩尔多瓦为观察员国，加速与多国自贸区谈判。

俄与西方国家围绕乌克兰问题继续激烈角逐，乌危机政治解决进展不大。乌出台“再一体化”法案、推动宗教独立、乌东部民间武装领导人遇刺、俄乌在刻赤海峡发生军事摩擦等事件，导致局势一度升温，但各方均力避局势失控。“纳卡”等地区热点总体可控。

5. 欧洲地区形势

2018年，欧洲政治形势总体稳定，经济保持增长态势，一体化进程小步前进，外部挑战有所增多。

政治稳中有变，不确定性增多。英国脱欧一波三折。法国总统马克龙积极推行国内改革，但因政府加征燃油税引发的“黄马甲”运动仍在持续。德国“大联合政府”执政三党在地方选举中接连失利，总理默克尔宣布不再寻求担任党主席，拟留任总理至届满。欧洲政党版图有所变化，意大利建立联合政府，奥地利自由党参与执政，德国选择党、法国国民联盟等政党支持率攀升。各政党开始为2019年欧洲议会选举预作准备。

经济保持增长态势，但增长动能有所减弱，下行压力增大。2018年欧盟经济增速为1.9%，欧洲主要经济指标处于近年高位，主要国家赤字率、债务率等呈下行趋势，失业率降至金融危机前水平，欧元区通胀率达到欧洲央行政策目标。欧盟出台“欧亚互联互通战略”，提振基础设施投资。完成与加拿大、日本、新加坡和越南等国的自由贸易协定谈判，加速推进与澳大利亚、新西兰、南方共同市场等国家和地区自由贸易谈判。同时，欧洲经济增长动能不足，并面临英国脱欧、意大利债务、贸易摩擦、国际金融市场波动等重大内部和外部风险。在欧洲央行逐渐退出量化宽松政策背景下，欧洲经济下行风险进一步加大。

对外关系挑战有所增多。欧美贸易谈判进展不顺，美国退出伊朗核协议，威胁退出《中导条约》，对欧洲钢铝产品征税、威胁对汽车产品征税，欧美在北约军费、贸易问题、气候变化、多边主义、中东政策等方面存在分歧。欧盟再次延长对俄罗斯制裁。乌克兰、叙利亚等周边安全形势持续动荡。举办欧盟—非洲高级别论坛，打造欧非新型平等伙伴关系，提升欧盟在非洲影响。面对国际形势变化，法国总统马克龙主张根据不同议题打造“新同盟”，德国外长倡议建立“多边主义联盟”。欧盟委员会主席容克在2018年盟情咨文中提出“欧洲主权”概念，强调加强对内团结和对外自主，呼吁提升欧元国际地位和欧盟外交决策能力。

欧洲一体化进程取得一定进展，但分歧犹存。欧盟正式批准启动“永久结构性合作”（PESCO）两批合作项目，设立欧洲国防工业发展计划，欧洲有关国家签署“欧洲干预倡议”，欧洲防务一体化建设步伐加快。法、德领导人主张建立“欧洲军队”。欧盟—西巴尔干峰会时隔15年再度召开，重申明确支持西巴地区的欧洲前景，认可地区各方坚定奉行欧洲价值观和有关基本原则。同时，欧盟重大改革议程进展艰难，匈牙利、波兰等就难移民问题、国内司法改革等同欧盟存在分歧，欧盟对匈牙利“破坏民主制度”展开调查，意大利和欧盟围绕意预算问题产生分歧。

6. 北美大洋洲地区形势

2018年，北美大洋洲地区形势深刻复杂演变，总体保持稳定。

美国总统特朗普围绕赢得中期选举和寻求连任，推进施政议程。放松金融监管，推动国会通过“经济增长、放松监管和消费者保护法案”。酝酿出台大规模基建投资、第二阶段税改计划。推进强硬移民政策，打击非法移民。多管齐下应对芬太尼等阿片类药物滥用危机。美国会两党未能就临时拨款法案达成一致，导致联邦政府三度“关门”。2018年中期选举中，民主党夺回众院，共和党扩大在参院优势。

美国经济持续增长。2018年美经济增速2.9%。就业市场持续向好，失业率处于历史低位。通胀前景有所改善，美核心通胀率接近美联储设定的2%目标。在美经济和就业增长背景下，美联储继续推进货币政策正常化进程，于2018年3月、6月、9月、12月分别宣布加息25个基点。目前美联邦基金利率目标维持在2.25%～2.50%区间。但另一方面，美经济风险因素增多。第四季度美股市震荡下行，长、短期国债收益率出现倒挂现象。

美国继续推进“印太战略”。8月，美国国务卿蓬佩奥在“印太商业论坛”提出“美国印太经济愿景”，宣布出资1.135亿美元支持地区新技术、能源、基础设施等领域发展。11月，美国副总统彭斯出席亚太经合组织领导人非正式会议期间宣布出资4亿美元建设“印太透明倡议”。12月，特朗普总统签署《2018年亚洲再保证倡议法》，宣布未来五年每年拨款15亿美元推进美在亚太地区的政策。特朗普总统于6月赴新加坡出席美朝领导人会晤期间会见新加坡总理李显龙，年内接待澳大利亚总理特恩布尔、日本首相安倍晋三、韩国总统文在寅访美，并同东南亚国家领导人多次通电话。彭斯副总统、蓬佩奥国务卿、国防部长马蒂斯等美高官也多次访问亚太地区国家。美国继续巩固与地区盟友关系。6月，美国、日本、澳大利亚三国

防长以及美国、日本、韩国三国防长分别在新加坡“香格里拉对话会”期间举行三边会晤。8月，美国、日本、澳大利亚三国外长在东亚合作系列外长会期间举行三边会晤。11月，美国、日本、印度三国领导人在二十国集团领导人第13次峰会期间举行三边会晤。

美国同俄罗斯保持接触，同时增加对俄制裁。美总统特朗普祝贺俄总统普京再次当选。特朗普总统与普京总统在芬兰首都赫尔辛基举行首次正式会晤，美总统国家安全事务助理博尔顿访俄，举行首轮副外长级反恐磋商。另一方面，美以俄方违反《中导条约》为由宣布拟启动退约程序，以俄“干预美国大选”等为由制裁俄罗斯实体和个人，并起诉俄方人员。特朗普总统与普京总统再次会晤计划两度取消。

美国同欧洲既有合作，也有分歧。美总统特朗普两次访欧，出席北约布鲁塞尔峰会并对英国进行工作访问，应邀赴法国巴黎出席一战结束100周年纪念活动。美国务卿蓬佩奥出席北约外长会，美防长马蒂斯出席北约防长会，美军参联会主席邓福德出席北约军事委员会会议。美欧在欧盟委员会主席容克访美时达成“三零”和解，并就叙利亚、乌克兰、军控和不扩散等问题保持协调。同时美欧在自由贸易、伊朗核等方面分歧明显。

美朝关系缓和，双方启动和谈进程。美总统特朗普同朝领导人金正恩在新加坡举行历史性会晤并签署联合声明，就建立新的美朝关系、构建持久稳定的朝鲜半岛和平机制、致力于实现朝鲜半岛全面无核化、搜寻并返还美军战俘或作战失踪人员遗骸等达成四点共识。美朝领导人并计划举行第二次会晤。美国务卿蓬佩奥多次访朝，同朝方举行高级别会谈。美韩主动降低“鹞鹰”和“关键决断”联合军演的规模，取消“乙支自由卫士”联合军演。同时，美强调不会放松对朝制裁，要求各国严格执行联合国安理会涉朝决议。美财政部多次宣布对涉朝实体和个人实施制裁。

美国发展与南亚国家关系。与印度举行首次外长、防长“2+2”会晤，双方同意深化美印战略伙伴关系。与阿富汗塔利班举行多轮磋商，寻求政治解决阿问题，并酝酿自阿撤军。美国务卿蓬佩奥和参联会主席邓福德短暂访问巴基斯坦，敦促巴加大反恐力度。

美国调整对中东政策。美国务卿蓬佩奥等美高官多次访问以色列、沙特阿拉伯等国。以叙利亚发生化武袭击事件为由，联合英、法对叙军事设施再次发动空袭；宣布美在叙打击“伊斯兰国”取得胜利，责成美国防部制订自叙撤军计划。美退出伊朗核问题全面协议并加大对伊制裁力度。将美驻以色列大使馆迁往耶路撒冷，关闭巴勒斯坦解放组织驻美办事处，并停止向联合国近东巴勒斯坦难民救济和工程处提供资金，酝酿推出“中东和平新计划”。

美国对拉美地区关注上升。特朗普政府加大对古巴制裁，并以美驻古巴大使馆人员因不明原因健康受损为由，撤回部分驻古巴使馆人员。拒绝承认委内瑞拉大选结果，加大对委制裁和外交施压。特朗普总统赴阿根廷出席二十国集团领导人第13次峰会，同阿根廷总统马克里举行会晤。彭斯副总统赴秘鲁参加第八届美洲峰会。美与墨西哥共同举办第二届中美洲繁荣与安全会议。美国务院发布《美国对中美洲和墨西哥南部战略》。美国、墨西哥、加拿大达成《美墨加协定》(USMCA)。

美国重视发展同非洲国家关系。特朗普政府发布美对非洲新战略。特朗普总统赴瑞士出席达沃斯世界经济论坛年会期间会见非盟轮值主席，接待访美的尼日利亚、埃塞俄比亚、肯尼亚三国领导人。时任国务卿蒂勒森访问埃及、乍得、吉布提、埃塞俄比亚、肯尼亚、尼日利亚和非盟总部。商务部长罗斯访问埃塞俄比亚、肯尼亚、科特迪瓦、加纳。贸易代表莱特希泽主持召开第17届美国—撒哈拉以南非洲贸易和经济合作论坛。美举行第六届美国—非盟高级别对话。

美国推进多边外交，同时继续“退群”。特朗普总统赴瑞士出席达沃斯世界经济论坛年会，推动“公平互惠”贸易和招商引资。美国要求改革世界贸易组织。特朗普总统出席二十国集团领导人峰会，强调“自由、公平和互惠”贸易。美国退出联合国人权理事会，启动退出万国邮政联盟程序。

2018年，加拿大总理贾斯廷·特鲁多领导的自由党政府施政总体顺利，推动多项大选承诺取得进展。继续推进性别平等、女性赋权等议程。实现娱乐用大麻合法化。减免低收入群体税收，提高“儿童福利金”额度，维护原住民权益。7月，特鲁多总理小幅改组内阁，调整部分内阁成员职务，并新增5名内阁部长。加经济保持增长但增速有所放缓，2018年加国内生产总值增长1.8%。签署《全面与进步跨太平洋伙伴关系协定》(CPTPP)，并经加议会审议通过。历经14个月谈判，达成《美墨加协定》。作为轮值主席国主办七国集团会议。关注朝鲜半岛核、缅甸若开邦、委内瑞拉以及世界贸易组织改革等热点问题，先后主办朝鲜半岛安全与稳定外长会、世界贸易组织改革部长级会议。

2018年，澳大利亚自由党—国家党联盟政府因内部原因发生更迭，施政受到反对党工党和其他党派掣肘。8月，时任国库部长斯科特·莫里森在执政党自由党内部选举中取代马尔科姆·特恩布尔当选党领袖，并出任总理。在7月和10月澳大利亚联邦众议院补选中，自由党—国家党联盟失利并失去众议院微弱优势地位，依靠独立议员支持维持执政地位。莫里森政府施政总体延续前一届政府政策，推动联邦议会通过法案削减个人所得税并改革商务和服务税。2018财年经济增长2.9%，实现连续第27年增长，失

业率降至5%。对外政策方面，继续巩固同美国同盟关系，加强同日本、印度、印度尼西亚以及太平洋岛国关系。重视多边外交、经济外交，积极参与联合国、二十国集团、亚太经合组织、东亚峰会等多边机制。维护多边自由贸易体系，推进区域贸易和投资自由化便利化，批准《全面与进步跨太平洋伙伴关系协定》，积极参与《区域全面经济伙伴关系协定》(RCEP)谈判。关注朝核、反恐、中东、防扩散等问题。

2018年，新西兰工党联合政府执政总体平稳，宏观经济形势良好，实施稳健财政政策，注重改善民生、促进创新和绿色可持续发展。经济保持增长，全年国内生产总值增长2.8%。工党政府推动议会通过《海外投资法修正案》，收紧外资和移民政策。继续巩固同澳大利亚、美国关系，出台“重启南太”政策，加大对太平洋岛国援助。支持自由贸易，批准《全面与进步跨太平洋伙伴关系协定》，积极参与《区域全面经济伙伴关系协定》谈判。关注朝核、气候变化等问题。

2018年，太平洋岛国地区形势总体稳定，各国努力谋求自身发展和联合自强，对外拓展合作。政局基本平稳。斐济、库克群岛举行大选，斐济总理乔萨亚·沃伦盖·姆拜尼马拉马和库克群岛总理亨利·普那分别连任。巴布亚新几内亚、萨摩亚、密克罗尼西亚联邦、纽埃政府顺利推进各自国内议程。瓦努阿图总理夏洛特·萨尔维通过议会不信任案投票。岛国经济温和增长，但整体发展水平仍然较低，严重依赖外援，且易受自然灾害冲击。巴布亚新几内亚成功主办亚太经合组织第26次领导人非正式会议。岛国积极推进区域合作，以斐济担任《联合国气候变化框架公约》第23次缔约方大会主席国为契机，在气候变化、可持续发展等问题上发出集体声音。第49届太平洋岛国论坛领导人会议通过《博伊宣言》，强调岛国“太平洋身份”，呼吁采取集体行动应对传统和非传统安全挑战。

7. 拉丁美洲和加勒比地区形势

2018年，拉美和加勒比总体保持稳定，但外部风险和“大选年”因素叠加，困难挑战增多，形势加速变化。

政治形势稳中酝变。巴西、墨西哥等8国举行大选，古巴举行首次代际权力交替，过程总体平稳，选后形势稳定。委内瑞拉提前举行的总统选举备受争议，局势复杂敏感。厄瓜多尔、秘鲁等国政争激烈，但未突破体制框架。传统政党衰落，更多民众选择新兴力量代表其利益诉求。巴西极右翼候选人博索纳罗胜选上台，民粹主义呈崛起之势，地区政局呈极化、碎片化形态。

经济发展进中有忧。得益于大宗商品价格回升和自身改革调整举措见效，2018年拉美经济增长1.2%，2019年有望增长1.9%，多数拉美国家就业、消费、通胀等宏观经济指标较好。但同时，拉美经济过度依赖原材料出口和外国投资，产业结构单一，债务负担较重，易受国际形势变化影响。阿根廷经济金融形势波动难平，委内瑞拉经济持续衰退，引发各方关注和担忧。

外部环境宽中有紧。拉美国家积极开展多元务实外交，融入世界步伐加快。阿根廷成功举办二十国集团领导人峰会，巴西、智利积极筹办2019年金砖国家领导人会晤和亚太经合组织领导人非正式会议。各国普遍希望保持同美国传统联系，墨西哥同美国、加拿大达成新的贸易协定，美国副总统彭斯、国务卿蓬佩奥等接连访拉。但美国总统特朗普采取收紧移民政策、修筑美墨边境墙等强硬做法，在促进拉美发展方面措施很少，令拉方比较失望。

一体化进程曲折前行。拉美国家在委内瑞拉问题上立场分化，区内团结受损，拉美和加勒比国家共同体进入“反思期”，南美国家联盟、美洲玻利瓦尔联盟出现“退群”苗头，地区政治一体化进程放缓，但面对逆全球化和保护主义回潮，各国抱团取暖意识上升，太平洋联盟、南方共同市场、加勒比共同体等次地区组织积极推进经济一体化进程，南共市同欧盟、加拿大等开展自贸谈判，加快融入亚太经济圈。

（三）专题评述

1. 世界经济复苏进程复杂曲折

2018年是国际金融危机爆发10周年，也是世界经济强弱转换、方向调整的关键之年。年初，占世界经济总量75%的经济体实现正增长，全球主要经济体罕见地实现同步增长，世界经济保持良好复苏态势。但随着保护主义、单边主义剧烈抬头，结构性问题持续发酵，政策性风险累积叠加释放等共同作用，世界经济增速有所放缓，增长分化有所加剧，不稳定、不确定性显著增多，下行风险和挑战增大。世界经济在动能、治理和发展等各个层面均面临结构性重塑，复苏进程依然复杂曲折。国际货币基金组织等国际机构年内多次下调对2018年世界经济增长预期，降至3.7%。

主要发达经济体分化明显。美国经济总体向好，持续保持较高增速。

2018年失业率一度降至3.7%，为49年来最低水平，但受减税等财政刺激作用下降、中美经贸摩擦升温等影响，美国经济隐忧频现，衰退风险上升，2018年美国股市创十年来最差表现。

欧日经济呈现放缓态势。受美国贸易保护主义加剧、欧美汽车关税摩擦升温、英国脱欧谈判前景不明等因素影响，欧洲主要经济体经济增速有所下滑。日本经济运行波动增大。尽管日本央行维持超宽松货币政策，但达成2%的通胀率目标依然困难重重，日本经济发展仍面临严峻的内外挑战。

新兴市场和发展中国家经济表现不一。受美国等主要发达经济体货币政策收紧影响，2018年以来，土耳其、印度尼西亚、阿根廷、巴西、俄罗斯、南非等新兴经济体频繁出现金融市场动荡，导致股市重挫，通胀上行，货币大幅贬值，还债压力上升，资本流出压力增大。中国经济韧性较强，增长相对稳定，运行总体平稳。印度经济持续强劲增长，成为增长最快的经济体之一。

主要发达经济体货币政策出现分化。美国继续推进货币政策正常化进程，2018年美联储共加息4次。截至年底，美国联邦基金利率升至2.25%～2.5%的水平。2018年12月，欧洲央行正式宣布结束债券购买计划，终止实施近四年的量化宽松政策，但表示低利率仍将维持较长时期。日本继续维持宽松货币政策，日本央行表示将在相当长一段时期内继续保持当前的极低利率水平，直至实现通胀目标。

全球贸易增速放缓。世界贸易组织测算2018年全球货物贸易量增速下降至3.0%，2019年预测值为2.6%。2018年全球贸易面临的最突出问题是单边主义和保护主义蔓延，威胁自由贸易和多边贸易体制，全球主要经济体之间贸易摩擦升级对全球贸易造成严重损害。同时，国际贸易增速放缓已成为世界经济增长面临的重要风险之一。

大宗商品价格波动明显。进入2018年，国际原油价格保持小幅攀升态势，但随着世界经济增速放缓、中美贸易摩擦升温和美国宣布对伊朗制裁“豁免名单”等因素不断发酵，油价从高点开始下跌。2018年年底美国西得克萨斯轻质原油（WTI）和北海布伦特原油价格均呈现10年以来最大月度跌幅，且创下34年来最长连跌纪录。国际金属价格在经历了上半年持续上涨之后，在下半年急速下跌。农产品价格下半年出现明显分化，关税转移效应明显。

全球债务水平持续高企。据国际金融协会2018年12月发布的《全球债务监测》报告统计，全球债务总额达到创纪录的250万亿美元，是20年前的3倍，占全球GDP总量比重达294%。发达经济体财政刺激措施导致公共债务急剧增加。发展中国家高额美元债务使其对利率变化敏感程度升高，风险加大。2018年美元走强引发部分新兴经济体货币对美元大幅贬值。全球债务总水平持续攀升，威胁全球经济稳定和复苏态势。

区域经济一体化发展取得进展。美国退出《跨太平洋伙伴关系协定》（TPP）后，其余11个成员在原有规则基础上达成《全面与进步跨太平洋伙伴关系协定》（CPTPP），并于2018年12月30日正式生效。日本与欧盟达成经济伙伴关系协定（EPA），贸易总量约占全球37%，GDP约占全球28%，成为截至目前全球最大的自由贸易协定。

2. 朝鲜半岛核问题

2018年，朝鲜半岛形势出现重大积极变化，由对立紧张走向对话缓和，半岛无核化进程重新启动，半岛问题政治解决进程面临重要机遇。

年初以来，朝鲜和韩国以平昌冬奥会为契机积极开展互动，韩国和美国推迟“关键决心”联合军演，朝韩最高领导人特使实现互访。3月9日，韩总统特使、国家安保室长郑义溶公布访问朝、美有关情况，称金正恩委员长明确表达无核化意愿，希望同特朗普总统尽快见面，与美对话期间不进行核导试验，对韩美例行军演表示理解；特朗普总统同意于5月底前同金正恩委员长见面。4月20日，朝鲜劳动党召开七届三中全会，宣布完成“经济建设与核武力建设并进路线”，停止核试验和洲际弹道火箭发射，废弃北部核试验场，实行全力发展经济的新战略路线。此后，朝方采取废弃丰溪里核试验场、拆除东仓里导弹基地部分设施等无核化措施，送还部分美军遗骸、释放扣押的美国人。6月12日，金正恩委员长和特朗普总统在新加坡举行首次朝美领导人会晤并签署《朝美联合声明》，双方就建立新型朝美关系、实现半岛完全无核化、建立半岛和平机制等达成共识。6月19日，韩美宣布暂停“乙支自由卫士”联合军演。为筹备朝美领导人会晤和落实会晤共识，美国国务卿蓬佩奥四次访朝，双方商定于2019年初举行第二次领导人会晤。朝韩领导人三次会晤，发表《板门店宣言》和《平壤共同宣言》。朝方重申无核化意愿，表示将在有关国家专家见证下，永久废弃东仓里导弹发动机试验场及发射架，并视美方相应举措，继续采取永久废弃宁边核设施等追加措施。

作为半岛近邻和半岛问题重要当事方，中方一贯坚持实现半岛无核化，坚持维护半岛和平稳定，坚持通过对话协商解决问题。为此，中方提出“双暂停”倡议和“双轨并进”思路，积极致力于劝和促谈，加大与各方沟通，推动半岛问题政治解决进程。2018年3月25～28日、5月7～8日、6月

19～20日，朝鲜领导人金正恩三次访华，国家主席习近平同其就半岛问题深入交换意见，表示中方支持朝方坚持半岛无核化，鼓励朝美通过对话协商解决问题，支持朝韩不断改善关系，推进和解合作。习近平主席通过会见、通话等方式与特朗普总统就半岛问题保持沟通，鼓励和支持美朝双方相向而行，照顾彼此合理关切，并行推进半岛无核化和建立半岛和平机制。此外，中方还通过中共中央政治局委员、中央外事工作委员会办公室主任杨洁篪访美，国务委员兼外交部长王毅访问朝、美，接待蓬佩奥国务卿、朝鲜外相李勇浩访华等契机，及时就半岛问题做朝美工作，促推朝美对话。同时，中方在领导人、外长、六方会谈团长等层面，同韩国、俄罗斯、日本等方就半岛问题保持经常性沟通。

中国作为联合国安理会常任理事国，推动安理会为政治解决半岛问题发挥建设性作用。3月和6月，中国同俄罗斯一道，两次在安理会提出关于朝鲜半岛局势的主席新闻谈话草案，核心内容是肯定半岛局势积极变化，支持朝韩关系缓和，欢迎美朝、朝韩对话接触，同时强调坚持实现半岛无核化及维护半岛和平稳定目标，重申支持朝核问题六方会谈等。中俄主席新闻谈话草案符合形势发展，内容公正客观，得到安理会绝大多数成员的支持。由于美国存在关切，安理会未能就发表上述主席新闻谈话草案达成一致。

与此同时，中方在安理会等不同场合积极发声，推动安理会为巩固半岛问题积极势头、助力政治解决进程发挥建设性作用。9月27日，王毅国务委员兼外长在安理会朝鲜半岛核问题部长级公开会上指出，半岛问题的本质是安全问题。实现半岛和平稳定的关键是妥善、平衡地解决好各方合理安全关切。各方要共同努力建设一个彻底无核的半岛，实现半岛无核化的最有效方式就是与建立半岛和平机制并行推进，相互支撑，相互激励，一并解决。王毅国务委员兼外长强调，随着半岛无核化进程的推进，各方可以在不违反安理会决议的基础上，逐步在有条件的领域开展有利于改善民生的务实合作。执行制裁是安理会决议的要求，推动政治解决同样也是安理会决议的要求，二者不可偏废，不可相互替代，不可只选其一。安理会的决议列有可逆条款，规定可以根据朝鲜遵守决议的情况对制裁措施进行调整，中方认为安理会有必要考虑适时启动可逆条款，从而鼓励朝鲜以及有关各方朝着无核化的方向迈出更大的步伐。

俄罗斯外交部长拉夫罗夫在王毅国务委员兼外长发言后随即发言呼应中方观点，表示安理会各项相关决议都包含了采取措施实现朝鲜半岛局势的政治和外交解决的规定，不应忽略；任何谈判都是双向的，朝鲜采取步骤逐步核裁军，安理会应同时减少制裁。

9月28日，王毅国务委员兼外长在第73届联合国大会一般性辩论上表示，中国支持半岛北南双方全面改善关系，支持朝美两国推进对话进程。中方鼓励朝方沿着无核化的正确方向继续前行，同时认为美方也应及时作出积极回应，与朝方真正相向而行。中方将继续承担相应的国际责任和义务，严格执行安理会各项涉朝决议，同时也呼吁安理会根据形势发展变化及时采取行动，为通过政治外交手段和平解决半岛问题创造更有利条件。

在执行安理会涉朝决议方面，中方在认真履行自身国际义务的同时，主张安理会有关决议应反映半岛形势积极变化，根据无核化进展适时探讨启动有关可逆条款。

中方将继续与各方保持密切沟通，积极劝和促谈，推动半岛问题政治解决进程取得新进展。

3. 伊朗核问题全面协议执行

2018年伊朗核问题形势快速演变。美国5月8日退出伊朗核问题全面协议，并于8月6日、11月5日分批恢复根据全面协议暂停的对伊朗单边制裁。同时，美国宣布以对伊朗“极限施压”为核心的新战略，向伊朗提出12项要求，主要包括严格限制核计划、停止弹道导弹活动、不再干预地区事务及支持恐怖主义等，并希望通过谈判一项新“国际条约”全面解决涉伊问题。中国、俄罗斯、英国、法国、德国、欧盟与伊朗继续执行全面协议，于7月6日、9月24日举行两次伊朗核问题外长会并发表联合声明，发出维护全面协议、反对单边制裁的明确信号，并制定维持与伊朗经贸合作政策目标。全面协议联合委员会及下设工作组等机制保持运转，英国接任美国担任伊朗阿拉克重水堆改造工作组双组长。国际原子能机构总干事迄已提交13份报告，确认伊朗履行全面协议核领域义务。

中国作为联合国安理会常任理事国和全面协议参与方之一，在伊朗核问题上一贯采取客观、公正和负责任立场，并在新形势下继续深入参与全面协议执行进程。7月6日，国务委员兼外交部长王毅在维也纳出席伊朗核问题外长会，旗帜鲜明地提出中方主张，强调国际规则应当遵守，全面协议应当维护，中东稳定应当维护，单边制裁应当摒弃，对话协商应当坚持。9月24日，在纽约出席联合国大会期间，王毅国务委员兼外长再次出席伊朗核问题外长会，强调各方的外交努力不仅是在维护一份多边协议，也是在维护联合国和安理会权威，维护国际核不扩散体系及中东和平稳定，维护多边主义和国际规则；只要是有利于维护全面协议的事情，中方都支持，

同时中方也会全力维护自身正当合法权益。中国建设性参与全面协议联委会及下设工作组等机制，特别是与英方一道牵头推进伊朗阿拉克重水堆改造进程。中国还再次向国际原子能机构对伊朗监督核查项目捐款150万元人民币。

第二章

2018年的中国外交

（一）概述

2018年，在以习近平同志为核心的党中央坚强领导下，在习近平外交思想的正确指引下，中国外交沉着应对国际形势复杂深刻变化，坚定维护国家利益，深入拓展友好合作，积极展现大国担当，取得一系列新成果。

1. 主场外交彰显新气象

博鳌亚洲论坛年会彰显改革开放主旋律，宣示新时代深化改革、扩大开放的重大举措，展现中国与世界同行、共创美好未来的开放姿态和大国担当。上海合作组织青岛峰会彰显弘扬“上海精神”主旋律，在规模、级别和成果上刷新纪录，发出构建人类命运共同体的时代强音。中非合作论坛北京峰会彰显团结协作主旋律，中非双方宣布构建更加紧密的命运共同体，推出以“八大行动”为核心的上百项合作举措，传递中非携手并进的强烈信号。首届中国国际进口博览会彰显合作共赢主旋律，吸引172个国家、地区和国际组织参会，3600多

家境外企业参展，成交额近600亿美元，表明中国主动向世界开放市场、让各方分享发展机遇的诚意。

2. “一带一路”开启新征程

党中央召开推进“一带一路”建设工作5周年座谈会，总结合作成果与成功经验，为共建“一带一路”指明前进方向。60多个国家和国际组织同中国新签“一带一路”合作文件，签署文件总数达到近170个。“一带一路”精神写入联合国、中非合作论坛、上海合作组织、亚欧会议等重要国际和地区机制成果文件。中巴经济走廊、中老铁路、中泰铁路、匈塞铁路、雅万高铁等项目稳步推进。“一带一路”国际商事争端解决机制启动建立。

3. 大国关系取得新进展

面对美方挑起贸易摩擦等消极动向，中方既坚定维护自身正当权益，又着力稳住中美关系大局。习近平主席同特朗普总统在二十国集团领导人阿根廷峰会期间举行会晤，同意共同推进以协调、合作、稳定为基调的中美关系，为推动中美关系健康发展作出规划、指明方向。中俄全面战略协作伙伴关系保持高水平运行，两国元首4次会晤并实现互访，擘画两国关系发展新蓝图。中俄内生合作动力不断增强，国际战略协作持续深化，为世界注入更多稳定性。中欧以建立全面战略伙伴关系15周年为契机全面加强合作，在共同支持多边主义和自由贸易、携手应对全球性挑战等方面达成广泛共识、发出积极声音。

4. 周边外交实现新突破

中印领导人首次非正式会晤成功举行，引领中印关系实现健康稳定发展。中日展开一系列高层往来，推动中日关系重回正常轨道。中朝领导人年内三度会晤，传统友好焕发新活力，中韩合作呈现新气象，中日韩三边合作重现积极势头。习近平主席访问文莱、菲律宾，李克强总理出席东亚合作领导人系列会议并访问新加坡，中国东盟关系提质升级，澜湄合作从培育期迈向成长期。“南海行为准则”磋商步入快车道，海上合作取得新进展，南海局势日趋稳定。中国同中亚国家关系进入新阶段。

5. 南南合作迈上新台阶

中拉、中阿、中非三大合作论坛相继举办，实现中国同发展中国家集体对话机制全覆盖。习近平主席成功出访中东、非洲、南太、拉美等发展中国家和地区，引领中国同有关国家和地区关系发展；出席金砖国家领导人约翰内斯堡会晤，共同规划金砖国家未来合作蓝图。

6. 全球治理体现新担当

继续深入参与和推动多边合作，积极借助二十国集团领导人峰会、亚太经合组织领导人非正式会议等平台，旗帜鲜明反对保护主义和单边主义，呼吁坚定维护以联合国宪章宗旨和原则为核心的国际秩序和国际体系，坚定维护以规则为基础的多边自由贸易体制，体现了中国作为负责任大国的有力担当，为充满不确定性的国际形势注入正能量。

7. 促进和平作出新贡献

中国鼓励朝鲜半岛南北双方抓住机遇改善关系，推动美朝两国相向而行启动解决问题进程，呼吁推进半岛无核化和建立半岛和平机制双轨并进，为推动朝鲜半岛局势出现重大转机发挥建设性作用。同伊朗核问题其他各方一道，发出维护伊朗核问题全面协议、反对单边制裁的明确信息。提出解决缅甸若开邦问题三阶段思路，推动缅孟就遣返工作达成原则共识。积极参与阿富汗、缅北、叙利亚、巴勒斯坦等问题解决进程。

8. 维护利益展现新作为

中国分别同多米尼加、萨尔瓦多、布基纳法索三国建交或复交，进一步巩固了一个中国格局。坚决反对外部势力干预港澳事务，扎实开展涉藏、涉疆外交，加强国际反恐和执法安全合作。积极构建海外中国平安体系，加强领事保护与协助立法工作，推进游客、留学生、海外企业员工等预防性领保。促进人员往来便利化，提升领事便民水平。为五省和河北雄安新区举办全球推介活动，支持地方开放发展。

（二）中国与各地区国家关系

1. 中国与亚洲地区国家关系

2018年，中国继续坚持与邻为善、以邻为伴，坚持睦邻、安邻、富邻，突出亲诚惠容理念，巩固与周边国家的睦邻友好与互利合作，不断深化周边伙伴关系，打造互利共赢、共同繁荣的亚洲命运共同体。

高层交往日益密切。国家主席习近平访问文莱、菲律宾。国务院总理

李克强访问柬埔寨、印度尼西亚、日本、新加坡。中国成功接待日本、老挝、柬埔寨、新加坡、马来西亚、尼泊尔等国领导人访华，菲律宾、新加坡、巴基斯坦、蒙古、印度、越南等国领导人来华出席博鳌亚洲论坛年会、上海合作组织青岛峰会、首届中国国际进口博览会等主场外交活动。中国领导人在出席二十国集团领导人第13次峰会、亚太经合组织第26次领导人非正式会议、东亚合作领导人系列会议、东方经济论坛等多边场合，同日本、印度、韩国、巴基斯坦、阿富汗、蒙古等周边国家领导人会晤，取得积极成果。

双边关系稳定发展。中方在百日内三次接待朝鲜国务委员会委员长金正恩访华，引领中朝关系掀开新篇章。中国与日本实现年内领导人互访，推动中日关系在重回正轨基础上持续改善发展。中国同印度举行首次领导人非正式会晤，两国领导人实现年内四次会晤，中印关系改善势头更加稳固。中国同马来西亚、柬埔寨、马尔代夫、巴基斯坦、尼泊尔等国大选后产生的新政府保持良好关系，实现双边关系平稳过渡。

经济外交有声有色。中国实现同东南亚10国签署“一带一路”合作谅解备忘录。签署共建中缅经济走廊、泰国东部经济走廊、中蒙产能与投资合作、中尼（泊尔）铁路项目及促进产能和投资合作等文件。中巴经济走廊、中老（挝）铁路、中泰（国）铁路、雅（加达）万（隆）高铁等重点项目稳步推进，中马（尔代夫）友谊大桥开通。中新签署“陆海新通道”政府间合作文件，中印尼搭建“区域综合经济走廊”合作机制，中缅签署皎漂经济特区深水港和仰光新城合作协议。中日、中新第三方市场合作成为新亮点。

推动热点问题降温趋缓。中方把握朝鲜半岛局势变化机遇，深入做各方工作，引导各方按照“双暂停”和“双轨并行”思路，推动半岛问题政治解决进程。推动形成“南海行为准则”磋商单一文本，提出争取未来3年完成“准则”磋商的目标。同菲律宾、文莱就推进海上共同开发取得阶段性成果，举行首次中国—东盟海上联合演习。深入做缅甸政府、军方和民地武工作，积极支持缅国内和平进程，维护中缅边境地区安宁稳定。积极斡旋若开邦问题，两次举行中缅（甸）孟（加拉国）三方非正式会晤，力促两国尽早完成第一批避乱民众遣返，妥处安理会涉缅决议。推动阿富汗和解对话，为阿和平进程发挥积极作用。

区域合作再上台阶。中国成功举办博鳌亚洲论坛2018年年会。中日韩领导人会议时隔两年半重启，为三国合作注入新动力。李克强总理访问东盟秘书处，实现中国主要领导人首次到访。推动发表《中国—东盟战略伙伴关系2030年愿景》，完善澜湄合作框架，升级中国—东盟东部增长区合作。继续积极参与东盟与中日韩（“10+3”）、东亚峰会（EAS）、东盟地区论坛（ARF）、亚洲合作对话（ACD）等机制下合作。引导区域自由贸易进程，加快推进中日韩自由贸易区、“区域全面经济伙伴关系”（RCEP）谈判进程。

民心相通不断深化。通过重要出、来访和主场外交活动，积极宣介习近平新时代中国特色社会主义思想，增进周边国家对中国发展道路和治理经验的理解。以中日和平友好条约缔结40周年、中朝关系改善发展、中柬建交60周年等为契机，同有关国家开展丰富多彩的人文交流活动。中方倡议设立中国—东盟媒体交流年、“10+3文化城市网络”，设立中国—东盟菁英奖学金，开展“未来之桥”中国—东盟青年领导人千人研修计划。做好印度香客赴西藏神山圣湖朝圣工作。在菲律宾风灾、印度尼西亚地震海啸等灾害中及时伸出援手，彰显同亚洲国家守望相助的友好感情。

2. 中国与西亚北非地区国家关系

2018年，中国继续积极稳妥推进对西亚北非地区外交工作，巩固和发展同地区国家的传统友好关系。

中国同地区国家高层交往密切，政治互信更加牢固。国家主席习近平对阿联酋进行国事访问，将中阿关系提升至全面战略伙伴关系。国家副主席王岐山访问以色列、埃及、阿联酋和巴勒斯坦。中共中央政治局委员、中央外事工作委员会办公室主任杨洁篪访问阿联酋、科威特。中共中央政治局委员、重庆市委书记陈敏尔访问埃及。全国人大常委会副委员长白玛赤林赴土耳其出席第三届欧亚国家议长会议。国务委员兼外交部长王毅在多双边场合分别会见土耳其、伊朗、叙利亚、海合会国家外长，拉紧了中国同有关国家的互信合作关系。全国政协副主席陈晓光访问约旦、黎巴嫩。最高人民检察院检察长张军访问土耳其。埃及总统塞西对中国进行国事访问并出席中非合作论坛北京峰会，苏丹总统巴希尔、南苏丹总统基尔、毛里塔尼亚总统阿齐兹、阿尔及利亚总理乌叶海亚、摩洛哥首相欧斯曼尼、突尼斯总理沙海德、利比亚外长希亚莱来华出席中非合作论坛北京峰会。伊朗总统鲁哈尼来华出席上海合作组织青岛峰会。科威特埃米尔萨巴赫对中国进行国事访问并出席中阿合作论坛第八届部长级会议开幕式。埃及总理马德布利出席首届中国国际进口博览会。21个阿拉伯国家部长级代表和阿盟秘书长来华出席中阿合作论坛第八届部长级会议。

推进“一带一路”建设，实现务实合作提质升级。2018年，中国与地区国家双边贸易额达3140亿美元，进口原油2.17亿吨。中国与阿联酋、阿

曼、阿尔及利亚、突尼斯、毛里塔尼亚、南苏丹、巴林、利比亚签署共建“一带一路”谅解备忘录，与阿盟签署《中阿合作共建“一带一路”行动宣言》。中以（色列）举行第四轮自贸区谈判。同巴勒斯坦签署启动自贸区谈判谅解备忘录。与以色列举行中以创新联合委员会第四次会议，签署中以创新合作2018—2021年行动计划。中阿（联酋）产能合作示范园正式开工建设。中国出口信用保险公司同伊拉克财政部签署《油贸收入担保增信融资保险合作框架协议》。中国石油企业获得阿布扎比海上石油区块下属两个油田各10%的特许经营权益，特许权为期40年。中远海运港口有限公司哈利法港二期集装箱码头项目顺利推进。

妥善应对地区热点。在巴以问题上，呼吁尽快重启和谈。中国政府中东问题特使宫小生访问中东地区多国及欧盟、英国和印度，赴南非出席金砖国家中东问题特使会议，赴巴林出席“麦纳麦对话会”。在叙利亚问题上，就劝和促谈平衡做叙政府和反对派工作。中国政府叙利亚问题特使解晓岩访问地区国家、美国、俄罗斯和欧盟，出席索契叙全国对话会、第二届“支持叙利亚和地区未来”布鲁塞尔国际会议等多边会议，加强同各方沟通协调。在南苏丹问题上，支持南和平进程。中国政府非洲事务特别代表许镜湖出席伊加特倡议召开的“重振南苏丹和平协议高级别论坛”会议。在利比亚问题上，积极支持国际社会斡旋努力。中国政府非洲事务特别代表许镜湖出席了在意大利西西里岛首府巴勒莫举行的利比亚问题国际会议，中方还派代表参加了在法国巴黎召开的利比亚问题国际会议。

发展丰富人文交流。土耳其旅游年在北京开幕。举行中阿改革发展论坛研讨会。中阿改革发展研究中心新举办三期研修班。举办第四届阿拉伯艺术节、第六届中阿能源合作大会、第二届中阿城市论坛等活动，举办“中阿翻译联合培养计划”第二、三期培训班。同阿联酋签署互设文化中心谅解备忘录。邀请第四批阿拉伯国家知名伊斯兰宗教人士代表团访华。

3. 中国与撒哈拉以南非洲地区国家关系

2018年中国与撒哈拉以南非洲地区国家关系全面发展，务实合作成果丰硕。

中非高层交往频繁。国家主席习近平，全国人大常委会委员长栗战书，全国政协主席汪洋，中共中央政治局委员、中央外事工作委员会办公室主任杨洁篪，国务院副总理胡春华，中共中央政治局委员、重庆市委书记陈敏尔，全国人大常委会副委员长张春贤、蔡达峰，国务委员兼外交部长王毅，全国政协副主席刘奇葆、苏辉、郑建邦等党和国家领导人访问撒哈拉以南非洲国家。2月，非盟委员会主席穆萨·法基·穆罕默德访华，与王毅外长（时任）共同主持第七次中国—非盟战略对话。3～4月，喀麦隆总统保罗·比亚、纳米比亚总统哈格·根哥布、津巴布韦总统埃默森·姆南加古瓦先后来华进行国事访问。5月，布基纳法索外交与合作部长阿尔法·巴里访华，中国与布基纳法索两国签署恢复外交关系联合公报。9月，撒哈拉以南非洲地区36位总统、7位总理、1位副总统以及非盟委员会主席来华出席中非合作论坛北京峰会，刚果（布）总统德尼·萨苏–恩格索、科特迪瓦总统阿拉萨内·德拉马内·瓦塔拉、塞拉利昂总统朱利叶斯·马达·比奥、加纳总统纳纳·阿库福–阿多、布基纳法索总统罗克·克里斯蒂安·卡博雷、南非总统马塔梅拉·西里尔·拉马福萨、博茨瓦纳总统莫克维奇·马西西、埃塞俄比亚总理阿比·艾哈迈德·阿里、莱索托首相莫措阿哈·托马斯·塔巴内结合参会对华进行国事访问或正式访问。10月，安哥拉总统若昂·洛伦索来华进行国事访问，11月，肯尼亚总统乌胡鲁·肯雅塔来华出席首届中国国际进口博览会。此外，该地区还有多位副总统、议长、外长等访华或来华出席国际会议。

2018年中非合作论坛北京峰会取得巨大成功，中国与非洲领导人共同举行了峰会开幕式、领导人圆桌会议、企业家大会、双边会谈会见等100多场活动，见证签署各类合作协议近150份。峰会通过了《关于构建更加紧密的中非命运共同体的北京宣言》和《中非合作论坛—北京行动计划（2019—2021年）》两份成果文件，推出了以实施“八大行动”为核心的上百项全面深化中非合作的新举措。中非合作论坛约翰内斯堡峰会成果落实顺利收官，承诺提供的600亿美元配套资金全部落实或作出安排。

中非全面合作有序推进。中非贸易额实现较快增长，中国连续10年成为非洲第一大贸易伙伴国。2018年，中非贸易额2041.9亿美元，同比增长20.1%。中国对非各类投资超过1100亿美元。2015～2018年，中方为非洲培训20万名各类职业技术人员，为非洲国家提供近4万个来华培训名额、3万多个政府奖学金名额、近2000个学历学位教育名额。中非智库论坛、中非联合研究交流计划、中非民间友好行动、中非新闻交流中心、中非青年互访计划等人文交流活动顺利开展。中国进一步加大对非洲和平与安全事务的参与力度，积极参与索马里、南苏丹等非洲热点问题斡旋与调解，继续参与联合国在非维和行动。

中非在重大国际和地区问题上保持密切沟通和协调。中非在涉及彼此核心利益和重大关切问题上继续相互理解和支持，并在联合国、金砖国家、二十国集团等框架下就全球治理改革、气候变化等问题加强协调与配合。中方继续在安理会等场合为非洲仗义执言，支持非洲自主解决非洲问题的努力，呼吁国际社会优先扩大非洲国家在国际事务中的代表性和发言权。

4. 中国与欧亚地区国家关系

2018年，中国与欧亚地区国家的政治互信、传统友好和务实合作不断深化。

中国同欧亚地区国家高层交往密切，政治互信进一步深化。国家主席习近平与俄罗斯总统普京年内4次会晤，对中俄关系进行战略引领和顶层设计。6月8～10日，普京总统出席上海合作组织青岛峰会并对华进行国事访问，双方发表《中华人民共和国和俄罗斯联邦联合声明》，习近平主席向普京总统授予中国首枚“友谊勋章”。7月26日，习近平主席与普京总统在金砖国家领导人第十次会晤期间举行会晤。9月11～12日，习近平主席赴俄罗斯出席第四届东方经济论坛。11月30日，中俄元首在二十国集团领导人第13次峰会期间举行会晤。10月11～14日，国务院总理李克强出席上海合作组织成员国政府首脑（总理）理事会第17次会议并对塔吉克斯坦进行正式访问，同塔吉克斯坦总统拉赫蒙、总理拉苏尔佐达举行会见、会谈，并同俄罗斯总理梅德韦杰夫、哈萨克斯坦总理萨金塔耶夫、乌兹别克斯坦总理阿里波夫、吉尔吉斯斯坦总理阿布尔加济耶夫、白俄罗斯总理鲁马斯分别举行双边会见。11月15日，李克强总理访问新加坡并出席东亚合作领导人系列会议期间会见普京总统。

欧亚地区多位领导人来华访问。6月6～10日，哈萨克斯坦总统纳扎尔巴耶夫、吉尔吉斯斯坦总统热恩别科夫对中国进行国事访问并出席上海合作组织成员国元首理事会第18次会议，同习近平主席、李克强总理、全国人大常委会委员长栗战书分别举行会谈、会见；乌兹别克斯坦总统米尔济约耶夫、塔吉克斯坦总统拉赫蒙、白俄罗斯总统卢卡申科出席上海合作组织成员国元首理事会第18次会议，同习近平主席分别举行会见。11月4～6日，格鲁吉亚总理巴赫塔泽来华出席首届中国国际进口博览会。11月5～7日，梅德韦杰夫总理出席首届中国国际进口博览会并举行中俄总理第23次定期会晤，习近平主席在上海同其举行会见，李克强总理、栗战书委员长分别在北京同其举行会谈、会见。

中国同欧亚地区国家务实合作取得丰硕成果。“一带一路”建设在欧亚地区得到广泛响应。普京总统多次就俄中在“一带一路”框架下开展工作积极表态。哈萨克斯坦隆重举行纪念“一带一路”倡议提出5周年中哈商务论坛，纳扎尔巴耶夫总统多次高度评价“一带一路”。阿塞拜疆在本国举办“一带一路”国际研讨会。中国与格鲁吉亚自贸协定正式生效。中国同欧亚地区国家务实合作持续推进。中国与俄罗斯签署核领域一揽子合作7项文件，原油管道复线建成投产，东线天然气管道、亚马尔液化天然气、联合研制远程宽体客机等战略性大项目顺利实施。中国与哈萨克斯坦举行产能与投资合作第15次对话会。中哈原油管道和中国—中亚天然气管道ABC三条管线稳定运行。中国与乌兹别克斯坦中小水电站合作、撒马尔罕旅游综合体、沙尔贡煤炭现代化改造、"新丝绸之路"天然气合作勘探开发等双边重点项目进展顺利。塔吉克斯坦中央直辖区500千伏输变电网络改造、政府和议会大楼，中国与吉尔吉斯斯坦产能合作首批重点合作项目开始积极落实。吉尔吉斯斯坦首都比什凯克市政路网改造、奥什市医院等项目顺利实施。中国与白俄罗斯工业园招商工作稳步前行，入园企业已达42家。中国同欧亚地区国家互联互通成果丰硕。中国—吉尔吉斯斯坦—乌兹别克斯坦公路实现常态化运营。中国与哈萨克斯坦霍尔果斯—努尔绕尔口岸开通。中国与塔吉克斯坦就修建中塔公路二期关键路段达成共识。中国与白俄罗斯签署关于互免持普通护照人员签证的协定并正式生效。中国同欧亚地区国家人文合作可圈可点。俄罗斯著名民族乐团应邀来华参加北京国际音乐节演出。中哈两国元首共同观看双方首部合拍电影《音乐家》片花。吉尔吉斯斯坦总统访华期间观看中国中央歌剧院排演的中文歌剧《玛纳斯》。中国与吉尔吉斯斯坦共同举办纪念著名作家艾特玛托夫诞辰活动。中国电视周、电影节分别在塔吉克斯坦和乌兹别克斯坦成功举办。白俄罗斯在华成功举行旅游年活动。乌克兰在华成功举行文化日活动。

5. 中国与欧洲地区国家关系

2018年，中国与欧洲地区国家关系总体稳中有进，各领域交流合作不断深入，取得丰富成果。

中欧高层交往频密，政治互信进一步深化。2018年，中国与欧洲国家副总理以上级别领导人双、多边互访90余起。

国家主席习近平对西班牙、葡萄牙进行国事访问。在出席二十国集团领导人第13次峰会期间会见法国总统埃马纽埃尔·马克龙和德国总理安格拉·默克尔。

国务院总理李克强对保加利亚进行正式访问并出席第七次中国—中东欧国家领导人会晤，赴德国主持第五轮中德政府磋商并对德国进行正式访问，访问荷兰、比利时并出席第12届亚欧首脑会议。

此外，国务院副总理孙春兰，国务院副总理胡春华，国务院副总理刘鹤，习近平主席特使、中共中央政治局委员、中央书记处书记、中央政法委书记郭声琨，中共中央政治局委员、北京市委书记蔡奇，中央书记处书记、中共中央统一战线工作部部长尤权等分别赴英国、爱尔兰、法国、德国、瑞士、葡萄牙、希腊、捷克、匈牙利、波兰、克罗地亚、罗马尼亚等欧洲国家访问、出席活动、举行双边机制性对话或参加国际会议。

多位欧洲地区政要访华。法国总统马克龙、荷兰国王威廉–亚历山

大，奥地利总统范德贝伦和总理塞巴斯蒂安·库尔茨，摩纳哥公国元首阿尔贝二世亲王，塞尔维亚总统阿莱克桑达尔·武契奇，爱沙尼亚总统柯斯迪·卡留莱德，拉脱维亚总统莱蒙德斯·韦约尼斯，挪威国王哈拉尔五世，捷克总统米洛什·泽曼，立陶宛总统达利娅·格里包斯凯特，德国总统弗兰克–瓦尔特·施泰因迈尔，欧洲理事会主席唐纳德·图斯克和欧盟委员会主席让–克洛德·容克，英国首相特雷莎·梅、荷兰首相马克·吕特，德国总理默克尔，法国总理爱德华·菲利普，匈牙利总理欧尔班·维克多，克罗地亚总理安德烈·普连科维奇，马耳他总理约瑟夫·穆斯卡特，卢森堡副首相兼经济大臣艾蒂安·施奈德，匈牙利副总理谢姆延，爱尔兰副总理兼外交贸易部长西蒙·科文尼，意大利副总理兼经济发展部长、劳动与社会政策部长路易吉·迪马约，比利时副首相兼就业、经济与外贸大臣克里斯·皮特斯，英国约克公爵安德鲁王子，英国威塞克斯伯爵爱德华王子，丹麦王储腓特烈，葡萄牙时任最高法院院长安东尼奥·席尔瓦·恩里克斯·加斯帕尔，瑞士联邦最高法院院长乌尔里希·迈尔，拉脱维亚宪法法院院长伊纳塔·兹迈勒等欧洲国家领导人来华访问或参会。

2018年中欧议会交流活跃。全国人大常委会副委员长曹建明，全国人大常委会副委员长、中华全国妇女联合会主席沈跃跃，全国人大常委会副委员长吉炳轩，全国人大常委会副委员长、欧美同学会会长陈竺，全国人大常委会副委员长白玛赤林，全国人大常委会副委员长郝明金，全国政协副主席杜青林，全国政协副主席、澳门特别行政区前任行政长官何厚铧，全国政协副主席张庆黎等分别访问法国、奥地利、冰岛、匈牙利、捷克、波兰、葡萄牙、拉脱维亚、保加利亚、克罗地亚、罗马尼亚、塞尔维亚、北马其顿。芬兰议长玛丽亚·洛赫拉率挪威、冰岛、爱沙尼亚、拉脱维亚、立陶宛等北欧和波罗的海国家议长集体访华，黑山议长布拉约维奇，希腊议长武齐斯，葡萄牙议长罗德里格斯，爱尔兰众议长肖恩·欧法雷尔，匈牙利国会副主席劳多尔曹伊，阿尔巴尼亚副议长瓦西利卡·希西，奥地利国民议会第二议长多丽丝·布雷斯，捷克众议院副主席、捷克摩拉维亚共产党主席沃伊捷赫·菲利普等分别访华。中欧议会定期交流机制第41次会议、中英议会定期交流机制第九次会议、中法议会（参议院）定期交流机制第八次会议、中法议会（国民议会）定期交流机制第九次会议成功举行。中国全国人大同塞浦路斯议会签署《中华人民共和国全国人民代表大会与塞浦路斯共和国议会合作谅解备忘录》。

2018年是中国与西班牙建交45周年，与北马其顿建交25周年，与丹麦王国建立全面战略伙伴关系10周年。双方领导人互致贺电或贺函，并举办丰富多彩的建交庆祝活动。

中欧各级对话与磋商取得积极成果。第九次中英战略对话、第四轮中德外交与安全战略对话、中瑞（士）首轮外长级战略对话、第八轮中欧高级别战略对话、第二次中德高级别安全对话、首次中法二轨高级别对话成功举行。国务委员兼外交部长王毅访问法国、德国、西班牙、葡萄牙、奥地利，并同荷兰、意大利、保加利亚、比利时、丹麦、希腊、挪威、匈牙利、冰岛、马耳他、捷克等国外长进行双边会晤或通话。中国外交部与匈牙利、捷克、斯洛伐克、波兰、荷兰、爱尔兰、芬兰、克罗地亚等国及欧盟举行各级别对口磋商。

中欧务实合作成果丰硕。第六次中法高级别经济财金对话、第七次中欧经贸高层对话、第六轮中瑞金融对话、第三届中国—中东欧国家经贸促进部长级会议、第三届中国—中东欧国家创新合作大会、中国—北欧经贸合作论坛、第九届中德经济技术合作论坛、中斯（洛文尼亚）冰雪运动发展高峰论坛成功举行，中意财长对话机制正式建立。中国分别与英国、法国、瑞士、冰岛、挪威、意大利、西班牙、斯洛伐克、克罗地亚、阿尔巴尼亚、波斯尼亚和黑塞哥维那、罗马尼亚、斯洛文尼亚等国举行经济联委会或经贸混委会会议。共建“一带一路”倡议成果丰硕，中国分别同希腊、马耳他、葡萄牙签署共同推进“一带一路”建设的谅解备忘录。中国远洋海运集团有限公司在希腊比雷埃夫斯港口项目2018年集装箱吞吐量达490万标准箱，同比增长18.4%。中欧陆海快线自希腊比雷埃夫斯港开往斯洛伐克布拉迪斯拉发的海铁联运班列实现常态化运营。中国路桥集团联合体签约承建克罗地亚佩列沙茨大桥项目，实现了中克大项目合作的历史性突破。匈塞铁路塞尔维亚境内贝尔格莱德至旧帕佐瓦段开工建设。四川路桥建设集团股份有限公司承建的挪威第二长桥——哈罗格兰德大桥正式通车。卢森堡政府批准中国南方电网集团公司收购卢森堡最大电网公司ENCEVO部分股份。中国吉利成为沃尔沃集团第一大股东。中国工商银行苏黎世分行开业。中国建设银行在卢森堡发行首支境外绿色债券。中国交通银行获捷克中央银行颁发的分行牌照。中法合作研制的首颗卫星——中法海洋星成功发射，中意联合研发的“张衡一号”电磁监测试验卫星成功发射。中冰（岛）北极科学考察站正式运行，成为继“黄河站”后中国在北极地区的第二个科考站。中国同瑞典启动科技合作联合研究项目，签署科学家交流合作协议。中欧班列各条线路运营良好，唐山至安特卫普，郑州至列日，成都至维也纳、布达佩斯，厦门自由贸易区至布达佩斯，合肥至赫尔辛基，江西省至瑞典达拉纳省等新线路开通。

中欧人文交流亮点纷呈。2018年是“中国—欧盟旅游年”，双方举办了一系列丰富多彩的活动。第三届中法文化论坛、第七届中德媒体对话、第

六届中国—中东欧国家教育政策对话、第四次16+1旅游合作高级别会议成功举行，第13届“中法文化交流之春”艺术节、第二届“中国—瑞士文化旅游节”、“一带一路”北欧之春国际和平文化节、“欢乐春节”系列文化活动等陆续开展。中国—中东欧国家文化合作协调中心在北马其顿成立。中西签署《中西政府2018至2021年文化、青年和体育合作执行计划》，中意签署《中意关于加强旅游合作的谅解备忘录》，中挪签署《挪威王国教育研究部与中华人民共和国教育部学历学位互认协议》。故宫博物院和希腊雅典卫城博物馆首次举办大型文物互展项目。全球首所友好城市孔子学院——武汉博伦厄友好城市孔子学院在瑞典博伦厄揭牌。汉语考试首次成为英国高考第三大外语科目，并首次进入荷兰中学教育体系。中摩（纳哥）达成互免持外交护照人员签证安排，《中华人民共和国政府与波斯尼亚和黑塞哥维那部长会议关于互免持普通护照人员签证的协定》正式生效。中国大熊猫“华豹”（芬兰名“Pyry”）和“金宝宝”（芬兰名“Lumi”）抵达芬兰艾赫泰里动物园（Ahtäri Zoo）。中欧友好城市关系得到巩固和发展。

中英新开通8条直航航线；深圳、香港至布鲁塞尔，南京至赫尔辛基，北京、成都、香港至哥本哈根直航航线开通；上海至列日货运直航航线正式通航。奥地利驻成都总领事馆正式开馆。

6. 中国与北美大洋洲地区国家关系

2018年，中国与美国保持高层及各级别交往。12月1日，国家主席习近平应邀同美国总统唐纳德·特朗普在阿根廷布宜诺斯艾利斯共进晚餐并举行会晤，就中美关系和共同关心的国际问题深入交换意见。两国元首5次通话、多次通信，保持着密切联系。两国在两军、执法、禁毒、人文、地方等领域的交流合作取得新进展，并就朝鲜半岛、伊朗核、中东、阿富汗等重大国际地区问题保持沟通。另一方面，美国在经贸、台湾、涉藏、涉疆、海上、两军、网络安全、人权宗教等问题上不断采取损害中国利益的错误言行。中方对此进行了坚决有力斗争，有效维护了中国主权、安全、发展利益。

2018年，中国与加拿大保持双边交往。11月，国务院总理李克强在新加坡出席东亚合作领导人系列会议期间，同加总理贾斯廷·特鲁多举行第三次中加总理年度对话。中国继续保持加第二大贸易伙伴地位，是加第三大旅游客源国和最大的留学生来源国。加方作为主宾国参加首届中国国际进口博览会。双方共同举办2018中加旅游年相关活动。双方在联合国安理会改革、应对气候变化、维和等重大国际地区问题上保持沟通与协调。同时，加方也采取了无理拘押中国公民等涉华错误言行，中方对此进行了严正交涉和坚决斗争。

2018年，中国与澳大利亚保持交流与合作。11月，国务院总理李克强在出席新加坡东亚合作领导人系列会议期间同澳总理斯科特·莫里森举行第六轮中澳总理年度会晤。中国继续保持澳大利亚第一大贸易伙伴、第一大进口来源地、第一大出口市场地位。中澳在人文、防务、地方等领域交流合作持续推进。同时，针对澳方一系列涉华错误言行，中方进行了严正交涉和坚决斗争。

2018年，中国与新西兰关系总体稳定发展。11月，李克强总理在出席东亚合作领导人系列会议期间会见新西兰总理杰辛达·阿德恩。中国继续保持新西兰第一大贸易伙伴、第一大海外留学生来源国地位。双方举行三轮中新自贸协定升级谈判。中新在人文、司法执法、防务、多边等领域合作取得进展。

2018年，中国同建交太平洋岛国关系开启历史新篇章。双方高层和各级别交往频繁。11月，国家主席习近平对巴布亚新几内亚进行国事访问并在巴布亚新几内亚首都莫尔斯比港同8个建交太平洋岛国领导人举行会晤。习近平主席阐述新形势下中国加强同岛国关系的政策主张，宣布助力岛国经济社会发展的一揽子计划。双方领导人一致同意将双边和整体关系提升为相互尊重、共同发展的全面战略伙伴关系。中共中央政治局委员、广东省委书记李希9月访问巴布亚新几内亚、斐济，国务委员兼外交部长王毅10月对巴布亚新几内亚、斐济进行正式访问。汤加国王图普六世对中国进行国事访问。巴布亚新几内亚总理彼得·奥尼尔、密克罗尼西亚联邦议长韦斯利·西米纳访华。萨摩亚总理图伊拉埃帕·萨伊莱莱·马利埃莱额奥伊来华出席世界经济论坛2018年新领军者年会。密克罗尼西亚联邦副总统尤斯沃·乔治来华出席第三届丝绸之路（敦煌）国际文化博览会。汤加副首相兼基础设施和旅游大臣塞密西·西卡来华出席首届中国国际进口博览会。

双方经贸、人文等各领域务实合作成果丰硕。中国同全部8个建交岛国分别签署共建“一带一路”合作协议。中国政府援建的斐济苏瓦市区桥梁、巴布亚新几内亚首都莫尔斯比港两条道路、瓦努阿图塔纳岛和马拉库拉岛公路一期、萨摩亚法莱奥洛国际机场升级改造、库克群岛阿皮尼考小学等项目顺利完工或交付。中国政府就巴布亚新几内亚、汤加等岛国遭遇地震、飓风等自然灾害提供紧急人道主义援助。巴布亚新几内亚成为亚洲基础设施投资银行意向新成员，瓦努阿图、萨摩亚成为正式成员。中共中央对外联络部邀请第二批巴布亚新几内亚政府议会联合考察团、萨摩亚政府议会联合考察团、第八批太平洋岛国政治家联合考察团分别访华。中国为岛国官员、技术人员举办各类研修班、培训班，安排岛国学生来华留学。中国

海军“和平方舟”号医院船访问巴布亚新几内亚、斐济、瓦努阿图、汤加，并在当地开展人道主义医疗服务。广东等省市组织多个文艺、医疗团组赴岛国访演、巡诊。中国同汤加共同庆祝建交20周年。

双方在国际和地区事务中保持了良好沟通和协调。中国积极支持巴布亚新几内亚主办亚太经合组织第26次领导人非正式会议，支持斐济履行《联合国气候变化框架公约》第23次缔约方大会主席国职责。中国—太平洋岛国论坛对话会特使杜起文出席在瑙鲁举行的第30届太平洋岛国论坛对话活动。

7. 中国与拉丁美洲和加勒比地区国家关系

2018年，中国与拉丁美洲和加勒比地区国家全面推进各领域合作，中拉关系进入高质量发展的新时代。

政治和战略互信深化。国家主席习近平成功访问阿根廷、巴拿马，提出建设新时代平等、互利、创新、开放、惠民的中拉关系，赋予中拉全面合作伙伴关系丰富时代内涵。习近平主席在金砖国家领导人第十次会晤、亚太经合组织第26次领导人非正式会议等多边场合与巴西、阿根廷、牙买加、智利领导人会见或寒暄。国务委员兼外交部长王毅两次访拉，到访阿根廷、智利、乌拉圭、多米尼加、圭亚那、苏里南。全国人大常委会副委员长沈跃跃、十二届全国政协副主席马培华和交通运输部部长李小鹏作为习近平主席特使，分别出席墨西哥、智利、哥伦比亚总统权力交接仪式。特立尼达和多巴哥、玻利维亚、委内瑞拉、萨尔瓦多、多米尼加、古巴、厄瓜多尔7国元首或政府首脑访华。中国同多米尼加、萨尔瓦多正式建立外交关系，同玻利维亚建立战略伙伴关系。

务实合作优化升级。习近平主席向中拉论坛第二届部长级会议致贺信，倡议中拉描绘共建“一带一路”新蓝图，得到与会各方热烈响应。会议发表《关于“一带一路”倡议的特别声明》，标志着“一带一路”倡议全面延伸至拉美。巴拿马、特立尼达和多巴哥、智利等16国同中国签署共同推进“一带一路”建设的谅解备忘录。中国企业积极参与拉美物流、电力、信息“三大通道”建设，同墨西哥、巴拿马开通两条新的直航航线。2018年，中拉贸易额达3074亿美元，同比增长18.9%，跨境电商平台快速发展。中国同秘鲁完成自贸升级可研，同巴拿马启动自贸谈判。

整体合作不断拓展。1月，中拉论坛第二届部长级会议在智利成功举行，会议通过《圣地亚哥宣言》《共同行动计划（2019—2021）》《关于“一带一路”倡议的特别声明》三个成果文件，为中拉整体合作注入新动力。王毅国务委员兼外长同拉共体“四驾马车”外长举行新一轮对话，中拉双方成功举办中拉政党、基础设施、青年政治家、地方政府、企业家高峰会、反腐败执法合作等分论坛活动和第二期融资合作培训班。中拉论坛网络秘书处建设正式启动。中方加快发展同其他次地区组织和多边机构关系。王毅国务委员兼外长到访加勒比国家共同体秘书处，中国同南方共同市场时隔14年再次举行对话，同太平洋联盟、拉美经委会、美洲开发银行、拉美开发银行等一体化组织和多边机构加强对话合作。

国际协作更加紧密，人文交流丰富多彩。中拉在彼此核心利益和重大关切问题上继续相互理解和支持，在联合国、二十国集团、金砖国家、亚太经合组织、中拉论坛等机制框架下继续加强协调和配合。萨尔瓦多、多米尼加、古巴、巴拿马等国领导人来华出席首届中国国际进口博览会。中方协助玻利维亚成功举办南美运动会，中国国际新闻交流中心拉美、加勒比分中心项目顺利举行。中国海军“和平方舟”号医院船访问格林纳达、多米尼克、委内瑞拉、多米尼加、厄瓜多尔、智利等国，为当地民众提供医疗和人道主义服务。中国加快智利圣地亚哥中国文化中心建设，推动在阿根廷、秘鲁、哥伦比亚等国设立中国文化中心。中国在拉美孔子学院和孔子课堂分别增至40个和12个。

（三）专题评述

1. 习近平主席出席博鳌亚洲论坛2018年年会开幕式

博鳌亚洲论坛2018年年会于4月8～11日在海南博鳌举行，主题为“开放创新的亚洲，繁荣发展的世界”。国家主席习近平和奥地利总统范德贝伦、菲律宾总统杜特尔特、蒙古国总理呼日勒苏赫、荷兰首相吕特、巴基斯坦总理阿巴西、新加坡总理李显龙等中外领导人以及联合国秘书长古特雷斯、国际货币基金组织总裁拉加德等国际组织负责人应邀与会。

习近平主席在年会开幕式发表题为《开放共创繁荣 创新引领未来》的主旨演讲，深刻总结中国40年改革开放成就和经验，深入分析世界发展大势，强调中国坚定支持多边主义，维护多边贸易体制，推动经济全球化朝着更加开放、包容、普惠、平衡、共赢的方向发展，努力构建人类命运共同体，共创和平、安宁、繁荣、开放、美丽的亚洲和世界。

习近平主席指出，2018年是中国改革开放40周年。改革开放这场中国的第二次革命，不仅深刻改变了中国，也深刻影响了世界。中国进行改革开放，顺应了中国人民要发展、要创新、要美好生活的历史要求，契合了世界各国人民要发展、要合作、要和平生活的时代潮流。改革开放最重要的一条启示就是，一个国家、一个民族要振兴，就必须在历史前进的逻辑中前进、在时代发展的潮流中发展。

习近平主席表示，当今世界正在经历新一轮大发展大变革大调整，人类面临的不稳定不确定因素依然很多。新一轮科技和产业革命给人类社会发展带来新的机遇，也提出前所未有的挑战。开放还是封闭，前进还是后退，人类面临着新的重大抉择。面对和平合作、开放融通、变革创新的时代潮流，中国将继续与世界同行、为人类作出更大贡献，坚定不移走和平发展道路，积极发展全球伙伴关系，积极参与推动全球治理体系变革，构建新型国际关系，推动构建人类命运共同体。

习近平主席强调，综合研判世界发展大势，经济全球化是不可逆转的时代潮流。中国坚持对外开放的基本国策，坚持打开国门搞建设。中国开放的大门不会关闭，只会越开越大。习近平主席宣布了中国在扩大开放方面将采取的重大举措，包括大幅度放宽市场准入，创造更有吸引力的投资环境，加强知识产权保护，主动扩大进口等。

年会期间，习近平主席还会见了与会外国领导人和国际组织负责人，集体会见论坛现任和候任理事，并与中外企业家代表座谈。

2. 习近平主席主持上海合作组织成员国元首理事会第18次会议

2018年6月9～10日，上海合作组织成员国元首理事会第18次会议在青岛举行。青岛峰会是上海合作组织扩员后首次峰会，是组织发展进程中的一座新的里程碑，对组织发展具有承前启后、继往开来的重要作用。国家主席习近平出席并主持峰会小、大范围会谈，签字仪式，共见记者等多场活动。上海合作组织成员国、观察员国元首或政府首脑，以及有关国际和地区组织负责人出席。

会议讨论了上海合作组织发展现状、任务和前景，就重大国际和地区问题交换意见，达成广泛共识。成员国元首签署《上海合作组织成员国元首青岛宣言》《〈上海合作组织成员国长期睦邻友好合作条约〉实施纲要（2018—2022年）》《上海合作组织成员国打击恐怖主义、分裂主义和极端主义2019年至2021年合作纲要》《上海合作组织成员国环保合作构想》等文件，发表了《上海合作组织成员国元首致青年共同寄语》《上海合作组织成员国元首关于在上海合作组织地区共同应对流行病威胁的声明》《上海合作组织成员国元首关于贸易便利化的联合声明》《上海合作组织成员国元首理事会会议新闻公报》。

习近平主席在会议上发表题为《弘扬"上海精神" 构建命运共同体》的重要讲话，回顾上合组织发展历程与成就，阐述"上海精神"新的时代内涵，呼吁各方在新形势下进一步弘扬"上海精神"，树立正确的发展观、安全观、合作观、文明观和全球治理观，构建上合组织命运共同体，推动建设新型国际关系，携手迈向持久和平、普遍安全、共同繁荣、开放包容、清洁美丽的世界。

会议期间，习近平主席会见了出席会议的有关国家元首或政府首脑。

3. 习近平主席出席金砖国家领导人第十次会晤

2018年7月25～27日，国家主席习近平出席在南非约翰内斯堡举行的金砖国家领导人第十次会晤，会晤主题为"金砖国家在非洲：在第四次工业革命中共谋包容增长和共同繁荣"。会晤由南非总统拉马福萨主持，巴西总统特梅尔、俄罗斯总统普京、印度总理莫迪也应邀出席。会晤期间，习近平主席出席金砖国家工商论坛，同各国领导人举行小范围会议和大范围会议，共同出席纪念金砖国家领导人会晤10周年非正式会议和"金砖+"领导人对话会。五国领导人就国际形势、全球治理、金砖战略合作等深入交换看法，达成广泛共识。会晤通过《约翰内斯堡宣言》及其行动计划。

习近平主席在金砖国家工商论坛上发表题为《顺应时代潮流 实现共同发展》的主旨演讲，深入剖析国际形势，指出当今世界正面临百年未有之大变局，未来10年将是世界经济新旧动能转换的关键10年，是国际格局和力量对比加速演变的10年，是全球治理体系深刻重塑的10年。习近平主席指出，金砖国家要顺应历史大势，把握发展机遇，合力克服挑战：第一，坚持合作共赢，建设开放经济；第二，坚持创新引领，把握发展机遇；第三，坚持包容普惠，造福各国人民；第四，坚持多边主义，完善全球治理。

在小范围会议上，习近平主席呼吁五国保持战略信心和定力，巩固金砖国家战略伙伴关系。五国必须继续加强金砖团结，心无旁骛谋发展，坚定不移维护和平和安全，坚决维护以规则为基础的国际秩序，有效应对外部经济风险。

在大范围会议上，习近平主席发表《让美好愿景变为现实》重要讲话，指出金砖国家应巩固"三轮驱动"合作架构，让第二个"金色十年"的美好愿景变为现实，携手迈向人类命运共同体。五国必须释放经济合作巨大

潜力，坚定维护国际和平安全，深入拓展人文交流合作，构建紧密伙伴关系网络，同国际社会一道，共同建设一个持久和平、普遍安全、共同繁荣、开放包容、清洁美丽的世界。

在纪念金砖国家领导人会晤10周年非正式会议上，习近平主席表示，金砖国家应该紧紧围绕和平与发展的时代主题，牢牢抓住新一轮科技革命和产业变革的机遇，顺应世界多极化、经济全球化潮流，努力开创金砖合作第二个“金色十年”。五国必须秉持金砖精神，深化金砖战略伙伴关系；坚持“三轮驱动”，丰富金砖务实合作内涵；拓展“金砖+”合作，构建广泛伙伴关系。

在“金砖+”领导人对话会上，习近平主席针对当今世界正处于大发展大变革大调整时期、新兴市场国家和发展中国家面临的机遇和挑战并存的形势，为拓展“金砖+”合作提出四点建议：一是共同深化互利伙伴关系；二是共同挖掘发展新动能；三是共同营造有利外部环境；四是共同构建新型国际关系。习近平主席突出强调中国坚定支持广大发展中国家发展的决心，并宣布2018年中国将向有关非洲国家提供价值10亿元人民币人道主义粮食援助。

会晤期间，习近平主席同巴西总统特梅尔、乌干达总统穆塞韦尼、土耳其总统埃尔多安、阿根廷总统马克里、印度总理莫迪分别举行双边会见。

4. 习近平主席主持2018年中非合作论坛北京峰会

2018年9月3～4日，中非合作论坛北京峰会成功举行。国家主席习近平和论坛非方共同主席国南非总统拉马福萨共同主持峰会。论坛54个非方成员均派代表出席，包括40位总统、10位总理、1位副总统以及非盟委员会主席。联合国秘书长作为特邀嘉宾，26个国际组织和非洲地区组织代表作为观察员出席峰会。峰会举行了开幕式、领导人圆桌会议、欢迎晚宴、文艺演出、共见记者等活动，还举办了中非领导人与工商界代表高层对话会暨第六届中非企业家大会等配套活动。

中非领导人围绕“合作共赢，携手构建更加紧密的中非命运共同体”主题，将中非共建“一带一路”同非盟《2063年议程》、联合国2030年可持续发展议程、非洲各国发展战略紧密对接，共同谋划中非关系未来发展，擘画了中非合作的宏伟蓝图。峰会审议通过《关于构建更加紧密的中非命运共同体的北京宣言》和《中非合作论坛—北京行动计划（2019—2021年）》。峰会期间，中非领导人见证签署各类合作协议近150份。中方同28个非洲国家和非盟委员会签署共建“一带一路”合作文件。

习近平主席在峰会开幕式上发表题为《携手共命运，同心促发展》的主旨讲话，提出中非要携起手来，共同打造责任共担、合作共赢、幸福共享、文化共兴、安全共筑、和谐共生的中非命运共同体，重点实施产业促进、设施联通、贸易便利、绿色发展、能力建设、健康卫生、人文交流、和平安全“八大行动”，得到与会非洲各国领导人一致响应和高度赞誉。

习近平主席还出席中非领导人与工商界代表高层对话会暨第六届中非企业家大会开幕式并发表题为《共同迈向富裕之路》的讲话，表示中国将以共建“一带一路”为契机，同非洲加强全方位对接，打造符合国情、包容普惠、互利共赢的高质量发展之路，共同走上让人民生活更加美好的幸福之路。

峰会期间习近平主席为科特迪瓦、塞拉利昂、博茨瓦纳、布基纳法索、加纳、埃及、南非、刚果（布）八国总统举行了国事活动，并分别会见了所有来华与会的非方领导人，创造了中国领导人主场外交会见外方领导人的纪录。李克强、栗战书、汪洋、王沪宁、赵乐际、韩正、王岐山同志也分别会见了来华与会的非方领导人。

此次峰会是迄今中国举办的规模最大、出席领导人最多、多双边活动最密集的主场外交，将中非关系全面推向历史新高，标志着中非关系进入新时代，在中非关系史上具有重要里程碑意义。

5. 习近平主席出席第四届东方经济论坛

应俄罗斯总统普京邀请，国家主席习近平于2018年9月11～12日赴俄罗斯符拉迪沃斯托克出席第四届东方经济论坛。其间，习近平主席出席东方经济论坛全会，同普京总统举行小、大范围会谈，共同会见记者，参观中俄经贸合作成果图片展，出席中俄地方领导人对话会，访问“海洋”全俄儿童中心，出席普京总统宴请。此访是习近平主席首次出席东方经济论坛，延续了中俄相互支持对方举办大型活动的传统，为中俄关系注入新动力，为区域合作开辟新前景，为国际关系注入新气象。

习近平主席和普京总统在会谈中对中俄全面战略协作伙伴关系进一步发展作出部署，就重大国际和地区问题对表，体现了中俄关系的高水平和特殊性。两国元首一致认为，无论国际形势如何变化，中俄都将坚定发展好两国关系，坚定维护好世界和平稳定。双方同意保持战略定力，密切战略协作，彼此互为牢固稳定依托，相互给予有力支持，捍卫中俄两国自身和国际社会共同利益。双方商定继续深入开展共建“一带一路”和欧亚经济联盟对接，重点加强能源、农业、科技创新、金融等领域合作，稳步推

进战略性大项目，积极打造合作新增长点，将两国高水平政治关系优势转化为更多务实合作成果。双方将继续加强在国际事务中的良好协作，同国际社会一道，推动各种热点问题的政治解决进程，共同反对单边主义和贸易保护主义，秉持人类命运共同体理念，推进构建新型国际关系。会谈后，两国元首共同见证双方有关部门交换地方合作、体育、媒体、智库、投资等领域8份合作文件。

习近平主席同普京总统共同访问曾接待中国汶川地震灾区儿童疗养的“海洋”全俄儿童中心，接见中俄青少年代表、曾来俄疗养的中国地震灾区学生代表和当时参与接待工作的儿童中心老师代表，发表热情洋溢的讲话，共同观看中俄青少年友好交流主题视频、传统歌舞“卡林卡”表演等，见证两国人民患难见真情的深情厚谊。

出席第四届东方经济论坛全会期间，习近平主席发表题为《共享远东发展新机遇 开创东北亚美好新未来》的致辞，表示新形势下，各方要携手并进、加强合作，共同促进本地区和平稳定和发展繁荣，并就此提出四点建议：一是增进互信，维护地区和平稳定；二是深化合作，实现各国互利共赢；三是互学互鉴，巩固人民传统友谊；四是着眼长远，实现综合协调发展。强调中方愿继续同地区国家一道，抓住历史机遇，顺应时代潮流，加强在俄罗斯远东及东北亚地区合作，推动实现本地区多元化、可持续发展，不断做大共同利益蛋糕，使本地区人民共享合作机遇和发展成果，携手开创远东和东北亚更加美好的明天。在全会互动交流环节，习近平主席就共建“一带一路”、朝鲜半岛局势等问题回答全会主持人提问，会后同其他与会领导人共同出席第三届“远东杯”国际帆船拉力赛第一赛段颁奖仪式。

6. 习近平主席在巴布亚新几内亚同建交太平洋岛国领导人会晤

2018年11月16日，国家主席习近平在对巴布亚新几内亚进行国事访问期间，在巴布亚新几内亚首都莫尔斯比港同巴布亚新几内亚总理彼得·奥尼尔、密克罗尼西亚联邦总统彼得·克里斯琴、萨摩亚总理图伊拉埃帕·萨伊莱莱·马利埃莱额奥伊、瓦努阿图总理夏洛特·萨尔维、库克群岛总理亨利·普那、汤加首相阿基利西·波希瓦、纽埃总理托克·塔拉吉等建交太平洋岛国领导人以及斐济政府代表、国防部长伊诺凯·昆布安博拉举行会晤，就深化中国同太平洋岛国关系交换看法，一致同意将双方关系提升为相互尊重、共同发展的全面战略伙伴关系，开创全方位合作新局面。

习近平主席在会晤时发表主旨讲话，积极评价中国同太平洋岛国关系发展，指出双方始终是真诚相待、相互尊重的好朋友，共谋发展、互利共赢的好伙伴，相知相亲、互学互鉴的好兄弟，强调双方要把握机遇、共创未来，携手开创中国同太平洋岛国关系更加美好的未来。习近平主席就深化中国和太平洋岛国关系提出四点建议，即坚持平等相处，深化政治互信；坚持互利合作，实现共同繁荣；坚持心心相印，增进人民友谊；坚持守望相助，维护公平正义。习近平主席并宣布助力岛国经济社会发展的一揽子计划，包括中方愿和岛国于2019年下半年共同举办第三届中国—太平洋岛国经济发展合作论坛，办好2019年中国—太平洋岛国旅游年系列活动，支持岛国人才培养和能力建设，鼓励更多地方省市同岛国开展交流合作等。

各建交太平洋岛国领导人高度评价习近平主席再次访问太平洋岛国地区并同岛国领导人举行会晤，表示中国是太平洋岛国实现发展愿景、增进人民福祉、应对全球挑战的重要伙伴。太平洋岛国珍视同中国的密切关系，坚持一个中国政策，愿积极参加共建“一带一路”，扩大同中国各领域务实合作，加强在多边事务中的沟通和协调。

7. 习近平主席出席亚太经合组织第26次领导人非正式会议

2018年11月17～18日，国家主席习近平出席在巴布亚新几内亚莫尔斯比港举行的亚太经合组织（简称“APEC”）第26次领导人非正式会议。习近平主席在APEC领导人非正式会议上发表《把握时代机遇 共谋亚太繁荣》的重要讲话，在工商领导人峰会上发表题为《同舟共济创造美好未来》的主旨演讲，并出席领导人同APEC工商咨询理事会代表对话会、世界经济形势非正式对话会等活动。

会议期间，习近平主席深刻剖析国际社会面临的挑战，为世界和亚太经济发展与合作提供中国方案、贡献中国智慧，引起高度关注和热烈反响。主要成果包括：

一是指引了开放合作大方向。习近平主席深刻总结近代以来历史启示，准确把握经济全球化大势，指出要坚持开放导向，扩大共同利益；坚持发展导向，增进人民福祉；坚持包容导向，促进交融互鉴；坚持创新导向，开辟增长源泉；坚持规则导向，完善全球治理。习近平主席强调自我封闭只会失去世界、失去自己。只有坚持开放合作才能获得更多发展机遇和更大发展空间。这些主张延续了习近平主席在首届中国国际进口博览会开幕式上宣示的政策信息，进一步指明了构建开放型世界经济的方向和路径，展现了大国领导人的视野和担当。习近平主席呼吁APEC大家庭坚持推进区域经济一体化和亚太自由贸易区建设，维护多边贸易体制，推进贸易和投

资自由化便利化，旗帜鲜明反对保护主义和单边主义，在会场内外得到广泛支持。

二是擘画了共同发展新愿景。习近平主席站在全球发展和时代进步的高度，强调世界上所有国家都享有平等的发展权利，任何人都无权也不能阻挡发展中国家人民对美好生活的追求。习近平主席指出要加强发展合作，构建平等均衡的全球发展伙伴关系，营造共同的发展机遇和空间，让所有国家的人民都过上好日子；要坚持创新驱动，释放数字经济增长潜能，深化国际创新交流合作，让科技创新成果为更多国家和人民所及、所享、所用；要完善互联互通，促进包容联动发展，让联通的网络覆盖太平洋沿岸每一个角落。这些倡议符合历史潮流，顺应人心所向，正对发展需要，有利于培育各方利益契合点和经济增长点，有利于落实2030年可持续发展议程，有利于引导经济全球化朝着更加开放、包容、普惠、平衡、共赢的方向发展。

三是传递了伙伴精神正能量。APEC走过近30年合作历程，互信、包容、合作、共赢的伙伴关系已经成为各成员共同财富。习近平主席强调，关键是要坚持共谋发展这个公约数，发扬伙伴精神，协商处理分歧，探索解决共同挑战。我们应该立足多样性实际，尊重彼此选择的发展道路，在开放包容的基础上交融互鉴，在良性竞争的同时互利合作，共同构建亚太命运共同体。习近平主席的重要阐述弘扬了亚太伙伴关系的主旋律，为亚太和全球合作沿着正确轨道前行提供了正能量。

与会经济体领导人积极响应习近平主席的倡议主张，普遍赞同维护多边主义和多边贸易体系，反对保护主义，支持APEC在促进贸易和投资自由化便利化以及实现平衡、创新、可持续、包容增长方面继续发挥重要作用，支持推动亚太自由贸易区建设，携手共建活力、开放的亚太。针对个别成员执意把有损世界贸易组织核心价值和基本原则的单方面主张强加给各方，中国坚持原则，保持定力，广泛沟通，主持公道，与其他方一道，坚定维护了以规则为基础的多边贸易体制，维护了APEC的协商一致传统，维护了所有成员方的共同利益。在继续落实北京APEC会议等近年共识基础上，本次会议在加强互联互通、发展数字经济、实现包容增长、制定2020年后合作愿景等领域取得新进展，达成了新共识，进一步深化了亚太合作。

会议期间，习近平主席分别会见智利总统皮涅拉、韩国总统文在寅、印度尼西亚总统佐科，并同多国领导人交换意见。

8. 习近平主席出席二十国集团领导人第13次峰会

2018年11月30日至12月1日，国家主席习近平出席在阿根廷布宜诺斯艾利斯举行的二十国集团领导人第13次峰会。峰会以“为公平与可持续发展凝聚共识”为主题，就全球经济治理重大问题展开讨论。

在峰会上，习近平主席发表题为《登高望远，牢牢把握世界经济正确方向》的重要讲话，结合全球发展大势和中国自身实践，提出“四个坚持”的合作倡议。一是坚持开放合作，维护多边贸易体制，赞成对世界贸易组织进行必要改革，关键是要维护开放、包容、非歧视等世界贸易组织核心价值和基本原则，保障发展中国家发展利益和政策空间。二是坚持伙伴精神，加强宏观政策协调，坚持财政、货币、结构性改革“三位一体”的政策工具，努力推动世界经济强劲、平衡、可持续、包容增长，构筑更加牢固的全球金融安全网。三是坚持创新引领，挖掘经济增长动力，既要促进数字经济和实体经济深度融合，也要关注新技术应用带来的风险挑战，建议将“新技术应用及其影响”作为一项重点工作深入研究。四是坚持普惠共赢，促进全球包容发展，坚持以人民为中心的发展思想，继续把发展问题置于全球宏观政策协调的突出位置，维护发展中国家发展利益和空间，继续支持非洲发展。在国际格局加速演变、保护主义和单边主义抬头、世界经济面临历史性选择的关口，习近平主席发言为促进世界经济增长、完善全球经济治理指明方向，获得各国领导人的积极共鸣和响应。

峰会通过《二十国集团领导人布宜诺斯艾利斯峰会宣言》，传递了构建开放型世界经济、维护多边贸易体制的积极信号，支持世界贸易组织进行必要改革，是多边主义的重要胜利。宣言多处写入习近平主席完善全球经济治理、深化二十国集团合作的理念和主张，重申将落实杭州峰会2030年可持续发展议程行动计划等倡议，承诺推进数字经济、基础设施投资、反腐败、农业等领域合作，延续杭州峰会和汉堡峰会的积极效应。

峰会期间，习近平主席还出席金砖国家领导人非正式会晤、中俄印领导人非正式会晤，并与相关国家领导人举行双边会见。

9. 习近平主席同美国总统特朗普阿根廷会晤

2018年12月1日晚，国家主席习近平应邀同美国总统特朗普在阿根廷布宜诺斯艾利斯共进晚餐并举行会晤。两国元首在坦诚、友好的气氛中进行了两个半小时的深入交流，就中美关系和共同关心的国际问题交换意见，达成了多项重要共识。

双方讨论了中美总体关系。双方同意，在互惠互利基础上拓展合作，在相互尊重基础上管控分歧，共同推进以协调、合作、稳定为基调的中美关系。习近平主席指出，中美作为两个大国，在促进世界和平与繁荣方面共同肩负的责任越来越重大。一个良好的中美关系符合两国人民根本利益，也是国际社会的普遍期待。合作是中美双方最好的选择。双方要把握好中美关系发展的大方向，推动两国关系长期健康稳定发展，更多更好地造福两国人民和世界各国人民。特朗普总统赞同习近平主席对两国关系的评价。特朗普总统表示，美中关系十分特殊、重要，两国都是有重要世界影响的国家，双方保持良好合作关系对两国和世界有利。美方愿同中方通过协商增进两国合作，并就双方存在的问题积极探讨对双方都有利的解决办法。双方同意，中美关系一定要搞好，也一定会搞好。

两国元首同意，继续通过访问、会晤、通话、通信等方式保持密切交往，共同引领中美关系发展方向。双方将适时再次进行互访。

双方就经贸问题进行了非常积极、富有成果的讨论。中方强调，中美作为世界最大两个经济体，经贸往来十分密切，相互依赖。双方在经贸领域存在一些分歧是完全正常的，关键是要本着相互尊重、平等互利的精神妥善管控，并找到双方都能接受的解决办法。两国元首达成共识，停止相互加征新的关税，并指示两国经济团队加紧磋商，朝着取消所有加征关税的方向，达成互利双赢的具体协议。双方就如何妥善解决存在的分歧和问题提出了一系列建设性方案。中方表示，愿意根据中国新一轮改革开放的进程以及国内市场和人民的需要，开放市场，扩大进口，推动缓解中美经贸领域相关问题。双方达成互利双赢的具体协议是中方对美方采取相关积极行动的基础和前提。双方应共同努力，推动双边经贸关系尽快回到正常轨道，实现合作共赢。

双方同意加强各领域对话与合作，增进教育、人文交流。美方表示，欢迎中国学生来美国留学。双方同意采取积极行动加强执法、禁毒等合作，包括对芬太尼类物质的管控。中方采取的相关措施得到包括美国在内的国际社会的充分肯定。中方决定对芬太尼类物质进行整类列管，并启动有关法规的调整工作。

中方重申了在台湾问题上的原则立场，美方表示将继续奉行一个中国政策。

双方还就朝鲜半岛等重大国际地区问题交换了意见。中方支持美朝领导人再次会晤，希望美朝双方相向而行，照顾彼此的合理关切，并行推进半岛完全无核化和建立半岛和平机制。美方赞赏中方发挥的积极作用，希望同中方就此保持沟通与协调。

此次中美元首会晤十分成功，达成了重要共识，两国元首为妥善解决中美间存在的问题、推动中美关系发展作出了规划，指明了方向。

10. 李克强总理出席澜沧江—湄公河合作第二次领导人会议

2018年1月10日，国务院总理李克强在柬埔寨金边与柬埔寨首相洪森共同主持澜沧江—湄公河合作第二次领导人会议。

李克强总理表示，澜湄合作是首个由流域六国共同创建的新型次区域合作机制，是共商共建“一带一路”的重要平台。澜湄合作已成为本地区最具活力、最富成果的合作机制之一。中方愿与湄公河国家一道，打造澜湄流域经济发展带，建设澜湄国家命运共同体。李克强总理并就推动澜湄合作从培育期顺利迈向成长期、打造次区域和南南合作典范提出以下建议：

第一，做好水资源合作。要加强上下游协作，照顾彼此关切，统筹处理好经济发展和生态保护的关系。着眼于水资源可持续利用，制定“水资源合作五年行动计划”，加强旱涝灾害应急管理，开展水资源和气候变化影响等联合研究，改进水质监测系统，打造共建共享的水资源合作平台。

第二，加强水利设施建设等产能合作。中方支持企业按照可持续发展理念，在湄公河国家参与建设水电站、水库、灌溉、饮水工程，实现合作共赢。落实好《澜湄国家产能合作联合声明》，制定澜湄国家互联互通规划和澜湄国家产能合作行动计划。共同建设好现有经贸合作区、跨境经济合作区。

第三，拓展农业合作。中方支持企业到湄公河国家开展农产品深加工合作，共同开拓第三方市场。愿与湄公河国家深化农业科技合作，打造农业技术交流、联合研究及投资贸易合作平台。

第四，提升人力资源合作。中国愿帮助湄公河国家培养更多发展亟需的各层次人才。2018年中方将向湄公河国家提供2000个短期研修和在职学历学位教育名额、100个为期四年的本科奖学金名额。鼓励高校间开展联合培养项目，推进职业院校合作。

第五，推动医疗卫生合作。中方愿与有关国家建立传染病联防联控机制，深入实施跨境传染病联防联控项目，建设澜湄疟疾消除网络，协助有关国家开展医疗卫生体系建设，有效维护本地区卫生安全。

李克强总理强调，要拓展数字经济、环保、卫生、海关、青年等领域合作，逐步形成“3+5+X合作框架”。

与会湄公河国家领导人赞同李克强总理所提倡议，感谢中方对各国发

展的支持帮助，认为澜湄合作机制成立时间虽短，但成果扎实丰硕，展现出睦邻友好、互利共赢的广阔合作前景。各国具有加强合作的政治意愿和经济互补优势，愿加快推进澜湄合作不断壮大，加强水资源、互联互通、农业、人文等领域合作，促进本地区和平安定和可持续发展。

会议发表了《澜湄合作五年行动计划（2018—2022）》和《澜湄合作第二次领导人会议金边宣言》。会议结束后，李克强总理和洪森首相共同会见记者，其他湄公河国家领导人出席。六国领导人还共同出席了老挝接任下届澜湄合作共同主席的交接仪式。

11. 李克强总理出席第七次中日韩领导人会议

2018年5月9日，第七次中日韩领导人会议在日本东京举行。国务院总理李克强、日本首相安倍晋三、韩国总统文在寅出席会议。会议由安倍晋三首相主持。三国领导人对中日韩合作进行了回顾与展望，并就地区和国际问题交换看法。

李克强总理表示，中日韩作为世界三大经济体，互为重要经贸合作伙伴，对促进地区经济发展、引领区域一体化进程、维护地区和平稳定具有重要责任。面对当前复杂多变的国际政治经济形势，中日韩加强合作不仅是三国自身发展的需要，也是地区国家和国际社会的共同期待。三方应抓住机遇，扩大利益融合，努力推动地区持久和平与共同繁荣。

李克强总理就中日韩合作提出具体建议：

一是积累政治互信，营造良好氛围。要正视历史，面向未来，站在新的历史起点上，发展更高层次的合作。

二是共同维护自由贸易，推动区域经济一体化。坚定维护以规则为基础的多边贸易体制，反对保护主义和单边主义。提升区域经济一体化水平，共同推动建设开放、联动、包容和平衡的亚洲经济体系。加快中日韩自贸区谈判进程，推动早日达成“区域全面经济伙伴关系协定”（RCEP）。

三是打造“中日韩+X”模式，促进地区可持续发展。聚集三方优势，通过“中日韩+X”模式，在产能合作、防灾减灾、节能环保等领域实施联合项目，带动和促进本地区国家实现更好更快发展。

四是深化人文交流，夯实民意基础。充分挖掘三国历史传统中人文内涵，加强文化、教育、旅游、媒体等领域交流合作，促进心灵沟通，扩大人员往来，加强青少年交流。

五是鼓励技术创新，推进减贫、环保、抗灾等工作，促进全球包容增长。

李克强总理强调，中日韩三国要共同努力，维护地区稳定和繁荣，为世界和平与发展作出贡献。推动构建人类命运共同体，共建持久和平、普遍安全、共同繁荣、开放包容、清洁美丽的亚洲和世界；推动实现半岛无核化，坚持对话解决大方向、无核化大目标、标本兼治大原则，为政治解决半岛问题、实现本地区持久和平作出积极贡献；共商共建共享“一带一路”，进一步加强政策沟通协调，引导三国企业开展多种形式的合作。

安倍晋三首相表示，三国是世界主要贸易国家，均支持自由贸易和开放市场，应提出与21世纪相匹配的高标准贸易规则。要推进人员往来，加强教育、旅游合作，推动地区向更加开放包容的方向发展。日方对南北首脑成功会谈表示祝贺，对中方在半岛问题上作出的不懈努力表示敬意。三国应同国际社会共同合作，推进半岛无核化进程。

文在寅总统表示，三国是不可分割的合作伙伴，希今后定期召开领导人会议，实现制度化机制化。南北首脑会谈为实现半岛无核化及和平稳定打下良好基础。中日两国坚持半岛无核化，支持南北会谈，为会谈成功注入了力量。三国应充实务实合作内容，推进与人民生活密切相关的环保、医疗、能源、抗灾等领域的合作，让三国人民切身感受到实实在在的好处。

会后，三国领导人共同会见记者，出席中日韩工商峰会。三国还发表了《第七次中日韩领导人会议联合宣言》及《中日韩领导人关于2018朝韩领导人会晤的联合声明》。

12. 李克强总理出席第七次中国—中东欧国家领导人会晤

2018年7月7日，国务院总理李克强在保加利亚索非亚出席第七次中国—中东欧国家领导人会晤。阿尔巴尼亚、波黑、保加利亚、克罗地亚、捷克、爱沙尼亚、匈牙利、拉脱维亚、立陶宛、北马其顿、黑山、波兰、罗马尼亚、塞尔维亚、斯洛伐克、斯洛文尼亚等中东欧16国领导人出席。奥地利、白俄罗斯、欧盟、希腊、瑞士、欧洲复兴开发银行作为观察员与会。

17国领导人围绕“深化开放务实合作，共促共享繁荣发展”主题，就维护经济全球化和自由贸易、反对保护主义、加强双边及“16+1”框架下各领域合作等充分交换意见并达成广泛共识。针对中国与中东欧国家发展水平相近、经济结构互补性强的特点，李克强总理提出深入挖掘园区建设和创新合作潜力、拓展金融合作渠道、提升地方合作水平、拉紧人文交流纽带等一系列新倡议、新举措，得到16国领导人积极响应。

会晤期间，李克强总理出席了各国领导人全体会议、第八届中国—中

东欧国家经贸论坛开幕式，同与会领导人共同参观了中国—中东欧国家地方合作成果展，同会晤东道国保加利亚总理、下届会晤东道国克罗地亚总理共同会见记者，与保加利亚总理共同为首个“16+1”农业示范园区揭牌，并同部分中东欧国家领导人分别举行双边会见。会晤前后，有关各方达成42项务实合作协议，涵盖“一带一路”、互联互通、经贸投资、教育、金融、园区、文化、质检等多个领域。其中19项协议由17国领导人共同见证签署。会晤还发表《中国—中东欧国家合作索非亚纲要》。

13. 李克强总理出席2018年夏季达沃斯论坛

2018年9月18～20日，国务院总理李克强出席在天津举行的第12届夏季达沃斯论坛。此次论坛主题为“在第四次工业革命中打造创新型社会”。李克强总理在开幕式上发表特别致辞。

李克强总理在致辞中表示，在历经艰难曲折之后，世界经济出现整体复苏态势。然而，当前国际环境中不稳定不确定因素明显增多，逆全球化倾向抬头，怎样继续壮大新动能、促进世界经济持续稳定增长，是各方普遍关心的问题。在新工业革命中壮大世界经济发展新动能，要坚定维护经济全球化。以规则为基础的多边贸易体制，是经济全球化的基石，其权威和效力应得到尊重和维护。单边主义做法解决不了问题。各方应优势互补，协力加速新工业革命进程。要增强发展的包容性，实现惠及面更广、包容性更强的发展。要力促融通创新和发展，为新动能壮大打开更广空间。

李克强总理强调，中国经济发展正处在新旧动能转换的关键时期，将坚持稳中求进工作总基调，坚持以供给侧结构性改革为主线，进一步激发市场活力、增强内生动力、释放内需潜力，推动经济保持中高速增长、产业迈向中高端水平。中国将以更大力度推进改革开放、以更大力度调整结构、以更大力度激励创新。中国愿与国际社会一道，合力推动世界经济发展新动能成长壮大，让新产业革命为各国人民带来更多福祉。

论坛期间，李克强总理同出席论坛的国际工商企业界代表举行对话会，同爱沙尼亚总统卡留莱德、拉脱维亚总统韦约尼斯、塞尔维亚总统武契奇、萨摩亚总理图伊拉埃帕举行会谈并会见世界经济论坛主席施瓦布。

14. 李克强总理出席上海合作组织成员国政府首脑（总理）理事会第17次会议

2018年10月11～12日，国务院总理李克强出席在塔吉克斯坦杜尚别举行的上海合作组织成员国政府首脑（总理）理事会第17次会议。上海合作组织成员国、观察员国政府首脑或代表以及有关国际和地区组织负责人出席。

与会各方围绕国际和地区经济发展、深化上海合作组织经济和人文合作等问题交换意见，达成广泛共识。成员国总理或代表签署并发表《上海合作组织成员国政府首脑（总理）理事会第十七次会议联合公报》，批准涉及上海合作组织常设机构的一系列财务和组织问题的决议。

李克强总理在会议上发表重要讲话，就促进地区和平稳定、实现各国共同发展提出以下建议：一是深化安全合作，筑牢共同发展的可靠屏障；二是加强多边经贸合作，释放共同发展的巨大潜力；三是推进国际产能合作，拓展共同发展的有效路径；四是完善互联互通，增强共同发展的后劲；五是强化创新引领，培育共同发展的新动能；六是促进人文交流，夯实共同发展的民意基础。

会议期间，李克强总理会见了出席会议的有关国家政府首脑。

15. 李克强总理出席第12届亚欧首脑会议

2018年10月18～19日，第12届亚欧首脑会议在比利时布鲁塞尔举行。国务院总理李克强率团出席。本届首脑会议是在国际形势发生重大、深刻变化，亚欧各方对深化亚欧伙伴关系和务实合作重视程度显著提升背景下举行的。会议以“全球伙伴应对全球挑战”为主题，就维护多边主义、反对单边主义和保护主义发出鲜明信号。亚欧互联互通工作组进一步明确未来几年合作重点，展现良好前景。来自亚欧会议53个成员的国家元首、政府首脑和代表以及欧洲理事会主席、欧盟委员会主席、东盟秘书长等与会，其中包括法国总统马克龙、韩国总统文在寅、哈萨克斯坦总统纳扎尔巴耶夫等9位国家元首，德国总理默克尔、英国首相梅、俄罗斯总理梅德韦杰夫、意大利总理孔特、西班牙首相桑切斯、日本首相安倍晋三、新加坡总理李显龙、越南总理阮春福等32位政府首脑。本届亚欧首脑会议发表《第十二届亚欧首脑会议主席声明》，通过了《亚欧互联互通工作组成果报告》，进一步提升了亚欧会议的影响，规划了亚欧会议未来在互联互通领域的发展与合作路径。

李克强总理在第一次全会作引导发言，表示面对当今世界复杂变化、

充满不确定性的新形势，亚欧国家应担负起维护和平、促进繁荣发展的重要责任，共同推动构建人类命运共同体。亚欧各方要以开放的胸襟、包容的气度、协调的行动，打造开放、联动、合作、共赢的新格局，为世界发展增添力量、注入信心。李克强总理提出如下建议：一是为维护多边主义发挥引领作用。面对单边主义的严重冲击，亚欧国家要加强协商合作，坚定维护以规则为基础的国际秩序，坚定维护联合国权威，坚定维护联合国宪章的宗旨和原则。二是致力于构建开放型世界经济。要坚决反对一切形式的保护主义，维护以规则为基础的多边贸易体制，巩固经济全球化和自由贸易的基石。现行世贸组织规则可以完善，但不能“另起炉灶”，必须坚持自由贸易等基本原则，充分照顾各方关切，特别重视保障发展中国家的权益。三是以互联互通推动亚欧联动发展。亚欧国家山水相连，具有互联互通合作的天然条件。亚欧互联互通工作组为深化这一重大合作搭建了有效平台，要共同支持其发挥好统筹协调作用，使有关规划尽早落地。“一带一路”倡议重点是亚欧大陆。中方愿与欧盟在内的各方一道，加强发展战略对接，打造开放、透明的合作平台，坚持高水平、高标准和高质量推进合作项目，实现共同发展和繁荣。中方欢迎各方积极参与第二届“一带一路”国际合作高峰论坛。四是通过人文交流为亚欧合作注入更大活力。要加强各国议会、社团、智库、高校、媒体的往来，增进人民间的了解和友谊，促进政治互信。公共卫生、教育、老龄化、旅游、残疾人、妇女、青年等领域合作是实现包容发展的重要内容。各国应加强经验分享、深化交流合作，共同推进社会公平正义，让各国人民更好享受发展成果。

李克强总理介绍了中国经济形势和宏观政策取向，表示中国经济的基本面是健康的，依然保持稳中向好态势。拥有13亿人口的中国是个大市场，经济发展潜力大、韧性强、空间广，面对外部环境的变化具有较大回旋余地和应变能力，完全可以保持经济持续健康发展。

李克强总理指出，2018年是中国改革开放40周年。改革开放不仅创造了中国发展奇迹，也为世界带来了巨大机遇。中国将继续全面深化改革，进一步扩大对外开放，打造国际一流的营商环境。

李克强总理着重介绍了将在上海举办的首届中国国际进口博览会，指出这是中方以实际行动促进贸易自由化、主动向世界开放市场的重大举措，并就深化亚欧合作提出新的合作倡议：第一，继续推进亚欧经济部长会议进程，推动海关等领域加强合作；第二，举办以创新发展为主题的高级别对话会；第三，继续开展亚欧残疾人合作。

在非正式会议上，欧洲理事会主席图斯克再次邀请李克强总理第一位作引导性发言。李克强总理就共同维护多边主义和以规则为基础的国际秩序、共同维护自由贸易等阐述了中方立场与主张。

李克强总理的发言引发参会各国领导人强烈反响，产生了强烈的引领作用，推动亚欧各方发出维护多边主义、反对单边主义和保护主义的鲜明信号。

16. 李克强总理出席东亚合作领导人系列会议

2018年11月14～15日，国务院总理李克强出席在新加坡举行的东亚合作领导人系列会议，包括第21次中国—东盟（“10+1”）领导人会议暨庆祝中国—东盟建立战略伙伴关系15周年纪念峰会、第21次东盟与中日韩（“10+3”）领导人会议和第13届东亚峰会。

在第21次中国—东盟领导人会议上，李克强总理全面回顾了中国—东盟建立战略伙伴关系15年来双方合作取得的显著进展，指出双方开展了全方位、多层次、宽领域合作，战略内涵不断丰富，开创了互利共赢的新格局，促进了地区发展繁荣。

李克强总理就打造更高水平的中国—东盟战略伙伴关系、建设更为紧密的中国—东盟命运共同体提出五点建议：

一是加强战略规划。在《中国—东盟战略伙伴关系2030年愿景》指导下，推动共建“一带一路”倡议与《东盟愿景2025》深入对接，加强政治安全、经贸、人文交流三大支柱建设，推动中国—东盟关系进一步提质升级。

二是深化经贸合作。期待与相关国家一道尽早实质性结束区域全面经济伙伴关系协定（简称“RCEP”）谈判，不断推动贸易投资取得更大发展。

三是培育创新亮点。以2018年中国—东盟创新年为契机，探讨建立科技创新合作新机制，深化落实中国—东盟科技伙伴计划，研究商签中国—东盟智慧城市合作文件，支持构建东盟旅游数字平台。

四是夯实人文支柱。中方将设立中国—东盟菁英奖学金，开展“未来之桥”中国—东盟青年领导人千人研修计划。

五是拓展安全合作。中方愿推动双方海上联合演习机制化，尽快开通防务部门直通热线，开展防务智库、中青年军官友好交流，深化防灾减灾、人道救援、反恐等领域合作。

李克强总理表示，在中国和东盟国家共同努力下，南海形势总体趋稳趋缓，“南海行为准则”（简称“准则”）磋商顺利推进，各方形成了单一磋商文本草案，并一致同意在2019年内完成第一轮审读。中方愿同东盟国家共同努力，在协商一致基础上，争取未来3年完成“准则”磋商。

东盟国家领导人表示，东盟同中国拥有强有力的互利合作关系，高层往来频繁，经济联系强劲，人员交流密切，双方合作量和质都得到升级。东盟愿将自身发展战略同“一带一路”倡议相对接，加强互联互通、创新、智慧城市、电子商务、数字经济等领域合作，尽快谈判达成高水平、高质量的RCEP，促进东亚共同体建设和区域经济一体化进程。中国—东盟政治互信不断增强，举行了首次海上联合演习，形成“准则”单一磋商文本草案，希望推进“准则”磋商，妥善管控分歧，开展海上务实合作，促进南海地区和平稳定。

会议通过《中国—东盟战略伙伴关系2030年愿景》和《中国—东盟科技创新合作联合声明》，宣布2019年为中国—东盟媒体交流年。

在第21次东盟与中日韩（“10+3”）领导人会议上，李克强总理表示，在应对亚洲和国际金融危机过程中，东盟各国和中日韩发挥了关键作用。在当前贸易保护主义抬头的背景下，“10+3”国家应继续坚定维护多边主义和自由贸易，尽快完成RCEP谈判，以更积极的姿态推进中日韩自贸区谈判，以实际行动发出维护基于规则的多边贸易体系的信号。建议下阶段“10+3”合作继续推进东亚经济一体化建设，强化金融安全，开拓创新合作，促进包容发展，拉紧人文纽带。

与会领导人表示，“10+3”合作是地区最富活力的机制之一，发展势头良好。各方一致同意尽快完成RCEP谈判，推进金融、创新、农业、卫生、灾害管理等领域合作。面对国际形势中的不确定性，各方表示将团结一致，共迎挑战，推进多边主义和基于规则的自由贸易体系，维护地区和平稳定。

会议审议通过了中国与新加坡共提的《10+3领导人合作应对细菌耐药的声明》。

在第13届东亚峰会上，李克强总理表示，当前国际形势不稳定不确定因素增多，各方要继续秉持和睦相处、合作共赢的理念，加强平等协商、推进相互开放，维护东亚地区的和平稳定与发展繁荣。建议下阶段东亚合作坚持多边主义，维护自由贸易，加快区域经济一体化进程，推动地区可持续发展合作，开展政治安全对话合作。中方致力于同东盟各国推进“准则”磋商，中国和东盟国家领导人同意在2019年完成单一磋商文本草案第一轮审读，中方并提出未来3年内完成“准则”磋商，以使地区国家以规则维护南海和平稳定、自由贸易和航行与飞行自由。希望域外国家尊重和支持地区国家为此所作努力。

与会领导人表示，东亚峰会作为“领导人引领的战略论坛”，取得长足发展，为各成员国加强对话、增进互信发挥了重要作用。各方要加强发展战略对接，在可持续发展、互联互通、蓝色经济方面加强合作，共同应对网络安全、恐怖主义、气候变化等全球性挑战，通过外交手段解决地区热点问题。各方致力于加快RCEP谈判，不断推动区域贸易投资自由化、便利化，促进地区和平稳定与繁荣。

会议通过《东亚峰会领导人关于东盟智慧城市的声明》等多份成果文件。

17. 杨洁篪主任出席第15届瓦尔代国际辩论俱乐部年会

应俄方邀请，中共中央政治局委员、中央外事工作委员会办公室主任杨洁篪于10月17～19日赴俄罗斯索契出席第15届瓦尔代国际辩论俱乐部年会。其间，杨洁篪主任同俄总统普京举行会见，并在年会外交议题分论坛致辞。

在同普京总统的会见中，双方高度评价习近平主席9月赴俄出席第四届东方经济论坛和两国元首会晤取得的丰硕成果，一致认为，下阶段工作重点是全面落实两国元首达成的各项重要共识，深化各领域战略协作和互利合作。双方将以庆祝中俄建交70周年为主线，精心设计安排好2019年各项高层交往和有关庆祝活动，推动两国关系在这一重要年份取得新成果，再上新台阶，更好维护两国共同利益，造福两国人民，促进地区和世界的和平与发展。

在外交议题分论坛致辞中，杨洁篪主任指出，当前世界多极化加速推进，经济全球化深入发展，对和平与安全的追求成为各国普遍共识。国际社会应共同改革和建设全球治理体系，携手建设更加幸福美好和谐的世界。杨洁篪主任重点介绍了习近平外交思想内涵，深入阐述了中国将坚持和平发展道路，坚持对外开放，坚持多边主义，推进共建“一带一路”，始终做世界和平的建设者、全球繁荣的贡献者、国际秩序的维护者的一贯立场，强调中俄全方位合作为国际社会树立了典范，中俄决心进一步发挥负责任大国作用，为世界注入更多正能量。

瓦尔代国际辩论俱乐部主要聚焦全球迫切政治、经济、社会问题，已成为世界各国政治家、学者交流互动的重要平台。杨洁篪主任此次赴俄出席瓦尔代国际辩论俱乐部年会系中国领导人首次出席，进一步丰富了中国外交实践。在国际和地区形势复杂深刻变化的背景下，此次重要外交行动充分体现了中俄关系的高水平，积极宣介了习近平外交思想，阐述了中方内外政策主张，促进了中外思想交流，彰显中国和平、发展、合作的国际形象。

18. 杨洁篪主任同美方共同主持第二轮中美外交安全对话

2018年11月9日，中共中央政治局委员、中央外事工作委员会办公室主任杨洁篪同美国国务卿蓬佩奥、国防部长马蒂斯在华盛顿共同主持第二轮中美外交安全对话。国务委员兼国防部长魏凤和上将参加。中美双方围绕做好中美元首阿根廷会晤筹备工作进行了深入讨论，并就中美双边关系以及共同关心的重大国际与地区问题进行了充分沟通。对话是坦诚、建设性、富有成果的。

对话期间，双方就各自战略意图进行了深入沟通。中方强调，中国坚定不移走中国特色社会主义道路，坚持改革开放，坚持走和平发展道路，坚持与世界各国共同推动构建人类命运共同体。中方所做的一切都是为中国人民谋幸福，为中华民族谋复兴，而不是为了挑战谁或取代谁。双方同意按照两国元首确定的方向和原则，在相互尊重基础上管控分歧，在互利互惠基础上拓展合作，推动中美关系健康稳定发展。

杨洁篪主任阐明了中方在台湾、南海和新疆问题上的严正立场，敦促美方尊重事实，停止任何损害中方主权和安全利益的行为。杨洁篪主任重申了中方在经贸问题上的原则立场。双方认为应当切实落实好两国元首11月1日通话达成的共识，支持两国经济团队加强接触，就双方关切问题开展磋商，推动达成一个双方都能接受的方案。

双方认为，中美拥有广泛合作空间，应一道努力推进在经贸、两军、执法、反恐、禁毒、地方、人文等领域的交流与合作，给两国人民带来更多实实在在的利益。双方还就朝鲜半岛、中东、阿富汗等国际地区问题交换了意见。

19. 王毅外长（时任）出席中拉论坛第二届部长级会议

2018年1月21～22日，外交部长王毅（时任）在智利圣地亚哥出席中拉论坛第二届部长级会议。

国家主席习近平致函表示祝贺，高度肯定中拉论坛三年来的发展，提出以共建“一带一路”引领中拉关系和中拉整体合作，表示中国人民愿同拉美和加勒比各国人民携手并进，为推动构建人类命运共同体作出更大贡献。王毅外长（时任）在会议开幕式上宣读了习近平主席贺函。

王毅外长（时任）在开幕式致辞时表示，三年来，中拉共同努力搭建起论坛的“四梁八柱”，深耕细作论坛框架下各项合作，取得实实在在成果。双方政治互信不断深化，经贸合作持续攀升，人文交流精彩纷呈，论坛发展步入良好运行轨道。

王毅外长（时任）强调，中拉论坛取得丰硕成果，得益于双方始终坚持相互尊重和平等相待，始终坚持共谋合作和共促发展。下阶段，中方愿与拉方一道，按照习近平主席和拉方领导人确定的建立全面合作伙伴关系目标，以共建“一带一路”为新契机，深化中拉“1+3+6”合作框架，推动中拉合作优化升级、创新发展。为此，中方建议中拉共同建设陆洋一体的大联通，培育开放互利的大市场，打造自主先进的大产业，抓住创新增长的大机遇，开展平等互信的大交流。以本次会议为新起点，共同打造领域更宽、结构更优、动力更强、质量更好的中拉合作新格局。

与会拉美和加勒比国家代表高度赞赏习近平主席为会议发来贺函，充分肯定中拉论坛过去三年里取得的丰硕成果和为促进中拉合作发挥的积极作用。各方普遍欢迎并支持“一带一路”倡议，积极赞同中方提出在“一带一路”框架下深化双方合作的新思路、新理念，一致认为“一带一路”倡议为拉美实现发展提供了新的重大机遇。拉方希望学习借鉴中方成功发展经验，通过共建“一带一路”，实现双方共同发展。

会议通过了《圣地亚哥宣言》《中国与拉共体成员国优先领域合作共同行动计划（2019—2021）》《关于“一带一路”倡议的特别声明》。会后，王毅外长（时任）同智利和萨尔瓦多外长共同会见了记者。

会议期间，王毅外长（时任）还分别会见了智利总统巴切莱特和当选总统皮涅拉，以及古巴、秘鲁、墨西哥、委内瑞拉、玻利维亚、厄瓜多尔、特立尼达和多巴哥等国外长，并集体会见了拉共体“四驾马车”及智利、加勒比地区9个建交国外长和部分拉美地区组织负责人。

20. 王毅国务委员兼外长出席东亚合作系列外长会

2018年8月2～4日，国务委员兼外交部长王毅出席在新加坡举行的东亚合作系列外长会，包括中国—东盟（“10+1”）外长会、东盟与中日韩（“10+3”）外长会、东亚峰会（EAS）外长会和东盟地区论坛（ARF）外长会。

在中国—东盟外长会上，王毅国务委员兼外长表示，中国—东盟建立战略伙伴关系15年来，双方关系实现了从量的积累到质的飞越，从快速发展的成长期迈入提质升级的成熟期，进入了全方位发展的新阶段。2018年是中国改革开放40周年，是东盟第二个50年的开局之年。中国愿与东盟共享机遇，共迎挑战，构建更为紧密的命运共同体，使中国—东盟合作成为地区和平稳定与繁荣发展的支柱。中方建议重点做好五方面工作：一是加强东盟国家发展规划、《东盟愿景2025》与“一带一路”

倡议对接。二是加强安全合作。欢迎东盟国家积极参与中国—东盟海上联演，加强防务部门反恐合作，在防灾减灾、人道主义援助、军事医学等领域开展更多合作。三是进一步深化经贸投资合作，推动中国—东盟自贸区升级议定书全面生效。四是扩大教育、旅游、媒体、青年等领域交流，倡议将2019年确定为"中国—东盟媒体交流年"。五是以中国—东盟创新年为契机，深化在智慧城市、数字经济、人工智能、互联网+等领域合作。中方愿与湄公河国家共同建设澜湄流域经济发展带，提升与东盟东部增长区合作水平。

东盟各国外长感谢中国支持东盟共同体建设，支持东盟在区域合作中的中心地位，充分肯定东盟—中国关系的重大积极进展，认为中国是东盟的重要合作伙伴，"一带一路"倡议为地区互联互通和共同发展提供了重大机遇，期待双方进一步加强发展战略对接，深化在经贸、创新、互联互通、旅游等领域交流合作。

外长们一致认为，中国和东盟应尽快达成区域全面经济伙伴关系协定（简称"RCEP"），推动自由贸易和区域经济一体化进程，维护多边主义和以规则为基础的多边贸易体制。各国外长一致欢迎中国与东盟国家形成"南海行为准则"（简称"准则"）单一磋商文本草案，希望继续推进"准则"磋商，共同维护地区和平稳定，促进地区发展繁荣。

在东盟与中日韩外长会上，王毅国务委员兼外长表示，回顾20年"10+3"合作历程，最重要的经验就是应时而动，在历史中前进，在时代中发展。面对新的不确定性和不稳定性，"10+3"国家必须展现推动贸易自由化的强烈意愿和维护多边主义的坚定决心，坚定推动区域经济一体化，建设东亚经济共同体，构建开放型世界经济，为世界经济提供更多稳定性和确定性。中方建议推动区域全面经济伙伴关系协定谈判年内取得实质性进展，将东亚经济共同体建设提上日程，深化财金合作，拓展合作领域，搭建人文交流新平台。

日韩和东盟各国外长均积极评价"10+3"合作取得的丰硕成果，肯定"10+3"合作为促进地区和平、稳定与繁荣发挥的积极作用。各方一致认为，面对单边主义给多边贸易体制带来的冲击和威胁，进一步加强"10+3"合作比以往任何时候更显重要。"10+3"国家应加强团结，坚定支持贸易自由化，反对保护主义，加快推进RCEP谈判，推动东亚经济共同体建设，维护东亚地区的和平与繁荣。

在东亚峰会外长会上，王毅国务委员兼外长表示，东亚峰会未来发展应坚持几条原则：一是以东亚为中心。秉持相互尊重、协商一致、开放包容的精神，把握机制发展方向，继续聚焦亚太，聚焦东亚，维护东盟在区域合作中的中心地位，共同把这个地区的事情做好，防止合作偏离方向。二是平衡经济社会发展与政治安全合作。发展是地区国家最普遍、最重要的关切，也是地区合作最强劲的动力。政治安全合作应着眼于为发展提供和平稳定的环境，打造符合地区实际、满足各方需要的区域安全架构。三是统筹战略沟通与务实合作。在就共同关心的全球性、地区性问题进行战略沟通的同时，扎实推进重点领域合作，为峰会发展提供坚实支撑。

在东盟地区论坛（简称“ARF”）外长会上，各国外长讨论了地区和国际形势，听取了本年度ARF在救灾、反恐与打击跨国犯罪、海上安全、防扩散与裁军、网络安全等重点合作领域项目进展情况，通过了由中国倡议的《灾害管理合作声明》，并批准了下年度合作项目。王毅国务委员兼外长表示，朝鲜半岛核问题重新回到对话协商解决的轨道，南海局势进一步趋向稳定，“准则”磋商取得新的重要进展。与此同时，单边主义、保护主义正在侵蚀本地区发展繁荣的前景，全球自由贸易体制受到严重冲击。有些域外国家动辄在南海炫耀武力，成为地区军事化的最大推手。地区国家应团结合作，坚决支持自由贸易，反对保护主义，坚持多边主义进程。希望域外国家尊重地区国家为维护和平稳定所作的努力和取得的进展，为本地区的和平稳定发挥建设性作用。

21. 王毅国务委员兼外长出席第73届联合国大会一般性辩论

2018年9月24～28日，国务委员兼外交部长王毅出席第73届联合国大会一般性辩论。与会期间，王毅国务委员兼外长共开展39场外交活动，在联大一般性辩论中发言，出席曼德拉和平峰会、“为维和而行动”倡议高级别会议、安理会朝鲜半岛问题公开会、安理会维护国际和平与安全问题公开会、中缅孟三方非正式会晤等多边活动，并举行了一系列双边会见。

在联大一般性辩论发言中，王毅国务委员兼外长表示，联合国的创立奠定了当代国际秩序，基石是《联合国宪章》的宗旨和原则，支撑是多边主义的理念与实践。这一秩序带来了70多年的总体和平和快速发展。环顾当今世界，国际规则受到冲击，多边机制面临挑战，国际局势充满不稳定和不确定性。中国始终是国际秩序的维护者和多边主义的践行者。新时代的多边主义应坚持以合作共赢为目标，以规则秩序为基础，以公平正义为要旨，以有效行动为导向。中国坚持走和平发展道路，愿同各国一道，为世界和平与安全作出应有贡献。联合国是支持和践行多边主义最主要的平台，希望国际社会携起手来，支持联合国在国际事务中发挥中心作用，共

同构建人类命运共同体。王毅国务委员兼外长还阐述了中方在朝鲜半岛局势、伊朗核、巴勒斯坦、缅甸若开邦、反恐、2030年可持续发展议程等问题上的立场和主张。

在曼德拉和平峰会中，王毅国务委员兼外长表示，曼德拉先生对人类和平和解的贡献，值得永远铭记。我们纪念曼德拉百年诞辰，要继续发扬他所倡导的和平和解、平等包容精神，推动联合国更好履行维护和平的崇高使命。当前，单边主义和保护主义抬头，正严重冲击以联合国为核心的当代国际体系。国际社会要团结在多边主义的旗帜下，维护联合国在国际事务中的核心作用，为动荡的世界提供更多稳定的预期。中方呼吁各国以曼德拉诞辰百年为新起点，携手构建人类命运共同体，共同建设持久和平、普遍安全的世界。

在“为维和而行动”倡议高级别会议中，王毅国务委员兼外长表示，2018年是联合国维和行动部署70周年。中方支持联合国维和行动共同承诺宣言，相信宣言有助于凝聚会员国政治意愿，共同推动维和行动更好发展。加强和改进联合国维和行动，要坚持联合国宪章这一根本遵循，紧扣政治解决这一根本目标，改进安理会授权这一行动总纲，谋划建设和平这一后续衔接，筑牢伙伴关系这一坚实依托。中国是联合国维和行动的坚定支持者和积极参与者，全面落实习近平主席2015年在联合国维和峰会上宣布的重大举措。中国愿同所有爱好和平的国家携起手来，让维和行动的和平之光照亮世界每个角落。

在安理会朝鲜半岛问题公开会中，王毅国务委员兼外长指出，2018年以来，朝鲜半岛局势发生重要和积极变化。中方赞赏朝韩领导人展现的政治决断，支持朝美双方保持对话，相向而行，争取取得更多具体成果。在朝鲜半岛问题上，中方的立场始终如一，就是坚持实现无核化目标，坚持维护半岛和平稳定，坚持对话协商解决问题。各方要共同努力建设一个和平稳定、彻底无核、合作共赢的半岛。执行制裁和推动政治解决都是安理会决议的要求，二者不可偏废，不可只选其一。安理会有必要考虑适时启动可逆条款，鼓励朝鲜及有关各方朝着无核化方向迈出更大步伐。

在安理会维护国际和平与安全问题公开会中，王毅国务委员兼外长强调，维护国际和平与安全，是联合国宪章赋予安理会的首要职责，是安理会全体成员的共同担当。面对国际和平与安全面临的复杂挑战，安理会要坚持宪章授权公正履职，坚持政治解决基本方向，坚持加强团结促进共识，坚持统筹协调形成合力。伊朗核问题全面协议是来之不易的多边主义成果，中方鼓励伊朗继续履行已作出的各项承诺，同时各方与伊方开展正常经贸合作的合法权利也应得到尊重。中方呼吁各方从长远和大局出发，维护全面协议的严肃性、完整性和有效性。针对美方在会上声称中国正在干预美国选举，王毅国务委员兼外长当场表示，中国历来坚持不干涉内政原则，这是中国的外交传统，也得到国际社会的普遍赞誉。中方过去、现在和将来都不会干涉任何国家的内政，也不接受任何无端指责。中方呼吁其他国家也能恪守联合国宪章宗旨，不得干涉别国的内政。

9月27日，王毅国务委员兼外长在纽约联合国总部同缅甸国务资政府部部长觉丁瑞和孟加拉国外长阿里举行中缅孟三方非正式会晤。联合国秘书长古特雷斯应邀出席。会晤达成三点重要共识：一是缅、孟双方同意通过友好协商妥善解决若开邦问题；二是孟方表示已作好遣返第一批避乱民众的准备，缅方也表示已作好接受首批避乱民众的准备；三是双方同意尽快召开联合工作组会议，形成遣返路线图和时间表，尽快实现首批遣返。

22. 王毅国务委员兼外长同印度国家安全顾问多瓦尔举行中印边界问题特别代表第21次会晤

2018年11月24日，中印边界问题特别代表第21次会晤在四川成都举行。中方特别代表、国务委员兼外交部长王毅同印方特别代表、国家安全顾问多瓦尔就边界问题、双边关系和共同关心的国际地区问题深入交换了意见，取得重要共识。会晤基调积极，富有建设性和前瞻性。

双方回顾了特代会晤机制成立以来谈判取得的重要成果，认为这些成果为双方继续推进谈判进程奠定了重要基础。双方表示，将遵照习近平主席同莫迪总理就妥善处理边界问题、发展中印关系达成的重要共识，在两国领导人政治引领下，从两国关系大局和两国人民福祉出发，不断推进特代会晤谈判进程，争取早日达成公平合理和双方都能接受的边界问题解决方案。在边界问题最终解决之前，共同维护两国边境地区的和平与安宁。双方就进一步加强边境地区信任措施建设、妥善管控争议和边界问题解决框架进行了深入沟通，达成重要共识，并各自提出了一系列积极和建设性的建议。双方同意切实将两国领导人重要共识贯彻到双方各个层级包括一线部队，进一步完善边境地区信任措施建设，继续加强涉边部门之间的沟通协调。双方同意逐步扩大边境贸易和人员交往，提升两国边境地区友好合作的民意基础，为边界谈判和两国关系发展营造良好氛围。双方同意授权中印边境事务磋商和协调工作机制以上述共识和建议为基础，启动早期收获的磋商，以尽快达成具体成果。

23. 王毅国务委员兼外长出席澜沧江—湄公河合作第四次外长会

2018年12月17日，国务委员兼外交部长王毅出席在老挝琅勃拉邦举行的澜沧江—湄公河合作第四次外长会，并与老挝外交部长沙伦赛共同主持会议。会议旨在落实第二次领导人会议成果，规划澜湄合作下步发展，为第三次领导人会议作准备。

王毅国务委员兼外长表示，澜湄合作秉持“同饮一江水，命运紧相连”的主题，充分发挥六国地缘相近、人文相亲、经济互补的优势，实现快速发展，取得积极成果，从培育期加快迈入成长期。澜湄合作不仅为中国—东盟合作增添了动力，也使地区国家关系好上加好、亲上加亲。当前国际形势中不稳定不确定因素增多，单边主义和保护主义冲击国际规则。六方要深化伙伴关系，秉持“优势互补、互利互惠、循序渐进”原则，共建澜湄流域经济发展带，推动高质量产能合作，培育创新亮点和增长点，为实现流域经济可持续发展作出更多努力，为各自国家经济建设提供助力，为促进区域繁荣发挥更大作用。

与会各国外长充分肯定一年来澜湄合作在各领域取得的积极成果，赞赏澜湄合作为促进地区经济发展、改善民生、保护环境、密切人文交流发挥的重要作用。各方表示，愿共同保持澜湄合作强劲势头，积极对接发展战略，加强基础设施建设和互联互通，充分发挥各自比较优势，探讨多种形式的产能合作，推动在教育、青年、地方等领域进行更多合作，同其他区域、次区域机制相互补充、相互促进，实现互惠互利和共同繁荣。

会议通过了《联合新闻公报》，发布了《〈澜湄合作五年行动计划〉2018年度进展报告》、“2018年度澜湄合作专项基金支持项目清单”和六国智库共同撰写的《澜湄流域经济发展带研究报告》。会议还发布了澜湄合作会歌。

会后，中老两国外长共同会见了记者。

24. 俄罗斯总统普京对中国进行国事访问

应国家主席习近平邀请，俄罗斯总统普京于2018年6月8～10日对中国进行国事访问并出席在青岛举行的上海合作组织成员国元首理事会第18次会议。

访问成果丰硕。两国元首在北京举行小、大范围会谈，出席签字仪式，共同会见记者，签署并发表《中华人民共和国和俄罗斯联邦联合声明》，见证双方政府、有关部门和企业签署和交换了包括核领域一揽子合作在内的13项合作文件。

两国元首就双边关系和共同关心的国际地区问题深入交换意见，一致认为，当前中俄全面战略协作伙伴关系处于历史最好水平。两国各领域合作保持强劲势头，利益融合不断深化，“一带一路”建设与欧亚经济联盟对接取得重要早期收获，能源、投资、交通基础设施、航空航天、科技等领域务实合作取得重要新进展。双方商定将秉持世代友好理念和战略协作精神，不断增进政治互信，加大相互支持；拓展和深化两国各领域合作，将高水平政治关系优势转化为更多实际合作成果；坚定维护以《联合国宪章》宗旨和原则为核心的国际秩序和国际体系，密切在联合国及其安理会、上海合作组织、金砖国家、二十国集团、亚太经合组织等框架内的沟通与协作，推动热点问题政治解决进程；深化两国人文交流合作，不断增进人民了解与友谊，推动中俄关系在高水平上实现更大发展。

访问亮点纷呈。习近平主席在人民大会堂向普京总统授予中华人民共和国首枚“友谊勋章”，表彰其多年来致力于推动中俄关系发展，深化两国政治和战略互信，促进双方各领域务实合作，巩固两国人民友谊，以及为推动建设新型国际关系、构建人类命运共同体所作的重要贡献。

两国元首共同乘坐高铁赴天津，途中就共同关心的问题进行友好交流，见证双方签署中俄铁路和货物运输合作文件。在天津期间，习近平主席和普京总统共同观看中俄青少年冰球友谊赛，同小队员们亲切交谈、合影，并共同为比赛开球。习近平主席在天津为普京总统举行晚宴。

此访是普京总统新一届总统任期内首次对中国进行国事访问，对规划中俄关系发展、推动双方各领域合作具有重要意义。访问取得圆满成功，收获丰硕成果，为两国各领域合作注入了新的强劲动力，实现了新时代中俄关系发展的良好开局。

25. 中央外事工作会议召开

中央外事工作会议6月22～23日在北京召开。中共中央总书记、国家主席、中央军委主席习近平在会上发表重要讲话强调，我国对外工作要坚持以新时代中国特色社会主义外交思想为指导，统筹国内国际两个大局，牢牢把握服务民族复兴、促进人类进步这条主线，推动构建人类命运共同体，坚定维护国家主权、安全、发展利益，积极参与引领全球治理体系改革，打造更加完善的全球伙伴关系网络，努力开创中国特色大国外交新局面，为全面建成小康社会、进而全面建设社会主义现代化强国创造有利条件、作出应有贡献。

中共中央政治局常委、国务院总理李克强主持会议。中共中央政治局常委、全国人大常委会委员长栗战书，中共中央政治局常委、全国政协主

席汪洋，中共中央政治局常委、中央书记处书记王沪宁，中共中央政治局常委、中央纪委书记赵乐际，中共中央政治局常委、国务院副总理韩正，国家副主席王岐山出席会议。

习近平在讲话中指出，党的十八大以来，在党中央坚强领导下，面对国际形势风云变幻，我国对外工作攻坚克难、砥砺前行、波澜壮阔，开创性推进中国特色大国外交，经历了许多风险考验，打赢了不少大仗硬仗，办成了不少大事难事，取得了历史性成就。在实践中，我们积累了有益经验和深刻体会，对外工作要坚持统筹国内国际两个大局，坚持战略自信和保持战略定力，坚持推进外交理论和实践创新，坚持战略谋划和全球布局，坚持捍卫国家核心和重大利益，坚持合作共赢和义利相兼，坚持底线思维和风险意识。

习近平强调，党的十八大以来，我们深刻把握新时代中国和世界发展大势，在对外工作上进行一系列重大理论和实践创新，形成了新时代中国特色社会主义外交思想，概括起来主要有以下10个方面：坚持以维护党中央权威为统领加强党对对外工作的集中统一领导，坚持以实现中华民族伟大复兴为使命推进中国特色大国外交，坚持以维护世界和平、促进共同发展为宗旨推动构建人类命运共同体，坚持以中国特色社会主义为根本增强战略自信，坚持以共商共建共享为原则推动“一带一路”建设，坚持以相互尊重、合作共赢为基础走和平发展道路，坚持以深化外交布局为依托打造全球伙伴关系，坚持以公平正义为理念引领全球治理体系改革，坚持以国家核心利益为底线维护国家主权、安全、发展利益，坚持以对外工作优良传统和时代特征相结合为方向塑造中国外交独特风范。我们要全面贯彻落实新时代中国特色社会主义外交思想，不断为实现中华民族伟大复兴的中国梦、推动构建人类命运共同体创造良好外部条件。

习近平指出，把握国际形势要树立正确的历史观、大局观、角色观。所谓正确历史观，就是不仅要看现在国际形势什么样，而且要端起历史望远镜回顾过去、总结历史规律，展望未来、把握历史前进大势。所谓正确大局观，就是不仅要看到现象和细节怎么样，而且要把握本质和全局，抓住主要矛盾和矛盾的主要方面，避免在林林总总、纷纭多变的国际乱象中迷失方向、舍本逐末。所谓正确角色观，就是不仅要冷静分析各种国际现象，而且要把自己摆进去，在我国同世界的关系中看问题，弄清楚在世界格局演变中我国的地位和作用，科学制定我国对外方针政策。当前，我国处于近代以来最好的发展时期，世界处于百年未有之大变局，两者同步交织、相互激荡。做好当前和今后一个时期对外工作具备很多国际有利条件。

习近平强调，从党的十九大到党的二十大，是实现“两个一百年”奋斗目标的历史交汇期，在中华民族伟大复兴历史进程中具有特殊重大意义。纵观人类历史，世界发展从来都是各种矛盾相互交织、相互作用的综合结果。我们要深入分析世界转型过渡期国际形势的演变规律，准确把握历史交汇期我国外部环境的基本特征，统筹谋划和推进对外工作。既要把握世界多极化加速推进的大势，又要重视大国关系深入调整的态势。既要把握经济全球化持续发展的大势，又要重视世界经济格局深刻演变的动向。既要把握国际环境总体稳定的大势，又要重视国际安全挑战错综复杂的局面。既要把握各种文明交流互鉴的大势，又要重视不同思想文化相互激荡的现实。

习近平指出，对外工作要根据党中央统一部署，加强谋篇布局，突出工作重点，抓好工作。要围绕党和国家工作重要节点，推动对外工作不断开创新局面。未来5年第一个百年奋斗目标要实现，第二个百年奋斗目标要开篇，其中有一系列重要时间节点和重大活动。对外工作要以此为坐标，通盘考虑，梯次推进，既整体布局又突出重点，既多点开花又精准发力，发挥综合积极效应。要高举构建人类命运共同体旗帜，推动全球治理体系朝着更加公正合理的方向发展。要坚持共商共建共享，推动“一带一路”建设走实走深、行稳致远，推动对外开放迈上新台阶。要运筹好大国关系，推动构建总体稳定、均衡发展的大国关系框架。要做好周边外交工作，推动周边环境更加友好、更加有利。要深化同发展中国家团结合作，推动形成携手共进、共同发展新局面。广大发展中国家是我国在国际事务中的天然同盟军，要坚持正确义利观，做好同发展中国家团结合作的大文章。要深入推动中国同世界深入交流、互学互鉴。

习近平强调，外交是国家意志的集中体现，必须坚持外交大权在党中央。要增强政治意识、大局意识、核心意识、看齐意识，坚决维护党中央权威和集中统一领导，自觉在思想上政治上行动上同党中央保持高度一致，确保令行禁止、步调统一。对外工作是一个系统工程，政党、政府、人大、政协、军队、地方、民间等要强化统筹协调，各有侧重，相互配合，形成党总揽全局、协调各方的对外工作大协同局面，确保党中央对外方针政策和战略部署落到实处。

习近平指出，政治路线确定之后，干部就是决定的因素。要建设一支忠于党、忠于国家、忠于人民，政治坚定、业务精湛、作风过硬、纪律严明的对外工作队伍。要加强理想信念教育，提高外事干部队伍的专业能力和综合素质。要改善驻外人员工作生活条件，为大家解决后顾之忧，把党中央关怀落到实处。

习近平强调，对外工作体制机制改革是推进国家治理体系和治理能力

现代化的内在要求。要根据党中央统一部署，落实对外工作体制机制改革，加强驻外机构党的建设，形成适应新时代要求的驻外机构管理体制。

李克强在主持会议时指出，习近平总书记的重要讲话从党和国家事业全局出发，全面总结了党的十八大以来我国对外工作取得的历史性成就，准确把握中国和世界发展大势，回答了新时代如何做好对外工作的重大理论和实践问题，为全面推进新时代对外工作明确前进方向、提供根本遵循。要深入学习领会、全面贯彻落实习近平总书记重要讲话精神和习近平新时代中国特色社会主义外交思想，全方位推进我国对外工作，奋力开创中国特色大国外交新局面。

中共中央政治局委员、中央外事工作委员会办公室主任杨洁篪在总结讲话中指出，这次会议最重要的成果是确立了习近平外交思想的指导地位。习近平外交思想是习近平新时代中国特色社会主义思想的重要组成部分，是以习近平同志为核心的党中央治国理政思想在外交领域的重大理论成果，是新时代我国对外工作的根本遵循和行动指南。我们要切实把思想和行动统一到习近平总书记重要讲话精神和习近平外交思想上来，进一步开创对外工作新局面。

中央宣传部、中央对外联络部、外交部、国家发展改革委、商务部、中央军委联合参谋部、广东省、驻美国使馆负责同志作大会交流发言。

中共中央政治局委员、中央书记处书记，全国人大常委会有关领导同志，国务委员，最高人民法院院长，最高人民检察院检察长，全国政协有关领导同志出席会议。

中央国家安全委员会委员、中央外事工作委员会委员，各省区市和计划单列市、新疆生产建设兵团，中央和国家机关有关部门，有关金融机构和国有大型企业，军队有关单位负责同志，驻外大使、大使衔总领事、驻国际组织代表和外交部驻香港、澳门公署特派员等参加会议。

26. 推动高质量共建“一带一路”

2018年是推进共建“一带一路”5周年。“一带一路”倡议提出以来，得到了全球积极响应和参与。经过5年的实践，“一带一路”建设从理念、愿景转化为现实行动，取得了重大进展。截至2018年年底，中国已同150多个国家、国际组织签署了“一带一路”合作文件。中方推动“一带一路”倡议同俄罗斯“欧亚经济联盟”倡议、哈萨克斯坦“光明之路”新经济政策、联合国2030年可持续发展议程等有关国家、国际组织重大发展规划紧密对接。一批基础设施和产能合作重大项目陆续落地。5年来，中欧班列累计开行超12000列，连接境内外105个城市。中国与“一带一路”国家货物贸易累计超过5万亿美元，对外直接投资超过700亿美元。中国财政部同27国财政部共同核准了《“一带一路”融资指导原则》。亚洲基础设施投资银行共投资35个项目，投资额达75亿美元；丝路基金已投资21个项目，承诺投资超过78亿美元，实际已出资64亿美元，为“一带一路”建设提供了坚实的资金支持。中国与“一带一路”国家签署76份双边文化、旅游合作文件，在“一带一路”国家建成35个文化中心，共同建成15个国家级联合实验室（中心），创建9个海外科教合作中心。

8月，国家主席习近平在北京人民大会堂出席推进“一带一路”建设工作5周年座谈会并发表重要讲话。习近平主席指出，经过夯基垒台、立柱架梁的5年，共建“一带一路”正在向落地生根、持久发展的阶段迈进。我们要百尺竿头、更进一步，在保持健康良性发展势头的基础上，推动共建“一带一路”向高质量发展转变。

同月，国务委员兼外交部长王毅在乌兰巴托同蒙古国外长朝格特巴特尔共见记者时表示，“一带一路”倡议坚持共商共建共享原则，秉持透明开放包容理念，遵循国际规则和各国法律，追求绿色环保可持续，致力建设高质量、高标准项目。这些重要的主张和理念，与中方长期奉行的互利共赢开放战略一脉相承，也是中国与各国共同构建人类命运共同体的生动实践。

27. 中国同多米尼加、萨尔瓦多正式建立外交关系，同布基纳法索恢复外交关系

（1）中国同多米尼加建立外交关系

2018年5月1日，国务委员兼外交部长王毅同多米尼加共和国外长巴尔加斯在北京举行会谈并代表两国政府签署《中华人民共和国和多米尼加共和国关于建立外交关系的联合公报》。两国政府决定自公报签署之日起相互承认并建立大使级外交关系。

多方承认世界上只有一个中国，中华人民共和国政府是代表全中国的唯一合法政府，台湾是中国领土不可分割的一部分。多米尼加共和国政府即日断绝同台湾的“外交关系”。中方对多方的上述立场表示赞赏。

中多建交得到两国社会各界的热烈欢迎和拥护，以及国际社会的高度关注和积极评价，再次印证了坚持一个中国原则是国际社会普遍共识，是人心所向，大势所趋。中多建交将为两国各领域友好合作开辟广阔前景，为多米尼加自身发展带来巨大机遇，为两国人民带来实实在在的利益和福祉。

（2）中国同萨尔瓦多建立外交关系

2018年8月21日，国务委员兼外交部长王毅同萨尔瓦多共和国外长卡斯塔内达在北京举行会谈并签署《中华人民共和国和萨尔瓦多共和国关于建立外交关系的联合公报》。两国政府决定自公报签署之日起相互承认并建立大使级外交关系。

萨方承认世界上只有一个中国，中华人民共和国政府是代表全中国的唯一合法政府，台湾是中国领土不可分割的一部分。萨尔瓦多共和国政府即日断绝同台湾的"外交关系"，并承诺不再同台湾发生任何官方关系，不进行任何官方往来。中方对萨方的上述立场表示赞赏。

中萨建交得到两国社会各界的热烈欢迎和拥护，以及国际社会的高度关注和积极评价，再次印证了一个中国原则已成为国际社会共识。中萨建交将为两国广泛领域合作开辟广阔前景，为两国人民带来实实在在的福祉，携手促进中国与拉美的整体合作。

（3）中国同布基纳法索恢复外交关系

2018年5月26日，国务委员兼外交部长王毅同布基纳法索外交与合作部长阿尔法·巴里在北京举行会谈并代表两国政府签署《中华人民共和国与布基纳法索关于恢复外交关系的联合公报》。两国政府决定自公报签署之日起相互承认并恢复大使级外交关系。

布方承认世界上只有一个中国，中华人民共和国政府是代表全中国的唯一合法政府，台湾是中国领土不可分割的一部分。布基纳法索承诺不同台湾发生任何官方关系，不进行任何官方往来。中华人民共和国政府对布基纳法索政府的上述立场表示赞赏。

中布复交得到两国社会各界的热烈欢迎和拥护，以及国际社会，尤其是非洲国家的高度关注和积极评价，体现了一个中国原则已成为国际社会广泛共识，昭示了中国维护国家主权和领土完整的坚定意志。中布复交为两国及中非各领域合作创造更广阔前景，进一步凝聚和调动非洲国家推动中非合作的积极性，为中非关系及中非合作论坛发展注入新动力。

28. 中国—阿拉伯国家合作论坛第八届部长级会议举行

2018年7月10日，中国—阿拉伯国家合作论坛（简称"中阿合作论坛"）第八届部长级会议在北京举行。国家主席习近平出席会议开幕式，包括科威特埃米尔萨巴赫·艾哈迈德·贾比尔·萨巴赫、中国和21个阿盟成员国的外交部长或部长级代表、阿盟秘书长以及阿拉伯国家驻华使节在内的中外来宾与会。

习近平主席在开幕式上发表题为《携手推进新时代中阿战略伙伴关系》的重要讲话，全面系统阐述了新形势下中国对阿拉伯国家政策主张，宣布中阿双方建立全面合作、共同发展、面向未来的战略伙伴关系，为新时期中阿关系发展指明了前进方向。习近平主席在讲话中指出，中方倡议共建“一带一路”，得到包括阿拉伯世界在内的国际社会广泛支持和积极参与。“一带一路”建设全面带动中阿关系发展，中阿全方位合作进入新阶段。中方愿同阿方加强战略和行动对接，携手推进“一带一路”建设，共同做中东和平稳定的维护者、公平正义的捍卫者、共同发展的推动者、互学互鉴的好朋友，努力打造中阿命运共同体，为推动构建人类命运共同体作出贡献。习近平主席提议中阿双方要增进战略互信、实现复兴梦想、实现互利共赢、促进包容互鉴，宣布中方将设立“以产业振兴带动经济重建专项计划”，提供200亿美元贷款额度，同有重建需求的国家加强合作，按照商业化原则推进就业面广、促稳效益好的项目；向巴勒斯坦提供1亿元人民币无偿援助，用于支持巴勒斯坦发展经济、改善民生；向叙利亚、也门、约旦、黎巴嫩人民提供6亿元人民币援助，用于当地人道主义和重建事业；同地区国家探讨实施总额为10亿元人民币的项目；中阿双方要把彼此发展战略对接起来，牢牢抓住互联互通这个“龙头”，积极推动油气合作、低碳能源合作“双轮”转动，实现金融合作、高新技术合作“两翼”齐飞；中方支持建立产能合作金融平台，成立“中国—阿拉伯国家银行联合体”，配备30亿美元金融合作专项贷款；中阿改革发展研究中心要做大做强，为双方提供更多智力支持；中阿新闻交流中心正式成立；未来3年，中国将再从阿拉伯国家邀请100名青年创新领袖、200名青年科学家、300名科技人员来华研讨，再邀请100名宗教人士、600名政党领导人访华，再为阿拉伯国家提供1万个各类培训名额，再向阿拉伯国家派遣500名医疗队员。

科威特埃米尔萨巴赫、会议阿方主席沙特阿拉伯外交大臣阿迪勒·朱贝尔和阿盟秘书长艾哈迈德·阿布·盖特分别在开幕式上致辞。阿方与会代表对习近平主席在部长会开幕式上发表的重要讲话和会议成果反响热烈，完全赞同习近平主席讲话中为阿中关系发展描绘的全新蓝图，强调阿方在对外政策方向和理念上与中方高度一致，同意同中方共同努力推动建设新型国际关系、推动共建人类命运共同体，热切期待参与“一带一路”建设，愿同中方一道认真落实会议成果，深化同中方各领域务实合作，推动阿中战略伙伴关系向前发展。

部长会上，中阿双方代表围绕携手推进“一带一路”建设、增进战略互信、实现复兴梦想、实现互利共赢、促进包容互鉴进行了深入讨论，达

成了重要共识。国务委员兼外交部长王毅强调，习近平主席在会议开幕式上的重要讲话，站在发展中国家团结振兴的历史高度，着眼中阿双方的长远利益，为中阿关系的未来发展指明了方向，描绘了蓝图。王毅国务委员兼外长就中阿关系发展提出三点建议：一是以建立战略伙伴关系为契机，增进政治互信，坚定支持对方的核心利益；二是以共建"一带一路"为平台，对接各自发展战略，在优势互补与合作共赢中实现共同繁荣；三是以共同、综合、合作和可持续的安全观为引领，维护好中东地区的和平稳定，共同为世界的长治久安与繁荣进步作出不懈努力。会议通过并签署了《中国—阿拉伯国家合作论坛第八届部长级会议北京宣言》《中国—阿拉伯国家合作论坛2018年至2020年行动执行计划》《中国和阿拉伯国家合作共建"一带一路"行动宣言》3份成果文件。

会议期间，习近平主席与访华并出席会议开幕式的科威特埃米尔萨巴赫举行会谈。国家副主席王岐山会见了埃及外交部长萨米哈·舒克里和阿盟秘书长盖特。中共中央政治局委员、中央外事工作委员会办公室主任杨洁篪会见了沙特外交大臣朱贝尔和阿尔及利亚外交部长阿卜杜勒卡德尔·梅萨赫勒。王毅国务委员兼外长分别同阿盟秘书长、阿尔及利亚外长、阿联酋外长、阿曼外交事务主管大臣、埃及外长、巴勒斯坦外长、巴林外交大臣、吉布提外交与国际合作部长、科摩罗外长、利比亚团结政府外长、毛里塔尼亚外长、摩洛哥外交大臣、沙特外交大臣、索马里外长、突尼斯外长、也门外长、约旦外交与侨务大臣、黎巴嫩经贸部长、卡塔尔外交国务大臣、苏丹外交国务部长举行会谈或会见。

本届会议以共建"一带一路"、共促和平发展为主线，是一次开创历史、规划未来、聚焦合作、促进和平的会议，为中阿关系发展注入新动力，为中阿合作点亮新愿景，开启了中阿关系新的历史篇章。

29. 落实《南海各方行为宣言》和"南海行为准则"磋商取得重要进展

2002年11月4日，中国与东盟国家在柬埔寨金边签署了《南海各方行为宣言》(简称《宣言》)，其中第10条规定："有关各方重申制定南海行为准则将进一步促进本地区和平与稳定，并同意在各方协商一致的基础上，朝最终达成该目标而努力"。2013年中国与东盟各国正式启动并稳步推进"南海行为准则"(简称"准则")磋商，不断取得积极成果。

2018年6月，落实《宣言》第15次高官会和第24次联合工作组会在湖南长沙举行。各方肯定了当前南海形势总体稳定的良好势头，重申全面、有效落实《宣言》的重要性，一致同意在业已形成的"准则"框架基础上进一步推进"准则"磋商，尽快形成单一磋商文本草案，作为下步商谈的基础。会议还审议更新了2016～2018年工作计划。

8月，国务委员兼外交部长王毅出席在新加坡举行的中国—东盟（"10+1"）外长会。外长们一致欢迎中国和东盟国家形成"准则"单一磋商文本草案，表示希望各方继续推进"准则"磋商，共同维护地区和平稳定，促进地区发展繁荣。

10月，落实《宣言》第16次高官会和第26次联合工作组会在菲律宾马尼拉举行。会议确认了联合工作组就"准则"单一磋商文本草案开展审读以来取得的成果，同意加紧推进磋商工作，力争早日达成"准则"。会议还审议更新了落实《宣言》2016～2021年工作计划，并确定了一批海上务实合作项目。

11月，国务院总理李克强出席第21次中国—东盟（"10+1"）领导人会议。各方在会上达成共识，同意在2019年内完成对"准则"单一磋商文本草案第一轮审读。李克强总理表示，中方愿同东盟国家共同努力，在协商一致基础上，争取未来3年完成"准则"磋商。与会东盟国家领导人表示，希望尽快完成"准则"磋商，妥善管控分歧，扩大海上务实合作，促进南海地区和平稳定。

30. 气候变化国际合作

2018年是国际气候治理的重要节点。在习近平外交思想的指导下，中国气候外交继续统筹国内国际两个大局，高举构建人类命运共同体旗帜，坚定维护气候变化多边主义进程，积极推动构建更加公平合理的全球气候治理体系。

第一，积极推动《巴黎协定》实施细则谈判如期完成。

2015年《巴黎协定》达成后，各国自2016年起在《联合国气候变化框架公约》(简称"UNFCCC")平台下就《巴黎协定》实施细则开展谈判，计划于2018年年底完成。为此，2018年气候谈判多边进程主要聚焦于达成实施细则，除在常规的年中公约附属机构会议、年底公约缔约方会议外，专门于9月在泰国曼谷增开一次特别谈判会议。各国还通过其他双多边渠道加强对话沟通，为实施细则谈判提供动力。2018年12月16日凌晨，经艰苦谈判，联合国气候变化卡托维兹会议在延期30多小时后成功通过《巴黎协定》实施细则一揽子成果，就减缓、适应、资金、技术开发和转让、透明度、全球盘点、促进实施和推动遵约等17个问题达成系列决议，制订了指导和帮助各方落实和履行《巴黎协定》的具体规则。

《巴黎协定》实施细则一揽子成果主要包含以下几项内容。一是制定各方提出减缓、适应、支持等方面贡献和努力的导则，包括各方在提交"国

家自主贡献”时应提供的信息导则、各方核算“国家自主贡献”的导则、各方提交适应信息通报的导则以及发达国家每两年通报意向性资金的信息导则。二是细化透明度框架、全球盘点、促进实施和推动遵约委员会等履约报告、监督机制的具体模式和程序。各方最晚于2024年起每两年提交一次透明度报告，发展中国家根据能力在透明度方面适用灵活安排；2023年起每五年就《巴黎协定》的实施和实现长期目标的整体进展开展全球盘点，促进各方持续提高力度。三是落实资金、技术和能力建设支持有关安排。确保公约和《京都议定书》下绿色气候基金、适应基金等资金机制继续在《巴黎协定》下发挥作用，明确促进技术开发和转让的框架和评估机制，强调为发展中国家提交国家自主贡献、提高透明度提供能力建设支持。四是规划下一步谈判安排。各方从2019年起继续就《巴黎协定》实施细则涉及的国家自主贡献共同时间框架、2025年后集体资金目标、透明度报告细化要求、市场机制等问题展开磋商，进一步完善实施细则。

中国代表团全面深入参与各项议题谈判，尽最大努力展现包容精神，建设性引导谈判进程，推动各方相向而行，提出务实可行的“搭桥方案”，推动各方为取得共识展示灵活性，努力推动会议取得全面、平衡的成果。卡托维兹会议前夕，国家主席习近平在二十国集团领导人布宜诺斯艾利斯峰会上号召各方展现责任，合作应对气候变化全球挑战，表明中方对卡托维兹会议的支持，为会议达成成果提供政治引导和推动力。在谈判最后阶段，中国代表团团长、中国气候变化事务特别代表解振华就分歧议题积极协调有关缔约方立场，为谈判取得成功发挥关键作用。中方为达成《巴黎协定》实施细则作出重要贡献，得到联合国秘书长古特雷斯、公约执行秘书以及各主要缔约方的高度肯定和赞扬。

第二，深入推进气候外交和国际合作对话。2018年6月，中国与欧盟、加拿大共同召开第二届气候行动部长级会议，邀请主要国家和集团代表参与交流和磋商。9月，中国气候变化事务特别代表解振华出席在美国加利福尼亚州举行的全球气候行动峰会，并担任峰会共同主席。中国在峰会发起“气候变化全球行动”倡议，是中国首个聚焦应对气候变化的政界、商界与慈善界合作交流平台。同月，第73届联合国大会一般性辩论期间，国务委员兼外交部长王毅出席气候变化问题高级别对话会，外交部部长助理张军出席第二届“一个星球”峰会，为气候多边进程提供政治推动。10月，中国作为17个发起国之一参加由荷兰发起并推动成立、由联合国前秘书长潘基文、盖茨基金会联席主席比尔·盖茨、世界银行首席执行官格奥尔基耶娃联合领导的全球适应委员会，并由生态环境部部长李干杰担任委员会28名全球委员之一。11月，二十国集团领导人布宜诺斯艾利斯峰会期间，王毅国务委员兼外长、古特雷斯秘书长、法国外长勒德里昂专门就气候变化问题举行小范围会议，并共同发布新闻公报，向国际社会再次重申坚持多边主义、合作应对气候变化的决心，敦促各国恪守政治承诺，展现责任担当，牢牢把握合作应对气候变化的大方向。

第三，积极主动宣介建设生态文明和构建人类命运共同体理念，讲好中国故事，提供中国智慧和中国方案。中国政府在公约框架下的“塔拉诺阿对话”活动中，积极宣传中国生态文明理念和五位一体的总体布局，用翔实数据展示中国政府应对气候变化的显著成效，以及中国气候行动与经济发展实现共赢的成功经验，对外展示中国坚定支持多边主义、合作应对气候变化的决心和信心。联合国气候变化卡托维兹会议期间，中国代表团积极开展同媒体和非政府组织的对话沟通，举行吹风会，先后举办25场“中国角”边会活动，主题涉及低碳发展、碳市场、南南合作、可再生能源、气候投融资、森林碳汇、地方企业气候行动等领域，集中展现了中国积极应对气候变化的政策行动和成效，彰显了负责任大国形象。

31. 参加《联合国反腐败公约》通过15周年系列纪念活动，推动反腐败国际合作

《联合国反腐败公约》(简称《公约》)是反腐败领域最权威、最具影响力的国际法律文件，建立了预防腐败、定罪执法、国际合作、资产追回等机制，为反腐败国际合作奠定了法律基础，受到国际社会高度重视。外交部作为《公约》对外事务主管部门，一直与中央纪律检查委员会等国内反腐败主管部门密切配合，围绕《公约》开展大量工作，通过讲好中国故事宣传中方反腐败成就经验，通过提出中国方案深度参与反腐败全球治理。

2018年是《公约》通过15周年，中国积极举办和参加相关纪念活动，凝聚国际共识，推动反腐败国际合作。

12月6日，中央纪委国家监委在北京举办纪念第15个国际反腐败日招待会，中共中央政治局委员、中央书记处书记、中央纪律检查委员会副书记、国家监察委员会主任杨晓渡出席招待会并发表讲话，强调要以习近平新时代中国特色社会主义思想为引领，深入推进全面从严治党和反腐败斗争；要维护联合国权威和《公约》作为国际反腐败合作的主渠道地位，为构建人类命运共同体贡献力量。联合国秘书长古特雷斯发来书面贺辞。各国驻华使节和国际组织驻华机构负责人参加，外交部副部长孔铉佑出席。

12月6日，中央纪委国家监委在北京举办纪念《公约》通过15周年研讨会。中央纪律检查委员会常委、国家监察委员会委员凌激强调，要深入

推进全面从严治党和反腐败斗争，奉行多边主义，不断深化反腐败国际合作和追逃追赃工作。外交部条法司负责人出席研讨会并作总结发言，肯定中国反腐败国际合作取得的突出成绩，同时以问题为导向，对进一步做好相关工作提出富有针对性的看法建议。

5月23日，第72届联大纪念《公约》通过15周年高级别辩论在纽约举行，国家监察委员会委员邹加怡率团出席。邹加怡委员在发言中介绍中国反腐败工作取得的巨大成就和国家监察体制改革等最新举措，提出坚持“零容忍”“零漏洞”“零障碍”原则的主张。外交部条法司相关负责人在专题讨论环节作主旨发言，就“《公约》落实15周年的趋势、成就和挑战”阐述中方立场。

9月18～20日，《公约》履约审议培训班在北京举行，聚焦“资产追回”专题，由联合国毒品和犯罪问题办公室主办，外交部和中央纪委国家监委支持，外交部条法司相关负责人出席开幕式并致辞。联合国毒品和犯罪问题办公室和世界银行专家授课，10余个国家机关派员参加。培训班获得参训学员的积极评价。

32. 做好新时代的中国公共外交，讲好新时代的中国改革开放故事

2018年恰逢中国改革开放40周年，外交部开拓创新、主动作为，积极开展丰富多样的公共外交活动，深入践行中国特色大国外交理念，继续推动构建人类命运共同体，坚持讲好新时代的中国改革开放故事，努力展现新时代中国外交新气象。

国际涉华舆论深度聚焦中国重大主场外交活动，倾听“中国声音”，重视“中国方案”，中国的国际影响力进一步增强，“朋友圈”进一步扩大。国际社会积极评价中国改革开放40年发展成就，誉为人类历史上的巨大进步。“一带一路”沿线国家高度肯定中国“合作共赢”理念，共建“一带一路”国际合作踏上新征程。国内舆论高度关注中外交往，积极支持中国外交新举措。

外交部和中国驻外外交机构统筹国内国际两个大局，紧密围绕博鳌亚洲论坛2018年年会、上海合作组织青岛峰会、中非合作论坛北京峰会、中国国际进口博览会、中国领导人出访和出席国际会议及纪念改革开放40周年等重大活动，全方位介绍中国发展进程和历史成就，进一步唱响中国开放与合作的主旋律。探索公共外交国际合作新模式，开展“澜湄光明行”青少年眼视力健康活动；组织智库媒体代表团访问日本；参加中日韩和中韩公共外交论坛，中印媒体高峰论坛，“一带一路”中国—哈萨克斯坦、中国—乌兹别克斯坦智库媒体人文交流论坛；举办亚洲媒体高峰会议，中

国—埃塞俄比亚和非盟公共外交对话会，中国—墨西哥和中国—多米尼加智库媒体对话会，中国—巴拿马智库媒体论坛等。服务国家发展和外交全局，中国驻外外交机构举办各类公共外交活动万余次。其中，中国驻外使节及各级外交官累计发表文章3000余篇，对外演讲1500余次，接受媒体采访1600余次，面向国际社会积极宣介习近平新时代中国特色社会主义思想和党的十九大精神，延续放大中国重大外交活动及纪念改革开放40周年活动积极效应，塑造中国和平发展、包容友善、积极作为、勇于担当的大国形象。

外交部致力于推进国际传播能力建设，与时俱进打造新媒体矩阵、推进全媒体融合，展现真实、立体、全面的中国。通过电视、广播、微博、微信公众号等及时发布重要外交信息和领事提醒，打造民心工程，践行“外交为民”宗旨。

33. 主动作为，为民服务，深入推进领事工作“放管服”改革

党的十九大提出“以人民为中心”的发展思想，人民对“护照含金量”、海外安全出行等美好生活的向往越发强烈。2018年，中国领事工作充分发挥“接地气、惠民生”优势，全面深化“放管服”改革，进一步解放思想，强化服务意识，不断创新服务手段，完善调整政策规定，着力提升服务水平，取得良好社会效益。

（1）依法行政，全面改进领事窗口服务质量

外交部部署中国驻外使领馆推出一系列海外中国公民申办护照的便利新举措。一是“只跑一次”，申请人如材料不全，使领馆将“一次性告知”所缺材料，并实行“先收后补”。部分有条件的使领馆推出向申请人寄送办妥的护照、旅行证服务。二是“就近办”，实行跨领区办证，海外同胞可自由选择中国在当地的使领馆申办，不再受领区限制。同时，使领馆利用休息日，常态化开展异地领事办公，为侨胞提供上门服务。三是提升办证体验，升级“海外中国公民护照在线预约系统”，增设了“护照办理进度查询”和“收集领事服务评价”功能，缩短办证时间，实现“办妥即取”。开发海外护照在线预约系统手机版，在驻外使领馆开通移动支付服务。四是进一步简政放权，部署驻外使领馆自2019年1月1日起扩大护照受理范围，放宽材料要求，引入国籍状况声明制，并大幅简化未成年人办证程序。这是迄今为止力度最大、惠及人员最多的海外中国公民护照政策调整，也是海外护照工作依法行政的重要实践。

（2）降费惠民，让中国公民享受实实在在的优惠和便利

自2018年3月9日起，中国公民在中国驻外使领馆办理民事、商事领事认证的费用从150元和300元调低至50元和100元，降幅达66.7%。自2018年11月1日起，对一式多份公证书不再按份计费，除公证书正本按原标准收取公证费外，副本不分民事、商事每份一律收取50元。上述两项举措为民众节省大量经济成本。针对部分外国驻华使领馆领事认证收费偏高、办证周期偏长等问题，与有关国家协调沟通，力促也门、阿联酋、柬埔寨等国驻华使馆大幅压缩中国企业和公民办理认证的费用与时间。积极推进中国加入《关于取消外国公文认证要求的公约》，力争进一步减负增效，使中外民商事文书往来更快捷。充分考虑出境定居退休、退职人员身体状况，在继续为其提供免费即办即取《在境外居住人员领取养老金资格审核表》服务基础上，推进境外退休人员领取养老金资格远程认证工作。

（3）中国护照“含金量”进一步提高，且成色更足

围绕“一带一路”沿线重点国家，稳步推进人员往来便利化协议商签工作。2018年，先后与阿联酋、波黑、白俄罗斯和卡塔尔4国实现全面免签，数量为历年之最。截至2018年12月31日，中国与144个国家缔结涵盖不同种类护照的互免签证协定，其中包含14个涵盖普通护照的全面互免签证协定；与42个国家达成71份简化签证手续协定或安排，持普通护照的中国公民可有条件地以免签或落地签的形式前往72个国家和地区。

（4）落实人才签证举措，拓宽外国人才来华绿色通道

外交部和中国驻外使领馆将深化改革与服务国家引才工作有机结合，推出简化人才签证手续便利化举措。自2018年1月1日起，经国内人才主管部门认定的外国人才在中国驻外使领馆申办来华签证享受四个“最”优惠政策，即最长有效期、最长停留期、最短审发时间及最优惠待遇。上述举措受到外国人才和国内用人单位好评。

（5）畅通资讯，打造“一网、两微、一端”领事信息服务体系

2018年，“领事之声”微博开通，“外交部12308”手机应用客户端上线，与“中国领事服务网”“领事直通车”微信公众号共同构成领事服务“一网、两微、一端”的新媒体矩阵。这是外交部为满足人民群众对领事服务日益增长的现实需要，着力打造的海外安全和公共信息服务产品，用于发布权

威海外安全提醒和全面的领事服务信息。截至2018年年底，“领事直通车”微信公众号累计发布信息超过5400条，订阅户逾115万；“领事之声”微博共发布微博565条，关注量近24万，总阅读量超过1.5亿；“外交部12308”手机应用客户端下载量超过8万。

34. 继续巩固国际社会坚持一个中国原则的大格局

2018年，台海形势复杂严峻。台湾当局拒不接受体现一个中国原则的“九二共识”，不认同两岸同属一个中国，阻挠、限制两岸交流合作，大搞“去中国化”“渐进台独”，给两岸关系带来严重冲击。与此同时，台当局继续推行“新南向政策”，图谋提升与有关国家的“实质关系”，并企图挤入世界卫生大会、国际刑警组织大会等国际组织和多边活动。

中国政府始终按照一个中国原则处理台湾的对外交往问题。面对复杂形势，中国政府向国际社会表明坚持一个中国原则、反对“台独”的坚定立场，明确反对台湾当局任何在国际上制造“两个中国”“一中一台”“台湾独立”的图谋，坚决反对与中国建交的国家同台湾发展任何形式的官方关系，进行官方往来、签署具有官方性质的协议、设立具有官方性质的机构，坚决反对并严正要求有关国家停止售台武器及与台保持军事安全联系，坚决反对台加入仅限主权国家参加的国际组织，妥善处理了第71届世界卫生大会、第87届国际刑警组织大会涉台问题。2018年，中国先后与多米尼加、布基纳法索和萨尔瓦多建交或复交，与台湾当局维持所谓“外交关系”的国家只剩17个，再次表明坚持一个中国原则是国际社会大势所趋、人心所向。

中国政府高度重视台湾同胞在海外的安全和合法权益，采取切实措施，积极主动做好对台胞的领事保护与服务工作。2018年，中国驻外使领馆妥善处理台胞在阿富汗受困、滞留日本台风灾区、在印度尼西亚海啸中受伤等领保案件。

2019年，中国政府将继续坚持“和平统一、一国两制”方针，坚持一个中国原则，推动两岸关系和平发展，推进祖国和平统一进程。同时，坚决维护国家主权和领土完整，坚决反对“台独”分裂。中国政府将继续坚定维护国际社会一个中国格局，推动国际社会和有关国家继续恪守一个中国原则，理解和支持中国政府和中国人民反对“台独”分裂活动、实现国家统一的正义事业。

35. 做服务国内开放发展的实干家

习近平总书记强调，要坚持以实现中华民族伟大复兴为使命推进中国特色大国外交。外交是内政的延伸，服务国内开放发展是中国外交的应有之义和应尽之责。新形势下，外交外事工作紧紧围绕党和国家中心工作，坚持党对外事工作集中统一领导，充分发挥外交部和驻外机构资源优势，更加积极有为地作好服务国内发展这篇大文章，展现了新气象，体现了新作为，取得了新成果。

一是搭建服务开放发展新平台。以“新时代的中国”为总主题，打造推介活动“升级版”。先后为海南、河南、河北雄安新区、湖北、山东、黑龙江举办全球推介活动，生动展现改革开放40年伟大发展成就。为河北雄安新区、山东新旧动能转换综合试验区举办专题推介活动，介绍中国深化改革重大举措。活动共吸引各国驻华外交官近1400人次，其中大使近500人次，中外媒体记者750余人次，世界500强企业、国际知名中外企业代表210余人次。大数据报告显示，推介活动在新媒体持续刷屏，关注的网民遍布世界各大洲。多个省区单场推介全网信息量超3万条，微博微话题阅读量屡破十亿。

推介活动突出实效，不断促成被推介省区与外方务实合作项目。河南省与来自19个拉美国家的驻华使节和外交官进行深入交流对接，在20多个领域达成30个项目合作意向；湖北省在推介活动期间举办与跨国公司座谈会，现场对接洽谈项目。作为活动后续亮点之一，外交部组织驻华使节和外国媒体记者赴被推介省区考察和采访，进一步加深了解、拓展合作空间。目前已组织14批使节团赴13个被推介省区参观交流，11批记者团赴8个被推介省区采访报道。在中国驻外使领馆的支持下，河南、贵州、海南、四川、陕西等省走出国门，将推介活动的影响力延伸至海外，取得了实实在在的效果。

二是出台助力开放发展新举措。配合改革开放40周年，为28个符合条件的地级市（区）申办外事审批权，降低审批重心，服务构建全面开放新格局。积极落实外交部服务河北对外开放和雄安新区规划建设15项举措，支持重庆“陆海新通道”建设，直接服务国家及地区开放发展战略。发挥好外交部地方外事工作指导协调小组作用，加强与地方资源共享，利用外交外事资源为地方重大对外交流合作事项提供支持。通过中日、中韩等地方政府间交流机制，助力辽宁、江苏、山东、湖北、四川、陕西等地与外国地方政府对接交流。

三是开辟服务开放发展新路径。加强审核把关，积极支持高效务实出访团组。利用驻外使领馆一线信息资源优势，围绕供给侧结构性改革、打好“三大攻坚战”、建设现代化经济体系、创新驱动发展等战略，为地方提供权威、及时、精准信息服务。积极支持京津冀协同发展、长江经济带发展、粤港澳大湾区建设等重大战略，为雄安新区、上海、广东等地提供智慧城市建设、会展经济、大湾区建设等方面信息服务。积极探索“外事管理服务+互联网”新模式，将“外事管理”微信公众号打造成为面向国内宣传外交工作的新窗口、服务国内开放发展的新载体。公众号立足外事管理领域，发挥自身优势，宣介新形势下党中央关于对外工作的新部署新要求，解读因公出国管理政策和规定，配合作好重要主场外交活动及外交部省区市全球推介活动报道。

四是培育服务开放发展新理念。坚持“四下基层”工作法，以“五进”为抓手，实现31个省区市宣介党的十九大精神和习近平外交思想全覆盖。先后赴陕西、安徽和重庆3省（市）委党校举办“外交外事知识进党校”活动，为千余名地方党政领导干部举行培训，提升地方党政干部以开放促改革的意识和能力。“外交外事知识进高校”活动先后赴山东、上海、吉林10所高校与5000余名师生代表互动交流，加深高校师生对中国外交方针政策理解和认同，提升对国家的历史责任感和报效祖国的使命感。“外事服务进企业”活动覆盖近100家企业，“外事管理服务走部委”活动覆盖工业和信息化部、自然资源部等25家部委外事部门，现场研究问题、解决难题。进一步办好全国地方外办主任会议、国务院部门外事管理工作会议、中央企业外事工作会议、全国地级市外办主任培训班、中央企业国际形势吹风会、中央企业“走出去”战略与实践培训班等，强化对各地区各部门外事工作的指导培训。

36. 大力开展安全外交，维护国家主权和安全

2018年，涉外安全形势总体稳定向好，但也面临民族分裂活动、宗教极端活动、暴力恐怖活动威胁。中国政府坚持总体国家安全观，大力开展安全外交，有效维护国家主权、安全、发展利益。

坚决挫败达赖集团反华分裂图谋。2018年，达赖集团策划安排十四世达赖等头目窜访多国，并借“西藏感恩年”“世界人权日”等名目，在一些国家滋事造势，企图混淆国际视听，干扰破坏中国西藏自治区和四川、云南、甘肃、青海四省藏区稳定。

中国政府积极全面介绍西藏和四省藏区经济、社会、文化、宗教、生态等领域历史性发展成就，深入揭批达赖集团反华分裂本质，推动有关国家、国际和地区组织更多理解和支持中国涉藏政策，增进涉藏国际舆论积

极、正面声音。

中国政府积极支持、鼓励西藏和四省藏区扩大对外开放与友好交流合作，妥善做好维护社会大局稳定工作，挫败了达赖集团和境外反华势力的渗透破坏图谋。

大力开展涉疆外交，全力维护新疆社会稳定和长治久安。2018年，中国政府积极向国际社会深刻揭露“东突”势力暴力恐怖、宗教极端和反华分裂本质，强调涉疆问题事关中国主权和领土完整，涉及中国核心利益，敦促有关国家在涉疆问题上谨言慎行，加强对“东突”势力暴恐分裂活动的打击和管控，确保中国境外人员和机构安全。全面介绍新疆经济发展、社会稳定、民族团结的大好局面，大力支持新疆丝绸之路经济带核心区建设，为新疆稳定发展创造良好的外部环境。

国际社会对“东突”势力暴恐分裂本质的认识进一步加深，周边和伊斯兰国家更加支持和理解中国的民族宗教政策，并在打击“三股势力”方面给予中方积极配合。“东突”势力国际活动空间受到进一步挤压。中国政府主动发声，讲述新疆故事，全面展示新疆民族事业发展和成就，塑造积极客观的国际涉疆舆论环境。周边国家积极与新疆开展各领域务实合作，新疆对外开放和合作水平进一步提升。

积极开展国际反恐合作。当前，国际反恐形势复杂深刻演变。国际反恐斗争取得积极进展，“伊斯兰国”在中东战场全面溃散，但全球恐怖活动多发频发态势并未扭转，外国恐怖作战分子回流、网络恐怖主义、极端思想泛滥等问题突出，国际反恐斗争面临新挑战。同时，以“东伊运”为代表的“东突”暴恐势力同其他国际恐怖势力加大合流，煽动、策划、实施针对中国境内外目标的暴恐活动，中国反恐斗争面临多重挑战。

恐怖主义是人类公敌，严重威胁人民生命安全，破坏经贸往来和社会生活，侵蚀以规则为基础的国际秩序。反恐是各国政府的共同责任和应尽义务。国际社会必须牢固树立人类命运共同体意识，齐心协力，共同应对，坚持标本兼治。一是坚决反对一切形式的恐怖主义，建立全球反恐统一战线，为各国人民撑起“安全伞”。二是推动建设相互尊重、公平正义、合作共赢的新型国际关系，坚持以对话解决争端，以协商化解分歧，推动地缘冲突等热点问题妥善解决，帮助有关国家发展经济、改善民生，铲除恐怖主义滋生的土壤。

中国一直本着相互尊重、平等互利的原则同各国开展反恐合作，共同维护国际和地区和平稳定。2018年，中国同俄罗斯、巴基斯坦、阿富汗、日本、肯尼亚举行反恐磋商，就国际和地区反恐形势、各自反恐政策举措及打击“东伊运”等恐怖势力开展交流合作。推动签署中巴（基斯坦）阿（富汗）反恐合作谅解备忘录。举办第四届中国同周边国家反恐交流会。深入参与联合国、上海合作组织、亚太经合组织、金砖国家及“全球反恐论坛”等机制下的反恐合作。

中国同有关国家的反恐合作扩大了在反恐问题上的利益汇合点。国际社会在打击“东伊运”问题上达成更多共识，有效挤压了其生存和活动空间。中国同各方一道为促进国际反恐合作、维护地区和全球的和平与稳定作出了积极贡献。

第三章

中国与各建交国家的关系

阿富汗
(Afghanistan)

2018年，中华人民共和国与阿富汗伊斯兰共和国战略合作伙伴关系保持良好发展势头，各领域交流合作不断向前推进。

两国保持频繁高层接触。6月，国家主席习近平在青岛会见来华出席上海合作组织成员国元首理事会第18次会议的阿富汗总统穆罕默德·阿什拉夫·加尼。10月，国务院总理李克强在塔吉克斯坦杜尚别出席上海合作组织成员国政府首脑（总理）理事会第17次会议期间会见阿富汗首席执行官阿卜杜拉·阿卜杜拉。6月，阿富汗第二副首席执行官哈吉·穆罕默德·穆哈齐克来华出席第五届中国—南亚博览会，国务院副总理胡春华会见。8月，阿富汗议会上院主席法兹尔·哈迪·穆斯利姆亚尔来华出席第六届中国—亚欧博览会，胡春华副总理会见。9月，阿富汗第二副总统穆罕默德·萨瓦尔·丹尼什来华出席第三届丝绸之路（敦煌）国际文化博览会，国务院副总理孙春兰会见。

两国经贸、人文等各领域务实合作不断深化。中国援建的阿富汗国家职业技术学院竣工，喀布尔大学综合教学楼与礼堂项目完成主体工程建设。为帮助阿富汗应对旱灾，中国宣布向阿富汗提供4000万元人民币的粮食援助。12月，阿富汗松子通过包机首次实现对华出口。中国红十字会在阿富汗开展的“一带一路”大病患儿人道救助计划顺利完成，100名阿富汗先天性心脏病患儿接受救治。两国地方交往日益密切，中国河南省、甘肃省派团访问阿富汗，阿富汗巴达赫尚省省长访华。阿富汗政党、媒体、青年等各界人士也多次来华参观和访问。

双方在涉阿富汗问题多边机制框架下保持着良好沟通与合作。中国同巴基斯坦为阿富汗农业技术人员提供联合培训。中国同美国举办第七轮联合培训阿富汗外交官项目和第四轮联合培训阿富汗农业技术人员项目。中国继续积极参与喀布尔进程第二次会议、阿富汗问题塔什干会议、阿富汗问题莫斯科模式第二次会议、阿富汗问题日内瓦会议等涉阿多边会议，推动凝聚各方支持阿富汗和平重建与和解进程的共识。12月，国务委员兼外交部长王毅赴阿富汗首都喀布尔出席第二次中国—阿富汗—巴基斯坦三方外长对话，三方围绕政治互信与和解、发展合作与联通、安全合作与反恐等三大议题进行深入讨论，达成广泛共识。

阿尔巴尼亚
(Albania)

2018年，中华人民共和国与阿尔巴尼亚共和国友好合作关系持续稳定发展。

两国保持高层交往。7月，国务院总理李克强在保加利亚首都索非亚出席第七次中国—中东欧国家领导人会晤期间会见阿尔巴尼亚总理埃迪·拉马。

3月，阿总统伊利尔·梅塔向国家主席习近平致贺信。阿议长格拉莫兹·鲁奇、欧洲和外交事务部长迪特米尔·布沙蒂分别向全国人大常委会委员长栗战书、全国政协主席汪洋、国务委员兼外交部长王毅致贺信。4月，阿副议长瓦西利卡·希西率议会多党派联合代表团访华，全国人大常委会副委员长吉炳轩会见。

两国经贸、人文、地方、政党等领域交流与合作稳步推进。6月，中阿

经贸混委会第九次例会在宁波举行，混委会中方主席、商务部国际贸易谈判代表兼副部长傅自应（时任），混委会阿方主席、财政经济部副部长阿尔芭娜·什库尔塔共同主持。11月，阿财政经济部副部长什库尔塔率团来华参加首届中国国际进口博览会。阿方在2018年旅游旺季给予中国公民免签证待遇。9月，国家广播电视总局局长聂辰席访阿，会见鲁奇议长。北京市代表团访问地拉那，共庆两市结好10周年。6月，中共中央对外联络部部长助理沈蓓莉率中共代表团访阿，分别会见鲁奇议长，议会阿中友好小组主席、前总理巴什基姆·菲诺，社会党总书记塔乌兰特·巴拉，民主党主席卢尔齐姆·巴沙，争取一体化社会运动党主席莫妮卡·克吕埃玛齐。10月，阿争取一体化社会运动党主席克吕埃玛齐访华，中共中央对外联络部部长宋涛会见。

阿尔巴尼亚高度重视并积极参与中国—中东欧国家合作。12月，阿欧洲和外交事务部副部长、“16+1合作”国家协调员埃铁恩·扎法伊来华参加第12次中国—中东欧国家合作国家协调员会议。

阿尔及利亚
(Algeria)

2018年是中华人民共和国与阿尔及利亚民主人民共和国建交60周年，中阿全面战略伙伴关系继续深入发展，各领域合作稳步推进。

两国高层交往不断。4月，国家主席习近平就阿尔及利亚发生严重军机坠毁事故致电阿尔及利亚总统阿卜杜勒阿齐兹·布特弗利卡表示慰问。12月，习近平主席和布特弗利卡总统、国务院总理李克强和阿尔及利亚总理艾哈迈德·乌叶海亚、国务委员兼外交部长王毅和阿尔及利亚外交部长阿卜杜勒卡德尔·梅萨赫勒分别就两国建交60周年互致贺电。9月，乌叶海亚总理来华出席中非合作论坛北京峰会，习近平主席、全国政协主席汪洋分别同其会见。7月，梅萨赫勒外长来华出席中阿合作论坛第八届部长级会议并访华，中共中央政治局委员、中央外事工作委员会办公室主任杨洁篪和王毅国务委员兼外长分别同其会见、会谈。

两国务实合作取得新的重要进展。中非合作论坛北京峰会期间，中阿双方签署《中华人民共和国政府和阿尔及利亚民主人民共和国政府关于共同推进丝绸之路经济带和21世纪海上丝绸之路建设的谅解备忘录》。4月，中方向阿方在轨交付阿尔及利亚一号通信卫星。11月，中国中信集团有限公司同阿尔及利亚国家石油公司签署阿尔及利亚磷酸盐一体化综合开发项目谅解备忘录。中国继续保持阿尔及利亚第一大进口商品来源国地位。

两国人文交流与合作亮点不断。10月，中阿双方在阿尔及尔共同举办中阿建交60周年音乐会。同月，中国作为唯一主宾国应邀参加第23届阿尔及尔国际书展，中共中央宣传部副部长梁言顺率团参展。

安道尔
(Andorra)

2018年，中华人民共和国与安道尔公国双边关系保持平稳发展势头。

两国政治交往平稳发展。12月，安道尔首相安东尼·马蒂·佩蒂特向国务院总理李克强致新年贺卡。两国在国际和地区事务中保持良好协调与配合。

两国文化交流日益丰富。国际山地旅游联盟秘书长何亚非率团出席第十届世界冰雪与山地旅游大会。春节期间，安政府举办春节系列庆祝活动，安外交部邀请华侨华人舞龙队赴安演出。

安哥拉
(Angola)

2018年是中华人民共和国与安哥拉共和国建交35周年，两国战略伙伴关系全面、深入发展。

双边高层交往密切，政治互信日渐深厚。9月，中共中央总书记习近平致函祝贺若昂·曼努埃尔·贡萨尔维斯·洛伦索当选安哥拉人民解放运动党主席。同月，安哥拉总统洛伦索来华出席中非合作论坛北京峰会，国家主席习近平，中共中央政治局常委、中央纪委书记赵乐际分别会见，两国元首共同见证签署《中华人民共和国政府与安哥拉共和国政府关于共同推进丝绸之路经济带和21世纪海上丝绸之路建设的谅解备忘录》等2项合作文件。10月，洛伦索总统对中国进行国事访问，习近平主席、国务院总理李克强和全国人大常委会委员长栗战书分别会谈、会见，双方签署《中华人民共和国商务部与安哥拉共和国外交部关于共同推动落实中非合作论坛

北京峰会“八大行动”经贸举措的谅解备忘录》等6项合作文件。3月，洛伦索总统致函祝贺习近平再次当选中国国家主席。1月，外交部长王毅（时任）对安进行正式访问，会见洛伦索总统，同安外交部长曼努埃尔·奥古斯托会谈并共同签署《中华人民共和国政府和安哥拉共和国政府关于简化签证手续的协定》。同月，两国外长就中安建交35周年互致贺函。

年内，安哥拉最高法院副院长克里斯蒂诺·席尔瓦来华出席中国与葡萄牙语国家最高法院院长会议，安贸易部长若弗雷·范杜嫩来华出席中国国际进口博览会，纳米贝省省长卡洛斯·克鲁斯来华参加第三届中非地方政府合作论坛。

两国经贸合作稳中有进，向高质量发展。中国保持安哥拉第一大贸易伙伴、第一大原油出口市场，以及基础设施建设项目主要承建方地位。中国援安哥拉国际关系学院等项目顺利实施，农业技术示范中心项目竣工。罗安达新国际机场等一批中安融资合作重点项目取得积极进展。安哥拉旅游促进协会参加首届中国国际进口博览会企业商业展。

两国在文化教育、医疗卫生、公共安全等领域开展广泛交流合作。中方为安哥拉举办了投资促进、农业发展、警务执法等多领域培训班。安徽省侨联艺术团赴安访问演出。

安提瓜和巴布达
(Antigua and Barbuda)

2018年，中华人民共和国与安提瓜和巴布达友好合作关系保持良好发展势头。

两国政治互信持续深化。3月，国务院总理李克强向安巴总理贾斯顿·布朗致电祝贺其连任，国务委员兼外交部长王毅向安巴新任外交、移民和国际贸易部长保罗·格林致贺电。1月，外交部长王毅（时任）同时任安巴外长查尔斯·费尔南德斯互致贺电，庆祝两国建交35周年。同月，王毅外长（时任）在智利出席中拉论坛第二届部长级会议期间集体会见时任安巴外长费尔南德斯等加勒比国家外长及代表。3月，安巴总督罗德尼·威廉斯、布朗总理、格林外长分别就习近平主席、李克强总理、王毅国务委员兼外交部长连任或就任致贺函。9月，格林外长赴格林纳达出席中国与加勒比地区国家反腐败执法合作会议。11月，格林外长来华出席首届中国国际进口博览会。两国在重大国际和地区问题上保持良好沟通与配合。

双方务实合作进展顺利。6月，两国签署《中华人民共和国政府与安提瓜和巴布达政府关于共同推进丝绸之路经济带和21世纪海上丝绸之路建设的谅解备忘录》。7月，由中国政府援助、联合国开发计划署和安巴政府联合实施的巴布达岛飓风受损房屋修复项目竣工。社区中心、圣约翰港改扩建项目进展顺利。

两国友好民意基础不断增强。9月，中国“光明行”眼科医疗队赴安巴开展白内障手术。10月，中国海军“和平方舟”号医院船首次对安巴进行友好访问并开展医疗服务。10月，中安签署《关于合作设立安巴孔子学院的协议》。中方继续向安巴方提供政府奖学金和人力资源培训名额。

阿根廷
(Argentina)

2018年，中华人民共和国与阿根廷共和国全面战略伙伴关系持续深入发展。

两国高层交往密切。7月，国家主席习近平同阿根廷总统毛里西奥·马克里在金砖国家领导人第十次会晤期间举行双边会见。11月，习近平主席赴阿根廷出席二十国集团领导人第13次峰会并对阿进行国事访问。两国元首一致同意，以更加广阔视野谋划两国关系发展蓝图，携手开创中阿全面战略伙伴关系新时代。双方发表《中华人民共和国和阿根廷共和国联合声明》，签署两国政府未来五年共同行动计划以及经贸、农业、质检、金融、基础设施建设、教育、文化等领域20余份合作文件和商业协议。年内，中共中央政治局委员、中央书记处书记、中央纪委副书记、国家监察委员会主任杨晓渡访问阿根廷，国务委员兼外交部长王毅赴阿出席二十国集团外长会议并访阿，全国人大常委会副委员长郝明金赴阿出席二十国集团议长大会，财政部部长肖捷等访阿。阿根廷央行行长吉多·桑德莱里斯、农业产业部部长路易斯·埃切韦雷等访华。

双边合作机制运行良好。中阿经济合作与协调战略对话第四次会议、中阿议会政治对话委员会第三次会议等顺利召开。

两国经贸合作深入发展。阿方积极参与首届中国国际进口博览会。两国签署避免双重征税和防止逃避税、促进贸易和投资、加强基础设施领域合作、加强财金合作、服务贸易、电子商务等合作协议。双方水电、铁路、光伏等重大合作项目进展顺利，基础设施建设、新能源、农业、金融、质

检等领域形成一批新成果。中国建筑集团有限公司所属中建美国公司同阿方签署以政府和社会资本合作模式（PPP）开展国道B线项目合作合同，系中资企业首次参与阿PPP项目合作。

两国在联合国、二十国集团、世界贸易组织等国际组织和多边机制中保持良好协调配合。阿方积极支持和参与中拉整体合作。两国军事交流活跃，中国国防政策代表团、国防大学代表团、国家国防科技工业局代表团等访阿，阿方多名军官来华参训。

两国人文交流丰富活跃。两国教育部门签署相互承认高等教育学位的协议，中国孔子学院总部与阿根廷科尔多瓦国立大学签署合作设立科尔多瓦国立大学孔子学院的协议。两国文化部门签署2019—2023年文化合作执行计划。国家广播电视总局、中央广播电视总台分别同阿根廷公共传媒管理部门、国家广播电视台签署合作协议。新华社和阿根廷公共媒体国务秘书处共同在布宜诺斯艾利斯举行中拉媒体论坛。习近平主席著作《摆脱贫困》《之江新语》西班牙文版首发仪式暨中阿治国理政研讨会在阿成功举行。布宜诺斯艾利斯“欢乐春节”庙会等文化交流活动受到当地民众热烈欢迎，参与人数创下新纪录。中阿足球合作项目正式启动，中国青少年球员赴阿接受训练。

亚美尼亚
(Armenia)

2018年，中华人民共和国与亚美尼亚共和国友好合作关系健康稳定发展，各领域交流合作取得新进展。

双方各层级保持积极交往，政治互信不断巩固。9月，中国银行保险监督管理委员会主席郭树清访亚。7月，最高人民检察院副检察长张雪樵访亚。5月，亚共和党副主席穆舍格·拉拉扬来华出席首届上海合作组织政党论坛。7月，亚能源基础设施和自然资源部长阿尔图尔·格里高良访华。9月，亚文化部副部长季格兰·格尔斯江来华出席第三届丝绸之路国际文化博览会。同月，亚外交部副部长帕毕强来华举行外交部磋商。中亚两国在涉及对方核心利益问题上相互支持，在联合国等多边场合保持良好沟通和协调。

中亚务实合作稳步推进。中国连续十年稳居亚第二大贸易伙伴国。中国对亚援助项目取得良好反响，中方援亚的中亚友谊学校建成并投入使用，200辆援亚救护车正式交付，亚总理尼科尔·帕什尼扬出席上述项目交接仪式。

中亚人文交流日益活跃。双方人员往来趋于频繁，媒体、智库和高校交流更加密切，黑龙江电视周在亚成功举办，中国社会科学院与亚埃里温国立大学共建“中国研究中心”正式揭牌。

澳大利亚
(Australia)

2018年，中华人民共和国与澳大利亚保持各领域交往与合作。

两国高层保持交往。11月，国务院总理李克强在出席新加坡东亚合作领导人系列会议期间同澳总理斯科特·莫里森举行第六轮中澳总理年度会晤。5月，国务委员兼外交部长王毅在出席阿根廷二十国集团外长会期间会见澳时任外长朱莉·毕晓普。同月，澳时任贸易、旅游与投资部长史蒂文·乔博来华观看澳式橄榄球联赛。8月，王毅国务委员兼外长在出席新加坡东亚合作系列外长会期间会见毕晓普外长（时任）。9月，王毅国务委员兼外长在出席联合国大会期间会见澳外长玛丽斯·佩恩。11月，王毅国务委员兼外长同佩恩外长在北京举行第五轮中澳外交与战略对话。同月，澳贸易、旅游与投资部长西蒙·伯明翰来华出席首届中国国际进口博览会。12月，澳前总理约翰·霍华德率团来华出席中澳高级别对话第五次会议。

两国经贸联系紧密。中国继续保持澳大利亚第一大贸易伙伴、第一大进口来源地、第一大出口市场地位。澳是中国第八大贸易伙伴。中澳自贸协定继续实施。2018年1月1日双方进行自贸协定框架下第四轮降税。11月，116家澳企业来华参加首届中国国际进口博览会，共与338家中国企业达成成交意向，金额24.4亿美元。同时，也存在中国企业赴澳投资经营遇到困难的情况。

人文交流不断加强。中国目前在澳建有14家孔子学院、6所孔子课堂。中澳互为重要客源地和旅游目的地。据中方统计，2018年澳公民访华75.2万人次。据澳方统计，2018年中国公民访澳159万人次。中国是澳第一大游客和旅游收入来源国。

防务合作持续推进。8月，中国海军舰艇赴澳参加“卡卡杜—2018”联合军演。9月，“熊猫袋鼠—2018”中澳陆军联合训练在澳举行。10月，澳国防军司令安格斯·坎贝尔、国防部秘书长格雷格·莫里亚蒂来华同中央军委联合参谋部参谋长李作成上将共同主持第21次中澳防务战略磋商。

两国地方往来密切。年内，澳昆士兰州州督保罗·泽西、维多利亚州州长丹尼尔·安德鲁斯、西澳大利亚州州长马克·麦高文、塔斯马尼亚州州长威尔·霍奇曼、北领地首席部长迈克尔·冈纳、南澳大利亚州州长马潇等先后访华。截至2018年年底，两国已建立107对友好省州和城市关系。

与此同时，针对澳方一系列涉华错误言行，中方进行了严正交涉和坚决斗争。

奥地利
(Austria)

2018年，中华人民共和国与奥地利共和国关系提升为友好战略伙伴关系。

两国高层交往密切。10月10～13日，全国人大常委会副委员长白玛赤林率团访问奥地利。7月4～6日，国务委员兼外交部长王毅赴维也纳出席伊朗核问题外长会并访问奥地利。4月7～13日，奥地利总统亚历山大·范德贝伦率总理塞巴斯蒂安·库尔茨及多位联邦部长组成的高级别大型代表团对中国进行国事访问并出席博鳌亚洲论坛2018年年会，国家主席习近平同范德贝伦总统举行会谈，国务院总理李克强、全国人大常委会委员长栗战书分别同其举行会见。两国元首一致决定，建立中奥友好战略伙伴关系，推动中奥务实合作迈上新台阶。会谈后，双方发表了《中华人民共和国和奥地利共和国关于建立友好战略伙伴关系的联合声明》。两国元首共同见证了“一带一路”合作、司法、创新、交通、现代流通、文化、体育和知识产权等领域双边合作文件的签署。8月31日至9月2日，库尔茨总理访问香港特别行政区。5月29日至6月5日，奥地利国民议会第二议长多丽丝·布雷斯率奥中友协高级代表团访华。10月15～17日，奥财政部部长哈特维希·勒格尔访华。11月4～8日，奥数字化和经济区位部部长玛格丽特·施拉姆伯克率团出席首届中国国际进口博览会。

中奥各领域交流合作取得积极进展。中欧班列（蓉欧快线）成都—维也纳线开通，范德贝伦总统出席发车和接车仪式。海南航空开通深圳—维也纳航线。中国国际经济贸易仲裁委员会欧洲中心落户维也纳。2018中国商务论坛在奥地利成功举办。奥地利驻成都总领事馆正式开馆。奥还作为观察员参加了第七次中国—中东欧国家领导人会晤。

截至2018年年底，两国已建立18对友好省州（城市）关系。

阿塞拜疆
(Azerbaijan)

2018年，中华人民共和国与阿塞拜疆共和国友好合作关系保持健康稳定发展。

两国政治互信进一步深化。5月底至6月初，国务院副秘书长、国家机关事务管理局局长李宝荣访阿。2月和11月，阿经济部长沙欣·穆斯塔法耶夫分别来华出席阿塞拜疆驻华大使馆举行的“里海国际交通走廊”推介会和首届中国国际进口博览会。6月，阿国民议会主席奥克泰·阿萨多夫访华，全国人大常委会委员长栗战书同其举行会见。9月，阿外长埃利马尔·马梅德亚罗夫来华出席天津夏季达沃斯论坛，国务委员兼外交部长王毅同其举行会见。10月，阿副总理、新阿塞拜疆党副主席兼执行书记阿里·阿赫梅多夫来华出席太湖世界文化论坛第五届年会，中共中央政治局委员、全国人大常委会副委员长王晨同其举行会见。12月，阿副总理阿里·阿赫梅多夫来华出席“中国—阿塞拜疆友好音乐会”，全国政协副主席邵鸿同其举行会见。

中阿务实合作稳步开展。双边贸易额保持稳定，中国成为阿第五大贸易伙伴和第三大进口来源国。双方不断深化共建“一带一路”合作，积极推进产能合作，拓展能源、交通、金融等领域合作。

两国人文合作持续推进。3月，中国人民外交学会前会长梅兆荣赴阿出席第六届巴库全球论坛。8月底至9月初，中国人民对外友好协会会长李小林访阿，阿总统盖达尔·阿利耶夫和第一副总统梅赫里班·阿利耶娃分别同其举行会见。9月，新华社总编辑何平访阿，阿利耶夫总统同其举行会见。两国科研机构、智库、高校等团组互访频繁。中国在阿两所孔子学院和10个汉语教学点运转良好。

巴哈马
(The Bahamas)

2018年，中华人民共和国与巴哈马国友好合作关系持续稳定发展。

两国各层级保持交往。1月，外交部长王毅（时任）在智利出席中拉论坛第二届部长级会议期间集体会见巴哈马新任驻华大使斯特林·匡特等加勒比国家代表。3月，巴哈马总理休伯特·明尼斯就习近平主席连任致贺电。11月，巴哈马外长达伦·亨菲尔德来华出席首届中国国际进口博览会，外交部副部长秦刚会见。中巴在国际事务中保持密切沟通与配合。

各领域合作有序推进。巴哈马度假村项目全面开业，贝阿巴科码头项目竣工移交，拿骚“新地标”二期工程项目封顶。中方继续向巴方提供政府奖学金和人力资源培训名额。

巴　林
(Bahrain)

2018年，中华人民共和国与巴林王国关系继续保持发展势头，各领域互利合作日益深入。

两国政治互信不断巩固。12月，国务院总理李克强、全国人大常委会委员长栗战书、全国政协主席汪洋分别向巴林新任首相哈利法·本·萨勒曼·阿勒哈利法、新任国民议会议长兼众议长福吉亚·泽娜、协商会议主席阿里·本·萨利赫·阿勒萨利赫致贺电。7月，巴林外交大臣哈立德·本·艾哈迈德·阿勒哈利法来华出席中阿合作论坛第八届部长级会议，与国务委员兼外交部长王毅共同签署《共同推进“一带一路”建设的谅解备忘录》和《互免持外交、公务和特别护照人员签证的协定》。10月，巴林文化与文物局局长梅·宾特·穆罕默德·阿勒哈利法来华出席第四届阿拉伯艺术节和中阿合作论坛第四届文化部长会议。

中巴务实合作稳步推进。两国企业合作建设的“龙城”项目运营顺利，第五期中巴农牧渔技术合作项目向前推进。

两国人文合作成果丰硕。巴林孔子学院教学工作进展顺利，首届中华文化知识竞赛成功举办。

4月24日，中国新任驻巴林大使安瓦尔向哈马德国王递交国书。

孟加拉国
(Bangladesh)

2018年，中华人民共和国与孟加拉人民共和国战略合作伙伴关系不断发展，双方进一步落实习近平主席访孟成果，深入推进“一带一路”建设。

两国高层交往密切。10月，国务委员、公安部部长赵克志访问孟加拉国，并会见孟总理谢赫·哈西娜。5月，全国政协副主席王正伟访孟。6月，孟外长阿布·哈桑·马哈茂德·阿里来华访问，会见国家副主席王岐山。11月，外交部副部长孔铉佑同孟外交秘书穆罕默德·沙希杜尔·哈克在北京举行第11轮中孟外交磋商。

经贸合作成果丰硕。2018年，中孟双边贸易额同比增长16.8%，达187.4亿美元。帕德玛大桥、卡纳普里河底隧道等重大项目陆续开工建设。正在实施的中孟友谊展览中心和中孟友谊八桥等项目稳步推进。

人文交流亮点纷呈。“欢乐春节”活动丰富多彩，涵盖游园会、图片展、风筝节、电影巡映等多种形式，第二届“中国文化月”成功在孟举办，“汉语桥”走上荧幕和社交平台。全年人文领域交流互访团组达48个，超过1100人次。

巴巴多斯
(Barbados)

2018年，中华人民共和国与巴巴多斯友好合作关系不断取得新进展。

政治互信持续增强。1月，国家主席习近平向巴新任总督桑德拉·普鲁内拉·梅森致贺电。5月，国务院总理李克强、国务委员兼外交部长王毅分别向巴新任总理米娅·莫特利、外长杰罗姆·沃尔科特致贺电。1月，外交部长王毅（时任）在智利出席中拉论坛第二届部长级会议期间集体会见巴时任外长玛克辛·麦克林等加勒比国家外长及代表。3月，巴时任总理弗罗因德尔·斯图亚特分别就习近平主席、李克强总理连任致贺函，时任外长

麦克林就王毅国务委员兼外交部长就任致贺电。11月，巴小企业、创业和商业部长德怀特·萨瑟兰德来华出席首届中国国际进口博览会。

两国各领域务实合作有序开展。山姆罗德城堡酒店项目进展顺利，中国第三批援巴医疗队抵巴工作。中巴联合在巴举办2018年“欢乐春节”暨第四届“鱼龙节”新春文化庙会。中方继续向巴方提供政府奖学金和人力资源培训名额。

2月5日，中国新任驻巴巴多斯大使延秀生向梅森总督递交国书。

白俄罗斯
(Belarus)

2018年，中华人民共和国与白俄罗斯共和国相互信任、合作共赢的全面战略伙伴关系健康稳定发展，各领域务实合作成果丰硕。

双方高层交往密切，政治互信不断巩固。6月，国家主席习近平会见来华出席上海合作组织成员国元首理事会第18次会议的白总统亚历山大·卢卡申科。10月，国务院总理李克强在塔吉克斯坦杜尚别出席上海合作组织成员国政府首脑（总理）理事会第17次会议期间同白总理谢尔盖·鲁马斯举行会见。9月，中共中央政治局常委、中央纪委书记赵乐际对白进行正式友好访问，分别会见卢卡申科总统、鲁马斯总理、国民会议共和国院主席米哈伊尔·米亚斯尼科维奇和总统办公厅主任娜塔莉娅·科恰诺娃。5月，国家副主席王岐山访白，分别同卢卡申科总统、时任总理安德烈·科比亚科夫举行会见、会谈。6月，中共中央政治局委员、中央书记处书记、中央政法委书记、中白政府间合作委员会中方主席郭声琨在北京会见白总统办公厅副主任、中白政府间合作委员会白方主席尼古拉·斯诺普科夫。7月，白总统办公厅副主任瓦列里·米茨克维奇来华出席“一带一路”法治合作国际论坛，中共中央政治局委员、中央书记处书记、中央政法委书记郭声琨同其举行会见。11月，白总统办公厅副主任、中白政府间合作委员会白方主席斯诺普科夫来华主持召开委员会第三次会议并出席首届中国国际进口博览会，中共中央政治局委员、中央书记处书记、中央政法委书记、委员会中方主席郭声琨在北京与其共同主持召开委员会第三次会议。中白在涉及对方核心利益问题上相互支持，在国际组织中保持密切协作。

中白务实合作稳步推进。双方在能源、交通、基础设施、科技、农业等领域合作进展顺利。“一带一路”建设的重点项目——中白工业园取得阶段性成果。双方地方合作有序开展。

中白人文交流日益深入。白在华举办“白俄罗斯旅游年”活动。8月，双方对两国持普通护照人员互免签证。

中白两军交流持续加强。4月，国务委员兼国防部长魏凤和上将访白。7月，中国人民解放军仪仗方队赴白参加白独立日阅兵式。

比利时
(Belgium)

2018年，中华人民共和国与比利时王国全方位友好合作伙伴关系保持良好发展势头。

两国高层往来频繁。10月，国务院总理李克强第三次访问比利时，同比利时首相夏尔·米歇尔举行会谈，就中比合作作出新规划。6月，国务委员兼外交部长王毅在布鲁塞尔出席中欧高级别战略对话期间，会见比利时副首相兼外交大臣迪迪埃·雷德尔斯。11月，比利时副首相兼就业、经济与外贸大臣克里斯·皮特斯来华出席首届中国国际进口博览会。

两国务实合作不断加强。双方在现代农业、微电子、生物医药、航空航天、金融保险等领域的合作取得新成果。“一带一路”合作持续推进。中欧班列开通唐山—安特卫普、郑州—列日新线路。深圳、香港—布鲁塞尔客运直航航线接连开通，上海—列日货运直航航线正式通航。科技合作亮点不断。中芯国际集成电路制造有限公司与比微电子研究中心合作项目有序推进。新鲁汶科技园区建设进展顺利，一期预计于2019年交付使用。

人文交流丰富多彩。中欧旅游年2018年年初在布鲁塞尔盛大启动，2018“欢乐春节”系列文化活动在比全境成功举办，引发热烈反响。布鲁塞尔漫画博物馆“中国漫画全景——漫画中20世纪中国人的故事”展览吸引大量民众参观。

地方合作日益深入。截至2018年年底，两国已建立27对友好省市关系。

贝　宁
(Benin)

2018年，中华人民共和国与贝宁共和国友好合作关系顺利推进。

两国政治互信不断加深。3月，贝宁总统帕特里斯·塔隆致函祝贺国家主席习近平再次当选。贝宁议长阿德里安·温贝吉致函祝贺全国人大常委会委员长栗战书当选。贝宁经社理事会主席塔贝·比昂致函祝贺全国政协主席汪洋当选。9月，塔隆总统来华出席中非合作论坛北京峰会，习近平主席、国家副主席王岐山分别同其会见。两国元首共同见证了经济、文化等领域合作文件签署。9月，贝宁旅游、文化与体育部长奥斯瓦尔德·奥梅基赴敦煌出席丝绸之路国际文博会。11月，贝宁工业与贸易部长塞尔日·阿希苏赴上海出席中国国际进口博览会。

两国经贸合作有序推进。中方提供无偿援助实施的友谊体育场维修工程进展顺利，提供优惠贷款实施的三城市供水项目按期开工。8月，中方提供优惠贷款实施的国家宽带网一期项目竣工。

两国人文交流亮点纷呈。年内，中国文化中心共举办60余场文化活动，“欢乐春节”“汉语桥”成为中国在贝宁经典文化活动品牌。7月，中国驻贝宁大使馆举办援贝医疗队40周年系列庆祝活动，组织医疗队赴外地义诊，受到当地媒体广泛报道。9月，中国文化中心举办成立30周年庆典系列活动，在当地民众中取得良好效果。

玻利维亚
(Bolivia)

2018年，中华人民共和国与多民族玻利维亚国关系迈上新台阶，各领域交流合作取得新进展。

政治互信日益巩固。6月，玻利维亚总统埃沃·莫拉莱斯对中国进行国事访问，国家主席习近平主持会谈，两国元首就双边关系等议题充分交换意见并达成广泛共识，宣布建立中玻战略伙伴关系。国务院总理李克强、全国人大常委会委员长栗战书分别会见。其间，发表《中华人民共和国与多民族玻利维亚国联合声明》。5月，玻时任外长费尔南多·瓦纳库尼正式访华，国务委员兼外交部长王毅会见。10月，玻国防部长哈维尔·萨瓦莱塔·洛佩斯来华参加第八届北京香山论坛及第四届中拉防务高级别论坛。11月，玻农村发展与土地部长塞萨尔·科卡里科、新闻部长吉塞拉·洛佩斯出席首届中国国际进口博览会。

务实合作成果丰硕。双方签署两国政府共建“一带一路”谅解备忘录等合作文件。中国保持玻全球第二大贸易伙伴地位。实现玻咖啡、藜麦、大豆输华。拓展产能、能矿、基建、科技等领域合作。

教育、文化、体育等领域交流顺畅。中方连续九年在玻举办“欢乐春节”主题活动，积极在玻推广中华武术，并作为主要参展国参加第23届拉巴斯国际图书节。圣西蒙大学孔子学院运行良好。

波斯尼亚和黑塞哥维那
(Bosnia and Herzegovina)

2018年，中华人民共和国与波斯尼亚和黑塞哥维那友好合作关系稳步发展，各领域交流与合作不断深化。

两国高层保持接触。7月，国务院总理李克强在保加利亚首都索非亚出席第七次中国—中东欧国家领导人会晤期间同波黑部长会议主席戴尼斯·兹维兹迪奇举行双边会见。

两国经贸、科技、能源、人文等领域务实合作进展顺利。9月，商务部国际贸易谈判代表兼副部长傅自应（时任）访波并召开中波第五届经贸混委会会议。11月，科学技术部副部长张建国访波并出席第三届中国—中东欧国家创新合作大会。11月，中国企业承建的斯塔纳里火电站两年运行维护期顺利结束。巴尼亚卢卡大学孔子学院正式成立，莫斯塔尔大学开设汉语选修课程。5月29日，《中华人民共和国政府与波斯尼亚和黑塞哥维那部长会议关于互免持普通护照人员签证的协定》正式生效。天津、北京、辽宁等地方代表团访波。9月，萨拉热窝市市长阿卜杜拉·斯卡卡来华出席世界经济论坛2018年新领军者年会。

波黑积极参与中国—中东欧国家合作。4月，中国—中东欧国家农业投资与装备合作博览会在波黑莫斯塔尔举办。5月，波黑派代表来华出席第六届中国—中东欧国家教育政策对话。6月，波黑部长会议副主席兼外经贸部部长米尔科·沙罗维奇来华出席第三届中国—中东欧国家经贸促进部长级

会议。11月，第三届中国—中东欧国家创新合作大会在波黑首都萨拉热窝举办。12月，波黑部长会议副主席兼外经贸部部长、“16+1合作”波黑国家协调员沙罗维奇来华出席第12次中国—中东欧国家合作协调员会议。

博茨瓦纳
(Botswana)

2018年，中华人民共和国与博茨瓦纳共和国友好合作关系取得新的重要进展。

两国高层交往密切。4月，国家主席习近平致电视贺莫克维齐·马西西就任博茨瓦纳总统，马西西总统致函视贺习近平再次当选中国国家主席。8月30日至9月5日，马西西总统来华出席中非合作论坛北京峰会并对中国进行国事访问，习近平主席同其举行会谈，国务院总理李克强会见。两国元首见证签署《中华人民共和国政府和博茨瓦纳共和国政府关于互免持外交、公务和官员护照人员签证的协定》等多项双边合作文件。7月，博国际事务与合作部部长尤妮蒂·道访华，国家副主席王岐山会见，国务委员兼外交部长王毅同其举行会谈。

两国各领域合作进展顺利。7月，中共中央对外联络部副部长徐绿平率中共代表团访博。同月，中国—博茨瓦纳经贸论坛在哈博罗内举行，中国国际贸易促进委员会会长姜增伟率中国企业家代表团出席。8月，中国国际贸易促进委员会与博茨瓦纳投资贸易中心在北京共同举办中国—博茨瓦纳商务论坛。中国援博莫帕尼小学、卡尊古拉小学等项目稳步推进。年内，南京“小红花”艺术团、深圳海外文化交流艺术团相继赴博访演。

巴　西
(Brazil)

2018年，中华人民共和国与巴西联邦共和国全面战略伙伴关系持续稳定发展。

两国高层交往密切。7月，国家主席习近平同巴西总统米歇尔·特梅尔在金砖国家领导人第十次会晤期间举行双边会见。10月，习近平主席向巴西当选总统雅伊尔·梅西亚斯·博索纳罗致贺电，国家副主席王岐山向巴西当选副总统安东尼奥·汉密尔顿·马尔丁斯·莫朗致贺电。12月，习近平主席在阿根廷出席二十国集团领导人第13次峰会期间，同包括特梅尔总统在内的金砖国家领导人举行非正式会晤。5月，王岐山副主席和国务委员兼外交部长王毅分别会见来华的巴西外交部长阿洛伊西奥·努内斯。6月，中共中央政治局委员、中央外事工作委员会办公室主任杨洁篪赴南非出席第八次金砖国家安全事务高级代表会议期间，同巴西总统府机构安全办公室主任塞尔吉奥·埃切戈延上将举行双边会见。6月，中共中央政治局委员、中央书记处书记、中央纪委副书记、国家监察委员会主任杨晓渡访问巴西。年内，工业和信息化部部长苗圩、海关总署署长倪岳峰等分别访问巴西。

两国经贸务实合作成果显著，呈现贸易、投资、金融“三驾马车”并驾齐驱的良好格局。双边贸易额突破1000亿美元，中国连续十年保持巴西第一大贸易伙伴地位，巴西是中国在拉美地区最大贸易伙伴和最大投资目的地。巴西作为主宾国派高级代表团参加首届中国国际进口博览会。两国产能与投资合作持续深入。中国国家电网承建的、采用中国自主研发特高压输电技术的巴西美丽山水电站特高压直流输电二期项目等重大合作项目进展顺利。

两国在联合国、二十国集团、金砖国家等国际组织和多边机制中合作密切，并就全球经济治理、气候变化等重大国际问题保持良好沟通与协调。

两国政党、科技、人文等领域交流合作活跃。巴西社会民主党、劳工党、民主工党、共产党等主要党派高级代表来华出席第二届中拉政党论坛。中巴地球资源卫星合作30周年庆祝活动顺利举行，中巴地球资源卫星04A星研发工作稳步推进。“万里共婵娟——中巴艺术家欢庆中秋”交响音乐会、“文化中国·四海同春”等文化交流活动成功举办。巴西正式将8月15日设立为“中国移民日”。

文　莱
(Brunei Darussalam)

2018年，中华人民共和国与文莱达鲁萨兰国关系积极发展，各领域交流合作持续拓展。

两国高层交往密切。11月，国家主席习近平对文莱进行国事访问，同文莱苏丹哈桑纳尔·博尔基亚举行会谈。访问发表联合声明，两国元首一

致决定将两国关系提升为战略合作伙伴关系，引领中文关系迈上更高台阶。8月，最高人民检察院检察长张军赴文莱出席中国—东盟成员国总检察长会议。6月，文莱外交与贸易部（现已更名为外交部）第二部长艾瑞万访华。

各领域交流与合作进一步提升。11月，双方签署《中华人民共和国政府与文莱达鲁萨兰国政府关于共同推进丝绸之路经济带和21世纪海上丝绸之路倡议框架下的合作规划》《中华人民共和国政府与文莱达鲁萨兰国政府关于建立政府间联合指导委员会的谅解备忘录》。恒逸石化股份有限公司大摩拉岛项目进入全面施工建设阶段；"广西—文莱经济走廊"建设走深走实。两国人文交往不断密切，文莱赴华留学和培训人数呈上升势头。防务合作稳步推进，中国人民解放军南部战区海上安全代表团访问文莱，文莱海军司令率"达鲁塔克瓦"舰参加首次中国—东盟海上联合演习实船演练。

保加利亚
(Bulgaria)

2018年，中华人民共和国与保加利亚共和国全面友好合作伙伴关系深入发展。

两国高层交往密切，政治互信不断加深。3月，保加利亚总统鲁门·拉德夫、总理博伊科·博里索夫、副总理兼外交部长埃卡特里娜·扎哈里埃娃分别向国家主席习近平、国务院总理李克强、国务委员兼外交部长王毅致就职贺信。7月5～8日，李克强总理对保加利亚进行正式访问并出席在保加利亚首都索非亚举办的第七次中国—中东欧国家领导人会晤。10月18～21日，全国人大常委会副委员长曹建明赴保加利亚出席第四次中国—中东欧国家地方领导人会议，其间分别会见拉德夫总统、博里索夫总理、国民议会副议长埃米尔·赫里斯托夫和议会保中友好小组主席迪米特尔·博伊切夫。

两国外交部合作良好。5月，王毅国务委员兼外长在出席二十国集团外长会议期间，会见扎哈里埃娃副总理兼外交部长。6月，外交部副部长王超访问保加利亚，会见扎哈里埃娃副总理兼外交部长，并同副外长格奥尔格·格奥尔吉埃夫会谈。

两国经贸合作稳步推进，科学、农业、文化等领域合作取得新进展。4月，科学技术部副部长黄卫访问保加利亚，与保教育科学部副部长伊万·迪莫夫共同主持召开中保政府间科技合作委员会第16届例会。同月，财政部副部长程丽华赴保加利亚出席第13届亚欧财长会议。5月，中国科学院院长白春礼访问保加利亚。同月，农业农村部部长韩长赋访问保加利亚，与保农业、食品和林业部长鲁门·波罗扎诺夫共同主持召开中保农业合作工作组第三次会议。11月，保加利亚经济部长埃米尔·卡拉尼科洛夫来华出席首届中国国际进口博览会。

保加利亚积极参与“一带一路”建设、中国—中东欧国家合作。6月，卡拉尼科洛夫经济部长来华出席第三次中国—中东欧国家经贸促进部长级会议。7月，第七次中国—中东欧国家领导人会晤在保加利亚首都索非亚举办。10月，第四次中国—中东欧国家地方领导人会议在保加利亚首都索非亚举办，辽宁、河北、天津、江苏、山东、河南、海南、重庆、黑龙江、陕西、青海、四川、浙江、甘肃、江西等省市派团与会。

国务院总理李克强对保加利亚进行正式访问

2018年7月5～8日，国务院总理李克强对保加利亚进行正式访问。李克强总理会见保加利亚总统拉德夫，出席拉德夫总统举行的家宴，同总理博里索夫举行会谈，出席博里索夫总理举行的欢迎仪式和欢迎宴会。访问取得丰硕成果，两国政府共同发表《中华人民共和国政府和保加利亚共和国政府联合公报》，两国总理见证了《中国国家能源局与保加利亚能源部关于和平利用核能合作的谅解备忘录》《中华人民共和国商务部和保加利亚共和国经济部关于中小企业合作谅解备忘录》《中华人民共和国政府和保加利亚共和国政府科学技术合作协定》等10项合作文件的签署。

布基纳法索
(Burkina Faso)

2018年5月26日，中华人民共和国与布基纳法索恢复大使级外交关系。5月26～31日，布外交与合作部长阿尔法·巴里访华，国务委员兼外交部长王毅同其举行会谈、签署《中华人民共和国与布基纳法索关于恢复外交关系的联合公报》并共同会见记者，宣布两国恢复外交关系。28日，全国政协主席汪洋会见巴里外长。

复交后，两国高层交往不断增加。7月，国务院副总理胡春华访布，同布总统罗克·马克·克里斯蒂安·卡博雷、总理保尔·卡巴·蒂耶巴分别举行会见、会谈。8～9月，卡博雷总统来华进行国事访问并出席中非合作

论坛北京峰会，国家主席习近平举行会谈，国务院总理李克强会见。10月，执政党人民进步运动代主席、总统府国务部长西蒙·孔波雷访华，中共中央政治局委员、中共中央宣传部部长黄坤明，中共中央对外联络部副部长郭业洲分别会见。11月，布国防和退伍军人部长让·克洛德·布达来华出席珠海航展，中央军委国际军事合作办公室副主任宋延超同其会见。年内，布农业、通讯部长等多名内阁成员分别访华，同中方有关部门建立联系。

两国各领域合作交流迅速恢复。7月，中方派遣的农业、培训专家组和医疗队陆续抵布工作。9月，中非合作论坛北京峰会期间，双方签署了外交、经济、农业、基础设施建设等领域合作文件。复交后，中方妥善接收64名布在台留学生和新生赴大陆就读。8月，布主流新闻媒体代表团访华。12月，国家汉办同意布博博–迪乌拉索工业大学和天津工业大学联合申办布首个孔子学院。同月，温州医科大学组派“光明行”医疗队赴布，在布首都瓦加杜古免费开展146例白内障手术，并向当地医院赠送医疗器材。

中国驻布基纳法索大使馆于7月正式开馆，布驻华大使馆于9月正式开馆。

11月16日，中国新任驻布基纳法索大使李健向卡博雷总统递交国书。

布隆迪
(Burundi)

2018年，中华人民共和国与布隆迪共和国友好合作关系持续深入发展。

两国政治交往频繁。3月，布隆迪总统皮埃尔·恩库伦齐扎致函祝贺习近平再次当选国家主席。9月，布隆迪第二副总统约瑟夫·布托雷来华出席中非合作论坛北京峰会，习近平主席、国家副主席王岐山分别同其会见。10月，全国政协副主席刘奇葆访问布隆迪，分别会见恩库伦齐扎总统、国民议会议长帕斯卡尔·尼亚本达，同参议长雷韦里安·恩迪库里约举行会谈。12月，布隆迪外交部部长助理贝尔纳·恩塔希拉贾访华。

两国经贸合作顺利推进。5月，中国援助的布隆迪总统府二期项目开工。6月，农业示范中心项目开工。9月，两国签署中国向布隆迪提供紧急粮食援助的换文。10月，胡济巴济水电站项目开工。

两国人文交流不断发展。6月，第二期“光明行”眼科义诊活动在布隆迪顺利实施。同月，中国第17批和第18批援助布隆迪医疗队顺利完成交接工作。11月，浙江婺剧团在布举行专场演出。

佛得角

(Cabo Verde)

2018年，中华人民共和国与佛得角共和国友好合作关系发展势头良好，各领域合作取得积极成果。

两国继续保持高层交往。7月，国家主席习近平就佛得角独立43周年向若热·丰塞卡总统致贺电。3月，丰塞卡总统就国家主席习近平再次当选来函致贺，总理若泽·席尔瓦就国务院总理李克强再次就任来函致贺，国民议会议长若热·桑托斯就全国人大常委会委员长栗战书当选来函致贺。11月，全国政协副主席万钢访问佛得角，分别会见丰塞卡总统、席尔瓦总理和桑托斯议长。9月，席尔瓦总理来华出席中非合作论坛北京峰会，习近平主席同其举行双边会见，国务院副总理韩正同其会见。

两国经贸合作成果丰硕。9月，中佛签署了《中华人民共和国政府与佛得角共和国政府关于共同推进丝绸之路经济带和21世纪海上丝绸之路建设的谅解备忘录》等双边合作协议。4月，中国援佛得角议会堂维修项目竣工移交，电子政务网项目二期、佛得角大学新校区等项目进展顺利。11月，佛得角工商业与能源部长亚历山大·蒙特罗来华出席首届中国国际进口博览会。

两国人文交流更趋活跃。6月，佛得角文化与创意产业部长兼社会传媒部长阿布拉昂·维森特来华出席第四届中非媒体合作论坛。

柬埔寨

(Cambodia)

2018年，中华人民共和国与柬埔寨王国全面战略合作伙伴关系发展顺利。

两国高层交往频繁。1月，国务院总理李克强正式访问柬埔寨并出席澜湄合作第二次领导人会议。11月，全国人大常委会副委员长张春贤访问柬埔寨。6月，国务委员兼国防部长魏凤和上将访问柬埔寨。5月，国务委员、公安部部长赵克志访问柬埔寨。

2月和9月，柬埔寨国王诺罗敦·西哈莫尼和太后诺罗敦·莫尼列两次来华查体休养。9月，柬埔寨首相洪森来华出席第15届中国—东盟博览会。10月，柬埔寨参议院主席赛冲访华。9月，柬埔寨参议院第二副主席迪翁来华出席第17届中国西部国际博览会。10月，柬埔寨副首相兼国防大臣迪班来华出席北京香山论坛并访华。

两国各领域合作不断深化。中国是柬埔寨第一大贸易伙伴、最大外资来源国和旅游客源国。中国文化中心和孔子学院开展丰富活动，受到柬埔寨民众欢迎。中方继续向柬留学生提供政府奖学金。中方援柬陆军学院、王家军总医院等项目顺利执行。两国执法部门在打击电信诈骗等方面保持密切配合。

12月13日，中国新任驻柬埔寨大使王文天向西哈莫尼国王递交国书。

喀麦隆
(Cameroon)

2018年，中华人民共和国与喀麦隆共和国友好合作关系保持快速发展势头。

两国高层交往频繁。3月，喀麦隆总统保罗·比亚致函祝贺习近平再次当选国家主席。3月，比亚总统来华进行国事访问，习近平主席同其举行会谈，国务院总理李克强、全国人大常委会委员长栗战书分别同其会见。8～9月，比亚总统来华出席中非合作论坛北京峰会，习近平主席、全国政协主席汪洋分别同其会见。

两国经贸合作持续推进。3月比亚总统访华期间，两国元首见证签署《中华人民共和国国家发展和改革委员会与喀麦隆共和国经济、计划与领土整治部关于开展产能合作的框架协议》等合作文件。8～9月比亚总统来华出席中非合作论坛北京峰会期间，两国元首见证签署了《中华人民共和国政府与喀麦隆共和国政府关于共同推进丝绸之路经济带和21世纪海上丝绸之路建设的谅解备忘录》等合作文件。3月，使用中方优惠性质贷款建设的克里比深水港一期投入商业运营。

两国人文、军事等领域交流合作成果丰富。中国少林武僧团、宁夏银川艺术团等访喀。中国第18批和第19批援助喀麦隆医疗队顺利完成交接工作。6月，中国海军第28批护航编队访喀。10月，喀国防部负责老兵和战争伤亡者事务的国务秘书贡巴·伊萨来华出席第八届北京香山论坛。

7月6日，中国新任驻喀麦隆大使王英武向比亚总统递交国书。

加拿大
(Canada)

2018年，中华人民共和国与加拿大保持双边交往。11月14日，国务院总理李克强在新加坡出席东亚合作领导人系列会议期间，同加总理贾斯廷・特鲁多举行第三次中加总理年度对话。6月10～13日，中共中央政治局委员、全国人大常委会副委员长王晨率全国人大代表团访加。1月24日，中共中央政治局委员、中央财经领导小组办公室主任刘鹤（时任）在达沃斯会见加财政部长威廉・莫诺。11月12日，国务委员王勇与加财政部长莫诺、国际贸易多元化部长詹姆斯・卡尔在北京共同主持首轮中加经济财金战略对话。8月3日，国务委员兼外交部长王毅在新加坡出席东亚合作系列外长会议期间会见加外长克里斯蒂娅・弗里兰。9月24日，王毅国务委员兼外长在纽约出席联合国大会期间会见弗里兰外长。10月10日，王毅国务委员兼外长应约同弗里兰外长通电话。9月7日，外交部副部长郑泽光与加外交部副部长伊恩・舒加特在渥太华共同主持第17次中加外交部政治与安全磋商。年内，中共中央对外联络部部长宋涛、文化部部长雒树刚（时任）、农业农村部部长韩长赋等分别访加。加遗产部长麦勒尼・乔利（时任）、农业与农产品部长劳伦斯・麦考利、小企业和旅游部长楚萱歌（时任）、小企业与出口促进部长伍凤仪、环境与气候变化部长凯瑟琳・麦克纳以及加前总理让・克雷蒂安、斯蒂芬・哈珀等访华。

两国各领域务实合作继续推进。双边贸易额持续增长，中国继续保持加第二大贸易伙伴地位。3月，加成为亚洲基础设施投资银行正式成员。加方作为主宾国参加首届中国国际进口博览会。双方举行中加文化联委会首次会议、第二次中加环境部长级对话、首次中加气候变化部长级对话、第七届中加科技合作联委会会议、首届中加创新对话等。中国是加第三大旅游客源国和最大的留学生来源国。双方共同举办2018中加旅游年相关活动。2018年是“中加学者交换项目”创立45周年。两国地方交流频繁。截至2018年年底，双方已结成63对友好省市。加魁北克省省长、不列颠哥伦比亚省省长、诺瓦斯科舍省省长、萨斯喀彻温省省长、纽芬兰和拉布拉多省省长、爱德华王子岛省省长等分别访华。

双方在联合国安理会改革、应对气候变化、维和等重大国际地区问题

上保持沟通与协调。双方发表了《中华人民共和国政府和加拿大政府关于应对海洋垃圾和塑料的联合声明》。

与此同时，针对加方无理拘押中国公民等错误言行，中方进行了严正交涉和坚决斗争。

中 非
(Central African Republic)

2018年，中华人民共和国与中非共和国友好合作关系保持良好发展势头。

两国政治交往不断。3月，中非总统福斯坦·阿尔尚热·图瓦德拉致函祝贺习近平再次当选国家主席。9月，图瓦德拉总统来华出席中非合作论坛北京峰会，习近平主席，中共中央政治局常委、中央纪委书记赵乐际分别同其会见。7月，中非国民议会第一副议长让·桑佛里耶·马邦泽率中非议员团来华参加研修班。

两国经贸合作稳步推进。3月，中国援建的萨贝格断桥重建项目顺利竣工。9月图瓦德拉总统来华出席中非合作论坛北京峰会期间，两国元首见证签署《中华人民共和国政府和中非共和国政府经济技术合作协定》等合作文件。5月，中方向中非方提供紧急粮食援助。8月，中方向中非方捐赠医疗药械等设备。

4月30日，中国新任驻中非大使陈栋向图瓦德拉总统递交国书。

乍 得
(Chad)

2018年，中华人民共和国与乍得共和国友好合作关系顺利发展。

两国高层交往密切。3月，乍得总统伊德里斯·代比·伊特诺致函祝贺习近平再次当选国家主席。6月，中共中央政治局委员、重庆市委书记陈敏尔率领中共代表团访问乍得，会见代比总统，同乍执政党爱国拯救运动总书记穆罕默德·泽内·巴达举行会谈。9月，代比总统来华出席中非合作论坛北京峰会，习近平主席、全国人大常委会委员长栗战书分别同其会见。

10月，乍经济和发展规划部长伊萨·杜卜拉涅访华。

两国经贸等领域合作稳步推进。9月代比总统来华出席中非合作论坛北京峰会期间，两国元首见证签署《中华人民共和国政府与乍得共和国政府关于共同推进丝绸之路经济带和21世纪海上丝绸之路建设的谅解备忘录》等合作文件。中国石油天然气集团有限公司乍得项目建设进展顺利，继续保持在乍最大石油生产项目地位。中国第13批和第14批援助乍得医疗队顺利完成交接工作。9～10月，中国援助乍得“光明行”眼科义诊活动成功举行。

8月3日，中国新任驻乍得大使李津津向代比总统递交国书。

智　利
(Chile)

2018年，中华人民共和国与智利共和国全面战略伙伴关系持续深入发展。

两国高层交往密切。11月，国家主席习近平同智利总统塞瓦斯蒂安·皮涅拉在亚太经合组织第26次领导人非正式会议期间举行双边会见。3月，习近平主席特使、十二届全国政协副主席马培华赴智利出席皮涅拉总统就职仪式。1月，外交部长王毅(时任)对智利进行正式访问并出席中拉论坛第二届部长级会议。5月，国务委员兼外交部长王毅同智利外长罗伯特·安普埃罗在二十国集团外长会期间举行双边会见。9月，安普埃罗外长对中国进行正式访问，国家副主席王岐山、王毅国务委员兼外长分别同其举行会见和会谈。

两国经贸合作继续深化。双边贸易额稳步增长，中国保持智利第一大贸易伙伴地位，智利农副产品对华出口增长较快，智利已成为中国产汽车重要的海外市场。11月，智利经贸代表团赴华举办第四届“智利周”，并出席首届中国国际进口博览会。中智双方签署《中华人民共和国政府与智利共和国政府关于共同推进丝绸之路经济带和21世纪海上丝绸之路建设的谅解备忘录》。双方能源、电力、矿业、农业、基础设施、清洁能源、信息通信、金融等领域合作不断扩大。

两国人文、科技等领域交流合作丰富。“欢乐春节”系列活动在智利举办，深圳艺术团、东方歌舞团等多个高水平艺术团在智利各地巡演，中国电影代表团举办2018智利“中国电影周”，中国图书代表团参加圣地亚哥国

际图书博览会。两国在政府间科技合作混委会框架下的合作稳步进行，中智自然灾害管理领域联合研究项目首次立项实施，首届“中智水资源管理合作研讨会”在智利举办。

两国在联合国、亚太经合组织等国际组织和多边机制内保持良好沟通协作，共同推动中拉论坛建设和中拉整体合作。1月，中拉论坛第二届部长级会议在智利召开。

哥伦比亚
(Colombia)

2018年，中华人民共和国与哥伦比亚共和国友好合作关系取得积极进展。

保持高层交往，巩固政治互信。8月，国家主席习近平特使、交通运输部部长李小鹏赴哥伦比亚出席总统权力交接仪式。5月，哥时任农业和农村发展部长胡安·苏卢阿加访华。12月，哥新任外交部长卡洛斯·特鲁希略访华，国务委员兼外交部长王毅主持两国外交部第九次政治磋商，国家副主席王岐山予以会见。

经贸合作顺利推进。中国继续保持哥第二大贸易伙伴地位。中国企业积极参与哥能矿、通讯、基础设施等领域建设，积极探讨公私合营等合作模式。

文化、教育、地方等领域交流活跃。第二届中国高等教育展在哥成功举办。多个文艺团体、智库访哥，“欢乐春节”活动在哥社会反响良好。陕西、宁夏、海南等地方团组访哥，探讨结好和地方合作。哥伦比亚卡萨纳雷省、考卡省等多个省派团访华。

科摩罗
(Comoros)

2018年，中华人民共和国与科摩罗联盟友好关系稳步发展。

两国政治往来密切。3月，科摩罗总统阿扎利·阿苏马尼致函祝贺国家主席习近平再次当选、中国宪法修正案顺利通过。9月，阿扎利总统来华出席中非合作论坛北京峰会，习近平主席、国家副主席王岐山分别同其会见。11月，全国人大常委会副委员长蔡达峰访科，系两国建交以来中国最高级别往访团组。7月，科外交与国际合作、海外侨民部长苏埃夫·穆罕默德·阿明来华出席中阿合作论坛第八届部长级会议，国务委员兼外交部长王毅同其会见。

两国各领域务实合作取得积极进展。莫罗尼体育场有望提前竣工，火电、广电、抗疟疾等技术合作项目进展顺利，文教、人力资源等领域合作不断深化。

刚果共和国
(Congo)

2018年，中华人民共和国与刚果共和国［简称“刚果（布）”］的全面战略合作伙伴关系持续深入发展。

两国政治交往密切。6月，全国政协主席汪洋访问刚果（布），分别会见刚果（布）总统德尼·萨苏–恩格索、总理克莱芒·穆安巴、国民议会议长伊西多尔·姆武巴，同参议长皮埃尔·恩戈洛举行会谈。3月，萨苏总统致函祝贺习近平再次当选国家主席。9月，萨苏总统来华出席中非合作论坛北京峰会并进行国事访问，习近平主席、国务院总理李克强分别同其举行会谈、会见。7月，穆安巴总理来华出席第五届中非民间论坛，国家副主席王岐山同其会见。12月，刚果（布）外交、合作和海外侨民部秘书长西普里安·西尔韦斯特·马米纳访华。

两国经贸等领域合作顺利推进。4月，中刚非洲银行总部大楼落成启用。9月，萨苏总统来华出席中非合作论坛北京峰会并进行国事访问期间，两国元首见证签署了《中华人民共和国政府与刚果共和国政府关于共同推进丝绸之路经济带和21世纪海上丝绸之路建设的谅解备忘录》等合作文件。12月，中国—刚果（布）眼科中心揭牌成立。

4月9日，中国新任驻刚果（布）大使马福林向萨苏总统递交国书。

库克群岛
(Cook Islands)

2018年，中华人民共和国与库克群岛关系取得重要发展。两国关系提升为相互尊重、共同发展的全面战略伙伴关系。

11月，国家主席习近平在巴布亚新几内亚同建交太平洋岛国领导人举行集体会晤，其间同库克群岛总理亨利·普那举行双边会见。8月，习近平主席向库克群岛女王代表汤姆·马斯特斯致宪法日贺电。9月，国务院总理李克强、全国人大常委会委员长栗战书分别就普那连任总理、尼基·拉特尔当选议长致贺电。

其他双边交往有：5月，中国驻新西兰兼驻库克群岛大使吴玺访问库克群岛并向库克群岛女王代表马斯特斯递交国书。11月，库克群岛文化发展部长乔治·麦吉访问广东省。同月，库克群岛旅游部副部长图泰·图拉来华参加中国国际旅游交易会。中国援建阿皮尼考学校重建项目举行移交仪式。

哥斯达黎加
(Costa Rica)

2018年，中华人民共和国与哥斯达黎加共和国友好合作关系继续全面发展。

4月，国家主席习近平致电祝贺卡洛斯·阿尔瓦拉多·克萨达当选哥斯达黎加总统、全国人大常委会委员长栗战书致电祝贺卡罗琳娜·伊达尔戈·埃雷拉当选哥立法大会主席、国务委员兼外交部长王毅致电祝贺埃普西·坎贝尔·巴尔就任哥第一副总统兼外交和宗教部长。9月，两国签署《关于共同推进丝绸之路经济带和21世纪海上丝绸之路建设的谅解备忘录》。

两国各领域人员往来密切。5月，中共中央统战部副部长戴均良访哥。6月，北京市副市长王宁访哥。7月，中共中央宣传部副部长孙志军访哥，8月，中国国际贸易促进委员会副会长张伟访哥。10月，中国社会科学院副院长蔡昉、四川省副省长尧斯丹分别访哥。11月，全国政协港澳台侨委员会副主任吴国华、青海省省长刘宁分别访哥。10月，哥公共安全部长迈克尔·毛里西奥·索托·罗哈斯来华参加第四届中拉高级别防务论坛，11月，哥外贸部长迪亚拉·希门内斯·菲格雷斯来华出席首届中国国际进口博览会。

中哥经贸、文教、科技等领域合作持续发展。中方援建的国家警察学院运行良好。32号公路项目逐渐开展。“感知中国·哥斯达黎加行”系列文化活动在哥举行。中国人民大学与哥斯达黎加大学续签校际合作协议。中哥科技混委会第三次会议、第五届中拉政策和知识高端研讨会分别在哥举行。

科特迪瓦
(Côte d'Ivoire)

2018年是中华人民共和国与科特迪瓦共和国建交35周年，两国友好合作关系深入向前发展。

两国政治交往更加密切。3月，科特迪瓦总统阿拉萨内·瓦塔拉就国家主席习近平再次当选来函致贺。8月，瓦塔拉总统来华进行国事访问并出席中非合作论坛北京峰会。国家主席习近平为其举行欢迎仪式，同其举行会谈，国务院总理李克强同其会见。其间，国务委员兼外交部长王毅会见科外长马塞尔·阿蒙-塔诺。10月，外交部部长助理陈晓东访科，陕西省委常委、组织部长张广智率中共中央对外联络部代表团访科。1月、12月，科特迪瓦共和人士联盟副主席苏莱曼·科迪、副总书记索罗·大卫分别率团访华。

两国经贸合作成果丰硕。8月，两国元首共同见证《中华人民共和国政府与科特迪瓦共和国政府关于共同推进丝绸之路经济带和21世纪海上丝绸之路建设的谅解备忘录》等双边合作文件的签署。6月，中国民用航空局局长冯正霖访科，双方签署《中华人民共和国政府和科特迪瓦共和国政府民用航空运输协定》。11月，科特迪瓦商业、工业和中小企业促进部长苏莱曼·迪亚拉苏巴率团出席首届中国国际进口博览会。年内，阿比让港口改扩建项目滚装码头提前竣工，科特迪瓦电网发展和改造、铁比苏—布瓦凯高速公路项目开工。

两国人文交流活跃。8月，两国元首共同见证签署《中华人民共和国政府和科特迪瓦共和国政府关于互设文化中心的协定》。6月，全国政协副主

席郑建邦出席中国人民对外友好协会与科特迪瓦驻华大使馆共同举办的庆祝中科建交35周年招待会。中国驻科特迪瓦大使馆举办庆祝两国建交35周年系列活动。2月，河南省艺术团访科。

克罗地亚
(Croatia)

2018年，中华人民共和国与克罗地亚共和国全面合作伙伴关系稳步发展，双方各领域交流与务实合作不断拓展。

两国高层交往频密。7月，国务院总理李克强在保加利亚首都索非亚出席第七次中国—中东欧国家领导人会晤期间会见克罗地亚总理安德烈·普连科维奇。11月，国务院副总理孙春兰访克，分别会见普连科维奇总理、副总理兼外交和欧洲事务部长玛利亚·佩伊契诺维奇·布里奇。5月，全国人大常委会副委员长曹建明访问克罗地亚，会见克总统科琳达·格拉巴尔–基塔罗维奇，并同克副议长热利科·雷伊奈尔举行会谈。11月，普连科维奇总理来华出席首届中国国际进口博览会，李克强总理同其会见。

两国各领域交流与合作顺利推进。4月，中国路桥集团联合体签约承建克罗地亚佩列沙茨大桥项目，实现了中克大项目合作的历史性突破。6月，中克经济联委会第12次例会在北京举行。7月，两国警方在克旅游城市成功举行首次旅游季警务联巡。年内，浙江省、海南省、吉林省、重庆市代表团相继访克。

克罗地亚积极支持并参与中国—中东欧国家合作。5月，克科技和教育部国务秘书布兰卡·拉姆利亚克来华出席第六届16+1教育政策对话。6月，克海洋、交通和基础设施部国务秘书托米斯拉夫·米霍蒂奇来华出席在宁波举行的第三次中国—中东欧国家经贸促进部长级会议。9月，第四次16+1旅游合作高级别会议在克举行，文化和旅游部部长雒树刚率团出席。12月，16+1合作秘书处副秘书长、外交部欧洲司司长陈旭赴克举行双边关系和16+1合作事务磋商。同月，克外交和欧洲事务部国务秘书、“16+1合作”国家协调员兹德拉夫卡·布希奇来华出席第12次中国—中东欧国家合作协调员会议。

古　巴
(Cuba)

2018年，中华人民共和国与古巴共和国友好合作关系稳定发展。

双方高层交往频繁。4月，中共中央总书记、国家主席习近平分别向古共中央第一书记劳尔·卡斯特罗、新任国务委员会主席兼部长会议主席米格尔·迪亚斯–卡内尔·贝穆德斯致贺电。国务院总理李克强向迪亚斯–卡内尔主席致贺电。

3月，古共中央第一书记、古时任国务委员会主席兼部长会议主席劳尔·卡斯特罗分别致电祝贺习近平连任国家主席、李克强连任国务院总理。

5月，古巴航空公司自墨西哥租用的一架客机在哈瓦那失事，习近平总书记、国家主席和李克强总理向古方领导人致慰问电。7月，泰国普吉游船倾覆事故造成中国公民伤亡，迪亚斯–卡内尔主席向习近平总书记、国家主席和李克强总理致函慰问。9月，迪亚斯–卡内尔主席就台风“山竹”自然灾害向习近平总书记、国家主席和李克强总理致慰问电。11月，迪亚斯–卡内尔主席对中国进行国事访问并出席首届中国国际进口博览会，习近平主席、李克强总理、全国人大常委会委员长栗战书、全国政协主席汪洋分别会谈、会见。同月，迪亚斯–卡内尔主席就重庆公交车坠江和山东煤矿岩爆事故向习近平总书记、国家主席和李克强总理致慰问电。

1月，习近平总书记特使、中共中央对外联络部部长宋涛赴古通报中共十九大情况。7月，中共中央政治局委员、上海市委书记李强访古。同月，古共中央政治局委员、工人中央工会总书记乌利塞斯·吉拉特访华。9月，古国务委员会第一副主席兼部长会议第一副主席萨尔瓦多·巴尔德斯·梅萨访华，国家副主席王岐山，中共中央政治局委员、中央外事工作委员会办公室主任杨洁篪分别同其会见。同月，古共中央国际部部长何塞·拉蒙·巴拉格尔访华。10月，古部长会议副主席里卡多·卡布里萨斯·鲁伊斯访华。

两国在国际事务中相互支持。中国在第73届联大连续第27次投票支持古巴提出的《必须终止美利坚合众国对古巴的经济、商业和金融封锁》议案。

两国务实合作与人文交流稳步推进。中方派出多个高水平艺术团组赴古演出。两国继续互派留学生。

古巴国务委员会主席兼部长会议主席迪亚斯–卡内尔对中国进行国事访问

11月6～8日，古巴国务委员会主席兼部长会议主席米格尔·迪亚斯–卡内尔·贝穆德斯对中国进行国事访问并出席首届中国国际进口博览会。访问期间，国家主席习近平同迪亚斯–卡内尔主席会谈，国务院总理李克强、全国人大常委会委员长栗战书、全国政协主席汪洋分别会见。双方签署了共同推进“一带一路”建设谅解备忘录等多项合作文件。除北京外，迪亚斯–卡内尔主席还访问了上海。

会谈时，习近平主席表示，中古同为社会主义国家，是好朋友、好同志、好兄弟。这是有事实证明，并且经受住时间和国际风云变幻考验的。双方要倍加珍惜两国老一辈领导人亲手缔结和共同培育的中古友谊，把它继承好、发展好，共同谱写中古友好合作新篇章。中方高度赞赏古巴党、政府、人民坚定不移致力于发展中古关系的决心。双方要登高望远，统筹谋划，合力推动中古关系持续深入发展。政治上进一步巩固互信、相互支持，经济上互利共赢、相互帮助，治国理政上加强交流、相互借鉴。中方欢迎古方参与共建“一带一路”，双方要规划好经贸、能源、农业、旅游、生物制药等重点合作领域和项目，稳步向前推进。

迪亚斯–卡内尔主席表示，古巴是西半球第一个同新中国建交的国家。古巴人民对中国人民始终怀有友好感情，感谢中国一直支持古巴的正义事业，对古巴提供了宝贵帮助。古巴新一代领导人会矢志不移地不断巩固和加强两国同志加兄弟般的传统友谊。古中关系建立在相互尊重和互信互利的基础之上，经历了国际风云变幻的考验，也一定能经得起未来的任何挑战。古巴钦佩中国发展取得的巨大成就，古巴党高度赞同中共十九大提出的发展理念，愿学习借鉴，更好地推进国内经济社会模式更新和社会主义建设事业。古中双方要继续保持高层交往和政治对话，加强经贸、教育、文化等领域交流，密切在国际事务中的沟通协调。

塞浦路斯
(Cyprus)

2018年，中华人民共和国与塞浦路斯共和国双边关系发展势头良好，政治互信日益增强，各领域交流与合作不断推进。

两国高层交往频繁，党际交流活跃。2月，国家主席习近平就尼科斯·阿纳斯塔西亚迪斯再次当选塞浦路斯总统致就职贺电。3月，阿纳斯塔西亚迪斯总统、迪米特里斯·西卢里斯议长、塞外交部长尼科斯·赫里斯托都利迪斯分别向国家主席习近平、国务院总理李克强、全国人大常委会委员长栗战书、国务委员兼外交部长王毅致就职贺函。9月和10月，习近平主席向阿纳斯塔西亚迪斯总统致生日贺函和国庆贺电。10月，中国全国人大同塞浦路斯议会签署《中华人民共和国全国人民代表大会与塞浦路斯共和国议会合作谅解备忘录》。11月，塞浦路斯民主大会党副主席尼科斯·努里斯访华并出席“中国共产党的故事——习近平新时代中国特色社会主义思想在浙江的实践”专题宣介会。

两国各领域务实合作发展顺利。6月，塞司法部长约纳斯·尼科拉乌来华出席“一带一路”法治合作国际论坛，两国签署《中华人民共和国和塞浦路斯共和国引渡条约》。9月，商务部国际贸易谈判代表兼副部长傅自应（时任）访塞。10月，科学技术部副部长、国家外国专家局局长张建国会见塞能源商工旅游部常务秘书斯特里奥斯·西莫纳斯并召开首届中塞科技创新合作联委会，双方签署《中塞科技创新合作联委会第一次会议纪要》。11月，塞农业部长科斯塔斯·卡迪斯来华出席首届中国国际进口博览会，双方签署《中华人民共和国海关总署和塞浦路斯共和国农业、农村发展和环境部关于塞浦路斯输华乳品动物卫生和公共卫生条件议定书》。

两国文化交流精彩丰富。中方在塞先后组织“欢乐春节”巡演、中国文化节、图片展、推介会等20余场活动。拉纳卡市市长维拉斯来华出席中国国际友好城市大会，广州市、西安市分别同斯特沃罗斯市、利马索市签署合作文件。

捷　克
(Czech)

2018年，中华人民共和国与捷克共和国战略伙伴关系深入发展，各领域交流与合作不断取得新成果。

两国高层往来热络。1月，国家主席习近平第一时间向当选连任的捷克总统米洛什·泽曼致贺电。3月，泽曼总统第一时间来电祝贺习近平主席再次当选中华人民共和国主席。7月，国务院总理李克强在出席第七次中国—中东欧国家领导人会晤期间同捷克总理安德烈·巴比什举行双边会见。11

月，国务院副总理孙春兰对捷克进行正式访问，同泽曼总统、巴比什总理、第一副总理兼内务部长扬·哈马切克分别会见。10月，全国人大常委会副委员长曹建明赴捷克出席“2018中国投资论坛”。11月，泽曼总统应邀来华出席首届中国国际进口博览会，习近平主席同其会见。国务委员兼外交部长王毅会见陪同泽曼总统来华的捷克外长托马什·佩特日切克。5月，捷克众议院副主席、捷克摩拉维亚共产党主席沃伊捷赫·菲利普来华出席马克思诞辰200周年纪念活动。

两国外交部保持良好合作。3月，外交部副部长王超同捷外交部政治总司长大卫·科内茨基等在北京举行首次中国同维谢格拉德集团副外长级磋商，王毅国务委员兼外长会见。

两国各领域务实合作成果显著。中国继续是捷克在欧盟外最大贸易伙伴，捷克亦是中国在中东欧地区第二大贸易伙伴，双边贸易总额同比大幅增长30%，增幅远高于中国同欧盟整体贸易增长水平。6月，两国在浙江省义乌市召开协调推动“一带一路”合作规划工作会议。10月，中国交通银行获捷克中央银行颁发的分行牌照。年内，义乌—捷克的“义新欧”中欧班列，北京、上海、成都、西安分别直达布拉格的四条航线运营良好。捷克继续积极参与中国—中东欧国家合作。

两国人文、卫生等领域合作亮点不断。2月，“欢乐春节”活动连续四年在捷克成功举办。3月，“一带一路”课程正式在布拉格查理大学开课。11月，布拉格首家孔子学院（捷克第二家）布拉格金融管理大学孔子学院揭牌。年内，“中国电影周”、“重走古丝路 奏响大合唱”特别活动、“中医之夜·共享健康”等活动在捷克举办，均取得良好效果。

截至2018年年底，双方共有结好省（州）、市11对。

丹　麦
(Denmark)

2018年是中华人民共和国与丹麦王国建立全面战略伙伴关系十周年，双方各领域合作持续深入发展。

两国高层交往密切。6月，国家主席习近平向玛格丽特二世女王致国庆贺电。3月，玛格丽特二世女王、首相拉尔斯·勒克·拉斯穆森、外交大臣安诺斯·萨穆埃尔森分别向习近平主席、国务院总理李克强、国务委员兼外交部长王毅致就职贺电。9月，拉斯穆森首相分别向习近平主席、李克强总理致国庆贺信。9月，丹麦王储腓特烈来华出席“2018北京国际设计周”哥本哈根主宾城市活动，国家副主席王岐山同其会见。6月，萨穆埃尔森外交大臣访华，中共中央政治局委员、中央外事工作委员会办公室主任杨洁篪，王毅国务委员兼外长分别同其会见、会谈。

两国各领域合作不断拓展。科学技术部部长王志刚赴丹出席首届“全球绿色目标伙伴”峰会，中央纪委国家监委案件审理室主任陈国猛赴丹出席第18届国际反贪污大会并同丹方合办反腐败研讨会。丹首相特别代表、发展合作大臣乌拉·特尔奈斯来华出席首届中国国际进口博览会，就业大臣托尔斯·伦德·波尔森来华出席天津夏季达沃斯论坛。10月，国有资产监督管理委员会副主任徐福顺、科学技术部副部长李萌、中华全国供销合作总社理事会副主任邹天敬、中国文学艺术界联合会副主席赵实以及北京、天津、山西、海南、贵州、黑龙江、广西、江苏、宁夏、湖北、西藏、吉林等地方团组访问丹麦。11月，第二届中丹地方政府合作论坛在丹麦奥胡斯市举行，双方30多个省市代表近300人参加。丹麦能源、能效和气候事务大臣拉尔斯·克里斯蒂安·利勒霍特、环境和食品大臣雅各布·埃勒曼-延森、卫生大臣艾伦·特拉内·诺尔比、文化和宗教事务大臣麦特·博克等分别访华。国家能源局与丹麦能源、能效和气候事务部签署《中丹“质量海上风电”合作实施协议》。吉利集团收购丹盛宝银行51.5%股份，成为其控股股东。2018年中丹新增4条直航，分别是中国国际航空公司运营的北京—哥本哈根、四川航空运营的成都—哥本哈根、国泰航空和北欧航空分别运营的香港—哥本哈根。

人文交流活跃，两国围绕建立全面战略伙伴关系十周年开展了一系列庆祝活动。2月，在哥本哈根举办“欢乐春节”活动，并在丹主流媒体发行《中国特刊》，拉斯穆森首相向中国人民致以新春祝福。8月，在哥本哈根举办“设计中国·丹麦特展”。同月，在哥本哈根、努克（格陵兰）等5座城市举办“中国电影节”，上海京剧院时隔13年再次登上克隆堡“莎士比亚戏剧节”舞台。9月，首届中国丹麦文学论坛在北京举行。11月，在哥本哈根举办“中国改革开放40周年成就图片展”。截至2018年年底，两国共有17对省、市结好。

吉布提

(Djibouti)

2018年，中华人民共和国与吉布提共和国战略伙伴关系全面发展。

两国高层交往密切。3月，吉布提总统伊斯梅尔·奥马尔·盖莱、总理阿卜杜勒–卡德尔·卡米勒·穆罕默德、议长穆罕默德·阿里·胡迈德分别就国家主席习近平再次当选、国务院总理李克强再次就任、栗战书当选全国人大常委会委员长、汪洋当选全国政协主席致函祝贺。9月，盖莱总统来华出席中非合作论坛北京峰会，习近平主席、国务院副总理韩正分别同其会见。两国元首见证签署了《中华人民共和国政府与吉布提共和国政府关于共同推进丝绸之路经济带和21世纪海上丝绸之路建设的谅解备忘录》等合作文件。7月，吉外交与国际合作部长马哈茂德·阿里·优素福来华出席中阿合作论坛第八届部长级会议，国务委员兼外交部长王毅同其会见。

两国各领域合作取得积极进展。图书档案馆主体工程完工，吉布提城市安全监控系统项目举行开工仪式，社会保障房项目进展顺利。中国海军第28、29、30批护航编队先后停靠吉布提港补给休整。

8月19日，中国新任驻吉布提大使卓瑞生向盖莱总统递交国书。

多米尼克

(Dominica)

2018年，中华人民共和国与多米尼克国友好合作关系继续稳定发展。

政治互信不断深化。10月，国家主席习近平致电多总统查尔斯·萨瓦林祝贺其连任。1月，外交部长王毅（时任）在智利出席中拉论坛第二届部长级会议期间集体会见多外长芙朗辛·巴伦等加勒比国家外长或代表。3月，多总理罗斯福·斯凯里特就习近平主席连任致贺电。中多在国际事务中保持密切沟通与配合。

务实合作续有进展。西部公路灾后修复、玛格丽特公主医院维修扩建项目正式复工，约克峡谷桥项目顺利交付，农业第七期援助项目有序开展。7月，两国签署《中华人民共和国政府与多米尼克国政府关于共同推进丝绸之路经济带和21世纪海上丝绸之路建设的谅解备忘录》。10月，双方签署经济技术合作协定。

各领域合作稳步开展。6月，中方派出4名医生赴多进行援外医疗任务。10月，中国海军“和平方舟”号医院船首次对多米尼克进行友好访问并开展医疗服务。中方继续向多方提供政府奖学金和人力资源培训名额。

多米尼加
(Dominican Republic)

2018年，中华人民共和国与多米尼加共和国建立外交关系，两国各领域交流与合作顺利起步。

5月1日，多米尼加外交部长米格尔·巴尔加斯访华，同国务委员兼外交部长王毅在北京签署《中华人民共和国和多米尼加共和国关于建立外交关系的联合公报》，多米尼加宣布同台湾“断交”，中多两国正式建立大使级外交关系。访问期间，国家副主席王岐山会见巴尔加斯外长。

建交后，两国各层级交往密切，政治互信加深。11月，多总统达尼洛·梅迪纳·桑切斯对中国进行国事访问并出席首届中国国际进口博览会，国家主席习近平、国务院总理李克强、全国人大常委会委员长栗战书分别会谈、会见。9月，王毅国务委员兼外长对多进行正式访问，会见梅迪纳总统，同巴尔加斯外长会谈并一道为中国驻多米尼加大使馆揭牌。年内，国家国际发展合作署副署长邓波清、民用航空局副局长王志清等访多。多经济、计划和发展部长伊西多罗·桑塔纳，一体化部长、左派团结运动总书记米格尔·梅希亚，政府部门负责人联合代表团，参议员代表团，主流媒体代表团等访华。

5月21日，中多驻对方国家商代处正式变更为使馆。8月24日，中国驻多米尼加首任大使张润向梅迪纳总统递交国书。9月10日，多米尼加首任驻华大使布里乌尼·加拉维托·塞古拉向习近平主席递交国书。

两国务实合作和人文交流加速推进。6月，中国将多列为中国公民组团出境旅游目的地国。12月，商务部组织中国企业团访多。双方在质检、基础设施建设、民航等领域合作稳步推进。

多米尼加总统达尼洛·梅迪纳·桑切斯对中国进行国事访问

11月1～6日，多米尼加总统达尼洛·梅迪纳·桑切斯对中国进行国事访问并出席首届中国国际进口博览会，成为首位访华的多米尼加总统。访问期间，国家主席习近平同梅迪纳总统会谈，国务院总理李克强和全国人大常委会委员长栗战书分别会见。国务委员兼外交部长王毅同梅迪纳总统共同出席多米尼加驻华使馆开馆仪式。双方签署了经贸、“一带一路”、民航等领域十余项合作文件。除北京外，梅迪纳总统还访问了上海。

会谈时，习近平主席表示，中多建交顺应了时代潮流和历史必然。中方愿同多方携手努力，只争朝夕，推动中多关系加快发展，把两国合作的美好愿景变为更多实实在在的成果，促进共同发展，增进民生福祉。中多建交半年来，两国关系迸发出蓬勃发展活力，展现出无限广阔前景。双方要加强顶层设计和政治引领，通过共建“一带一路”，统筹规划和协调带动各领域合作。双方要积极开展基础设施建设、金融、投资、旅游、民航等领域合作，增进人文交流和相互了解，凝聚有利于中多合作的广泛共识。

梅迪纳总统赞同中方对发展两国关系的主张，表示虽然多中刚刚建交，但多米尼加人民一直对中国人民深怀好感，钦佩中国发展取得的巨大成就。多中建交完全符合多米尼加自身利益。多方愿同中方发展紧密的友好关系，深化两国人民的友谊，期待在“一带一路”框架下，同中方开展经贸、基础设施建设、能源、电力、旅游等领域合作，并同中方一道推动中拉关系发展。

朝　鲜
(DPRK)

2018年，中华人民共和国与朝鲜民主主义人民共和国保持正常交往，两国关系实现转圜并平稳发展。

高层交往方面。3月，应中共中央总书记、国家主席习近平邀请，朝鲜劳动党委员长、国务委员会委员长金正恩对中国进行非正式访问。5月，习近平总书记、国家主席同金正恩委员长在大连举行会晤。6月，习近平总书记、国家主席同来华访问的金正恩委员长举行会谈。5月，习近平总书记、国家主席在北京会见由朝鲜劳动党中央政治局委员、中央副委员长朴泰成率领的朝鲜劳动党友好参观团。12月，习近平主席在人民大会堂会见朝鲜劳动党中央政治局委员、外相李勇浩，国务委员兼外交部长王毅同李勇浩外相举行会谈。9月，中共中央政治局常委、全国人大常委会委员长栗战书作为习近平总书记、国家主席的特别代表应邀访问朝鲜，并出席朝鲜建国70周年庆祝活动。4月，王毅国务委员兼外长同李勇浩外相在北京会晤。5月，王毅国务委员兼外交部长访问朝鲜。8月和9月，王毅国务委员兼外长在出席东亚合作系列外长会议、第73届联大一般性辩论期间会见朝鲜劳动党中央政治局委员、外相李勇浩。

各领域交流与务实合作方面。两国总体维持正常贸易，但受安理会对朝制裁等因素影响有所下降。2018年双边贸易总额24.3亿美元，减少51.2%。中国保持朝鲜最大贸易伙伴地位。2018年，双方人员往来约61.2万人次，其中我公民赴朝36.1万人次，朝公民来华25.1万人次。

刚果民主共和国
(D.R. Congo)

2018年，中华人民共和国与刚果民主共和国[简称“刚果（金）”]的友好合作关系继续顺利发展。

两国保持高层交往。3月，刚果（金）总统约瑟夫·卡比拉·卡邦格致函祝贺习近平再次当选国家主席。9月，刚果（金）总理布鲁诺·奇巴拉来华出席中非合作论坛北京峰会，习近平主席同其会见。同月，刚果（金）—中国友好协会主席、刚果（金）参议院第一副议长爱德华·默科洛·瓦·姆彭博访华。

两国经贸合作成果显著。6月，宗果水电站（二期）举行竣工仪式。同月，“万村通”项目举行启动仪式。中方援建的卢本巴希综合医院项目进展顺利。2018年，中方向刚方提供了多笔紧急现汇援助，用于帮助刚果（金）政府抗击埃博拉疫情。

两国人文交流不断发展。1月，“儿童微笑”孤儿院院舍扩建项目竣工。8月，由中南大学和刚果（金）外交学院合办的刚果（金）首家孔子学院举行成立仪式。同月，中方援建的刚果（金）国家图书馆修缮工程举行竣工典礼。中国文化之夜、中刚歌曲演唱会等活动在刚果（金）成功举办。

厄瓜多尔
(Ecuador)

2018年，中华人民共和国与厄瓜多尔共和国全面战略伙伴关系持续加强，各领域交流合作有序推进。

各层级交往密切。12月，厄瓜多尔总统莱宁·莫雷诺·加尔塞斯对中国进行国事访问，国家主席习近平主持会谈，两国元首就双边关系等议题达成重要共识。国务院总理李克强、全国人大常委会委员长栗战书分别会见。其间，发表《中华人民共和国与厄瓜多尔共和国联合新闻公报》。1月，外交部长王毅（时任）赴智利圣地亚哥出席中拉论坛第二届部长级会议期间，会见厄瓜多尔时任外长玛丽亚·埃斯皮诺萨·加尔塞斯。7月，厄瓜多尔总审计长巴勃罗·塞利访华，国家审计署审计长胡泽君会见。

务实合作平稳发展。双方签署共建“一带一路”等多项合作文件。厄对华出口显著增加。融资、能矿、基础设施建设等领域合作深化。中方继续积极参与厄瓜多尔地震灾后重建工作。

人文交流丰富多彩。文化、教育等领域多个团组互访。中国故事主题图片展、“汉语桥”比赛等活动在厄成功举办，并以主宾国身份参加厄瓜多尔2018国际海报双年展，受到厄民众欢迎。

埃　及
(Egypt)

2018年，中华人民共和国与阿拉伯埃及共和国全面战略伙伴关系发展良好，各领域交流合作取得积极进展。

两国高层交往密切。9月，埃及总统阿卜杜勒法塔赫·塞西对中国进行国事访问并出席中非合作论坛北京峰会，国家主席习近平、国务院总理李克强分别同其会谈、会见。10月，国家副主席王岐山访问埃及，分别会见塞西总统、总理穆斯塔法·马德布利。6月，中共中央政治局委员、重庆市委书记陈敏尔访问埃及，会见塞西总统。11月，马德布利总理来华出席首届中国国际进口博览会。

两国各领域务实合作成果丰硕。2018年双边贸易保持良好发展势头。埃及国家主干网输电、新行政首都中央商务区、“斋月十日城”市郊铁路、苏伊士经贸合作区等中埃产能合作框架下的优先项目稳步推进。5月，双方签署《关于埃及航天城合作的谅解备忘录》。9月，中埃科技合作联合委员会第八次会议在开罗举行。

萨尔瓦多
(El Salvador)

2018年，中华人民共和国与萨尔瓦多共和国建立外交关系，两国各领域交往快速铺开。

8月21日，国务委员兼外交部长王毅同萨尔瓦多共和国外交部长卡洛斯·阿尔弗雷多·卡斯塔内达在北京签署《中华人民共和国和萨尔瓦多共和国关于建立外交关系的联合公报》，萨尔瓦多宣布同台湾“断交”，中萨两国正式建立大使级外交关系。同日，国家副主席王岐山会见萨尔瓦多代理总统职务第一指定人梅达多·冈萨雷斯·特雷霍。建交后，两国各领域交往快速铺开。9月，萨尔瓦多政府派出由总统法律顾问弗朗西斯科·鲁本·阿尔瓦拉多·富恩特斯牵头、经济部长卢斯·埃斯特雷利亚·罗德里格斯等多部门负责人组成的对接工作组访华。10月，外交部副部长秦刚访问萨尔瓦多。11月，萨尔瓦多总统萨尔瓦多·桑切斯·塞伦对中国进行国事访问并出席首届中国国际进口博览会。

12月17日，中国驻萨尔瓦多首任大使欧箭虹向桑切斯总统递交国书。12月31日，萨尔瓦多驻中国首任大使瓦尔特·爱德华多·杜兰·马丁内斯到任。

两国务实合作稳步开展。11月，中国国际贸易促进委员会在萨尔瓦多举办贸易展览会。同月，由商务部组织的贸易促进代表团访问萨尔瓦多，两国企业签署14项贸易协议，涉及咖啡、木材、朗姆酒等萨尔瓦多特色产品。

两国人文交流持续推进。中萨建交后，中方应萨方要求接收了35名萨尔瓦多在台湾和计划赴台湾奖学金生来大陆就学。11月，中国将萨尔瓦多列为中国公民组团出境旅游目的地国。

萨尔瓦多总统萨尔瓦多·桑切斯·塞伦对中国进行国事访问

10月31日至11月6日，应国家主席习近平邀请，萨尔瓦多总统萨尔瓦多·桑切斯·塞伦对中国进行国事访问并出席首届中国国际进口博览会，成为首位访华的萨尔瓦多总统。在北京期间，习近平主席为桑切斯总统举行欢迎仪式并会谈，国务院总理李克强和全国人大常委会委员长栗战书分别会见。在上海期间，桑切斯总统出席首届中国国际进口博览会欢迎晚宴、开幕式和各国领导人共同巡馆活动。

会谈时，习近平主席表示，中国同萨尔瓦多建立外交关系，揭开了两国关系的新篇章。中萨建立和发展外交关系，是两个主权国家的自主选择，符合国际法，符合《联合国宪章》，秉持的是相互尊重、平等对待、合作共赢、共同发展原则。中萨建交伊始，要筑牢一个中国原则这个中萨关系的根基，深入开展对话交流，加强各领域务实合作，以共建“一带一路”为统领，把两国互补优势转化为全面合作优势。要着眼国家长远发展和社会民生福祉，把贴近人民的交流合作放在优先位置，使百姓受益。要加强在国际和地区事务中协作，共同维护多边主义，共同致力于推进中国和拉美及加勒比地区关系发展。

桑切斯总统赞同中方对发展两国关系的主张，表示萨尔瓦多承认并恪守一个中国原则，萨中关系发展建立在相互尊重、相互信任的基础之上。萨方欢迎中国投资，愿同中方加强在经贸、农业、基础设施建设、旅游、医疗卫生、教育、金融等领域合作，愿积极参加共建“一带一路”，助力萨尔瓦多发展。萨尔瓦多赞赏中国致力于推动构建人类命运共同体，愿同中方加强政治对话，在联合国、中拉论坛等多边框架下开展合作。

会谈后，两国元首共同见证了10多项双边合作文件的签署。

赤道几内亚
(Equatorial Guinea)

2018年，中华人民共和国与赤道几内亚共和国全面合作伙伴关系稳步推进。

两国政治互信不断增强。10月，国家主席习近平致函赤几总统特奥多罗·奥比昂·恩圭马·姆巴索戈祝贺赤几独立50周年。2月，国务院总理李克强致函祝贺弗朗西斯科·帕斯夸尔·奥巴马·阿苏埃连任赤几总理。3月，奥比昂总统致函祝贺习近平再次当选国家主席。9月，奥比昂总统就中国遭受台风“山竹”袭击致函习近平主席表示慰问。3月，赤几参议长玛丽亚·特蕾莎·埃弗阿·阿桑戈诺致函祝贺栗战书当选全国人大常委会委员长，众议长高登西奥·穆哈巴·梅苏致函祝贺汪洋当选全国政协主席，赤几副总统特奥多罗·恩圭玛·奥比昂·曼格致函祝贺王岐山当选国家副主席。

两国高层交往密切。10月，习近平主席特使、全国人大常委会副委员长张春贤赴赤几出席独立50周年庆典。2月，国务委员兼国防部长常万全上将访问赤几。9月，奥比昂总统来华出席中非合作论坛北京峰会，习近平主席、栗战书委员长分别同其会见，就双边关系和共同关心的国际和地区问题深入交换意见，双方签署了《中国公民赴赤道几内亚旅游实施方案的谅解备忘录》等3项合作协议。6月，奥巴马总理赴澳门出席第九届国际基础设施投资与建设高峰论坛。10月，赤几国防部长莱安德罗·巴卡莱·恩科戈出席第八届北京香山论坛。

两国各领域互利合作成果丰硕。中方援建的毕科莫水电站改造项目、职业技术学校先后竣工，涅方示范农场水稻种植获得成功，马拉博电视中心技术合作、外交部办公楼技术援助进展顺利。4月，首届中资企业人才招聘会在马拉博成功举办，向当地民众提供850个工作岗位。12月，使用中赤几一揽子互惠贷款支持的吉布劳上游调蓄水库项目竣工移交。“千人培训计划”有序推进，全年有近300名赤几人员赴华参加双多边研修班。

两国人文、教育、医疗领域合作稳步推进。5月，奥比昂总统接受中央广播电视总台采访，高度评价中非合作论坛北京峰会和“一带一路”倡议。孔子学院积极推广汉语教学，招生注册人数逾1200人。第29批援赤几医疗队多次上山下乡为赤几民众开展大型义诊活动，广受好评。

厄立特里亚
(Eritrea)

2018年，中华人民共和国与厄立特里亚国友好关系平稳发展。

两国保持友好交往。5月，国家主席习近平致函厄总统伊萨亚斯·阿费沃基祝贺厄立特里亚国独立27周年。3月，厄总统伊萨亚斯致函祝贺国家主席习近平再次当选。10月，伊萨亚斯总统致函习近平主席祝贺中华人民共和国成立69周年。5月，国务委员兼外交部长王毅与厄外交部长奥斯曼·萨利赫互致贺电，庆祝两国建交25周年。

两国各领域合作稳步推进。光伏电站、太阳能路灯二期项目顺利完工并移交厄方。双方围绕中厄建交25周年，举办了体育比赛、电影节、“汉语桥”中文比赛、戏剧演出等活动。第12批援厄医疗队抵厄开展工作。

爱沙尼亚
(Estonia)

2018年，中华人民共和国与爱沙尼亚共和国关系呈现良好发展势头。

两国高层交往频繁。7月，国务院总理李克强在保加利亚索非亚会见出席第七次中国—中东欧国家领导人会晤的爱总理于里・拉塔斯。1月，爱议长埃基・内斯托尔随北欧和波罗的海国家议长集体访华，国家主席习近平、全国人大常委会委员长张德江分别集体会见、会谈。9月，爱总统柯斯迪・卡留莱德来华出席第12届天津夏季达沃斯论坛，国家主席习近平、国务院总理李克强会见，两国领导人就增进政治互信、促进“一带一路”倡议同爱国家发展战略对接、推动各领域务实合作达成重要共识。

经贸合作稳步推进。5月，广州航新航空科技有限公司成功收购爱Magnetic航空维修服务公司，成为两国建交以来中方对爱最大投资。11月，爱农村部长塔尔默・塔姆出席首届中国国际进口博览会，爱企业和信息技术部长瑞内・塔米斯特出席第20届中国国际（深圳）高新技术成果交易会。

人文和地方交流取得积极进展。2月，第九届“欢乐春节”活动在塔林市举行，中国国家级非物质文化遗产研创舞剧《傩・情》在爱成功演出。5月，北京市和塔林市签署合作备忘录。7月，上海歌剧院首次作为主宾赴爱参加萨列马歌剧节，成为中爱建交以来最大规模的文化交流活动。

2月14日，中国新任驻爱沙尼亚大使李超向卡留莱德总统递交国书。

埃塞俄比亚
(Ethiopia)

2018年，中华人民共和国与埃塞俄比亚联邦民主共和国全面战略合作伙伴关系继续深入发展。

两国高层交往频繁。3月28日，中国共产党中央委员会致电埃塞俄比亚人民革命民主阵线（埃革阵）中央委员会，祝贺阿比·艾哈迈德·阿里当选埃革阵主席。10月30日，国家主席习近平致电祝贺萨赫勒–沃克·祖德当选埃塞俄比亚总统。4月4日，国务院总理李克强致电阿比，祝贺其就任总理。5月9～12日，全国人大常委会委员长栗战书对埃进行正式友好访问，分别会见埃时任总统穆拉图·特肖梅、阿比总理并同人民代表院议长穆菲丽哈特·卡米勒和联邦院议长克里娅·易卜拉欣举行会谈。9月，阿比总理正式访华并出席2018年中非合作论坛北京峰会。习近平主席、李克强总理、栗战书委员长分别同阿比会见会谈，李克强总理同阿比总理见证签署了《中华人民共和国政府和埃塞俄比亚联邦民主共和国政府关于共同推进丝绸之路经济带和21世纪海上丝绸之路建设的谅解备忘录》。

两国务实合作稳步推进。亚吉铁路正式投入商业运营，运能稳步增长。欧加登油气开发项目取得重要进展，6月试采出第一桶原油。中埃在基础设施建设、工业园区建设与规划、国有企业改革、人力资源培训等领域合作持续加强，江苏省、广西壮族自治区、湖南省等多个省部级团组访埃。中方援建的提露内丝—北京医院二期项目顺利交接，铁道学院等加快实施。

两国人文交流丰富多彩。阿比总理出席中国驻埃塞俄比亚大使馆举办的埃来华培训学员联谊会。8月，文化和旅游部党组成员、国家文物局局长刘玉珠访埃。中国在埃孔子学院和课堂影响不断扩大，“欢乐春节”、摄影展等活动受到当地欢迎。海南省与埃南方州建立友好省州关系。

斐　济
(Fiji)

2018年，中华人民共和国与斐济共和国关系取得重要发展。两国关系提升为相互尊重、共同发展的全面战略伙伴关系。

两国高层和各级别交往密切。11月，国家主席习近平在巴布亚新几内亚同建交太平洋岛国领导人举行集体会晤，其间同斐济政府代表、国防部长伊诺凯·昆布安博拉举行双边会见。9月，中共中央政治局委员、广东省委书记李希访问斐济。10月，国务委员兼外交部长王毅对斐济进行正式访问。7月，外交部副部长郑泽光对斐济进行工作访问。12月，斐济前总统埃佩利·奈拉蒂考来华出席2018从都国际论坛。斐济农业部长伊尼亚·塞鲁伊拉图、渔业部长塞米·科罗伊拉维萨乌、警察总监西蒂维尼·恩吉里奥等多位政要来华访问，第五批斐济高级公务员研修班在华举行。

双方经贸、人文、地方等各领域务实合作取得新成果。两国政府签署共建“一带一路”合作协议。中斐双边自贸协定联合可行性研究继续推进。中方援助实施的苏瓦市区桥梁、苏瓦市政礼堂等项目完工或交付，菌草技术合作二期等项目进展顺利。7月，中国海军“和平方舟”号医院船访问斐济并在当地开展人道主义医疗服务。中国赴斐济游客数量继续保持较高水平。斐济中国文化中心运营良好。圣母兄弟高中体育场等广东省同斐济合作项目稳步推进。

1月23日，中国新任驻斐济大使钱波向斐总统乔治·科努西·孔罗特递交国书。

芬　兰
(Finland)

2018年，中华人民共和国与芬兰共和国全面深入推进面向未来的新型合作伙伴关系。

两国高层保持密切交往。2月，国家主席习近平向芬兰总统绍利·尼尼斯托致信祝贺连任。3月，尼尼斯托总统、总理尤哈·西比莱、外交部长蒂莫·索伊尼分别向习近平主席、国务院总理李克强、国务委员兼外交部长王毅致函祝贺连任。同月，全国人大常委会委员长张德江向芬兰新任议长葆拉·里西科致就职贺电。12月，习近平主席向尼尼斯托总统致国庆贺电。10月，尼尼斯托总统、西比莱总理分别向习近平主席、李克强总理致国庆贺电。1月，芬兰议长玛丽亚·洛赫拉（时任）率北欧和波罗的海国家议长代表团访华，习近平主席、全国人大常委会委员长张德江分别集体会见、会谈。12月，外交部副部长王超同芬兰外交部国务秘书马蒂·安托宁在北京举行中芬副外长级政治磋商。

两国经贸合作稳步推进。中国连续第15年成为芬兰在亚洲最大的贸易伙伴，芬兰是中国在北欧地区第三大贸易伙伴和投资来源地、第二大技术引进来源地。11月，芬兰外贸与发展部长安娜–玛丽·维罗莱宁来华出席首届中国国际进口博览会，芬方积极参加进博会国家展和企业展。同月，两国间新增开通中欧班列合肥—赫尔辛基线路。

双方在文教、农业、环境等领域务实交流与合作深入推进。年内，国家体育总局局长苟仲文、中共中央对外联络部副部长钱洪山等先后访问芬兰，芬兰司法部长安蒂·黑凯宁，欧洲事务、文化与体育部长萨姆波·特尔霍，农业与林业部部长亚里·莱佩，环境、能源与住房部长基莫·蒂里凯宁等部级官员相继访华。两国体育主管部门先后于5月和9月召开两次中芬冬季运动年联委会会议。

人文和地方交往蓬勃发展。1月，中国大熊猫“华豹”（芬兰名“Pyry”）和“金宝宝”（芬兰名“Lumi”）顺利抵达芬兰艾赫泰里动物园。2月，第12届“欢乐春节”中国春节庙会活动在赫尔辛基成功举办。5月，芬兰航空开通赫尔辛基—南京直达航线。截至2018年年底，两国共有24对省、市结好。

法　国
(France)

2018年，中华人民共和国与法兰西共和国关系稳中有进，继续保持良好发展势头。

两国高层交往频繁密切。12月1日，国家主席习近平在出席二十国集团领导人第13次峰会期间同法国总统埃马纽埃尔·马克龙举行会晤。10月18日，国务院总理李克强在出席第12届亚欧首脑会议期间会见马克龙总统。7月，国务院副总理胡春华访问法国。12月，胡春华副总理赴法同法国经济和财政部部长布鲁诺·勒梅尔共同主持第六次中法高级别经济财金对话。双方共达成68项成果，并发表《联合情况说明》。11月，全国人大常委会副委员长吉炳轩先后赴法出席巴黎和平论坛和首次中法二轨高级别对话。12月，全国人大常委会副委员长郝明金赴法出席第六届中法地方政府合作高层论坛。5月，国务委员兼外交部长王毅访问法国。

1月，法国总统马克龙成功对中国进行首次国事访问。习近平主席同其就提升紧密持久的中法全面战略伙伴关系水平达成重要共识，对下阶段中法各领域合作作出了全面规划。5月，法国前总统弗朗索瓦·奥朗德访华，习近平主席同其会见。6月，法国总理爱德华·菲利普访华。9月，法国欧洲和外交部部长让-伊夫·勒德里昂来华出席中法经贸混委会第25次会议，李克强总理、胡春华副总理、王毅国务委员兼外长分别同其会见、会谈。11月，法国国务部长兼生态转型与团结部长弗朗索瓦·德吕吉来华出席中法环境年启动仪式，国务院副总理韩正同其会见。同月，法国农业部长迪迪埃·纪尧姆来华出席首届中国国际进口博览会。

两国务实合作取得新进展。核能全产业链合作继续扩展。台山核电站1

号机组并网发电，成为世界首台运行的EPR核电机组。乏燃料后处理厂项目谈判稳步推进，英国欣克利角核电项目进展顺利。两国科技、环保合作取得实质进展。中法合作研制的首颗卫星——中法海洋星成功发射，中法环境年顺利启动。中法农食合作不断深化，法国30月龄以下剔骨牛肉输华完成解禁程序。中法第三方市场合作取得积极进展，双方签署了第二批示范项目清单。

两国人文交流更加深入。第三届中法文化论坛在西安举行，全国人大常委会副委员长陈竺、法国前总理让–皮埃尔·拉法兰共同主持开幕式。第13届“中法文化交流之春”艺术节在中国30个城市举办了68场活动。截至2018年年底，中法两国结成友好城市和省区100对。

两国议会、政党、军队交流活跃。7月，中法议会（参议院）定期交流机制第八次会议在南京举行。11月，中法议会（国民议会）定期交流机制第九次会议在巴黎举行。12月，中共中央对外联络部部长宋涛率中共代表团访法。2～3月，法国海军“葡月”号导弹护卫舰访问香港。

两国在重大全球性问题上的合作进一步加强。11月30日，王毅国务委员兼外长、勒德里昂外长、联合国秘书长古特雷斯在二十国集团领导人第13次峰会期间举行气候变化问题三方会议、共见记者，并发表新闻公报。

加　蓬
(Gabon)

2018年，中华人民共和国与加蓬共和国全面合作伙伴关系持续深入发展。

两国高层交往频繁。3月，加蓬总统阿里·邦戈·翁丁巴致函祝贺习近平再次当选国家主席。9月，邦戈总统来华出席中非合作论坛北京峰会，习近平主席，中共中央政治局常委、中央书记处书记王沪宁分别同其会见。1月，外交部长王毅（时任）访加，会见邦戈总统，并同加外交、合作、法语国家事务、地区一体化和海外侨民部长诺埃尔·纳尔逊·梅索内举行会谈。2月，国务委员兼国防部长常万全上将访加，会见加总统邦戈、总理埃马纽埃尔·伊索泽·恩贡戴，并同加总统事务兼国防部长艾蒂安·马萨尔·卡宾达·马卡加举行会谈。1月，加参议长吕西·米勒布–奥比苏访华，全国人大常委会委员长张德江同其会见，全国政协主席俞正声同其会谈。5月，加蓬民主党副总书记、青年联盟总书记马里乌斯·阿苏姆·恩东出席由中共中央对外联络部主办的第四届中非青年领导人论坛。

两国经贸合作顺利推进。7月，由中方提供优惠性质贷款的职业教育培训中心项目开工建设。9月邦戈总统来华出席中非合作论坛北京峰会期间，两国元首见证签署《中华人民共和国政府与加蓬共和国政府关于共同推进丝绸之路经济带和21世纪海上丝绸之路建设的谅解备忘录》等合作文件。11月，加投资促进署参加首届中国国际进口博览会。

两国人文等领域交流合作取得新进展。2月，河南省“欢乐春节”艺术团访问加蓬并举行专场演出。6月，加主流媒体记者团访华。同月，中国海军第28批护航编队成功访加。12月，由天津外国语大学和邦戈大学合办的加首个孔子学院举行揭幕仪式。

冈比亚
(The Gambia)

2018年，中华人民共和国与冈比亚共和国关系保持良好发展势头，两国各领域友好合作全面展开。

两国高层交往密切。3月，冈比亚总统阿达马·巴罗就国家主席习近平再次当选来函致贺。9月，巴罗总统来华出席中非合作论坛北京峰会，习近平主席同其举行双边会见，国务院副总理韩正同其会见。9月，巴罗总统在第73届联合国大会发言中重申冈比亚政府坚持一个中国政策。6月，冈比亚外交、国际合作和侨民事务部长乌赛努·达博来华主持首届中冈经济贸易联合委员会会议，国务委员兼外交部长王毅同其会见。6月，冈比亚军队总参谋长康蒂出席首届中非防务安全论坛。9月，冈比亚国民议会成立冈中友好小组。

两国经贸合作稳步推进。9月，中冈签署《中华人民共和国政府与冈比亚共和国政府关于共同推进丝绸之路经济带和21世纪海上丝绸之路建设的谅解备忘录》《中华人民共和国政府和冈比亚共和国政府经济技术合作协定》。12月，中国援建冈比亚上河区公路桥梁项目开工建设。

9月，中冈签署《中华人民共和国政府和冈比亚共和国政府文化合作协定》。

11月13日，中国新任驻冈比亚大使马建春向巴罗总统递交国书。

格鲁吉亚
(Georgia)

2018年，中华人民共和国与格鲁吉亚友好合作关系健康稳定发展，各领域务实合作不断深化，成果显著。

中格高层交往频繁。11月，格鲁吉亚总理马穆卡·巴赫塔泽率团来华参加首届中国国际进口博览会，国家主席习近平在格鲁吉亚展台同其进行了友好交谈。8月，格鲁吉亚副总理兼基础设施和地区发展部长玛雅·茨基季什维利率团出席新疆—亚欧博览会，国务院副总理胡春华同其举行会见。

中格务实合作全面推进，合作成果丰硕。1月1日，中格自贸协定正式生效并成功实施，格成为欧亚地区首个与中国建立自贸安排的国家。6月，格同香港特别行政区签署自贸协定。

中格文化交往密切。4月，格同爱沙尼亚合拍片《惊慌妈妈》获第八届北京国际电影节最佳影片及最佳女主角奖。中格互换政府奖学金留学生人数、通过孔子学院赴华留学人员等保持一定数量。目前格开设汉语课程的大中学校增至约30所，汉语学生逾千人。北京语言大学开设格鲁吉亚语课程。

德　国
(Germany)

2018年，中华人民共和国与德意志联邦共和国关系持续深入发展，各领域合作更加紧密，在国际和地区事务上的协调进一步加强，中德全方位战略伙伴关系内涵更趋丰富。

两国高层互动频密。3月17日，国家主席习近平应约同德国总理安格拉·默克尔通电话，就双边关系、国际贸易秩序及朝鲜半岛局势等交换意见。习近平主席指出，中德应做合作共赢的示范者、中欧关系的引领者、新型国际关系的推动者、超越意识形态差异的合作者，为双边关系发展指明了方向。12月1日，习近平主席在出席二十国集团领导人第13次峰会期间会见默克尔总理，就中德关系、“一带一路”、全球经济治理等交换意见。

7月8～10日，应默克尔总理邀请，国务院总理李克强赴德国主持第五轮中德政府磋商并访问德国。访问期间，李克强总理同施泰因迈尔总统举行会见，同默克尔总理举行会谈，两国总理共同主持第五轮中德政府磋商，共同会见记者并出席第九届中德经济技术合作论坛和中德自动驾驶汽车展示活动。访德期间，双方共同发表了题为“为构建更美好世界做负责任伙伴”的《第五轮中德政府磋商联合声明》，并在多个场合共计签署了约40份政府间文件和商业协议，涉及项目总金额近300亿美元。10月19日，李克强总理在布鲁塞尔出席亚欧首脑会议期间会见默克尔总理，就双边关系、全球经济治理等交换意见。11月25～28日，国务院副总理刘鹤应邀访问德国并出席第八届中欧论坛汉堡峰会。

12月5～10日，应习近平主席邀请，德国总统弗兰克-瓦尔特·施泰因迈尔对中国进行国事访问。此访系施泰因迈尔就任总统以来首次对中国进行国事访问。访问期间，习近平主席、李克强总理分别同其举行会谈会见，就中德、中欧关系及共同关心的重大国际和地区问题深入交换意见。除北京外，施泰因迈尔总统还赴广东、四川访问。5月24～25日，应李克强总理邀请，默克尔总理对中国进行正式访问。此访是默克尔第三次连任德国总理后首次访华，也是她任总理以来第11次访华。访问期间，习近平主席、李克强总理、全国人大常委会委员长栗战书同默克尔总理分别举行会见会谈，就中德、中欧各领域合作以及重大国际和地区问题深入交换意见。两国总理还共同出席中德经济顾问委员会会议。除北京外，默克尔总理还赴深圳访问。

两国外交部交流密切。5月15日，国务委员兼外交部长王毅应约同德国外长海可·马斯通电话。5月21日，王毅国务委员兼外长在布宜诺斯艾利斯出席二十国集团外长会期间会见马斯外长。5月30～31日，王毅国务委员兼外长正式访问德国，同施泰因迈尔总统会见，并同马斯外长举行会谈。9月26日，王毅国务委员兼外长在纽约出席联合国大会期间会见德国外长马斯。11月12～13日，德国外长马斯访华并同王毅国务委员兼外长举行第四轮中德外交与安全战略对话，国家副主席王岐山，刘鹤副总理，中共中央政治局委员、中央外事工作委员会办公室主任杨洁篪分别会见。

两国在司法、安全、军事、地方等领域的对话与交流十分活跃。8月27～28日，中德法治国家对话第18届法律研讨会在德国特里尔市举行，司法部部长傅政华率团参加，并与德国司法部长卡塔琳娜·巴蕾举行工作会谈。9月19～22日，中共中央政法委秘书长陈一新访德并与德国联邦总理府国务秘书约翰内斯·盖斯曼共同主持第二次中德高级别安全对话。9月，德国勃兰登堡州州长迪特玛·沃伊德克、石荷州州长丹尼尔·君特等先后

访华。10月，德国防部长冯德莱恩访华，是德防长时隔8年再次访华，开启两军交往新篇章。

经贸合作继续扮演中德合作的“中流砥柱”。德国继续保持中国在欧盟最大贸易、投资和技术创新伙伴，中国连续第三年成为德全球最大贸易伙伴。2018年，中德双边贸易额1838.8亿美元、同比增长9.4%。德企业成为中国新一轮市场开放的首批受益者。宝马集团将在华合资企业股比提升至75%，巴斯夫集团宣布在广东独资新建大型石化生产基地。安联集团获批筹建中国首家外资保险控股公司。近200家德企参加首届中国国际进口博览会，参展面积占欧洲参展总面积的三分之一。中德新兴行业和创新合作方兴未艾，智能制造、节能环保、高端装备等领域合作不断深入。

两国人文交流更趋丰富。为庆祝马克思诞辰200周年，中方向特里尔市赠送马克思雕像并派团出席相关庆祝活动。5月7日，第七届中德媒体对话在柏林成功举办。“汉语桥”百名德国职教学生赴华研修夏令营。截至目前，德国已有19家孔子学院和6所孔子课堂，10个联邦州颁布汉语教学大纲，300多所中小学开设汉语课程。汉堡、不来梅、杜伊斯堡等多地积极寻求参与“一带一路”合作。截至2018年年底，两国友好省州和友城数量增至96对。

加　纳
(Ghana)

2018年，中华人民共和国与加纳共和国友好合作关系不断巩固和深化。

两国政治互信进一步提升。3月，加纳总统纳纳·阿库福–阿多致电祝贺习近平再次当选国家主席。同月，阿库福–阿多总统致电祝贺李克强再次就任国务院总理。加纳议长迈克尔·阿伦·奥夸耶致函祝贺栗战书、汪洋分别当选全国人大常委会委员长、全国政协主席。加纳副总统马哈茂杜·巴武米亚致函祝贺王岐山当选国家副主席。加纳外交与地区一体化部长雪莉·阿约科·博奇韦致电祝贺王毅就任国务委员兼外交部长。

8～9月，阿库福–阿多总统来华进行国事访问并出席中非合作论坛北京峰会，习近平主席、李克强总理分别同其举行会谈、会见，双方签署了经贸、安全、卫生、航空、核能、金融等领域8个合作文件。年内，外交部部长助理陈晓东、中共中央对外联络部副部长徐绿平、山东省副省长任爱荣先后访加。6月，博奇韦外长来华进行正式访问，王毅国务委员兼外长同其举行会谈，中共中央政治局委员、中央外事工作委员会办公室主任杨洁篪同其会见。加纳农业部长、贸工部长相继访华。

两国经贸合作取得新进展。4月，中国进出口银行同加纳财政部签署职业教育升级项目优惠贷款协议。9月，“万村通”项目正式启动。12月，中方援建的1000口水井项目完工，詹姆斯敦渔港综合设施项目开工。中国港湾集团承建的特马港集装箱码头进展顺利。中国民营企业成为在加投资的主力军，在锰矿开发、炼油、钢材、水产养殖等领域取得良好业绩。

两国人文、和平安全等领域合作成果丰硕。5月，中国驻加纳大使馆与加纳民航局联合举办中非区域航空合作研讨会。10月，宁夏银川艺术团访加演出。年内，来自加方近60个部委和机构约1000人次赴华参加培训。加纳在华留学生逾6000人，连续五年位居全非第一。6月，中国海军第28批护航编队对加纳进行友好访问。

7月17日，中国新任驻加纳大使王世廷向阿库福–阿多总统递交国书。

希　腊
(Greece)

2018年，中华人民共和国与希腊共和国全面战略伙伴关系保持良好发展势头，两国政治互信持续加强，各领域务实合作不断深化。

两国高层交往频繁，各层级往来密切。3月和7月，国家主席习近平向希腊总统致国庆贺电和生日贺函。8月，希腊发生严重山林火灾，习近平主席、国务院总理李克强第一时间向希腊总统和总理致函慰问，中国红十字会向希方捐款。10月，李克强总理同齐普拉斯总理在第12届亚欧首脑会议期间举行会见。5月，中共中央政治局委员、北京市委书记蔡奇率中共代表团访希。3月，希腊总统普罗科比斯·帕夫洛普洛斯、总理阿莱克西斯·齐普拉斯、议长尼科斯·武齐斯分别向国家主席习近平、国务院总理李克强、全国人大常委会委员长栗战书致就职贺函。6月，希腊议长武齐斯访华，栗战书委员长、国家副主席王岐山会见。8月，希腊外长尼科斯·科齐阿斯访华，王岐山副主席，中共中央政治局委员、中央外事工作委员会办公室主任杨洁篪，国务委员兼外交部长王毅，中共中央对外联络部部长宋涛分别同其会见、会谈。中希两国外长共同签署《中华人民共和国政府与希腊共和国政府关于共同推进丝绸之路经济带和21世纪海上丝绸之路建设的谅解备忘录》。11月，希腊外交部常务副部长乔治·卡特鲁加洛斯来华出席首届

中国国际进口博览会。

两国各领域务实合作蓬勃开展，重大项目进展喜人。中国远洋海运集团有限公司比雷埃夫斯港口项目再创佳绩，2018年港口集装箱吞吐量达490万标准箱，同比增长18.4%。中国国家电网公司参股的希腊独立输电运营公司投资建设的希腊大陆与基克拉迪斯群岛电网互联互通项目一期工程竣工，开始筹建连接希腊大陆与克里特岛的电网互联互通项目。国家能源投资集团、四川交通投资集团正在参与希腊褐煤电站、希腊北部高速公路项目。11月，来自希腊食品、饮料、旅游、航运等行业的17家展商参与首届中国国际进口博览会，以此为契机进一步拓展对华合作。

人文交流再结硕果。自2017年9月中国国际航空公司开通北京—雅典直航以来，旅客数量较前增长了4倍，极大便利了两国人员和经贸往来。9月，故宫重华宫原状文物展在雅典卫城博物馆开幕，希腊总统帕夫洛普洛斯等出席。希腊国家考古博物馆“爱琴遗珍——希腊安提凯西拉岛水下考古文物展”同期在故宫博物院展出，此系两国首次举办大型文物互展项目。两国国家话剧院合作互排对方经典剧目《赵氏孤儿》和《阿伽门农》、两国国家美术馆互办当代美术展等产生良好社会反响。

9月26日，中国新任驻希腊大使章启月向帕夫洛普洛斯总统递交国书。

格林纳达
(Grenada)

2018年，中华人民共和国与格林纳达友好合作关系健康稳定发展。

两国各层级交往密切。3月，国务院总理李克强致电格总理基思·米切尔祝贺其连任。国务委员兼外交部长王毅向格新任外长彼得·戴维致贺电。1月，外交部长王毅（时任）在智利出席中拉论坛第二届部长级会议期间集体会见格副总理兼外长埃尔文·尼姆罗德等加勒比国家外长或代表。3月，格总督塞西尔·拉格雷纳德就习近平主席连任致贺电，米切尔总理就李克强总理连任致贺电。9月，中国和加勒比地区国家反腐败执法合作会议在格林纳达举行，米切尔总理与中央纪委副书记、国家监察委员会副主任徐令义共同出席开幕式并致辞。

两国务实合作成果丰硕。9月，两国签署《中华人民共和国政府与格林纳达政府关于共同推进丝绸之路经济带和21世纪海上丝绸之路建设的谅解备忘录》。田径场技术援助项目完成立项，低收入住房二期项目正式开工，第七期农业技术合作项目顺利实施。

两国人文等领域交流合作更为紧密。10月，中国海军“和平方舟”号医院船继2015年首次访格后再次对格进行友好访问并开展医疗服务。10月，第十三届全国人大常委会第六次会议批准《中华人民共和国和格林纳达引渡条约》及《中华人民共和国和格林纳达关于刑事司法协助的条约》。中方继续向格方提供政府奖学金和人力资源培训名额。

几内亚
(Guinea)

2018年，中华人民共和国与几内亚共和国全面战略合作伙伴关系持续发展，两国各领域合作取得新成果。

两国政治交往密切。3月，几内亚总统阿尔法·孔戴就国家主席习近平再次当选来函致贺。9月，孔戴总统来华出席中非合作论坛北京峰会，习近平主席同其举行双边会见，全国政协主席汪洋同其会见。

两国经贸、卫生等领域合作不断深化。9月，两国元首见证签署《中华人民共和国政府与几内亚共和国政府关于共同推进丝绸之路经济带和21世纪海上丝绸之路建设的谅解备忘录》《中华人民共和国政府和几内亚共和国政府经济技术合作协定》等合作文件。2月，国家开发银行行长郑之杰访问几内亚。10月，中国经济社会理事会副主席、十二届全国政协经济委员会主任周伯华访问几内亚。4月，中国企业承建的国家一号公路、科纳克里城市道路等项目举行启动仪式。10月，中国铝业几内亚博法项目开工建设。12月，中几友好医院二期项目开工建设，中国第27批援几医疗队抵达几内亚。

两国地方、文化领域交流与合作发展势头良好。4月，陕西省代表团访问几内亚。12月，几内亚体育、文化和历史遗产部长塞努西·邦塔马·索乌访华。

10月8日，中国新任驻几内亚大使黄巍向孔戴总统递交国书。

几内亚比绍
(Guinea-Bissau)

2018年，中华人民共和国与几内亚比绍共和国关系继续保持良好发展势头。

两国高层交往频繁。3月，几内亚比绍总统若泽·马里奥·瓦斯就国家主席习近平再次当选来函致贺。9月，瓦斯总统来华出席中非合作论坛北京峰会，习近平主席同其举行双边会见，国务院副总理韩正同其会见。10月，瓦斯总统向习近平主席致国庆贺函。9月，几内亚和佛得角非洲独立党主席多明戈斯·西蒙斯·佩雷拉访华，中共中央对外联络部副部长郭业洲同其举行双边会见。

两国经贸合作稳步推进。9月，中几比签署《中华人民共和国政府和几内亚比绍共和国政府经济技术合作协定》《中国政府援几内亚比绍政府西非沿海公路比绍至萨芬路段项目实施协议》。10月，中国援几内亚比绍板丁手工渔业码头二期项目开工。12月，中国援几比“万村通”数字卫星电视项目揭牌。中国继续向几内亚比绍提供一批紧急粮食援助和农机物资。

7月28日至8月9日，援几内亚比绍“光明行”活动顺利开展，中国医疗专家共实施白内障复明手术216例，捐赠了一批手术器械和眼科药品，为几比医务人员开展眼科专业培训。9月，中国援几内亚比绍医疗队议定书成功续签。

圭亚那
(Guyana)

2018年，中华人民共和国与圭亚那合作共和国友好关系保持稳定发展。

两国政治互信不断加强。1月，外交部长王毅（时任）在智利出席中拉论坛第二届部长级会议期间集体会见圭外交部总司长奥德丽·瓦德尔等加勒比国家代表。9月，王毅国务委员兼外长访问圭亚那，同圭总统戴维·格兰杰、第二副总统兼外长卡尔·格里尼奇会见会谈。3月，格兰杰总统就习近平主席连任致贺电，圭第二副总统、代总理兼外长格里尼奇就李克强总理连任、王毅国务委员兼外长就任致贺电。12月，圭前总统唐纳德·拉莫塔来华出席“2018从都国际论坛”，并参加习近平主席、国家副主席王岐山分别举行的集体会见外方嘉宾活动。10月，圭商业部长多米尼克·贾斯金来华出席首届中国国际进口博览会。中圭在国际事务中保持密切沟通与配合。

务实合作取得新进展。契迪·贾根国际机场扩建、德莫拉拉东海岸公路改造等项目有序推进。7月，两国签署《中华人民共和国政府与圭亚那合作共和国政府关于共同推进丝绸之路经济带和21世纪海上丝绸之路建设的谅解备忘录》。9月，王毅国务委员兼外长访圭期间，两国签署《中华人民共和国政府与圭亚那政府经济技术合作协定》等合作文件。

人文交流富有成果。11～12月，4名圭亚那乒乓球运动员来华训练。中方继续向圭方提供政府奖学金和人力资源培训名额。

匈牙利
(Hungary)

2018年，中华人民共和国与匈牙利全面战略伙伴关系保持良好发展势头，务实合作不断深化，各领域交流热络顺畅。

两国高层交往密切，政治互信不断加深。7月，国务院总理李克强在保加利亚索非亚会见出席第七次中国—中东欧国家领导人会晤的匈总理欧尔班·维克多。11月，中共中央政治局委员、中央书记处书记、中央政法委书记郭声琨访匈，其间分别同匈国会主席格维尔·拉斯洛、副总理兼内务部长宾戴尔·山道尔会见、会谈。10月，全国人大常委会副委员长、欧美同学会会长陈竺访匈。2月，匈牙利副总理谢姆延·若尔特、国会副主席劳多尔曹伊·亚诺什联合访华，国务院副总理刘延东、全国人大常委会副委员长陈昌智分别会见。11月，匈总理欧尔班应邀来华出席首届中国国际进口博览会，国家主席习近平同其会见。

两国外交部保持良好合作。9月，国务委员兼外交部长王毅在出席联合国大会期间同匈外长西雅尔多会见。3月，外交部副部长王超同匈外交与对外经济部副国务秘书班戈·莱文戴等在北京举行首次中国同维谢格拉德集团副外长级磋商，王毅国务委员兼外长会见。

两国务实合作稳步推进，经贸、交通基础设施、金融、旅游、文化等领域交流合作取得积极进展。6月，匈外长西雅尔多率团来华出席第四届中

国—中东欧博览会。11月，匈牙利作为主宾国之一参与首届中国国际进口博览会。1月，厦门自由贸易区—布达佩斯中欧班列开通；10月，成都—布达佩斯中欧班列开通。11月，匈举办中国—中东欧国家央行行长会议。12月，匈再次发行20亿元人民币债券（“熊猫债”）。3月，“2018中欧旅游年”框架内活动之一“点亮中国红”活动在布达佩斯举办。2月，“欢乐春节”系列活动在匈成功举行。4月，“2018中国（辽宁）· 匈牙利文化交流周”活动在沈阳成功举办。9月，“百年西泠 · 中国印”西泠印社布达佩斯特展在匈举行。

截至2018年年底，双方共有结好省（州）、市38对。

冰　岛
(Iceland)

2018年，中华人民共和国与冰岛共和国关系继续深入发展，各领域合作不断取得新进展。

两国高层交往保持良好势头。6月，国家主席习近平向冰总统古德尼 · 索尔拉修斯 · 约翰内松致国庆贺电。12月，习近平主席就冰岛独立100周年向约翰内松总统致贺电。7月，全国政协副主席张庆黎访冰，分别会见约翰内松总统、议长斯泰因格里姆尔 · 西格富松、外交部长格维兹勒于尔 · 索尔 · 索尔达松。3月，约翰内松总统、西格富松议长、索尔达松外长分别向习近平主席、全国人大常委会委员长栗战书、国务委员兼外交部长王毅致就职贺电。1月，西格富松议长随同北欧和波罗的海国家议长联合代表团访华，习近平主席、全国人大常委会委员长张德江（时任）分别集体会见、会谈。7月，冰岛前总统奥拉维尔 · 格里姆松应邀来华出席生态文明贵阳国际论坛2018年年会，国务院副总理孙春兰、国家海洋局局长王宏分别会见。

两国在经贸、农业、科技、地热、极地、地方、文化、旅游等领域的交流持续发展。中国已连续12年成为冰在亚洲最大贸易伙伴。9月，中冰自由贸易区联委会第三次会议在冰召开。6月，商务部国际贸易谈判代表兼副部长傅自应（时任）访冰并同冰外交部常务秘书斯图尔拉 · 西于尔约恩松共同主持中冰经贸联委会第12次会议，约翰内松总统会见。10月，农业农村部部长韩长赋访冰，双方签署《中冰关于农渔业合作的谅解备忘录》。11月，中华全国妇女联合会副主席、书记处书记夏杰访冰并出席“女性政治领袖全球论坛”2018年峰会。10月，外交部北极事务特别代表高风率团出席第六届“北极圈论坛”大会。同月，中冰北极科学考察站正式运行，成为继“黄河站”后中国在北极地区的第二个科考站。全国政协人口资源环境委员会副主任姜大明、中国文学艺术界联合会副主席赵实、中国人寿保险（集团）公司董事长杨明生以及湖北、湖南、陕西、四川等地方团组也分别访冰。9月，索尔达松外长访华，国家副主席王岐山、王毅国务委员兼外长分别同其会见、会谈，商务部国际贸易谈判代表兼副部长傅自应（时任）同其签署《中华人民共和国商务部与冰岛外交外贸部关于共建地热合作工作组的谅解备忘录》和《中华人民共和国商务部与冰岛外交外贸部关于电子商务合作的谅解备忘录》，海关总署署长倪岳峰同其签署《冰岛共和国产业和创新部和中华人民共和国海关总署关于中国从冰岛输入绵羊肉的检验检疫和兽医卫生要求议定书》。中国商飞公司ARJ-21型飞机成功在冰进行大侧风试飞。“丝路花雨”中冰音乐会、北极圈论坛大会“中国之夜”等文化活动在冰成功举办。截至2018年12月底，两国已缔结友好城市3对。

2月13日，中国新任驻冰岛大使金智健向约翰内松总统递交国书。

印　度
(India)

2018年，中华人民共和国与印度共和国关系呈现全方位发展的良好态势。两国战略沟通不断加强，各领域交流与合作日益深化，在国际和地区问题上保持良好沟通和协调，共同推动中印更加紧密的发展伙伴关系迈上新台阶。

高层交往频密。4月，国家主席习近平同印度总理纳伦德拉·莫迪在武汉举行中印领导人非正式会晤。6月，习近平主席在青岛出席上海合作组织成员国元首理事会第18次会议期间会见莫迪总理。7月，习近平主席在南非约翰内斯堡出席金砖国家领导人第十次会晤期间同莫迪总理会见。11月，习近平主席在阿根廷布宜诺斯艾利斯出席二十国集团领导人第13次峰会期间同莫迪总理会见。4月，国家副主席王岐山、国务委员兼外交部长王毅分别会见来华进行工作访问并出席上合组织成员国外长理事会会议的印度外长苏诗玛·斯瓦拉吉。同月，中共中央政治局委员、中央外事工作委员会办公室主任杨洁篪在上海同印度国家安全顾问阿吉特·多瓦尔举行会谈。6月，杨洁篪主任在南非出席第八次金砖国家安全事务高级代表会议期间会

见印度国家安全顾问多瓦尔。同月，王毅国务委员兼外长在南非出席金砖国家外长会晤期间会见斯瓦拉吉外长。11月，王毅国务委员兼外长在成都同印度国家安全顾问多瓦尔举行中印边界问题特别代表第21次会晤。3月，印度总统拉姆·纳特·科温德、莫迪总理分别致电祝贺习近平主席再次当选中国国家主席。

经贸合作扎实推进。双边贸易持续增长，中国是印度最大贸易伙伴和进口来源地，印度是中国在南亚最大贸易伙伴、投资对象国和重要的海外工程承包市场。3月，商务部部长钟山同印度商工部部长苏雷什·普拉布在新德里共同主持召开中印经贸联合小组第11次会议。4月，全国政协副主席、国家发展和改革委员会主任何立峰同印国家转型委员会副主席拉吉夫·库玛尔共同主持第五次中印战略经济对话。

人文领域交流日益密切。12月，王毅国务委员兼外长访问印度并同斯瓦拉吉外长共同主持中印高级别人文交流机制首次会议。中印百人青年团实现第13次互访。

军事、执法安全领域合作稳步开展。8月，国务委员兼国防部长魏凤和上将访印。10月，国务委员、公安部部长赵克志访印并同印内政部长拉吉纳特·辛格共同主持中印首次执法安全高级别会晤。截至2018年年底，双方已举行9次防务和安全磋商、7次陆军反恐联合训练。

两国在联合国、世界贸易组织、金砖国家、二十国集团、上海合作组织和中俄印（RIC）等机制中保持沟通与协调，在气候变化、能源和粮食安全、国际金融机构改革和全球治理等领域携手合作，维护中印两国和发展中国家的共同利益。

印度尼西亚
(Indonesia)

2018年，中华人民共和国与印度尼西亚共和国双边关系保持良好发展势头。

两国高层往来频繁。11月，国家主席习近平在出席亚太经合组织第26次领导人非正式会议期间同印尼总统佐科·维多多举行会晤。5月，国务院总理李克强对印尼进行正式访问，同佐科总统举行会谈，会见副总统尤素福·卡拉，出席中国—印尼工商峰会并发表主旨演讲，其间双方发表《中华人民共和国政府和印度尼西亚共和国政府联合声明》，签署8项政府或部门间合作文件。8月，习近平主席特使、国务院副总理孙春兰出席在印尼雅加达举行的第18届亚运会开幕式并会见佐科总统。同月，国务委员兼外交部长王毅在出席东亚合作系列外长会期间会见印尼外交部长蕾特诺·马尔苏迪。9月，全国政协副主席李斌赴巴厘岛出席人口与发展南南合作伙伴组织第23届理事会，会见印尼国会副议长阿古斯·赫尔曼托、乌杜特·阿迪安托·瓦约维达亚特。4月，印尼总统特使、海洋统筹部长卢胡特·宾萨尔·潘加伊丹访华，李克强总理，中共中央政治局委员、中央政法委书记郭声琨，王毅国务委员兼外长分别会见。10月，卢胡特作为总统特使再度访华，并转交佐科总统致习近平主席信函，国务委员王勇、王毅国务委员兼外长分别会见。2月，蕾特诺外长访华，外交部长王毅（时任）同其主持中印尼政府间双边合作联委会第三次会议。

两国继续深入对接习近平主席提出的“一带一路”倡议和佐科总统提出的“全球海洋支点”构想，务实合作取得丰硕成果。双方于2018年10月签署共建“一带一路”和“全球海洋支点”谅解备忘录。雅万高铁合作项目稳步推进，5月，双方签署相关融资支持谅解备忘录，项目进入全面实施新阶段。双方就印尼方提出的“区域综合经济走廊”达成合作共识，并签署《关于推进区域综合经济走廊建设合作的谅解备忘录》和《建立区域综合经济走廊合作联委会谅解备忘录》。两国在基础设施建设、电力、资源、工业制造、金融、电商等领域合作持续拓展。11月，两国央行续签双边本币互换协议并将互换规模扩大至2000亿元人民币。

两国在防务、执法、海上、航天、科技、人文等领域合作不断加强。2018年全年，赴印尼旅游中国内地游客213.7万人次。两国共缔结友城（省）27对。

1月17日，中国新任驻印度尼西亚大使肖千向佐科总统递交国书。

伊　朗
(Iran)

2018年，中华人民共和国与伊朗伊斯兰共和国双边关系平稳发展，各领域交流合作持续推进。

两国政治交往密切。6月，国家主席习近平会见来华出席上海合作组织青岛峰会并对中国进行工作访问的伊朗总统哈桑·鲁哈尼，双方见证签署两国“一带一路”、禁毒、科技、证券等领域合作文件。12月，全国人大常

委会副委员长陈竺赴伊朗出席第二届六国议长会，并同伊朗议长阿里·拉里贾尼举行会晤。5月，国务委员兼外交部长王毅同来访的伊朗外长穆罕默德·贾瓦德·扎里夫举行会谈。两国务实合作平稳发展。中国是伊朗最大贸易伙伴，伊朗是中国在中东地区第三大贸易伙伴。

两国文化领域交流日益活跃。4月，伊朗作家代表团访问中国。7月，全国政协文化文史和学习委员会副主任叶小文访问伊朗。8月，中国驻伊朗大使馆与伊朗“艺术与体验”电影组织在德黑兰、设拉子、伊斯法罕、大不里士、克尔曼及巴博勒六地共同举办“中国电影回顾展”。9月，中国人民对外友好协会副会长林怡率团访问伊朗，与伊中友协共同举办中伊友协年会及中伊“一带一路”合作研讨会。

伊拉克
(Iraq)

2018年是中华人民共和国与伊拉克共和国建交60周年，两国战略伙伴关系取得新发展。

两国政治互信不断巩固。8月，国家主席习近平同时任伊拉克总统福阿德·马苏姆、国务院总理李克强同时任伊拉克总理海德尔·阿巴迪、国务委员兼外交部长王毅同时任伊拉克外长易卜拉欣·贾法里互致贺电，庆祝两国建交60周年。10月，习近平主席、李克强总理、全国人大常委会委员长栗战书、王毅国务委员兼外长分别向伊拉克新任总统巴尔哈姆·萨利赫、总理阿迪勒·阿卜杜勒马赫迪、议长穆罕默德·哈勒布希、外长穆罕默德·哈基姆致贺电。4月，全国人大常委会副委员长、中国红十字会会长、红十字与红新月会国际联合会副主席陈竺赴伊拉克巴格达出席红十字会与红新月会国际联合会中东北非地区会议。7月，伊拉克副外长邵什·哈立德·赛义德来华出席中阿合作论坛第八届部长级会议。

经贸、能源合作不断深化。双边贸易额持续增长。中国是伊拉克最大贸易伙伴和原油买方，伊拉克是中国第四大原油供应国。

爱尔兰
(Ireland)

2018年，中华人民共和国与爱尔兰互惠战略伙伴关系进一步发展，各领域合作成果丰富。

两国高层及各级别交往保持良好势头。5月，中共中央政治局委员、北京市委书记蔡奇访问爱尔兰，分别同爱总理利奥·瓦拉德卡、众议长肖恩·欧法雷尔、副总理兼外交贸易部长西蒙·科文尼举行会见、会谈。6月、9月、10月，商务部副部长王炳南、故宫博物院院长单霁翔、农业农村部部长韩长赋分别访爱。11月，外交部副部长王超访爱举行两国外交部政治磋商，并会见科文尼副总理兼外交贸易部长。3月、4月、11月，科文尼副总理兼外交贸易部长，欧法雷尔众议长，商业、企业和创新部长茜瑟·汉弗莱斯先后访华。

两国经贸合作发展顺利。爱连续对华保持贸易顺差。4月，爱尔兰牛肉正式获准进入中国市场。6月，海南航空公司和国泰航空公司分别开通北京—都柏林及中国香港—都柏林之间的直飞业务。11月，8家爱尔兰企业参加首届中国国际进口博览会。

两国在人文等领域交流合作密切。2月，都柏林市政府连续11年举办“中国新年庆典”系列活动。7月，中央民族乐团赴爱演出民族音乐会《丝绸之路》。9月，上海“鼓舞东方”艺术团赴爱多地巡回演出。中国赴爱旅游人数大幅增长。“汉语热”在爱日渐升温。中爱科技基金运转顺畅。

以色列
(Israel)

2018年，中华人民共和国与以色列国创新全面伙伴关系保持良好发展势头，双边各领域务实合作与交流顺利开展。

两国政治交往频繁。10月，国家副主席王岐山访问以色列，会见以总统鲁温·瑞夫林、以总理本雅明·内塔尼亚胡，同内塔尼亚胡总理共同主持召开中以创新合作联合委员会第四次会议，签署了一系列合作协议。科

学技术部部长王志刚、水利部部长鄂竟平等多个团组访以。以科技部长奥弗·阿库尼斯、农业和农村发展部长乌里·亚列、副外长齐皮·霍托卫利等访华。

两国在经贸、科技、创新、农业等领域的交流与合作稳步推进。中以政府间经济技术合作机制在北京举行第三次会议。中以自由贸易区第四轮谈判顺利进行。中以农业创新合作部长级会议在南京成功举行。

两国人文交流活跃。中国文化中心开展多种形式的人文交流活动，成为以民众了解中国的重要窗口。“欢乐春节”“中以创新合作机制文化后续行动”“走进以色列艺术节”三大文化品牌继续发挥效果。“文化中心音乐季”“大使杯系列体育比赛”“天涯共此时”中秋庆祝活动等新品牌逐步确立。“7+7”研究型大学联盟合作不断取得新成果。

意大利
(Italy)

2018年，中华人民共和国与意大利共和国全面战略伙伴关系健康平稳发展，政治关系、务实合作、人文交流等各领域不断取得新成果。

两国高层交往频繁，各层级互动密切。6月，国务院总理李克强向意大利新任总理朱塞佩·孔特致就职贺电。10月，李克强总理同孔特总理在第12届亚欧首脑会议期间举行会见，正式启动两国总理定期沟通机制。5月，国务委员兼外交部长王毅在布宜诺斯艾利斯出席二十国集团外长会期间会见时任意大利外交与国际合作部部长安杰利诺·阿尔法诺。3月，意大利总统塞尔焦·马塔雷拉、时任总理保罗·真蒂洛尼分别向国家主席习近平、李克强总理致就职贺函。9月，意大利副总理兼经济发展部长、劳动与社会政策部长路易吉·迪马约率团以主宾国身份出席第17届中国西部国际博览会，国务院副总理胡春华在成都同其举行会见。11月，迪马约副总理来华出席首届中国国际进口博览会和中意企业家委员会第五次会议。

双边经贸和财金合作成果丰硕。8月，意大利经济财政部长乔瓦尼·特里亚访华，财政部部长刘昆同其举行会谈。9月，国家发展和改革委员会同意经济发展部签署《关于开展第三方市场合作的谅解备忘录》。11月，约200家意企业参加首届中国国际进口博览会。同月，两国财长在出席二十国集团领导人第13次峰会期间共同签署谅解备忘录，正式建立中意财长对话机制。12月，商务部国际贸易谈判代表兼副部长傅自应（时任）与意大利经济发展部副部长米凯莱·杰拉奇在北京共同主持召开中意经济合作混委会第13次会议。

科技、卫生合作亮点纷呈。2月，搭载了意大利高能粒子探测器的“张衡一号”电磁监测试验卫星成功发射，两国元首致电祝贺。7月，中国科学院院长白春礼访意。同月，国家卫生健康委员会副主任王贺胜率团访意，与意卫生部长格里洛会谈，与卫生部秘书长朱塞佩·罗柯共同主持召开中意卫生合作对话会。国家癌症中心同意大利抗癌联盟签署肿瘤医学合作备忘录。12月，第15届世界中医药大会在罗马成功举办，会上发表关于中医药的《罗马宣言》。同月，第九届中意创新合作周在意米兰、罗马和卡利亚里举行，吸引了1500多名中意代表参加，完成对接200项次，达成80多个合作意向。科学技术部部长王志刚同意大利教育、大学与科研部长马可·布塞蒂共同出席开幕式，现场签署19项合作协议。

军事、警务合作不断深化。意海军参谋长瓦尔特·吉拉尔德利访华。意方首次派出高级别军官参加“北京香山论坛”。意内政部副部长多米尼科·曼奇奥内、国家警察副司令尼科洛·丹杰罗访华，进一步密切中意反恐等警务合作。6～7月，中意第三次警务联合巡逻成功在罗马、米兰、普拉托、威尼斯以及北京、上海、杭州、西安举行。

人文交流与合作成效显著。1月，2018“中国—欧盟旅游年”在意大利威尼斯开幕，李克强总理向开幕式致贺词，两国签署《中意关于加强旅游合作的谅解备忘录》。中国作为主宾国参加第55届博洛尼亚国际童书展。中国相关机构和人员高水平参与米兰设计周、米兰家具展、米兰三年展等，意大利作为主宾国参加“相约北京”国际艺术节。意大利来华留学生总数突破6000人，2018年新增赴意留学中国学生近4000人。截至2018年年底，在意大利已设立12所孔子学院和39个孔子课堂，组织82.2万人参与文化活动。北京大学、清华大学等20多所重点大学和科研单位与意大利高校建立交流合作关系，双方共同创建了15个中外合作办学机构和项目。

两国地方交往继续深入开展。2018年4月，贵州省委副书记、省长谌贻琴访意并会见意文化部副部长多里娜·比安琪，贵州省政府与中国驻意大利大使馆在罗马共同举办了中国改革开放40周年暨“贵州全球推介活动——走进意大利”推介会。6月，全国人大常委会原副委员长、中国欧盟协会会长乌云其木格率中国欧盟协会代表团访意，会见意伦巴第大区副主席法布里奇奥·萨拉等。截至2018年年底，中意已缔结友城（省、区）94对。

牙买加
(Jamaica)

2018年，中华人民共和国与牙买加共同发展的友好伙伴关系取得新成果。

两国保持高层往来。7月，国家主席习近平在南非出席金砖国家领导人第十次会晤期间同牙总理安德鲁·霍尔尼斯寒暄。1月，外交部长王毅（时任）在智利出席中拉论坛第二届部长级会议期间集体会见牙外长卡米娜·约翰逊–史密斯等加勒比国家外长及代表。3月，牙总督帕特里克·艾伦、霍尔尼斯总理、史密斯外长分别就习近平主席、国务院总理李克强、国务委员兼外交部长王毅连任或就任致贺函。10月，牙反对党人民民族党领袖彼得·菲利普斯访华。11月，牙经济增长和就业部不管部长达里尔·瓦斯，工业、商业、农业和渔业部长奥德利·肖来华出席首届中国国际进口博览会。

两国各领域务实合作成果显著。甘肃酒泉钢铁（集团）有限责任公司牙买加阿尔帕特氧化铝厂运营顺利，援牙幼儿园移交启用，外交和外贸部办公楼、西印度大学孔子学院教学楼、西部儿童医院等项目有序推进。

两国人文交流日益活跃。中国援牙花样游泳和羽毛球等体育技术援助项目首批教练赴牙指导，牙首批运动员来华培训顺利完成。中方继续向牙方提供政府奖学金和人力资源培训名额。

4月3日，中国新任驻牙买加大使田琦向艾伦总督递交国书。

日　本
(Japan)

日本国是中华人民共和国的重要近邻。中国政府一贯重视中日关系，主张在中日四个政治文件和四点原则共识的基础上，本着以史为鉴、面向未来的精神发展两国战略互惠关系。2018年是《中日和平友好条约》缔结40周年，国家主席习近平在双多边场合同日本首相安倍晋三多次会晤，国务院总理李克强和安倍晋三首相成功实现互访，双方各层级对话稳步开展，经贸人文等各领域交流有序推进，人员往来创下新高，两国关系在重回正轨的基础上取得新的发展。

高层交往方面。5月4日，习近平主席应约同安倍晋三首相通电话。9月12日，习近平主席在俄罗斯符拉迪沃斯托克出席东方经济论坛期间应约会见安倍晋三首相。11月30日，习近平主席在出席二十国集团领导人第13次峰会期间会见安倍晋三首相。

5月8～11日，李克强总理赴日出席第七次中日韩领导人会议并正式访问日本，此访是中国总理时隔八年正式访问日本。访问期间，李克强总理同安倍晋三首相举行正式会谈，会见日本天皇明仁和议会及朝野政党的负责人，出席纪念《中日和平友好条约》缔结40周年大型招待会并赴北海道访问。10月25～27日，安倍晋三首相对中国进行正式访问，这是日本首相时隔七年正式访华，习近平主席、李克强总理、全国人大常委会委员长栗战书分别同安倍晋三首相举行会见会谈。

7月，日本众议长大岛理森访华，李克强总理和中共中央政治局委员、全国人大常委会副委员长王晨分别会见，栗战书委员长与其举行会谈。5月，栗战书委员长会见日本文部科学大臣林芳正率领的日中友好议员联盟访华团。8月，国务院副总理韩正、刘鹤分别会见来华访问的日本副首相兼财务大臣麻生太郎。同月，国家副主席王岐山、国务委员兼外交部长王毅在北京分别会见日本自民党干事长二阶俊博。2月，中共中央政治局委员、国务委员杨洁篪（时任）在北京同日本国家安全保障局长谷内正太郎举行会谈。9月，中共中央政治局委员、中央外事工作委员会办公室主任杨洁篪在苏州同谷内正太郎局长共同主持第五次中日高级别政治对话。4月，王毅国务委员兼外长应邀对日本进行正式访问，并同日本外相河野太郎共同主持第四次中日经济高层对话。8月，王毅国务委员兼外长在新加坡出席东亚合作系列外长会议期间会见河野太郎外相。9月，王毅国务委员兼外长在纽约出席联合国大会期间应约会见河野太郎外相。

政治外交和防务交流合作方面。1月，全国人大常委会副委员长陈竺率团访问日本，同日方举行中国全国人大与日本国会众议院合作委员会第十次会议、与日本国会参议院交流机制第七次会议。10月，中日执政党交流机制第八次会议在北海道举行。5月，李克强总理访日期间，中日双方同意设立两国防务部门海空联络机制，6月，该机制正式启动，12月，机制首次年度会议和专门会议在北京举行。中日双方还分别于4月和12月举行两轮海洋事务高级别磋商。

务实交流合作方面。两国经贸投资合作保持基本稳定，日本是中国第二大贸易对象国，中国是日本最大贸易对象国。2018年日本对华投资实际

到位金额38亿美元。2018年中国对日本直接投资额为2.5亿美元。双边人员往来持续扩大，2018年达1175.8万人次，增长10.27%。两国目前共缔结友好城市253对。两国各领域务实交流合作稳步开展。5月，第三届中日省长知事论坛在日本北海道札幌市举行，李克强总理和安倍晋三首相共同出席论坛并分别致辞。8月，第七次中日财长对话在北京举行。9月，李克强总理会见日本经济团体联合会会长中西宏明、日中经济协会会长宗冈正二、日本商工会议所会长三村明夫率领的日本经济界代表团。10月，第四轮中日企业家和前高官对话会在北京举行，李克强总理、王毅国务委员兼外长分别会见参会的日本前首相福田康夫及日方代表。10月，第一届中日第三方市场合作论坛在北京举行，李克强总理和安倍晋三首相共同出席论坛并分别致辞。11月，第12届中日节能环保综合论坛在北京举行。

为纪念《中日和平友好条约》缔结40周年，两国举行了一系列纪念活动。5月，李克强总理在东京同安倍晋三首相共同出席《中日和平友好条约》缔结40周年纪念活动暨欢迎李克强总理访日招待会并发表演讲。8月，李克强总理与安倍晋三首相、王毅国务委员兼外长与河野太郎外相分别互致贺电，庆祝《中日和平友好条约》缔结40周年。10月，纪念《中日和平友好条约》缔结40周年招待会在人民大会堂举行，李克强总理和安倍晋三首相共同出席并分别致辞，来自两国各界约800名代表人士出席活动。

约　旦
(Jordan)

2018，中华人民共和国与约旦哈希姆王国战略伙伴关系稳步发展。

两国各层次交往频繁。9月，全国政协副主席陈晓光访问约旦，与约旦代参议长马鲁夫·巴希特会谈，分别会见副首相兼国务大臣拉贾伊·穆阿什尔、副众议长苏莱曼·扎本。10月，外交部中阿合作论坛事务大使李成文访问约旦。7月，约旦外交与侨务大臣埃伊曼·萨法迪来华出席中阿合作论坛第八届部长级会议，国务委员兼外交部长王毅同其会见。

中约经贸合作稳步推进。2月，中国电力建设集团有限公司承包的萨马瑞电站工程四期并网发电，这是约旦建国以来最大的工程项目。3月，大型综合性中国商品城约旦龙城开业。此外，阿塔拉特油页岩发电项目已全面进入实施阶段，预计2020年建成投产。商务部与约旦投资部共同建立联合工作组，探讨中约商贸、投资合作。

中约文化、教育等领域合作进一步深化。中约签署设立中国文化中心协定，开展了丰富的文化交流活动。约旦汉语教学工作稳步发展。

哈萨克斯坦
(Kazakhstan)

2018年，中华人民共和国与哈萨克斯坦共和国全面战略伙伴关系继续深入发展。

两国高层交往频繁。3月，中共中央总书记习近平再次当选中国国家主席，哈萨克斯坦总统努尔苏丹·纳扎尔巴耶夫发来贺信。李克强再次就任国务院总理，哈总理巴赫特让·萨金塔耶夫发来贺信。栗战书当选全国人大常委会委员长，哈议会上院议长卡瑟姆若马尔特·托卡耶夫、议会下院议长努尔兰·尼格马图林分别发来贺信。时任外交部长王毅就任国务委员兼外交部长，哈时任外交部长凯拉特·阿布德拉赫曼诺夫发来贺信。6月，国家主席习近平、国务院总理李克强、全国人大常委会委员长栗战书分别同来华出席上海合作组织成员国元首理事会第18次会议并对中国进行国事访问的纳扎尔巴耶夫总统举行会谈、会见。习近平主席和纳扎尔巴耶夫总统签署并发表《中华人民共和国和哈萨克斯坦共和国联合声明》。9月，习近平主席和纳扎尔巴耶夫总统向纪念“一带一路”倡议提出五周年中哈商务论坛致祝贺视频。11月，习近平主席会见来华进行正式访问的萨金塔耶夫总理，李克强总理同其举行中哈总理第四次定期会晤。10月，李克强总理出席上海合作组织成员国政府首脑（总理）理事会第17次会议并同萨金塔耶夫总理举行双边会见。4月，栗战书委员长礼节性会见来华访问的哈议会下院副议长古尔米拉·伊希姆巴耶娃，中共中央政治局委员、全国人大常委会副委员长王晨与其举行会谈。9月，国务院副总理韩正同哈第一副总理马明在华举行中哈合作委员会双方主席会晤。同月，中共中央政治局委员、中央军委副主席许其亮上将访问哈萨克斯坦。5月，全国人大常委会副委员长艾力更·依明巴海访问哈萨克斯坦。4月，国务委员兼外交部长王毅同来华出席上海合作组织成员国外长理事会会议并对中国进行正式访问的哈时任外长阿布德拉赫曼诺夫举行会见。12月，王毅国务委员兼外长向哈新任外长别伊布特·阿塔姆库洛夫致贺电。5月，国务委员、公安部部长赵克志会见来华出席上海合作组织成员国安全会议秘书第13次会议的哈安全会议秘书努尔兰·叶尔梅克巴耶夫。5月，全国政协副主席何维会见来华出

席第三届丝绸之路博览会暨中国东西部合作与投资贸易洽谈会的哈副总理兼农业部长乌米尔扎克·舒克耶夫。10月，全国政协副主席、中央民族委员会主席巴特尔访问哈萨克斯坦。4月，哈第一副总理阿斯卡尔·马明赴安徽、北京考察中哈重点合作项目。11月，哈副总理兼农业部长舒克耶夫来华出席首届中国国际进口博览会。

两国共建“一带一路”取得新进展。经贸合作走深走实，产能合作成果丰硕，能源、互联互通、农业领域合作不断深化，金融、创新领域合作加速发展，人文交流亮点纷呈。哈方举办纪念“一带一路”倡议提出五周年中哈商务论坛，两国元首向论坛致祝贺视频。双方已形成涵盖55个项目、总金额274亿美元的产能合作项目清单，新一批项目开工。中哈原油管道已累计向中国输油约1.2亿吨。中欧班列、中哈连云港国际物流中心、中哈霍尔果斯国际边境合作中心运转顺畅。丝路基金认购阿斯塔纳国际交易所股份，中信银行、双维公司完成收购阿尔金银行股份，国家开发银行在阿斯塔纳国际金融中心注册成立代表处。双方积极探讨“数字丝绸之路”同“数字哈萨克斯坦”对接合作，加强数字经济、跨境电商等经验交流。两国元首共同观看双方首部合拍电影《音乐家》片花并会见主要演职人员。哈萨克斯坦国家爱乐乐团来华巡演。

两国国际协作密切。双方在联合国、上海合作组织、亚信等多边框架内合作良好，及时就上合组织发展、叙利亚问题以及反恐、禁毒、防核扩散、和平利用核能、维护地区稳定等问题交换意见。

肯尼亚
(Kenya)

2018年是中华人民共和国与肯尼亚共和国建交55周年，中肯全面战略合作伙伴关系稳步发展。

两国高层往来密切。3月，肯尼亚总统乌胡鲁·肯雅塔、国民议会议长贾斯廷·穆图里、副总统威廉·鲁托分别就国家主席习近平再次当选、栗战书当选全国人大常委会委员长、汪洋当选全国政协主席、王岐山当选国家副主席致函祝贺。6月16～19日，全国政协主席汪洋访肯，分别会见肯雅塔总统和肯参议院议长肯尼斯·卢萨卡，同肯国民议会议长穆图里举行会谈。9月，肯雅塔总统来华出席中非合作论坛北京峰会，习近平主席、全国政协主席汪洋同其分别会见。两国元首见证签署了《中华人民共和国政府与肯尼亚共和国政府关于共同推进丝绸之路经济带和21世纪海上丝绸之路建设的谅解备忘录》等合作文件。11月，肯雅塔总统来华出席首届中国国际进口博览会，习近平主席同其举行双边会见。司法部、国务院国有资产监督管理委员会及山东省、安徽省等多个省部级团组访肯，肯交通、基础设施、住房和城市发展部，财政部，工业、贸易与合作部等多位部长和蒙巴萨郡郡长访华。

两国经贸合作稳步推进。蒙内铁路平稳运行，内马铁路一期稳步推进。两国签署《中华人民共和国商务部与肯尼亚共和国工业、贸易与合作部关于设立贸易畅通工作组的谅解备忘录》《中华人民共和国海关总署与肯尼亚共和国农业、畜牧业和渔业部关于实施卫生与植物卫生检疫检验措施的谅解备忘录》《中华人民共和国海关总署与肯尼亚共和国国家植物健康监督局关于肯尼亚甜叶菊输华植物检疫要求议定书》等多份合作文件。

两国党际、议会合作深入发展。朱比利党派高级别代表出席“中国共产党与世界政党高层对话会非洲专题会”并派多批干部来华研修。肯国民议会外交和国防委员会副主席访华，中肯议会交流机制首次会议在肯举行。

6月5日，中国新任驻肯尼亚大使孙保红向肯雅塔总统递交国书。

科威特
(Kuwait)

2018年，中华人民共和国与科威特国友好合作关系持续发展。

两国政治互信巩固，高层交往不断。4月，国家主席习近平特别代表、中共中央政治局委员、中央外事工作委员会办公室主任杨洁篪访问科威特，分别会见科威特埃米尔萨巴赫·艾哈迈德·贾比尔·萨巴赫、第一副首相兼国防大臣纳赛尔·萨巴赫·艾哈迈德·贾比尔·萨巴赫、副首相兼外交大臣萨巴赫·哈立德·哈马德·萨巴赫。7月，科威特埃米尔萨巴赫·艾哈迈德·贾比尔·萨巴赫对中国进行国事访问并出席中阿合作论坛第八届部长级会议开幕式，习近平主席同其举行会谈。萨巴赫埃米尔访华期间，双方共同发表了《中华人民共和国和科威特国关于建立战略伙伴关系的联合声明》。12月，科威特第一副首相兼国防大臣纳赛尔·萨巴赫·艾哈迈德·贾比尔·萨巴赫以萨巴赫埃米尔特使身份访华，国务院副总理韩正同其举行会谈。

两国各领域合作成果丰富。8月，中科双方签署《中华人民共和国政府

和科威特国政府关于成立双边合作执行机制的谅解备忘录》《中华人民共和国政府和科威特国政府合作规划纲要》等7份合作文件，涉及政治、经济、能源等领域。11月，国家发展和改革委员会同科威特丝绸城和布比延岛开发机构签署《关于成立“丝绸城和五岛”建设合作机制的谅解备忘录》。

两国人文交流日趋活跃。科方文化官员、青年代表、艺术家等赴华访问交流。中方文艺团体赴科参加艺术节、音乐节等活动。

吉尔吉斯斯坦
(Kyrgyzstan)

2018年，中华人民共和国与吉尔吉斯共和国建立全面战略伙伴关系，双边关系实现战略升级。

两国高层往来密切，政治互信不断加深。3月，中共中央总书记习近平再次当选中国国家主席，吉尔吉斯斯坦总统索隆拜·热恩别科夫发来贺信。李克强再次就任国务院总理，吉时任总理萨帕尔·伊萨科夫发来贺信。栗战书当选全国人大常委会委员长，吉议长达斯坦别克·朱马别科夫发来贺信。时任外交部长王毅就任国务委员兼外交部长，吉外交部长埃尔兰·阿布德尔达耶夫发来贺信。6月，国家主席习近平、国务院总理李克强、全国人大常委会委员长栗战书分别同来华出席上海合作组织成员国元首理事会第18次会议并对中国进行国事访问的热恩别科夫总统举行会谈、会见。习近平主席和热恩别科夫总统共同签署并发表《中吉关于建立全面战略伙伴关系的联合声明》，并为双边关系未来发展规划蓝图。10月，李克强总理出席上海合作组织成员国政府首脑（总理）理事会第17次会议并同吉总理穆哈梅特卡雷·阿布尔加济耶夫举行会见，就进一步深化两国经贸、产能、交通等领域合作达成重要共识。9月，中共中央政治局委员、中央军委副主席许其亮上将访问吉尔吉斯斯坦。4月，国务委员兼外交部长王毅同来华出席上海合作组织成员国外长理事会会议并对中国进行正式访问的阿布德尔达耶夫外长举行会见。5月，国务委员、公安部部长赵克志会见来华出席上海合作组织成员国安全会议秘书第13次会议的吉安全会议秘书达米尔·萨金巴耶夫。10月，吉副总理阿尔特奈·奥穆尔别科娃来华出席太湖世界文化论坛第五届年会；12月，吉第一副总理库巴特别克·博罗诺夫来华出席第六届中国—中亚合作论坛，中共中央政治局委员、全国人大常委会副委员长王晨同奥穆尔别科娃、博罗诺夫分别会见。11月，吉吸引和保护投资署署长阿季尔别克·舒姆卡尔别克来华出席首届中国国际进口博览会。

两国务实合作进展顺利，共建“一带一路”成果丰硕。中国继续保持吉第一大贸易伙伴和第一大投资来源国地位。两国经贸和投资合作不断扩大，交通、能源、矿产开发、农业领域合作快速推进。2018年，中国援建的奥什医院顺利完工，中方两优贷款支持的比什凯克热电厂改造项目竣工并投入运营。

中吉人文合作蓬勃开展，两国人员往来频繁，地方交往日益密切。双方互办文化日、艺术展，互派艺术团体赴对方国家演出，两国民众反响热烈。6月，热恩别科夫总统访华期间观看中国中央歌剧院排演的中文歌剧《玛纳斯》。2018年，吉方在华举办系列活动，纪念吉著名作家钦吉斯·艾特玛托夫诞辰90周年。

老　挝
(Laos)

2018年，中华人民共和国与老挝人民民主共和国全面战略合作伙伴关系持续深入发展，具有战略意义的命运共同体建设不断取得积极成果。

两国高层交往密切，政治互信不断加深。5月，中共中央总书记、国家主席习近平，国务院总理李克强分别在北京同老挝人民革命党中央总书记、国家主席本扬·沃拉吉举行会谈、会见。9月，中共中央政治局常委、中央纪委书记赵乐际对老挝进行正式友好访问。7月，中共中央政治局委员、中央书记处书记、中共中央宣传部部长黄坤明访问老挝并出席两党第七次理论研讨会。12月，国务委员兼外交部长王毅对老挝进行正式访问并主持澜湄合作第四次外长会。5月，国务委员、公安部部长赵克志，全国政协副主席王正伟访问老挝。

6月，老挝副总理宋赛·西潘敦来华出席第五届中国—南亚博览会。8月，老挝副总理宋迪·隆迪来华出席首届国际智能产业博览会，老挝外交部长沙伦赛·贡玛西访华。9月，宋迪·隆迪副总理来华出席中国—东盟博览会。11月，老挝总理通伦·西苏里来华出席首届中国国际进口博览会，习近平主席与其会见。

中国“一带一路”倡议同老挝“变陆锁国为陆联国”战略深度对接，中老经济走廊合作续有进展，中老铁路建设总体顺利。中国继续保持老挝第一大投资国和第二大贸易伙伴，帮助老方发展经济、应对灾害。人文领

域交流不断拓展，老挝中国文化中心、孔子学院运转顺利。

11月1日，中国新任驻老挝大使姜再冬向本扬主席递交国书。

拉脱维亚
(Latvia)

2018年，中华人民共和国与拉脱维亚共和国友好合作关系取得新的发展。

两国高层保持密切交往。7月，国务院总理李克强在保加利亚索非亚会见了出席第七次中国—中东欧国家领导人会晤的拉脱维亚总理马里斯·库钦斯基斯。同月，全国政协副主席张庆黎访问拉脱维亚。9月，拉脱维亚总统莱蒙德斯·韦约尼斯来华出席第12届夏季达沃斯论坛，国家主席习近平、李克强总理分别同其会见。1月，拉脱维亚议长伊娜拉·穆尔涅采随北欧和波罗的海国家议长集体访华，习近平主席，中共中央政治局委员、国务委员杨洁篪（时任）分别集体会见，全国人大常委会委员长张德江集体会谈。

经贸合作不断深化。6月，拉脱维亚作为主宾国参加第四届中国—中东欧国家投资贸易博览会。其间，拉脱维亚经济部国务秘书艾利克斯·伊格利特斯在宁波出席第三次中国—中东欧国家贸易促进部长级会议，并会见商务部部长助理任鸿斌。同月，拉脱维亚交通部长乌尔迪斯·奥古利斯来华参加2018世界交通运输大会。10月，中国国际贸易促进委员会在拉脱维亚举办中国—拉脱维亚贸易投资交流会和2018中国（拉脱维亚）机电品牌展览会。双方先后签署《中华人民共和国海关总署和拉脱维亚共和国农业部关于进出口食品安全合作的谅解备忘录》《中华人民共和国海关总署和拉脱维亚共和国食品与兽医局关于拉脱维亚向中国出口观赏鸟检疫和卫生要求的备忘录》《中华人民共和国海关总署和拉脱维亚共和国食品与兽医局关于拉脱维亚输华蜂蜜检验检疫和兽医卫生要求议定书》。

人文交流与合作富有成果。1月，中国中央歌剧院合唱团赴拉脱维亚访问演出。2月，2018“欢乐春节”大型文化活动首次在拉脱维亚首都里加举办。7月，拉脱维亚宪法法院院长伊纳塔·兹迈勒来华参加中国政法大学举办的第十届人权法暑期班课程并会见最高人民法院院长周强。9月，中国作家协会副主席钱小芊访问拉脱维亚并举办中拉文学之夜交流活动。北京、上海、陕西、深圳、宁波、苏州等同拉脱维亚中央和地方政府积极对接经贸、投资、物流、文化等产业合作，进一步拓展务实合作。双方签署《中华人民共和国政府和拉脱维亚共和国政府科学技术合作协议》和《中华人民共和国体育总局与拉脱维亚共和国教育科技部关于体育合作的谅解备忘录》。

截至2018年，两国结好城市4对。

黎巴嫩
(Lebanon)

2018年，中华人民共和国与黎巴嫩共和国友好互利合作关系稳步发展。

中黎两国政治交往密切。9月，全国政协副主席陈晓光访问黎巴嫩。10月，外交部中阿合作论坛事务大使李成文访问黎巴嫩。7月，黎经济和贸易部长拉伊德·扈里来华出席中阿合作论坛第八届部长级会议。11月，黎巴嫩政党代表团来华出席第二届中国—阿拉伯国家政党对话会。

两国在有关领域互利合作顺利发展。中黎经贸、文教、新闻媒体、艺术团组互访频繁，丰富了两国各层次、各领域交流内容。中国援助黎巴嫩高等国家音乐学院项目进展顺利，1月，中黎两国政府关于该项目立项换文签字仪式在黎总理府举行，黎总理萨阿德·哈里里出席。11月，黎巴嫩派团出席首届中国国际进口博览会。

莱索托
(Lesotho)

2018年，中华人民共和国与莱索托王国友好合作关系保持良好发展势头，各领域交流合作不断深化。

双方各层级交往密切，政治互信不断加深。3月，莱索托国王莱齐耶三世致函祝贺习近平再次当选中国国家主席。9月1～9日，莱索托首相莫措阿哈·托马斯·塔巴内来华出席中非合作论坛北京峰会并对中国进行正式访问，国家主席习近平、国务院总理李克强分别同塔巴内首相会见、会谈。双方领导人一致同意不断深化两国各领域友好互利合作，密切在国际和地区事务中的沟通协调，维护彼此和发展中国家共同利益。6月，商务部副部长钱克明率团访问莱索托，其间礼节性拜会莱国王莱齐耶三世、塔巴内首相，并同莱副首相莫尼亚内·莫莱莱基共同主持双边会谈。莱索托政府坚

定奉行一个中国政策，在国际事务中同中方保持密切配合与协作。

两国经贸合作稳步推进。中国援莱索托马塞卢地区医院及眼科诊所、援莱索托莫比蒂—塞赫拉巴泽贝道路升级项目进入实施阶段，第13批援莱医疗队顺利轮换。4月，中国政府再次向莱索托政府提供紧急粮食援助，帮助莱应对粮食紧缺问题。中莱双方签署《中华人民共和国和莱索托王国政府经济、贸易、投资和技术合作框架协定》。莱索托代表团来沪参加首届中国国际进口博览会。

两国在其他领域的交流合作积极开展。济南艺术团赴莱访演，莱政府汉语培训班、“中国电影节”、《我的中国故事》有奖征文、“汉语桥”比赛、中文歌曲比赛等活动顺利举办，在莱掀起中国文化热潮。

利比里亚
(Liberia)

2018年，中华人民共和国与利比里亚共和国全面合作伙伴关系不断深化。

两国政治交往密切。1月，国家主席习近平特使、卫生和计划生育委员会主任李斌出席利比里亚总统乔治·维阿就职典礼。10月，全国政协副主席万钢访问利比里亚，分别会见维阿总统、布法尔·钱伯斯众议长和临时参议长阿尔伯特·切。3月，维阿总统就习近平主席再次当选来函致贺，钱伯斯众议长就全国人大常委会委员长栗战书当选来函致贺，副总统朱沃尔·霍华德–泰勒就国家副主席王岐山当选来函致贺。9月，维阿总统来华出席中非合作论坛北京峰会，习近平主席同其举行双边会见，中共中央政治局常委、中央书记处书记王沪宁同其会见。

两国经贸等领域交流与合作取得显著成果。7月，议会大厦辅楼项目移交并投入使用，政府办公楼项目、罗伯茨国际机场航站楼升级改造项目进展顺利。

两国人文交流更趋活跃。11月，湖南省派艺术团赴利比里亚演出。

3月2日，中国新任驻利比里亚大使付吉军向维阿总统递交国书。

利比亚
(Libya)

2018年，中华人民共和国与利比亚国关系持续发展。

中利双方保持友好政治交往。8月，国务委员兼外交部长王毅同利比亚民族团结政府外交部长穆罕默德·塔希尔·希亚莱就两国建交40周年互致贺电。7月，利比亚民族团结政府外交部长希亚莱来华出席中阿合作论坛第八届部长级会议。9月，利比亚民族团结政府总理特别代表、外交部长希亚莱来华出席中非合作论坛北京峰会。中利务实合作取得积极进展。7月，中利双方签署共建“一带一路”谅解备忘录。12月，利比亚加入亚洲基础设施投资银行。

中方积极支持利比亚问题政治解决进程。5月，中方派代表参加了在法国巴黎召开的利比亚问题国际会议。11月，中国政府非洲事务特别代表许镜湖代表中方出席了在意大利西西里岛首府巴勒莫举行的利比亚问题国际会议。

列支敦士登
(Liechtenstein)

2018年，中华人民共和国与列支敦士登公国关系保持良好发展。

两国政治、经贸、教育、人文等领域务实合作得到进一步推进。8月15日，国家主席习近平向列支敦士登摄政王储阿洛伊斯致国庆贺电。

立陶宛
(Lithuania)

2018年，中华人民共和国与立陶宛共和国友好合作关系继续向前发展。

两国各层级交往密切。11月，立陶宛总统达利娅·格里包斯凯特来华

出席首届中国国际进口博览会，国家主席习近平同其会见。1月，立陶宛议长维克托拉斯·普兰茨凯蒂斯随北欧和波罗的海国家议长集体访华，习近平主席，中共中央政治局委员、国务委员杨洁篪（时任）分别集体会见，全国人大常委会委员长张德江集体会谈。

经贸、农业、交通等领域合作稳步推进。5月，农业农村部部长韩长赋访问立陶宛，出席中国—中东欧国家农业部长会议暨农业经贸合作论坛。6月，立陶宛经济部长维尔吉尼尤斯·辛克维丘斯来华出席第12届夏季达沃斯论坛，其间会见商务部部长钟山。10月，立陶宛农业部长吉埃德留斯·苏尔普利斯来华出席第16届中国国际农产品交易会，其间会见海关总署副署长王令浚。11月，立陶宛文化部长丽安娜·鲁奥基特–约松来华出席第20届中国上海国际艺术节。7月，双方签署《中华人民共和国国家邮政局和立陶宛共和国交通通信部关于加强邮政和快递领域合作的谅解备忘录》。

人文交流与地方合作深入发展。6月，中华全国妇女联合会书记处书记杨柳赴立陶宛出席"女性政治领袖全球论坛"2018年峰会。7月，广东省代表团访问立陶宛。8月，上海之帆"一带一路"立陶宛经贸人文巡展在立陶宛举行。国家留学基金管理、北京外国语大学、北京第二外国语学院先后派团访问立陶宛，同立陶宛高校签署立陶宛语人才联合培养等合作协议。

截至2018年，两国结好城市4对。

卢森堡
(Luxembourg)

2018年，中华人民共和国与卢森堡大公国关系保持健康快速发展。

高层和各级别交往频繁，政治互信不断增强。12月，卢森堡新一届政府宣誓就职，国务院总理李克强、全国人大常委会委员长栗战书、国务委员兼外交部长王毅分别向卢森堡首相格扎维埃·贝泰尔、议长费尔南·埃特让、外交大臣让·阿瑟伯恩致贺电。3月，卢森堡大公亨利、首相格扎维埃·贝泰尔、议长马尔斯·迪·巴尔托洛梅奥（时任）第一时间分别向国家主席习近平、李克强总理、栗战书委员长和全国政协主席汪洋致贺信。1月，卢森堡副首相兼经济大臣艾蒂安·施奈德访华。9月，卢森堡财政大臣皮埃尔·格拉梅尼亚访华。11月，施奈德副首相来华出席首届中国国际进口博览会。

双边务实合作不断深化。两国在航天、金融、钢铁、航空货运等领域合作发展顺利。1月，中国国家航天局与卢森堡经济部签署关于探索与和平利用外层空间合作的谅解备忘录。中国科学院国家空间科学中心与卢森堡经济部签署合作备忘录，拟共建深空探测研究实验室。3月，银行间市场清算所股份有限公司（“上海清算所”）与卢森堡证券交易所签署合作备忘录。9月，上海证券交易所、中国银行与卢森堡证券交易所签署三方协议，拟共建中国境内绿色债券信息通。中国建设银行在卢森堡发行首支境外绿色债券。10月，卢森堡政府批准中国南方电网集团公司收购卢森堡最大电网公司ENCEVO公司24.92%股份。卢森堡积极参与共建“一带一路”，中卢“空中丝绸之路”建设快速发展。

人文交流持续升温，民间友好深入人心。4月，卢森堡首家孔子学院举行揭牌仪式。卢森堡首都重点中学雅典娜中学增设汉语班。中国赴卢森堡旅游人数不断增加。11月，河南省博物院在卢森堡举办文物展。

马达加斯加
(Madagascar)

2018年，中华人民共和国与马达加斯加共和国全面合作伙伴关系稳步发展。

两国政治互信不断深化。3月，马达加斯加总统埃里·马夏尔·拉乔纳里曼皮亚尼纳祝贺国家主席习近平再次当选。9月，埃里总统来华出席中非合作论坛北京峰会，习近平主席同其举行会见。7月，中国国际贸易促进委员会会长姜增伟访马。11月，马旅游部长布吕内勒·让·拉扎芬安德劳法来华出席首届中国国际进口博览会。

两国各领域合作续有成果。首都郊区公路、南部旱灾地区打井、“万村通”等项目顺利开工实施，首都机场快速路、塔马塔夫港—2号国道快速路等项目取得积极进展。“光明行”、援马抗击鼠疫工作反响良好，联合培养百名运动员等体育合作项目取得良好收效。

马拉维
(Malawi)

2018年，中华人民共和国与马拉维共和国关系健康稳定发展，政治互信逐步增强，各领域交流合作不断取得新成果。

双方高层互动日益增多。9月，马拉维总统彼得·穆塔里卡来华出席中非合作论坛北京峰会，国家主席习近平、全国人大常委会委员长栗战书分别会见，两国元首共同见证签署《中华人民共和国政府和马拉维共和国政府经济技术合作协定》等3项合作文件。3月，穆塔里卡总统致电祝贺习近平再次当选中国国家主席、国家军委主席。中共中央对外联络部交流小组、中国共产党代表团、全国人大代表团、国家国际发展合作署代表团年内相继访马。

两国务实合作稳步推进。姆祖祖医院CT机房、M1机场路改扩建、议会大厦第4期技术合作等一系列中方新援助项目立项。中国企业在农业、食品、酒店餐饮等领域继续开展对马投资。中非棉业纺纱厂项目顺利启动。

中国和马拉维人文交流与合作持续深化。中非合作论坛北京峰会期间，马第一夫人格特鲁德·穆塔里卡出席中非艾滋病防控主题会议并作为南部非洲地区代表发言。中国中学生向马中小学捐赠音乐器材，中国驻马拉维大使馆举办的“中国大使助学金”“中国文化周”等活动获得热烈反响。

8月3日，中国新任驻马拉维大使刘洪洋向穆塔里卡总统递交国书。

马来西亚
(Malaysia)

2018年，中华人民共和国与马来西亚关系持续发展，各领域交流与合作整体稳中有进。

两国高层交往密切。7月底至8月初，国务委员兼外交部长王毅访问马来西亚。8月，马来西亚新任总理敦·马哈蒂尔·宾·穆罕默德对中国进行正式访问，国家主席习近平、国务院总理李克强、全国人大常委会委员长栗战书分别同其会晤，就双边关系发展达成新的重要共识。

各领域合作继续推进。中国连续10年成为马来西亚最大贸易伙伴，是马来西亚制造业最大投资国、东盟外游客最大来源国。8月，双方签署《中华人民共和国财政部与马来西亚证券监督委员会跨境会计审计执法合作备忘录》《中国人民银行与马来西亚国家银行双边本币互换协议》《中华人民共和国海关总署与马来西亚农业与农基产业部关于马来西亚冷冻榴莲输华检验检疫要求的议定书》《海南省农垦总局（海南省农垦投资控股有限公司）与马来西亚橡胶局关于橡胶沥青路面技术和割胶自动化技术及商业化合作谅解备忘录》《清华大学与马来西亚棕榈油局关于马来西亚棕榈油生物燃料技术发展及促进的谅解备忘录》等合作文件。中国在马来西亚投资项目达400项。2月，中国驻马来西亚大使馆联合马来西亚中华总商会及马来西亚中国银行在吉隆坡成功举办2018中马中小企业合作对接会，吸引了两国300多家企业参与，达成合作意向100多个。马来西亚现有2所孔子学院。厦门大学在马来西亚设有分校。

马尔代夫
(Maldives)

2018年是中华人民共和国与马尔代夫共和国建交46周年，也是马尔代夫总统选举年，两国面向未来的全面友好合作伙伴关系取得新发展。

高层交往势头良好。11月，国家主席习近平特使、文化和旅游部部长雒树刚出席马尔代夫新任总统易卜拉欣·萨利赫就职典礼并拜会萨利赫总统。8月，中国政府代表、国家国际发展合作署署长王晓涛出席中国—马尔代夫友谊大桥开通仪式，并拜会马尔代夫时任总统阿卜杜拉·亚明·阿卜杜尔·加尧姆。2月，马尔代夫总统特使、经济发展部长穆罕默德·萨伊德访华，外交部长王毅（时任）同其会见。

共建“一带一路”成果丰硕。中马友谊大桥顺利竣工并投入使用。机场岛和呼鲁马累岛连接公路竣工并投入使用。马累国际机场改扩建项目完成跑道铺设和试飞部分。7000套保障房等项目建设有序推进。第二届中马“一带一路”研讨会和“21世纪海上丝绸之路”图片展成功举办。

人文交流频繁深入。中国连续第八年成为马尔代夫最大旅游客源国，中马旅游合作论坛成功举办。马青年代表团、学生代表团和媒体代表团先后访华，中国青年学生代表团成功访马，增进了两国人民相互了解和友好情谊。

中马两国还就地区和国际事务保持良好沟通和配合，在联合国和气候变化等多边领域开展密切合作。

马　里
(Mali)

2018年，中华人民共和国与马里共和国传统友好合作关系继续保持良好发展势头。

两国政治交往密切。9月，国家主席习近平特使、全国政协副主席郑建邦出席马里总统易卜拉欣·布巴卡尔·凯塔就职仪式。6月，中国人民解放军陆军副司令员尤海涛中将访马。3月，凯塔总统就习近平主席再次当选来函致贺。8月，凯塔总统在中非合作论坛北京峰会前来华，习近平主席同其举行双边会见，全国人大常委会委员长栗战书同其会见。

两国经贸合作取得积极进展。8月，两国元首见证签署《中华人民共和国政府和马里共和国政府经济技术合作协定》等合作文件。7月，中国援马里职业技术培训中心举行落成仪式。巴马科国际会议中心维修、古伊纳水电站等项目进展顺利。

两国人文交流不断深入。6月，马里巴马科人文大学孔子学院举行揭牌仪式。7月，第11届“汉语桥”中学生中文比赛马里赛区选拔赛在首都巴马科举行。10月，西南林业大学艺术团赴马里巡演。

5月18日，中国新任驻马里大使朱立英向凯塔总统递交国书。

马耳他
(Malta)

2018年，中华人民共和国与马耳他共和国传统友好关系持续发展，两国政治互信与各领域合作进一步深化。

两国政治关系稳中有进。11月，马耳他总理约瑟夫·穆斯卡特来华出席首届中国国际进口博览会，国家主席习近平同其寒暄。博览会期间，双方签署《中华人民共和国政府与马耳他共和国政府关于共同推进丝绸之路经济带和21世纪海上丝绸之路建设的谅解备忘录》。9月，马耳他外交与贸易促进部长卡梅洛·阿贝拉访华并同中方共同主持中马中期合作规划指导委员会首次会议，国务委员兼外交部长王毅同阿贝拉外长会谈并共同签署会议纪要。两国外长一致表示反对单边主义和贸易保护主义，共建开放型世界经济，构建人类命运共同体。

两国务实合作取得新发展。7月，华为公司与马耳他政府签署合作谅解备忘录，利用5G技术帮助马方建设智慧城市。中国国际贸易促进委员会与马耳他总商会签署合作谅解备忘录，建立战略伙伴关系。

双方人文交流亮点纷呈。2018年是马耳他中国文化中心成立15周年，马总统、总理、文化部长致信祝贺。中国驻马耳他大使馆与马总统社会福利基金会共同在当地举办首届儿童“风筝节”，马总统玛丽–路易斯·科勒略·普雷卡出席有关活动。“欢乐春节”活动连续13年在瓦莱塔举办。《中马两国政府关于合作拍摄电影的协议》正式生效。福建省平潭综合实验区与比尔泽布贾市开启友城合作。

毛里塔尼亚
(Mauritania)

2018年，中华人民共和国与毛里塔尼亚伊斯兰共和国友好合作关系继续稳步发展。

双方各层级友好交往密切。9月，毛里塔尼亚总统穆罕默德·乌尔德·阿卜杜勒·阿齐兹来华出席中非合作论坛北京峰会，国家主席习近平、全国政协主席汪洋分别同其会见，其间两国签署《中华人民共和国政府与毛里塔尼亚伊斯兰共和国政府关于共同推进丝绸之路经济带和21世纪海上丝绸之路建设的谅解备忘录》。3月和6月，外交部部长助理陈晓东两次访问毛里塔尼亚。4月，中共中央对外联络部副部长李军访问毛里塔尼亚。12月，外交部中阿合作论坛事务大使李成文访问毛里塔尼亚。7月，毛里塔尼亚外交与合作部长伊斯梅尔·乌尔德·谢赫·艾哈迈德来华出席中阿合作论坛第八届部长级会议，国务委员兼外交部长王毅同其会见。

两国经贸、人文等领域交流与合作取得积极成果。中方援助毛里塔尼亚努瓦克肖特市排水工程雨水系统项目和奥林匹克体育场维修项目相继竣工。7月，毛里塔尼亚总理叶海亚·乌尔德·哈达明代表阿齐兹总统和毛里塔尼亚政府向中方第32批援外医疗队员授勋。9月，中国福州市与毛里塔尼亚努瓦迪布市缔结友好城市关系。12月，黑龙江省眼科专家组在毛里塔尼

亚开展第四次“光明行”活动，成功实施130余例白内障手术。

毛里求斯
(Mauritius)

2018年，中华人民共和国与毛里求斯共和国友好合作关系取得新的进展。

两国高层交往密切。3月，国家主席习近平向毛里求斯总统阿米娜·古里布-法基姆（时任）、国务院总理李克强向毛里求斯总理普拉温德·库马尔·贾格纳特致电，祝贺毛里求斯独立50周年。同月，贾格纳特总理致函祝贺习近平再次当选中国国家主席，祝贺李克强再次当选国务院总理。

7月27～28日，习近平主席过境毛里求斯并进行友好访问，会见贾格纳特总理，出席贾格纳特总理举行的欢迎仪式和欢迎宴会。9月2日，习近平主席会见来华出席中非合作论坛北京峰会的贾格纳特总理；同日，李克强总理同其会见。3月，全国人大常委会副委员长沈跃跃出席毛里求斯驻华大使馆举办的毛独立50周年招待会。7月，陪同习近平主席过境毛里求斯并进行友好访问的国务委员兼外交部长王毅应约会见毛里求斯外长西塔纳·卢切米纳赖杜。3月，中国政府非洲事务特别代表许镜湖应邀赴毛里求斯出席毛独立50周年庆典并转达了习近平主席致贾格纳特总理的口信。2月，毛里求斯国民议会议长桑蒂·拜·哈努曼吉访华，全国人大常委会委员长张德江同其举行会谈，全国人大常委会副委员长沈跃跃会见。

两国经贸、人文等领域合作稳步推进。中国援毛综合体育中心、“平安国家”、广电大楼技术合作等项目进展顺利。9月，双方在中非合作论坛北京峰会期间签署关于结束中毛自由贸易协定谈判的谅解备忘录。8月，贾格纳特总理致函祝贺毛里求斯中国文化中心成立30周年。年内，“欢乐春节”、“中国国粹进校园”、“丝路印象”中国时装展、《武传奇》商演等文化活动在毛举行。四川、浙江、山西、上海等省市领导先后访毛。

墨西哥
(Mexico)

2018年，中华人民共和国与墨西哥合众国全面战略伙伴关系持续深入发展。

两国高层和各级别交往密切。7月，墨西哥大选结果出炉后，国家主席习近平第一时间向安德烈斯·曼努埃尔·洛佩斯·奥夫拉多尔当选总统致贺电。12月，习近平主席特使、全国人大常委会副委员长沈跃跃赴墨西哥城出席墨西哥总统权力交接仪式，分别会见洛佩斯总统和墨西哥外交部长马塞洛·路易斯·埃布拉德·卡绍冯，提出中方在新时期发展双边关系建议，墨方予以积极回应。1月，外交部长王毅（时任）同墨西哥时任外交部长路易斯·比德加赖·卡索在中拉论坛第二届部长级会议期间举行双边会见。10月，国务委员兼外交部长王毅应约同墨西哥时任外交部长比德加赖就《美墨加协定》通电话，墨方作出积极承诺，并公开发声，阐明立场。9月，洛佩斯当选总统指派新执政党、国家复兴运动党主席耶德科尔·波列文斯基来华考察研修，国家副主席王岐山、中共中央对外联络部部长宋涛、外交部副部长秦刚分别会见。11月，洛佩斯当选总统指派候任外长埃布拉德代表其来华出席首届中国国际进口博览会，王毅国务委员兼外长会见。8月，墨西哥参议院外交委员会主席劳拉·罗哈斯率团访华，全国人大常委会副委员长张春贤、全国人大外事委员会主任委员张业遂分别会见。中墨双方在联合国及安理会改革、全球经济治理、气候变化、可持续发展、亚太区域合作、中拉整体合作等重大国际和地区问题上保持密切沟通与配合。

两国务实合作扎实推进，人文交流蓬勃开展。中国是墨西哥第二大贸易伙伴，墨西哥是中国在拉美地区第二大贸易伙伴和第一大出口目的地，双边贸易额逆势增长。双方在金融、直航、工业园区建设、电子商务等领域合作涌现新亮点。3月，海南航空公司开通北京—墨西哥城直航航线，这是中国民航企业第二条对墨西哥直飞航线，也是首条连接两国首都的直飞航线。“北京文创周”“西藏文化周”等活动在墨西哥成功举办。

密克罗尼西亚联邦
(Micronesia)

2018年，中华人民共和国与密克罗尼西亚联邦关系取得重要发展。两国关系提升为相互尊重、共同发展的全面战略伙伴关系。

两国高层和各级别交往密切。11月，国家主席习近平在巴布亚新几内亚同建交太平洋岛国领导人举行集体会晤，其间同密克罗尼西亚联邦总统彼得·克里斯琴举行双边会见。5月，中国—太平洋岛国论坛对话会特使杜起文访密。4月，密国会议长韦斯利·西米纳率团访华，全国人大常委会委员长栗战书、全国政协主席汪洋分别会见。9月，密副总统尤斯沃·乔治来华出席第三届丝绸之路（敦煌）国际文化博览会，国务院副总理孙春兰会见。密卫生与社会事务部长玛格达莱娜·沃尔特、雅浦州州长托尼·甘吉延、波纳佩州州长马塞罗·彼得森等政要来华参访。

两国经贸、人文、地方等领域合作稳步开展。两国政府签署共建“一带一路”合作协议。中方援助实施的雅浦州多功能体育馆完工交付，丘克州政府办公楼等项目取得积极进展。海南省与密雅浦州缔结友好省州关系。中方多次派科考船赴密海域开展科考工作。

6月6日，中国新任驻密克罗尼西亚联邦大使黄峥向克里斯琴总统递交国书。

摩尔多瓦
(Moldova)

2018年，中华人民共和国与摩尔多瓦共和国友好合作关系持续向前发展。

双方保持各层级友好交往。9月，摩外交与欧洲一体化部部长图多尔·乌里扬诺夫斯基来华出席天津夏季达沃斯论坛，国务委员兼外交部长王毅，中共中央对外联络部部长宋涛，全国人大外事委员会主任委员、外交部党委书记张业遂分别与其举行会见。12月，摩总理外事顾问安德烈·加尔布尔来华访问。

两国务实合作顺利开展。摩方积极响应“一带一路”倡议，双方企业积极寻求在基础设施建设等领域开展合作。中方援助项目实施顺利，获得良好社会效益。3月、7月、9月，中摩两国相继在基希讷乌和北京举行三轮自贸协定谈判。

中摩人文交流丰富多彩。3月，内蒙古艺术学院“安达组合”一行13人参加第52届“迎春花”国际音乐节活动。6月，丝绸之路国际美术馆联盟在中国美术馆成立，摩国家美术馆成为丝绸之路国际美术馆联盟成员单位。7月，两国签署《中华人民共和国教育部和摩尔多瓦共和国教育文化与研究部关于相互承认高等教育文凭、学历和学位的协议》，两国教育合作更加密切。

摩纳哥
(Monaco)

2018年，中华人民共和国与摩纳哥公国友好合作关系取得积极进展。

9月5～8日，摩纳哥公国元首阿尔贝二世亲王对中国进行国事访问，国家主席习近平同其就双边关系发展达成一系列重要共识，为两国在经贸、通信、人文、环保、体育等领域交流与合作注入了新动力，为大小国家友好相处、共同发展树立了榜样。

此访期间，中摩双方共同启动《贵胄绵绵：摩纳哥格里马尔迪王朝展（十三世纪至二十一世纪）》，并达成了关于互免持外交护照人员签证的安排。

蒙古国
(Mongolia)

2018年，中华人民共和国与蒙古国全面战略伙伴关系继续深化发展。

两国高层交往频繁。9月，国家主席习近平出席俄罗斯东方经济论坛期间同蒙古总统巴特图勒嘎举行会见。8月，国务委员兼外交部长王毅访蒙，分别同巴特图勒嘎总统、总理呼日勒苏赫、议长恩赫包勒德、外长朝格特巴特尔举行会见、会谈。4月，呼日勒苏赫总理访华并出席博鳌亚洲论坛年

会，分别同习近平主席、国务院总理李克强、全国人大常委会委员长栗战书举行会见、会谈。6月，巴特图勒嘎总统来华出席上海合作组织青岛峰会，习近平主席同其会见。

两国经贸合作继续发展。中国连续多年保持蒙古第一大贸易伙伴国和最主要投资来源国地位。2018年以来，中蒙贸易额持续回升。截至2018年12月，双边贸易额79.9亿美元，同比增长24.7%。其中中国出口16.5亿美元，进口63.4亿美元，同比分别增长33.1%和22.7%。

两国公民往来有所增加。两国间有定期班机和铁路客货运路线。2018年，两国人员往来约211万人次，其中蒙古公民来华191.6万人次。

双方在国际与地区事务中相互支持。在联合国、上海合作组织、亚欧会议、亚信会议等多边框架内保持良好协调。

黑　山
(Montenegro)

2018年，中华人民共和国与黑山友好合作关系不断深化。

两国保持高层交往。4月，国家主席习近平向黑新任总统米洛·久卡诺维奇致就职贺电。7月，国务院总理李克强在保加利亚首都索非亚出席第七次中国—中东欧国家领导人会晤期间同黑总理杜什科·马尔科维奇举行双边会见。

3月，黑时任总统菲利普·武亚诺维奇、马尔科维奇总理、议长伊万·布拉约维奇、外交部长斯尔简·达尔马诺维奇分别向习近平主席、李克强总理、全国人大常委会委员长栗战书、全国政协主席汪洋、国务委员兼外交部长王毅发来贺信。5月，布拉约维奇议长访华，栗战书委员长、全国政协主席汪洋分别会见。11月，黑公共管理部长苏珊娜·普利比洛维奇来华出席2018中国国际友好城市大会。

两国经贸、人文等各领域交流与合作稳步推进。4月，中国银行监事长王希全访黑。11月，全国人大教育科学文化卫生委员会主任委员李学勇、国家审计署副审计长王文斌分别访黑，科学技术部副部长、国家外国专家局局长张建国赴黑出席中黑政府间科技合作委员会第三届例会。

黑山高度重视并积极参与中国—中东欧国家合作。7月，“一带一路”倡议和“16+1合作”国际学术研讨会在黑成功召开，中国社会科学院副院长蔡昉赴黑与会。9月，生态环境部部长李干杰赴黑出席16+1环保合作部长级会议，启动16+1环保合作机制。12月，黑副总理顾问、“16+1合作”黑国家协调员瓦特洛斯拉夫·贝兰来华出席第12次中国—中东欧国家合作协调员会议。

摩洛哥
(Morocco)

2018年是中华人民共和国与摩洛哥王国建交60周年，两国战略伙伴关系不断巩固，务实合作和人文交流富有成果。

双方各层级友好交往密切。11月，国家主席习近平、国务院总理李克强、国务委员兼外交部长王毅分别同摩洛哥国王穆罕默德六世、首相萨杜丁·欧斯曼尼、外交与国际合作大臣纳赛尔·布里达就中摩建交60周年互致贺电。7月，中共中央书记处书记、中共中央统一战线工作部部长尤权访问摩洛哥。9月，最高人民法院院长周强访问摩洛哥。11月，全国人大常委会副委员长艾力更·依明巴海访问摩洛哥并出席第二届中阿城市论坛开幕式。9月，欧斯曼尼首相来华出席中非合作论坛北京峰会，习近平主席和中共中央政治局常委、中央书记处书记王沪宁分别同其会见。7月，布里达外交大臣来华出席中阿合作论坛第八届部长级会议，王毅国务委员兼外长同其会见。

两国务实合作持续推进。基础设施、通信、制造业、金融、投资等领域合作不断加强。

两国文化、旅游等人文领域合作日益密切。8月，摩洛哥文化新闻大臣穆罕默德·拉哈吉访华，出席第25届北京国际图书博览会。9月，摩洛哥旅游、航空运输、手工业与社会经济大臣穆罕默德·萨吉德访华。

莫桑比克
(Mozambique)

2018年，中华人民共和国与莫桑比克共和国全面战略合作伙伴关系持续发展，各领域交流合作成果丰硕。

两国高层保持密切交往。5月，全国人大常委会委员长栗战书对莫进行

正式访问，会见莫桑比克总统菲利佩·雅辛托·纽西，并同莫议长韦罗尼卡·马卡莫会谈。此访系中莫建交以来中国全国人大常委会委员长首次访莫。3月，纽西总统致函祝贺习近平再次当选中国国家主席。9月，纽西总统来华出席中非合作论坛北京峰会，国家主席习近平，中共中央政治局常委、中央纪委书记赵乐际分别会见。两国元首共同见证签署《中华人民共和国政府与莫桑比克共和国政府关于共同推进丝绸之路经济带和21世纪海上丝绸之路建设的谅解备忘录》等3项合作文件。国务委员兼外交部长王毅会见陪同纽西总统来华出席中非合作论坛北京峰会的莫外交与合作部长若泽·安东尼奥·帕谢科。

年内，莫桑比克最高法院院长安德利诺·穆尚加来华出席中国与葡萄牙语国家最高法院院长会议，莫国防部长阿塔纳西奥·姆图穆克来华出席第八届北京香山论坛。莫政府能矿、工贸、环境、文化、财政、农业、科技等部门部级领导相继访华或来华参会。执政党莫桑比克解放阵线党总书记罗克·席尔瓦·萨穆埃尔赴坦桑尼亚出席中国援建的尼雷尔领导力学院奠基仪式。莫解阵党中央委员会委员、纪委书记雷蒙多·迪翁巴率莫全国10省1直辖市党委第一书记以及党属群团组织总书记来华研修考察。

两国经贸合作取得积极进展。中国继续保持莫桑比克基建设施主要融资方和实施方地位。年内，使用中方融资实施的马普托—卡滕贝大桥竣工通车，马普托环城路增项标段、贝拉渔码头改扩建工程等项目陆续完工，国家6号公路、数字电视整转等项目进展顺利。使用中方援助实施的中莫医生宿舍楼竣工，“万村通”卫星电视项目基本执行完毕，中莫文化中心等项目进展顺利，赛赛机场项目举行开工仪式。中国企业在能矿、农渔、地产、通讯、旅游、建材、加工制造、产业园、贸易、旅游设施等多领域继续开展对莫投资。

两国其他领域交流合作持续深入发展。年内，全非洲孔子学院联席会议在莫桑比克成功举行。南京艺术团赴莫访演。莫归国在华留学生组织和莫孔子学院联合举办的春节庙会和中文歌曲大赛等活动广受好评。中国国防大学同莫桑比克高等防务学院确立交流合作机制。

缅 甸
(Myanmar)

2018年，中华人民共和国与缅甸联邦共和国全面战略合作伙伴关系保持稳定发展态势，互利合作取得积极进展。

两国高层保持密切接触。11月，国务院总理李克强在新加坡会见缅甸国务资政昂山素季。7月，中共中央政治局委员、中央书记处书记、中共中央宣传部部长黄坤明访缅。9月，全国人大常委会副委员长丁仲礼访缅。6月，国务委员兼国防部长魏凤和上将访缅。5月，国务委员、公安部部长赵克志访缅。5月，全国政协副主席王正伟访缅。6月，缅甸联邦议会兼民族院议长曼温楷丹访华。9月，缅甸副总统敏瑞来华出席第15届中国—东盟博览会。

两国各领域互利合作不断深化。9月，双方签署《中华人民共和国政府与缅甸联邦共和国政府关于共建中缅经济走廊的谅解备忘录》并成立中缅经济走廊联合委员会。11月，双方签署缅甸皎漂深水港框架协议。双方还就推进皎漂工业园区等项目开展商务谈判，就妥善解决密松电站问题保持沟通。

两国防务、安全等领域合作有序推进，中方积极支持缅北和平进程，同缅方共同维护中缅边境地区的安宁稳定。1月和12月，外交部副部长孔铉佑、中央军委联合参谋部副参谋长邵元明少将同缅甸外交国务部长觉丁、缅甸国防军第一特种作战局局长吞吞楠中将分别在缅甸内比都和云南昆明共同主持中缅外交国防2+2高级别磋商第三次和第四次会议。

纳米比亚
(Namibia)

2018年，中华人民共和国与纳米比亚共和国传统友好合作关系继续保持良好发展态势。

高层往来频繁，政治互信不断加深。5月，全国人大常委会委员长栗战书访问纳米比亚，会见哈格·根哥布总统，同纳国民议会议长彼得·卡贾维维、全国委员会主席玛格丽特·门萨–威廉斯分别会谈。3月，根哥布总统致函祝贺习近平再次当选中国国家主席。同月，根哥布总统来华进行国事访问，习近平主席同其举行会谈，国务院总理李克强，栗战书委员长分别会见。两国元首一致同意将中纳关系提升为全面战略合作伙伴关系，双方还签署了《中华人民共和国政府和纳米比亚共和国政府经济技术合作协定》等5项合作文件。9月，根哥布总统来华出席中非合作论坛北京峰会，习近平主席、栗战书委员长分别会见，双方签署《中华人民共和国政府与

纳米比亚共和国政府关于共同推进丝绸之路经济带和21世纪海上丝绸之路建设的谅解备忘录》。4月和9月，执政党西南非洲人民组织总书记索菲亚·沙宁瓦、副总书记马克·豪西库分别应邀来华访问和参加研修。

务实合作成果丰硕。中国和纳米比亚第三届经贸联委会成功在北京举办。中方援助纳方野生动物保护物资顺利移交。4所学校等援建项目立项。双方重新签署纳牛肉输华议定书。航空、旅游等领域合作稳步推进。

人文交流丰富活跃。文化和旅游部副部长项兆伦率团访问纳米比亚，双方签署《中华人民共和国政府和纳米比亚共和国政府文化合作协定2018—2021年执行计划》。山东济南艺术团、湖南中医药大学艺术团赴纳演出。第12批援纳医疗队队员抵纳。纳U–23男足来华访问并同中国U–23男足进行友谊赛。

尼泊尔
(Nepal)

2018年，中华人民共和国与尼泊尔世代友好的全面合作伙伴关系取得积极进展，“一带一路”框架下合作全面推进。

两国分别完成国内重要议程，双边关系进入新时代。4月，尼泊尔新任外长普拉迪普·库马尔·贾瓦利正式访华并访问四川，国家副主席王岐山同其会见，国务委员兼外交部长王毅同其会谈。6月，尼泊尔新任总理奥利正式访华并访问西藏，国家主席习近平、全国人大常委会委员长栗战书分别同其会见，国务院总理李克强同其会谈。9月，尼泊尔联邦议会众议院议长克里希纳·巴哈杜尔·马哈拉来华出席第四届西藏国际旅游文化博览会。尼泊尔副总统南德·巴哈杜尔·普恩来华出席第17届中国西部国际博览会。

两国“一带一路”合作取得积极进展，中国政府继续为尼泊尔经济社会发展和灾后重建提供力所能及的帮助。6月奥利总理访华期间，双方签署《中华人民共和国交通运输部和尼泊尔基础设施和交通部关于铁路项目合作的谅解备忘录》《中华人民共和国交通运输部和尼泊尔基础设施和交通部关于尼泊尔借道中国西藏自治区公路进行货物运输的议定书》《中华人民共和国国家发展和改革委员会和尼泊尔国家计划委员会关于促进产能和投资合作的谅解备忘录》《中华人民共和国国家能源局与尼泊尔能源、水资源和灌溉部关于能源合作的谅解备忘录》《中华人民共和国国家国际发展合作署与尼泊尔财政部关于人力资源开发合作的谅解备忘录》等14份合作文件。目前，中国承诺援助尼泊尔灾后重建共25个项目已全部启动，博卡拉国际机场已开工建设。

两国军事、文化、人文、地方等领域交流密切。7月，时任尼泊尔军队参谋长拉金德拉·切特里访华，国务委员兼国防部长魏凤和上将同其会见，中央军委联合参谋部参谋长李作成上将同其会谈。10月，尼泊尔副总理兼国防部长伊什瓦尔·博克瑞尔访华并出席香山论坛。尼泊尔赠送给中国的两对亚洲独角犀牛落户广州和上海，双方于9月举行中尼犀牛保护合作研究启动仪式。11月，第八届"中国节"和第三届"加德满都文化论坛"在加德满都成功举行，文化和旅游部部长雒树刚和尼泊尔总统比迪娅·戴维·班达里出席活动开幕式。四川省在尼举办"四川美食文化周"等活动。双方智库、高校、青年、妇女、媒体、文艺团组往来不断。

尼泊尔在涉藏等问题上继续给予中方坚定支持，承诺不允许任何势力利用尼领土从事反华活动。两国在国际和地区事务中保持密切沟通与配合。

荷　兰
(Netherlands)

2018年，中华人民共和国与荷兰王国双边关系保持强劲发展势头，各领域合作进一步深化。

两国高层互动密切频繁，政治互信不断增强。10月，国务院总理李克强对荷兰进行正式访问，取得圆满成功。这是中国总理时隔14年再次访问荷兰，为双边关系发展注入强劲动力。5月，国务委员兼外交部长王毅在出席二十国集团外长会议期间会见荷兰外交大臣斯特夫·布洛克。9月，外交部副部长王超赴荷兰举行两国外交部政治磋商。2月，荷兰国王威廉-亚历山大偕王后马克西玛对中国进行工作访问，两国元首一致认为中荷关系已进入历史最好时期，并就进一步提升双方各领域合作、共建"一带一路"等达成重要共识。3月和4月，威廉-亚历山大国王和荷兰首相马克·吕特分别致信祝贺国家主席习近平、李克强总理连任。4月，吕特首相来华出席博鳌亚洲论坛2018年年会并正式访华。

两国经贸合作不断拓展，成果丰硕。荷兰是中国在欧盟内第二大贸易伙伴和第三大外资来源地。中国是荷兰在欧盟外的第二大贸易伙伴。两国政府和企业在农业、金融、航空航天、节能环保等领域合作取得积极成果，签署一系列重要协议。中荷互联互通建设深入推进。中国7个城市与阿姆斯

特丹开设直航，多趟中欧班列相继开通，中国近半数赴欧深水货运航线首站在鹿特丹港停靠。11月，荷兰外交部对外经济事务总司长汉尼卡·舒伊琳率团来华参加首届中国国际进口博览会。

两国人文交流不断扩大，亮点纷呈。4月，中国大型主题花车“文心雕龙”参与荷兰花车巡游活动。5月，“感知中国——西部风情”系列演出分别在荷兰莱瓦顿、阿纳姆和鹿特丹市隆重举行。11月，首届“中国彩灯节”在荷兰欧维汉兹动物园开幕。目前，近万名中国留学生在荷兰求学，是荷兰第二大外国留学生群体。汉语考试首次进入荷兰中学教育体系。

两国各层级交往活跃，地方往来频繁密切。截至2018年12月，两国已建立12对省际、32对市际友好关系。

新西兰
(New Zealand)

2018年，中华人民共和国与新西兰关系总体稳定发展。

两国保持高层和各级别交往。11月，国务院总理李克强在出席新加坡东亚合作领导人系列会议期间会见新西兰总理杰辛达·阿德恩。9月，中共中央政治局委员、广东省委书记李希访新。同月，全国人大常委会副委员长吉炳轩访新。5月，新副总理兼外长温斯顿·彼得斯访华。9月，新教育部长克里斯·希普金斯，研究、科学与创新部长梅甘·伍兹，林业部长沙恩·琼斯分别访华。11月，新贸易和出口增长部长戴维·帕克来华出席首届中国国际进口博览会。

经贸合作稳步发展。中国继续保持新西兰第一大货物贸易伙伴地位。2018年双方共举行三轮中国—新西兰自由贸易协定升级谈判。

教育、旅游、文化、地方等领域交流合作不断扩大。中国是新西兰最大的海外留学生来源国，目前中国在新各类留学人员约5.9万人。据新方统计，2017年11月至2018年10月，中国访新游客45.1万人次。据中方统计，2018年，新西兰公民访华14.6万人次。9月，新西兰举办第四届中文周活动。12月，“秦始皇兵马俑：永恒的守卫”展览开幕式在惠灵顿举办。截至2018年年底，两国已建立38对友好省市关系。

两军交流合作顺利。5月，中、新、澳、美在瓦努阿图举行“热带曙光”人道主义救援减灾演练。6月，中国空军和新西兰空军在新西兰举行“空中列车”运输机联合演习。12月，第九次中新两军战略对话在北京举行。

尼日尔
(Niger)

2018年，中华人民共和国与尼日尔共和国友好合作关系稳步发展。

两国政治互信不断增强。3月，尼日尔总统穆罕默杜·伊素福和执政党争取民主和社会主义党主席穆罕默德·巴祖姆分别致函祝贺习近平再次当选国家主席。尼日尔总理布里吉·拉菲尼致函祝贺李克强再次就任国务院总理。尼日尔外交、合作、非洲一体化和尼日尔侨民部长易卜拉欣·雅各布致函祝贺王毅就任国务委员兼外交部长。

8月31日，伊素福总统来华出席中非合作论坛北京峰会，习近平主席和中共中央政治局常委、书记处书记王沪宁分别同其会见，就两国关系和共同关心的国际和地区问题交换意见。双方签署了《中华人民共和国政府和尼日尔共和国政府关于互免持外交、公务护照人员签证的协定》等4项合作协议。5月，拉菲尼总理来华出席第三届中非地方政府合作论坛，国家副主席王岐山同其会见。10月，尼日尔工业部长马拉姆·扎内杜·阿米鲁来华出席2018年中国中部国际产能合作论坛。

两国党际交往密切。6月，尼日尔执政党副主席、政府石油部长富马科耶·加多率尼执政党干部考察团访华。10月，尼执政党第五副总书记、水利和清洁部长优素福·卡坦贝率团赴坦桑尼亚出席中国共产党与世界政党高层对话会非洲专题会。12月，西藏自治区党委常务副书记、政协党组书记丁业现率中国共产党代表团访尼。

经贸及其他领域务实合作稳步推进。7月，中方援建的赛义尼·孔切将军大桥项目举行开工典礼。10月，银川剧院艺术团赴尼日尔演出，系近20年来中国艺术团首次赴尼演出，受到尼日尔社会各界广泛好评。

尼日利亚
(Nigeria)

2018年，中华人民共和国与尼日利亚联邦共和国战略伙伴关系进一步巩固和深化。

两国政治互信不断增强。3月，尼日利亚总统穆罕马杜·布哈里致函祝贺国家主席习近平再次当选。9月，布哈里总统来华出席中非合作论坛北京峰会，习近平主席、国务院总理李克强分别同其会见，双方签署《中华人民共和国政府与尼日利亚联邦共和国政府关于共同推进丝绸之路经济带和21世纪海上丝绸之路建设的谅解备忘录》。10月，外交部部长助理陈晓东访问尼日利亚，会见副总统奥卢耶米·奥辛巴乔、外长杰弗里·奥尼亚马，并同外交国务部长卡蒂嘉·易卜拉欣举行会谈。

两国务实合作成果丰硕。4月，中国人民银行与尼日利亚央行在北京签署了中尼双边本币互换协议。5月，中国政府提供优惠出口买方信贷实施的尼日利亚阿布贾大供水项目和阿布贾城铁机车采购项目签署贷款协议。7月，中国政府提供优惠出口买方信贷实施的尼日利亚阿布贾城铁一期开通运营。9月，中国政府提供优惠贷款实施的政府信息通信骨干网二期签署贷款协议。10月和12月，中国政府提供优惠出口买方信贷实施的尼日利亚哈科特港国际机场新航站楼一期工程、阿布贾国际机场新航站楼一期工程先后举行启用仪式。11月，中国政府提供优惠出口买方信贷实施的凯菲—马库尔迪公路改扩建项目举行开工仪式。

两国其他领域交流活跃。4月，尼日利亚通信部部长阿德巴约·希图来华参加首届数字中国建设峰会。5月，中国海军第28批护航编队“盐城舰”访问尼日利亚拉各斯港，应邀参加第二届国际海事会议和地区海上联合演习。10月，尼日利亚国防部长曼苏尔·丹–阿里来华出席第八届北京香山论坛并访华。尼方并派代表来华参加首届世界海关跨境电商大会、太湖世界文化论坛第五届年会、第五届世界互联网大会和非洲国家民间组织考察团等活动。

地方交往日益密切。7月，湖南省代表团访问尼日利亚，与卡诺州、吉加瓦州分别签订友好省州意向书。1月，埃多州州长古德温·奥巴塞基访问北京、苏州、广州等地。3月，尼日利亚克罗斯河州州长本·阿亚德访问陕西省。5月，翁多州州长阿克瑞杜鲁·欧东阿耀访问山东省。10月，尼日利亚主要传统领袖之一、卡诺埃米尔萨努西二世访问湖南省。

纽　埃
(Niue)

2018年，中华人民共和国与纽埃关系取得重要发展。两国关系提升为相互尊重、共同发展的全面战略伙伴关系。

11月，国家主席习近平在巴布亚新几内亚同建交太平洋岛国领导人举行集体会晤，其间同纽埃总理托克·塔拉吉举行双边会见。3月，塔拉吉总理就国家主席习近平再次当选致贺电。10月，国务院总理李克强向塔拉吉总理致宪法日贺电。

其他双边交往有：8月，中国驻新西兰兼驻纽埃大使吴玺访问纽埃并向塔拉吉总理递交国书。11月，纽埃社会服务部长比利·塔拉吉来华参加第八届美大地区英语国家友好论坛。中方援建纽埃环岛公路升级项目进展顺利。

北马其顿
(North Macedonia)

2018年是中华人民共和国与北马其顿共和国建交25周年，两国友好合作关系保持良好发展势头。

两国高层保持接触，政治互信不断加深。10月12日，国家主席习近平、国务院总理李克强、国务委员兼外交部长王毅分别同北马其顿总统格奥尔盖·伊万诺夫、总理佐兰·扎埃夫、外交部长尼科拉·迪米特罗夫互致两国建交25周年贺电。7月，李克强总理在保加利亚首都索非亚出席第七次中国—中东欧国家领导人会晤期间同扎埃夫总理举行双边会见。7月7～9日，全国政协副主席张庆黎访问北马其顿，会见伊万诺夫总统、副总理兼国防部长拉德米拉·谢凯琳斯卡并同贾菲里议长会谈。3月，伊万诺夫总统、扎埃夫总理、议长塔拉特·贾菲里、迪米特罗夫外长分别向习近平主席、李克强总理、全国人大常委会委员长栗战书、王毅国务委员兼外长致就职贺信。

两国外交部合作良好。5月，外交部副部长王超会见来华参加研修班的北马其顿外交部非欧盟国家关系司代表团。

两国经贸、文化、科学合作不断深入，交通基础设施建设等领域合作日益深化。中国企业承建的米拉蒂诺维奇—斯蒂普、基切沃—奥赫里德高速公路项目施工持续推进。10月，斯科普里大学孔子学院举办建院5周年庆祝活动。同月，中国社会科学院副院长王京清访问北马其顿。

北马其顿积极参与中国—中东欧国家合作。3月，中国—中东欧国家文化合作协调中心在北马其顿成立。10月，中国—中东欧国家高级别智库研

讨会在北马其顿举行。12月，北马其顿外交部国务秘书维克托尔·迪莫夫斯基来华出席第12次中国—中东欧国家合作协调员会议。

挪　威
(Norway)

2018年，中华人民共和国与挪威王国关系保持良好发展势头，各领域交流与合作有序开展。

两国高层交往密切。5月，国家主席习近平向哈拉尔五世国王致国庆贺电。1月，国务院总理李克强向挪首相埃尔娜·索尔贝格致连任贺电。3月，全国人大常委会委员长栗战书向挪新任议长托娜·威廉森·特罗恩致就职贺电。8月，国务委员兼外交部长王毅在新加坡出席东亚合作系列外长会期间会见挪外交大臣伊娜·埃里克森·瑟雷德。3月，哈拉尔五世国王、索尔贝格首相、外交大臣瑟雷德分别向习近平主席、李克强总理、王毅国务委员兼外长致就职贺电。9月，哈拉尔五世国王向习近平主席致国庆贺电。10月11～20日，哈拉尔五世国王对中国进行国事访问，习近平主席、栗战书委员长分别同其会谈、会见。除北京外，哈拉尔五世国王还赴海南、甘肃、上海、江苏访问。1月，挪议长乌勒米克·托马森随同北欧和波罗的海国家议长联合代表团访华，习近平主席、时任全国人大常委会委员长张德江分别集体会见、会谈。

两国立法机关、政党往来频繁。9月，挪议会外交与国防委员会代表团访华，中共中央政治局委员、全国人大常委会副委员长王晨，全国人大外事委员会副主任委员傅莹分别会见、会谈。9月，挪工党主席约纳斯·加尔·斯特勒访华，中共中央政治局委员、中央纪委副书记、国家监察委员会主任杨晓渡，中共中央对外联络部部长宋涛分别会见、会谈。12月，宋涛部长访挪。

两国各领域交流与合作有序开展。中国继续保持挪威在亚洲最大贸易伙伴地位。5月和9月，中挪自由贸易协定第11轮和第12轮谈判先后在奥斯陆和北京举行。6月，中挪经贸联委会第18次会议在挪举行。全国政协人口资源环境委员会副主任姜大明、国家体育总局局长苟仲文、中国科学院院长白春礼、中国社会科学院院长王伟光、商务部国际贸易谈判代表兼副部长傅自应（时任）、国家安全监督管理总局副局长徐绍川、国家审计署副审计长秦博勇、中国科学技术协会副主席怀进鹏、故宫博物院院长单霁翔、中国文学艺术界联合会副主席李前光、全国社会保障基金理事会副理事长王文灵、中国电子科技集团公司董事长刘烈宏、中国船舶重工集团有限公司董事长胡问鸣以及山西、宁夏、浙江、四川、山东、上海、江苏、北京、青海等多个地方代表团访问挪威。挪威卫生大臣本特·霍耶、研究与高等教育大臣伊瑟琳·尼伯、渔业大臣佩尔·桑贝格、财政大臣西芙·延森、国际发展大臣尼古拉·埃温松·阿斯特鲁普等分别访华。

哈拉尔五世国王访华期间，双方签署《中华人民共和国科学技术部与挪威研究理事会关于中挪科研创新合作的谅解备忘录》《中华人民共和国国家体育总局与挪威王国文化部2019—2020年体育交流与合作执行计划》《中国国际贸易促进委员会与挪威创新署合作的谅解备忘录》等多项合作文件。

12月，四川路桥建设集团股份有限公司承建的挪第二长桥——哈罗格兰德大桥正式通车，索尔贝格首相出席通车仪式。4月，双方签署《挪威王国教育研究部与中华人民共和国教育部学历学位互认协议》。"欢乐春节"活动和中国电影节首次在挪举办。7批中国冬季项目运动员先后赴挪训练。截至2018年12月底，两国共有5对省、市结好。

阿　曼
(Oman)

2018年是中华人民共和国与阿曼苏丹国建交40周年，两国战略伙伴关系快速发展，各领域合作稳步推进。

两国政治互信持续增强，各层级互访不断。5月，国家主席习近平同阿曼苏丹卡布斯·本·赛义德互致贺电，宣布建立中阿战略伙伴关系暨庆祝两国建交40周年。9月，全国政协副主席陈晓光访阿，分别会见阿曼内阁事务副首相法赫德·本·马哈茂德·阿勒赛义德、协商会议主席哈立德·本·希拉勒·本·纳赛尔·马瓦利、国家委员会主席叶海亚·本·马哈福兹·蒙泽里。5月，阿曼外交事务主管大臣优素福·本·阿拉维访华，同国务委员兼外交部长王毅举行会谈。7月，阿曼外交事务主管大臣阿拉维来华出席中阿合作论坛第八届部长级会议，王毅国务委员兼外长予以会见。12月，阿曼外交部秘书长巴德尔·本·布赛义迪访华，同外交部部长助理陈晓东举行两国外交部第12轮战略磋商。

两国务实合作稳步推进。阿曼是中国在全球第五大原油供应国和阿拉伯国家中第四大贸易伙伴。中国是阿曼第一大贸易伙伴和原油最大出口目

的地国。双方在能源、产业园、金融、电力等领域合作稳步推进。

两国其他领域交流活跃。9月，全国人大常委会副委员长艾力更·依明巴海和阿曼新闻大臣阿卜杜勒穆尼姆·本·曼苏尔·哈萨尼共同出席在北京举办的庆祝中阿建交40周年招待会。

巴基斯坦
(Pakistan)

2018年，中华人民共和国与巴基斯坦伊斯兰共和国全天候战略合作伙伴关系取得重要进展。

中巴两国领导人往来频密。11月，全国人大常委会副委员长张春贤访问巴基斯坦。9月，国务委员兼外交部长王毅访问巴基斯坦。11月，巴基斯坦总理伊姆兰·汗来华出席首届中国国际进口博览会并进行正式访问。6月，巴基斯坦时任总统马姆努恩·侯赛因来华出席上海合作组织青岛峰会。4月，巴基斯坦时任总理沙希德·哈坎·阿巴西来华出席博鳌亚洲论坛年会。8月，巴基斯坦参议院主席萨迪克·桑吉拉尼访华。

中巴经济走廊建设取得积极进展。作为“一带一路”建设的重要项目，走廊框架下瓜达尔港、能源、交通基础设施、产业四大重点领域合作进展顺利。22个项目已经开工或完工。瓜达尔港举办首次瓜达尔港国际博览会暨自由区开园仪式，十余家入园企业正式投产运营，瓜达尔港建设步入新阶段。卡西姆港燃煤电站投产，胡布燃煤电站首台机组发电，卡洛特水电站举行截流仪式，默蒂亚里—拉合尔直流输电项目举行签约仪式。喀喇昆仑公路升级改造二期（塔科特—哈维连段）、卡拉奇—白沙瓦高速公路（木尔坦—苏库尔段）项目顺利推进，拉合尔橙线轻轨项目土建恢复施工，工程总进度已达90%。12月，中巴经济走廊联合合作委员会第八次会议在北京召开，双方签署《会议纪要》，确定了下一步合作大方向。其间，社会民生工作组举行首次工作组会议。双方还宣布成立国际合作协调工作组。

两国人文交流等领域取得丰硕成果。2月，两国签署《中巴文化合作协定2018年至2022年执行计划》，截至目前两国共签署14个年度执行计划。巴基斯坦在华留学生达2.5万人。中国在巴基斯坦已开设4所孔子学院和2个孔子课堂。11月，第三期中巴青年职工“互学互鉴”研讨营在华举办，同月，中巴在巴基斯坦专属经济区首次联合开展深海地质调查。

巴勒斯坦
(Palestine)

中国是最早支持巴勒斯坦解放组织和承认巴勒斯坦国的国家之一。2018年，中巴友好合作关系得到进一步巩固和发展。

中巴政治关系顺利发展。11月，国家主席习近平、国务院总理李克强、国务委员兼外交部长王毅分别同巴勒斯坦总统马哈茂德·阿巴斯、总理拉米·哈姆迪拉、外交与侨民事务部长里亚德·马立基互致贺电，庆祝两国建交30周年。11月，习近平主席向联合国“声援巴勒斯坦人民国际日”纪念大会致贺电。10月，国家副主席王岐山访问巴勒斯坦，会见哈姆迪拉总理，两国签署启动中巴自由贸易区谈判的谅解备忘录。7月，巴外交与侨民事务部长马立基来华出席中阿合作论坛第八届部长级会议，并与王毅国务委员兼外长举行会谈。7月，巴经济部长阿比尔·欧黛来华出席中国—巴勒斯坦第一次经贸联委会。

中国继续向巴方提供力所能及的援助。习近平主席在中阿合作论坛第八届部长级会议开幕式讲话中宣布中国再向巴勒斯坦提供1亿元人民币无偿援助，并将向巴提供紧急人道主义援助。市政公路、学校、第二批体育场人工草坪等重点援巴项目稳步推进。2018年，中方向巴方提供540个各类培训名额。

中巴在政党、科技、教育、人文等其他领域的交往稳步开展。两国建交30周年系列庆祝活动成功举办。巴民众对中国文化、学习汉语的热情日渐高涨。

巴拿马
(Panama)

2018年，中华人民共和国与巴拿马共和国建交一周年，两国各领域交流与合作强劲起步。

两国围绕建交一周年举办系列庆祝活动。6月，国家主席习近平同巴拿马总统胡安·卡洛斯·巴雷拉、国务委员兼外交部长王毅同巴副总统兼外

交部长伊莎贝尔·德圣马洛·德阿尔瓦拉多分别就中巴建交一周年互致贺函、贺电。同月，中国驻巴拿马大使馆举办纪念建交一周年招待会，巴副总统兼外长德圣马洛等政要出席。

建交以来，两国高层交往密切，政治互信加深。12月，习近平主席对巴拿马进行国事访问，这是中国国家元首历史上首次访巴。习近平主席与巴雷拉总统举行会谈，同巴拿马国民大会主席雅尼贝尔·阿夫雷戈会见，还应巴雷拉总统邀请共同参观巴拿马运河新船闸。中共中央政治局委员、上海市委书记李强，全国政协副主席、中国和平统一促进会副会长万钢，交通运输部部长李小鹏，国家国际发展合作署署长王晓涛，国务院侨务办公室主任裘援平（时任），中国人民银行行长周小川（时任），外交部副部长秦刚，商务部副部长兼国际贸易谈判副代表王受文，公安部常务副部长王小洪，中共中央宣传部副部长孙志军、蒋建国，中共中央纪律检查委员会副书记、国家监察委员会副主任徐令义等访巴。巴第一夫人洛雷纳·卡斯蒂略·德巴雷拉、总检察长肯尼娅·伊索尔德·波塞尔、旅游局长古斯塔沃·伊姆、巴拿马城市长何塞·布兰东、海事局长豪尔赫·巴拉卡特、巴拿马省省长拉斐尔·皮诺·平托、工业和商贸部长奥古斯都·阿罗塞梅纳等访华。

两国务实合作蓬勃发展。中国企业中标巴拿马运河第四大桥等重点项目。双方在基础设施建设、清洁能源等领域合作稳步推进。两国已完成中巴自贸协定可行性研究及四轮谈判。11月，巴雷拉总统来华出席首届中国国际进口博览会，23家巴企业参展，达成意向成交额320万美元。12月，中国国际贸易促进委员会在巴举办中国（巴拿马）综合品牌展览会和中国—巴拿马经贸合作论坛。

两国人文交流持续推进。4月，中国同巴拿马之间首条空中直航航线成功开通。10月，中巴智库媒体论坛在巴举行。中国科学院院长白春礼访巴。11月，中国杭州歌剧舞剧院在巴演出《遇见大运河》大型舞剧。拉美议会“中国馆”揭牌，国务院新闻办公室、中国外文出版发行事业局在巴举办“美丽中国 美丽巴拿马”图片展。

国家主席习近平对巴拿马进行国事访问

12月2～3日，国家主席习近平对巴拿马进行国事访问，这是中国国家主席历史上首次访问巴拿马。其间，习近平主席同巴拿马总统胡安·卡洛斯·巴雷拉会谈，同巴国民大会主席雅尼贝尔·阿夫雷戈会见，还应巴雷拉总统邀请共同参观巴拿马运河新船闸。双方发表《中华人民共和国和巴拿马共和国联合新闻公报》，签署了电子商务、服务贸易、经济技术、经贸展会、海事、金融、质检、文教等领域19项合作文件。

会谈时，习近平主席指出，建交一年半来，中巴关系强劲起步，两国元首实现互访，双方政治互信日益深化，以共建“一带一路”为牵引，各领域交往合作快速发展，成效显著。事实已经并将继续证明，中巴建交完全正确，惠泽两国人民。无论国际形势如何变化，巩固和发展中巴友好关系是中方坚定不移的外交方针。中方愿同巴方一道，保持高层密切交往，加强政府部门、立法机构、政党交流合作。巴方“2030年国家物流战略”同中方共建“一带一路”倡议高度契合，双方要加强战略对接，推进金融、旅游、物流、基础设施建设等领域合作，落实好铁路、教育、医疗等重点项目，推进互联互通。中方愿在相互尊重、平等互利基础上同巴方开展自由贸易谈判，欢迎巴海产品、肉类、菠萝等对华出口，鼓励更多中国金融机构在巴设立机构。要加强人文和地方等领域交流，便利双方人员往来，夯实两国关系民意基础。

巴雷拉总统表示，热烈欢迎习近平主席对巴拿马进行历史性访问，此访将进一步拉近巴中两国人民的友好感情。巴中建交以来，双边关系取得重大进展。很高兴同习近平主席达成的共识得到很好落实，基础设施建设、人文等领域交流合作正积极推进。巴方感谢中方对巴拿马经济社会发展提供的支持。巴拿马坚定奉行一个中国政策，赞同习近平主席提出的构建人类命运共同体等重要理念。巴方支持共建“一带一路”，期待同中方加强投资、港口运输、自贸区等领域合作，欢迎中国企业投资，愿同中方早日商签自贸协定，提升两国贸易水平。巴拿马希望利用自身区位和物流优势，成为连接中国与中美洲及拉美地区的门户和纽带。相信巴中合作不仅将造福两国人民，也将造福地区人民，为全球和平与繁荣作出贡献。

巴布亚新几内亚
(Papua New Guinea)

2018年，中华人民共和国与巴布亚新几内亚独立国关系取得重要发展。两国关系提升为相互尊重、共同发展的全面战略伙伴关系。

两国高层和各级别交往频繁。11月15～16日，国家主席习近平对巴布亚新几内亚进行国事访问。其间，习近平主席会见巴新总督鲍勃·达达埃，同总理彼得·奥尼尔举行会谈。9月，中共中央政治局委员、广东省委书记李希访问巴新。10月，国务委员兼外交部长王毅对巴新进行正式访问。外

交部副部长郑泽光、秦刚，中共中央宣传部副部长郭卫民等分别率团访问巴新。6月，奥尼尔总理访华，习近平主席、国务院总理李克强分别同其会见、会谈。4月，巴新外长伦宾克·帕托访华，王毅国务委员兼外长同其举行会谈。巴新国防部长索兰·米里森、亚太经合组织事务部长贾斯廷·特卡琴科等来华参访。第二批巴新政府议会联合考察团访华。

两国在经贸、基础设施建设、能源资源等领域合作成果丰硕。两国政府签署共建“一带一路”合作协议。中方积极支持巴布亚新几内亚举办亚太经合组织第26次领导人非正式会议，为巴新提供办会援助。中国援助实施的国际会议中心升级改造、莫尔斯比港两条道路等项目顺利竣工。利用中国优惠贷款建设的国家电网、国家海底光缆等项目进展顺利。瑞木镍钴矿、中国石化购买巴新液化天然气等投资合作项目运营正常。

两国人文、地方交流蓬勃开展。7月，中国海军“和平方舟”号医院船访问巴新并在当地开展人道主义医疗服务。广东省在巴新实施中国—巴布亚新几内亚友谊学校·布图卡学园及周边道路、复方青蒿素清除疟疾等地方合作项目，邀请巴新青年领袖、媒体记者赴粤参访，为巴新地震灾区提供援助。

国家主席习近平对巴布亚新几内亚进行国事访问

2018年11月15～16日，国家主席习近平对巴布亚新几内亚进行国事访问。习近平主席在巴新首都莫尔斯比港会见鲍勃·达达埃总督，同彼得·奥尼尔总理举行会谈，出席达达埃总督举行的传统欢迎仪式和奥尼尔总理举行的欢迎宴会，并同奥尼尔总理共同出席中方援建的莫尔斯比港独立大道、中国—巴布亚新几内亚友谊学校·布图卡学园移交启用仪式。访问取得丰硕成果。两国领导人一致同意将双边关系定位提升为相互尊重、共同发展的全面战略伙伴关系，为中巴新关系发展提供强有力的政治引领。两国领导人还见证了多项双边合作文件签署。习近平主席此访深化了两国传统友谊，规划了双边关系发展新蓝图，有力推动双方各领域务实合作，开启了中巴新关系的新篇章。

秘　鲁
(Peru)

2018年，中华人民共和国与秘鲁共和国全面战略伙伴关系持续深入发展，各领域互利友好合作富有成效。

各层级交往互动频繁，政治互信不断深化。7月，中共中央政治局委员、上海市委书记李强访秘。6月，全国政协副主席、中国和平统一促进会副会长万钢访秘。8月，秘鲁外交部长内斯托尔·波波利西奥·巴尔达雷斯访华，同国务委员兼外交部长王毅举行两国外交部第十次政治磋商，并同国家发展和改革委员会副主任宁吉喆举行两国经济合作战略对话第三次会议，国家副主席王岐山予以会见。11月，全国政协副主席马飚访秘。

务实合作成果丰硕，双向投资贸易活跃。11月，秘鲁外贸旅游部长罗赫尔·瓦伦西亚、农业和灌溉部长古斯塔沃·莫斯塔霍·奥克拉出席首届中国国际进口博览会。同月，商务部部长钟山赴巴布亚新几内亚参加亚太经合组织有关会议期间，会见秘鲁外贸旅游部长瓦伦西亚，共同宣布结束中秘自贸协定升级联合研究，并启动升级谈判。12月，中国国际贸易促进委员会会长高燕访秘。中国保持秘鲁第一大贸易伙伴和第一大出口市场地位。中国铝业公司特罗莫克铜矿项目正式开工扩建，首都钢铁集团秘鲁铁矿项目马尔科纳铁矿新区扩产项目建成投产。

深化文化、教育、新闻、体育等领域交流合作，团组互访频繁。“中国故事”交响音乐会等文化活动在秘鲁产生较好反响。

菲律宾
(The Philippines)

2018年，中华人民共和国与菲律宾共和国关系在转圜、巩固基础上不断向好发展，实现提质升级。

两国高层交往密切。11月，国家主席习近平对菲律宾进行国事访问，此访系中国国家元首时隔13年再次访菲。其间，习近平主席同菲律宾总统罗德里戈·罗亚·杜特尔特举行大、小范围会谈，会见众议长格罗丽亚·马卡帕加尔·阿罗约和参议长文森特·“提托”·卡斯特罗·索托，接见在菲华侨华人代表。两国领导人一致决定将双边关系提升为全面战略合作关系，见证双方交换29项合作文件。9月，全国人大常委会副委员长吉炳轩访问菲律宾。10月，国务委员兼外交部长王毅访菲，会见杜特尔特总统、外交部长特奥多罗·洛钦等菲方高层。4月，杜特尔特总统应邀来华出席博鳌亚洲论坛2018年年会。其间，习近平主席会见并宴请杜特尔特总统，双方就中菲关系发展、各领域务实合作、南海问题、区域合作等深入交换意

见，见证签署了6项双边合作文件。

各领域务实合作不断深化。习近平主席访菲期间，中菲签署《关于共同推进“一带一路”建设的谅解备忘录》，积极推动发展战略对接。双边各领域合作机制运行良好。两国外交部举行第21次中菲外交磋商。中方支持菲方在杜特尔特总统领导下开展反恐、禁毒行动，继续在基础设施、民生等领域加大对菲援助力度，援菲基础设施项目取得积极进展。双边经贸发展迅速，人员往来日益密切，中方成为菲最大贸易伙伴、第一大进口来源国和第二大游客来源国。

海上合作取得进展。2018年，中菲双方召开两次南海问题双边磋商机制会议、一次海警海上合作联委会会议。习近平主席访菲期间，双方签署《关于油气开发合作的谅解备忘录》。双方还就海上执法、搜救、渔业、海洋环保等领域合作进行了有益探讨。

波　兰
(Poland)

2018年，中华人民共和国与波兰共和国全面战略伙伴关系稳定发展。

两国高层交往保持良好势头。10月，国务院总理李克强出席在比利时布鲁塞尔举行的第12届亚欧首脑会议期间同波兰总理马泰乌什·莫拉维茨基寒暄。4月，国家主席习近平特使、中共中央政治局委员、中央书记处书记、中央政法委书记郭声琨访问波兰，分别同波兰总统安杰伊·杜达、内务部国务秘书克里斯托弗·科兹沃夫斯基举行会见、会谈。9月，中国经济社会理事会主席杜青林率团访问波兰。

两国外交部保持良好合作。3月，外交部副部长王超同波外交部政治总司长茨雷尔·科扎柴夫斯基等在北京举行首次中国同维谢格拉集团副外长级磋商，国务委员兼外交部长王毅会见。

双方政府部门、立法机关、政党间交流密切。6月，海关总署署长倪岳峰访问波兰。12月，生态环境部部长李干杰赴波兰出席《联合国气候变化框架公约》第24次缔约方大会领导人峰会。11月，波兰海洋经济与内河航运部部长马莱克·格鲁巴尔契克访华。12月，波兰审计长克里斯托夫·克维亚特科夫斯基访华。5月，中波科技合作委员会第37届例会在北京举行，中波林业工作组第一次会议在波兰举行。中共中央对外联络部副部长钱洪山、全国政协外事委员会副主任刘洪才率团访问波兰，波兰法律与公正党代表团、众议院体育与旅游委员会代表团、人民党青年干部考察团等相继访华。

经贸合作扎实推进。波兰继续保持中国在中东欧地区最大贸易伙伴地位，双边贸易额再创新高。各类投资合作持续增多。年内，双方签署了波兰冷冻禽肉、马匹、鲑鳟鱼卵输华议定书。11月，波兰政府代表团和90家企业参加首届中国国际进口博览会国家展和企业展，双方企业成交金额达3.13亿美元。

人文、地方、防务等领域合作进一步深化。6月，第三届中国—中东欧国家文化创意产业论坛在波兰罗兹、卡托维兹两地举办。10月，上海市同波兰革但斯克市在革但斯克共同举办首届“中国周”活动。北京、上海、湖南、河南、海南、山东、四川、宁夏等地方代表团访问波兰。截至2018年年底，两国结好省市36对。年内，中国人民解放军海军舰艇和空军高级代表团先后赴波兰出席波兰海军、空军成立100周年庆典。

4月17日，中国新任驻波兰大使刘光源向杜达总统递交国书。

葡萄牙
(Portugal)

2018年，中华人民共和国与葡萄牙共和国全面战略伙伴关系深入发展，内涵不断丰富，各领域合作取得重要进展。

两国高层交往更加频繁，政治互信不断加深。12月4～5日，国家主席习近平对葡萄牙进行国事访问。3月，葡萄牙总统马塞洛·雷贝洛·德索萨、总理安东尼奥·科斯塔、议长费罗·罗德里格斯、外长奥古斯托·桑托斯·席尔瓦分别向习近平主席、国务院总理李克强、全国人大常委会委员长栗战书致就职贺函。5月，国务委员兼外交部长王毅访问葡萄牙，会见德索萨总统、科斯塔总理，并同席尔瓦外长会谈。6月，全国政协副主席、前澳门特别行政区行政长官何厚铧访问葡萄牙。7月，中央书记处书记、中央统战部部长尤权访葡。

3月，葡萄牙时任最高法院院长安东尼奥·席尔瓦·恩里克斯·加斯帕尔出席在广州举行的中国与葡萄牙语国家最高法院院长会议，最高人民法院院长周强同其会见。6月，葡萄牙海洋部长安娜·保拉·维托里诺来华出席2018年世界海洋日暨全国海洋宣传日活动。7月，葡时任文化部长路易斯·德卡斯特罗·门德斯访华。10月，葡外长席尔瓦访华，中共中央政治

局委员、中央外事工作委员会办公室主任杨洁篪同其会见，王毅国务委员兼外长同其会谈。11月，葡议长罗德里格斯访华，栗战书委员长同其会谈，双方就进一步推动中葡关系发展，加强两国立法机构间友好合作深入交换意见。

两国经贸和投资等领域务实合作稳步推进，成果丰硕。11月，葡农业、林业和农村发展部长路易斯·卡波拉斯·桑托斯率团来华出席首届中国国际进口博览会。12月，中葡双方签署《中华人民共和国政府和葡萄牙共和国政府关于共同推进丝绸之路经济带和21世纪海上丝绸之路建设的谅解备忘录》。

两国科技、文化、教育、地方等领域交流合作日益密切。葡萄牙受邀成为2018年浦江创新论坛主宾国，科斯塔总理向论坛致贺信。2018年"欢乐春节"活动在里斯本、拉戈阿和波瓦—迪瓦尔津成功举行。在葡孔子学院和孔子课堂运行良好。山西、天津、上海、吉林、青海、福建等地方代表团访葡。6月，波尔图市市长鲁伊·莫雷拉访问北京、上海。

国家主席习近平对葡萄牙进行国事访问

2018年12月4～5日，应葡萄牙总统德索萨邀请，国家主席习近平对葡萄牙进行国事访问。习近平主席出席德索萨总统举行的欢迎仪式，与德索萨总统小范围会见、大范围会谈、共同会见记者并出席德索萨总统举行的欢迎宴会；会见罗德里格斯议长，同科斯塔总理举行会谈、共见记者并出席签字仪式。在会谈会见中，双方一致同意密切高层往来、深化政治互信、提升合作水平、巩固传统友谊，丰富全面战略伙伴关系内涵，推动双边关系在新时代迈上新台阶。访问前夕，习近平主席在葡萄牙主流媒体发表题为《跨越时空的友谊 面向未来的伙伴》的署名文章，在葡萄牙各界引起热烈反响。访问期间，中葡双方发表《中华人民共和国和葡萄牙共和国关于进一步加强全面战略伙伴关系的联合声明》，签署17项合作协议。

卡塔尔
(Qatar)

2018年是中华人民共和国与卡塔尔国建交30周年，两国战略伙伴关系进一步发展。

两国各层次交往频繁，政治互信不断增强。7月，国家主席习近平同卡塔尔埃米尔塔米姆·本·哈马德·阿勒萨尼、国务委员兼外交部长王毅同卡塔尔副首相兼外交大臣穆罕默德·本·阿卜杜拉赫曼·阿勒萨尼就建交30周年互致贺电。年内，中国国际贸易促进委员会会长姜增伟、最高人民法院副院长姜伟、海军副参谋长刘子柱少将等分别访卡。12月，卡塔尔副首相兼外交大臣穆罕默德·本·阿卜杜拉赫曼·阿勒萨尼访华，并同王毅国务委员兼外长共同主持中卡政府间战略对话机制首次会议。卡塔尔教育与高教大臣穆罕默德·阿卜杜勒瓦希德·哈马迪来华出席夏季达沃斯论坛，外交事务国务大臣苏尔坦·本·萨阿德·穆莱基出席中阿合作论坛第八届部长级会议。此外，卡塔尔外交部秘书长艾哈迈德·哈桑·哈马迪访华并举行两国外交部第二轮政治磋商，外交部部长助理陈晓东访卡并举行两国外交部第三轮政治磋商。

两国务实合作稳步推进。中国是卡塔尔第二大进口来源国和第三大贸易伙伴，卡塔尔是中国第二大液化天然气来源国。卡塔尔警察学院与上海警察学院签署学术和培训意向书。

两国人文交流取得新进展。双方分别成立中卡友好委员会和卡中友协。两国国家图书馆签署合作谅解备忘录。武汉杂技团在卡举行“欢乐春节”演出。卡方派员参加“第四届阿拉伯艺术节”项下活动。两国签署全面互免签证协定并于12月21日生效。

韩　国
(ROK)

2018年，中华人民共和国与大韩民国在政治、经济、人文等各领域总体保持良好交流与合作，双方妥善处理有关敏感问题，双边关系稳步发展势头进一步延续和巩固。

高层交往方面。1月和5月，国家主席习近平应约同韩国总统文在寅通电话。11月，习近平主席和文在寅总统在亚太经合组织第26次领导人非正式会议期间举行会晤。5月，国务院总理李克强和文在寅总统在第七次中日韩领导人会议期间举行会晤。2月，中共中央政治局常委韩正（时任）、国务院副总理刘延东作为习近平主席特别代表分别出席平昌冬奥会开幕式和闭幕式。3月，习近平主席特别代表、中共中央政治局委员、中央外事工作委员会办公室主任杨洁篪访问韩国。7月，杨洁篪主任应邀赴韩国釜山，同韩国家安保室长郑义溶举行会谈。10月，中共中央政治局委员、天津市委

书记李鸿忠访问韩国。9月，全国人大常委会副委员长丁仲礼访问韩国并出席中韩议会定期交流机制第11次会议。8月和9月，国务委员兼外交部长王毅出席东亚合作系列外长会议、第73届联大一般性辩论期间会见韩国外交部长官康京和。11月，国务委员王勇出席在韩国举行的博鳌亚洲论坛首尔会议开幕式并发表演讲，其间会见韩国总理李洛渊。3月，韩国总统特使、国家安保室长郑义溶来华访问，习近平主席会见。9月，韩国家安保室长郑义溶来华磋商。

经贸和金融合作方面，中国继续保持韩国最大贸易伙伴、最大出口市场和最大进口来源国地位。韩国是中国第三大贸易伙伴国。中国是韩国第二大海外投资目的地国，韩国是中国第二大外资来源国。双方启动中韩自由贸易协定第二阶段谈判。

其他领域交流合作方面，两国立法、文化、科技、教育、环保、卫生、司法等对口部门之间保持交流。2018年，双方人员往来约947.1万人次，其中中国公民赴韩527.8万人次，韩国公民来华419.3万人次。

罗马尼亚
(Romania)

2018年，中华人民共和国与罗马尼亚全面友好合作伙伴关系平稳顺利发展。

两国高层保持接触。1月，国务院总理李克强向罗新任总理维奥丽卡·登奇勒致就职贺电。7月，李克强总理在保加利亚首都索非亚出席第七次中国—中东欧国家领导人会晤期间同登奇勒总理举行双边会见。4月，国家主席习近平特使、中共中央政治局委员、中央政法委书记郭声琨访罗，分别会见罗总统克劳斯·约翰尼斯，登奇勒总理，社会民主党主席、众议长尼古拉·利维乌·德拉格内亚，同罗内务部长卡尔门·达恩会谈。5月，全国人大常委会副委员长曹建明访罗，分别会见德拉格内亚众议长、副总理维奥雷尔·斯特凡、副总理安娜·伯查尔、参议院副议长尤利安·克劳迪乌·曼达、最高检察院检察长奥古斯丁·拉泽尔，同众议院副议长弗洛林·约尔达凯会谈。9月，全国人大常委会副委员长、中华全国妇女联合会主席沈跃跃访罗，分别会见登奇勒总理，德拉格内亚众议长，社民党妇女组织主席、欧盟基金部长罗瓦娜·普伦布。12月，外交部副部长王超访罗，会见罗外交部长特奥多尔·梅莱什卡努，同罗外交部亚洲事务特别代表维奥雷尔·伊斯蒂乔亚·布杜拉会谈。

2月，约翰尼斯总统，登奇勒总理，众议长、社民党主席德拉格内亚分别向中共中央总书记、国家主席习近平，国务院总理李克强，全国人大常委会委员长张德江，中共中央政治局常委栗战书、汪洋、王沪宁、赵乐际、韩正发来春节贺信。3月，约翰尼斯总统、登奇勒总理、斯特凡副总理、梅莱什卡努外长分别向习近平主席、李克强总理、国务院副总理刘鹤、国务委员兼外交部长王毅发来贺信。11月，经济社会理事会和类似组织国际协会主席、罗经济社会理事会主席雅各布·巴休访华，全国政协主席汪洋会见，中国经济社会理事会主席杜青林同其会谈。

两国各领域交流与合作积极推进。4月，科学技术部副部长黄卫访罗，同罗研究和创新部长尼古拉·伯尼特共同主持中罗政府科技合作委员会第43届例会。5月，双方签署《中华人民共和国公安部与罗马尼亚内务部部门合作意向书》。7月，双方签署《中华人民共和国国家发展和改革委员会与罗马尼亚交通部关于开展交通和基础设施合作的谅解备忘录》。8月，罗文化中心参加第25届北京国际图书博览会。11月，罗营商环境、商务和创业部长斯特凡·拉杜·奥普雷亚来华出席首届中国国际进口博览会和中罗政府间经济联委会第27次例会。

罗马尼亚高度重视并积极参与中国—中东欧国家合作。6月，罗外交部国务秘书、国家协调员莫妮卡·多丽娜·格奥尔基策来华出席第三届中国—中东欧国家经贸促进部长级会议。同月，罗前总理、克卢日·纳波卡市市长埃米尔·博克来华出席中国—中东欧国家市长论坛。8月，罗营商环境部国务秘书加布里埃拉·米哈埃拉·沃伊齐勒参加中东欧国家高级别官员代表团访华。

俄罗斯
(Russia)

2018年，中俄全面战略协作伙伴关系在高水平上保持积极发展势头，取得丰硕成果。双方在涉及彼此主权、安全和领土完整等核心利益问题上相互坚定支持，积极开展“一带一路”建设和欧亚经济联盟对接，务实合作取得突破性进展，人文交流更加密切，国际协作富有成效。

两国元首4次会晤，对中俄关系进行战略引领。7月26日，国家主席习近平同俄罗斯总统弗拉基米尔·普京在金砖国家领导人第十次会晤期间举

行双边会晤。9月11～12日，习近平主席赴符拉迪沃斯托克出席第四届东方经济论坛并同普京总统举行双边会晤。11月30日，习近平主席同普京总统在二十国集团领导人第13次峰会期间举行双边会晤。6月8～10日，普京总统对华进行国事访问并出席上海合作组织青岛峰会。两国元首分别于3月19日、6月15日通电话。

两国总理2次会晤，有力推动中俄关系和各领域合作发展。10月12日，国务院总理李克强出席上海合作组织成员国政府首脑（总理）理事会第17次会议期间，在塔吉克斯坦首都杜尚别同俄罗斯总理德米特里·梅德韦杰夫举行会见。11月5～7日，梅德韦杰夫总理来华出席首届中国国际进口博览会并对华进行正式访问。其间，习近平主席在上海会见梅德韦杰夫总理。李克强总理同梅德韦杰夫总理在北京共同举行中俄总理第23次定期会晤，发表《中俄总理第二十三次定期会晤联合公报》，见证签署12项双边合作文件。全国人大常委会委员长栗战书在北京会见梅德韦杰夫总理。

两国立法机关保持密切交往。7月3～5日，俄罗斯联邦委员会主席瓦莲京娜·马特维延科访华并举行中俄议会合作委员会第四次会议。其间，习近平主席会见马特维延科主席，栗战书委员长与马特维延科主席举行会谈并共同主持中俄议会合作委员会第四次会议，全国政协主席汪洋，中共中央政治局委员、全国人大常委会副委员长王晨分别会见马特维延科主席。

两国各领域保持密切高层交往。4月4日，国务委员兼国防部长魏凤和上将访问俄罗斯并出席第七届莫斯科国际安全会议。4月23～26日，中共中央政治局委员、中央书记处书记、中央政法委书记郭声琨赴俄罗斯索契出席第九届安全事务高级代表国际会议。5月25日，国家副主席王岐山赴俄出席第22届圣彼得堡国际经济论坛。6月12～16日，习近平主席特使、国务院副总理孙春兰赴俄出席第21届世界杯足球赛开幕式。6月29日，中共中央政治局委员、中央外事工作委员会办公室主任杨洁篪在出席南非金砖国家安全事务高级代表会议期间会见俄联邦安全会议秘书尼古拉·帕特鲁舍夫。8月14～17日，杨洁篪主任赴俄罗斯同俄联邦安全会议秘书帕特鲁舍夫举行中俄第14轮战略安全磋商。9月16～18日，国务院副总理韩正访俄并同俄第一副总理兼财政部长安东·西卢阿诺夫共同主持中俄投资合作委员会第五次会议，同俄副总理德米特里·科扎克共同主持中俄能源合作委员会第15次会议。10月17～19日，杨洁篪主任赴俄罗斯出席第15届瓦尔代国际辩论俱乐部年会。11月14～17日，中共中央政治局委员、中央书记处书记、中央政法委书记郭声琨赴俄罗斯同俄联邦安全会议秘书帕特鲁舍夫举行中俄执法安全合作机制第五次会议。

2月7日，俄副总理兼总统驻远东联邦区全权代表尤里·特鲁特涅夫来华出席中俄地方合作交流年开幕式，并同时任国务院副总理汪洋举行中国东北地区和俄罗斯远东及贝加尔地区政府间合作委员会双方主席会晤。5月20～22日，俄联邦安全会议秘书帕特鲁舍夫来华出席上海合作组织成员国安全会议秘书会议。8月21日，国务院副总理胡春华同俄副总理兼总统驻远东联邦区全权代表特鲁特涅夫在大连共同主持中国东北地区和俄罗斯远东及贝加尔地区政府间合作委员会第二次会议。10月16～17日，俄总统办公厅主任安东·瓦伊诺访华，习近平主席会见瓦伊诺主任，中共中央政治局委员、中央书记处书记、中央办公厅主任丁薛祥同瓦伊诺主任举行会谈。10月18～19日，俄国防部长谢尔盖·绍伊古访华，习近平主席，中共中央政治局委员、中央军委副主席张又侠上将分别同绍伊古防长举行会见。10月30日，孙春兰副总理同俄副总理塔季扬娜·戈利科娃在北京共同主持中俄人文合作委员会第19次会议。11月6日，胡春华副总理同俄副总理马克西姆·阿基莫夫在上海共同主持中俄总理定期会晤委员会第22次会议。

两国外交部长保持密切接触，共6次会晤。4月4～5日，习近平主席特使、国务委员兼外交部长王毅对俄进行工作访问。4月23～24日，俄外长谢尔盖·拉夫罗夫访华并出席上海合作组织成员国外长理事会会议。6月4日，王毅国务委员兼外长与拉夫罗夫外长在比勒陀利亚出席金砖国家外长正式会议期间举行双边会见。7月6日，王毅国务委员兼外长与拉夫罗夫外长在维也纳出席伊朗核问题五国外长会期间举行双边会见。8月2日，王毅国务委员兼外长与拉夫罗夫外长在新加坡出席东亚合作系列外长会期间举行双边会见。9月25日，王毅国务委员兼外长与拉夫罗夫外长在纽约出席第73届联合国大会一般性辩论期间举行双边会见。两国外长还多次互致函电，就重大国际和地区问题深入交换意见，协调立场。

两国务实合作全面推进。中国与欧亚经济联盟签署经贸合作协定，中俄完成欧亚经济伙伴关系协定联合可研，“一带一路”建设与欧亚经济联盟对接合作收获早期成果。中俄双边贸易额突破1000亿美元，创历史新高。中国是俄第一大贸易伙伴、第一大进口来源国和出口目的地国。俄是中国最大原油和电力进口来源国。中俄原油管道复线顺利建成投产，双方签署投资总额近千亿元人民币的核领域一揽子合作文件，中俄远程宽体客机合资公司正式启动运营，北斗和格洛纳斯全球卫星导航系统合作顺利推进，建立首期100亿元、总规模1000亿元人民币的中俄地区合作发展投资基金，签署远东地区合作发展规划和东北—远东农业发展规划，加紧筹建联合科技创新基金。

两国人文交流和地方合作日益密切。世界杯足球赛期间，约10万名中国球迷和游客赴俄观赛旅游。中国成为俄入境旅游第一大客源国和俄游客

第二大境外旅游目的地国。双方互派留学人员近9万人，向2020年10万人目标稳步迈进。中俄地方合作交流年拉开帷幕，掀起两国地方合作热潮。两国友好省州（城市）数量达140对。双方20多个地方主体负责人在东方经济论坛期间参加首次中俄地方领导人对话会，中俄友好、和平与发展委员会新增吸纳9个省（区、市）加入。中俄地方交往机制建设日益完善，地域覆盖面越来越广。

中俄在国际事务中保持密切沟通配合。双方致力于维护国际法和国际关系基本准则，推动国际秩序朝着更加公正合理方向发展，在联合国、上海合作组织、金砖国家、二十国集团、亚太经合组织等多边框架内密切沟通。双方就朝鲜半岛局势、叙利亚等热点问题及时沟通对表，开展密切协作，积极劝和促谈，推动相关政治解决进程。双方就维护多边贸易体制、反对单边制裁和保护主义，以及反导、防扩散和反恐等问题保持深入沟通并积极发声。中俄国际协作作为国际形势中压舱石和稳定器的作用更为突出。

卢旺达
(Rwanda)

2018年，中华人民共和国与卢旺达共和国友好合作关系呈现快速发展良好势头。

两国高层交往频繁。7月，国家主席习近平对卢旺达进行国事访问，同卢旺达总统保罗·卡加梅举行会谈，就两国关系发展以及共同关心的国际和地区问题达成广泛共识。3月，卡加梅总统致函祝贺习近平再次当选国家主席。9月，卡加梅以卢总统和非盟轮值主席双重身份来华出席中非合作论坛北京峰会，习近平主席同其会见。1月，外交部长王毅（时任）访问卢旺达，会见卡加梅总统，同卢外交与国际合作部部长路易丝·穆希基瓦博举行会谈。7月，卢负责东共体事务的国务部长奥利维耶·恩杜洪吉雷海访华。

两国务实合作稳步推进。1月，中卢签署打井200口、北方省穆桑泽综合技术学校扩建等项目立项换文。7月习近平主席访卢期间，两国元首见证签署了《中华人民共和国政府与卢旺达共和国政府关于共同推进丝绸之路经济带和21世纪海上丝绸之路建设的谅解备忘录》等合作文件。9月，中国援助的“万村通”卫星电视项目顺利竣工。

12月，《中华人民共和国政府和卢旺达共和国政府互免持外交、公务护照人员签证协定》生效。

萨摩亚
(Samoa)

2018年，中华人民共和国与萨摩亚独立国关系取得重要发展。两国关系提升为相互尊重、共同发展的全面战略伙伴关系。

两国高层和各级别交往频繁。11月，国家主席习近平在巴布亚新几内亚同建交太平洋岛国领导人举行集体会晤，其间同萨摩亚总理图伊拉埃帕·萨伊莱莱·马利埃莱额奥伊举行双边会见。9月，图伊拉埃帕总理来华出席夏季达沃斯2018年新领军者年会，习近平主席、国务院总理李克强分别同其会见、会谈。萨摩亚工商劳工部长拉乌塔菲·珀赛尔、海关与税收部长蒂阿拉维亚·亨特等多位政要来华参访。萨摩亚政府和议会联合考察团访华。

两国经贸等领域务实合作不断拓展。9月，两国政府签署共建“一带一路”合作协议。中方援建的太平洋运动会体育场馆项目进展顺利，利用中方优惠贷款实施的法莱奥洛国际机场升级改造项目竣工交付。

两国人文和地方交往密切。萨摩亚国立大学孔子学院揭牌成立。广东省实施的友谊公园和文化艺术中心项目动工建设。中国红十字会为萨摩亚遭受“吉塔”飓风灾害提供现汇援助。

圣马力诺
(San Marino)

2018年，中华人民共和国与圣马力诺共和国双边关系继续平稳健康发展。

两国始终秉承相互尊重、平等互利的原则，积极拓展双边关系，不断深化传统友谊和各领域合作，树立了大小国家和谐相处、相互支持的典范。两国在联合国等国际组织中继续保持密切沟通与协调。

3月，伊拉里娅·萨利奇奥尼被任命为圣马力诺新任驻华大使（非常驻）。6月，萨利奇奥尼大使来华递交国书。

圣多美和普林西比
(Sao Tome and Principe)

2018年，中华人民共和国与圣多美和普林西比民主共和国关系平稳发展。

两国政治互信进一步深化。12月，国务院总理李克强致电祝贺若热·博姆·热苏斯就任圣普总理，国务委员兼外交部长王毅致电祝贺埃尔莎·平托就任圣普外交、合作和海外侨民部长。11月，全国人大常委会委员长栗战书致电祝贺德尔芬·内韦斯当选圣普国民议会议长。1月，外交部长王毅（时任）访问圣普，分别会见总统埃瓦里斯托·卡瓦略、时任总理帕特里斯·特罗瓦达，并同时任外交和海外侨民部长乌尔比诺·博特略举行会谈。3月，圣普时任总理特罗瓦达致函祝贺国家主席习近平再次当选，祝贺国务院总理李克强再次就任。同月，圣普国民议会时任议长若泽·迪奥戈致函祝贺栗战书当选全国人大常委会委员长，致函祝贺汪洋当选全国政协主席。同月，圣普时任外长博特略致函祝贺王毅就任国务委员兼外交部长。9月，特罗瓦达总理（时任）来华出席中非合作论坛北京峰会，习近平主席、李克强总理分别会见。3月，特罗瓦达总理（时任）来华休假，王毅国务委员兼外长会见。

双方各领域交往继续推进。3月，圣普最高司法法院院长曼努埃尔·席尔瓦·戈麦斯·格拉维德来华出席中国与葡萄牙语国家最高法院院长会议。6月，圣普教育、文化、科技和通信部长奥林托·达席尔瓦·达约来华出席中非媒体合作论坛。同月，圣普总参谋长奥拉西欧·德索萨来华出席中非防务安全论坛。8月，圣普卫生部长玛利亚·热苏斯·特罗瓦达·多斯桑托斯来华出席中非卫生合作高级别会议。

务实合作不断取得新进展。2018年，中方继续向圣普派遣抗疟疾、电力、农业3个专家组以及医疗队。3月，中方援建的圣普道路整修和社区排水项目开工，并于12月竣工交付。9月，中非合作论坛北京峰会期间，双方签署了经贸、农业、教育等领域4个合作协议。11月，圣普代表来华参加首届中国国际进口博览会。

沙特阿拉伯
(Saudi Arabia)

2018年，中华人民共和国与沙特阿拉伯王国全面战略伙伴关系持续发展，各领域合作成果丰富。

两国各层级、各领域交往密切。国家主席习近平同沙特国王萨勒曼·本·阿卜杜勒阿齐兹·阿勒沙特多次通电话、互致信函。11月，习近平主席在布宜诺斯艾利斯出席二十国集团领导人第13次峰会期间会见了沙特王储穆罕默德·本·萨勒曼·本·阿卜杜勒阿齐兹·阿勒沙特。国家市场监督管理总局副局长秦宜智，司法部副部长熊选国，国家能源局副局长李凡荣、刘宝华，国家原子能机构副主任、国防科工局副局长王毅韧，国家航天局副局长吴艳华，国家文物局副局长胡冰以及辽宁省代表团等访问沙特。7月，沙特外交大臣阿迪勒·本·艾哈迈德·朱贝尔访华，出席中阿合作论坛第八届部长级会议，并同国务委员兼外交部长王毅共同主持中沙高级别联合委员会政治外交分委会第三次会议，王毅国务委员兼外长还在二十国集团布宜诺斯艾利斯外长会期间会见了朱贝尔外交大臣。此外，沙特能源、工业和矿产大臣哈立德·本·阿卜杜勒阿齐兹·法利赫，财政大臣穆罕默德·本·阿卜杜拉·本·杰德安，司法大臣瓦利德·本·穆罕默德·本·萨利赫·萨默阿尼等年内率团访华。

两国务实合作深入发展。中沙签署大陆桥项目（利雅得—吉达铁路）谅解备忘录，中国企业重新取得麦加轻轨朝觐运营项目经营权，还与沙方签署保障房和管道工程等大型项目合同。两国航天卫星合作取得长足发展，中沙召开航天合作联委会第一次会议，中国长征二号丁运载火箭成功将沙特Saudi SAT 5A和Saudi SAT 5B两颗卫星送入预定轨道，中国还向沙交付了沙探月光学相机有关数据。

两国人文交流更加密切。沙特文化大臣巴德尔·本·阿卜杜拉·本·法尔汗·阿勒沙特亲王访华并出席中阿文化部长论坛和第四届“阿拉伯艺术节”闭幕式。中国在沙首次举办在中东规模最大的“华夏瑰宝展”。“欢乐春节”首次在沙举办。中沙首次开展联合考古，两国考古队共同勘察沙塞林港遗址。

塞内加尔

(Senegal)

2018年，中华人民共和国与塞内加尔共和国全面战略合作伙伴关系快速发展，各领域合作成果丰硕。

两国政治交往密切。7月21～22日，国家主席习近平对塞内加尔进行国事访问。12月，中共代表、西藏自治区党委常务副书记丁业现出席塞内加尔争取共和联盟第二次全国代表大会。3月，外交部部长助理陈晓东访塞。11月，中国政府非洲事务特别代表许镜湖出席第五届达喀尔非洲和平与安全国际论坛。3月，塞内加尔总统马基·萨勒就习近平主席再次当选来函致贺。9月，萨勒总统来华出席中非合作论坛北京峰会，习近平主席同其会见，塞内加尔在峰会上接任论坛非方共同主席国。3月，争取共和联盟干部考察团访华。6月，塞外交与海外侨民部长西迪基·卡巴访华。

两国经贸合作继续推进。12月，捷斯—图巴高速公路项目完工，萨勒总统出席通车仪式。乡村打井、方久尼桥、国家宽带网等项目进展顺利，迪亚姆尼亚久儿童医院扩建项目动工。塞内加尔贸易、非正规部门和中小企业部长阿利翁·萨尔率团来华参加首届中国国际进口博览会。

两国人文交流保持活跃。12月，文化和旅游部部长雒树刚赴塞内加尔出席黑人文明博物馆开馆仪式，其间会见萨勒总统，同塞内加尔文化部长阿卜杜·拉蒂夫·库利巴利举行会谈。

国家主席习近平对塞内加尔进行国事访问

7月21～22日，国家主席习近平对塞内加尔进行国事访问。访问期间，习近平主席出席萨勒总统举行的欢迎仪式，同萨勒总统举行会谈。两国元首高度评价近年来中塞关系取得的长足发展，一致同意继续携手努力，推动两国各领域合作取得更多成果，开创中塞关系更加美好的明天。习近平主席出席萨勒总统授予塞内加尔最高荣誉勋章国家雄狮勋位团大十字勋章仪式，共同会见记者，共同出席塞内加尔竞技摔跤场项目移交仪式。两国元首共同见证《中华人民共和国和塞内加尔共和国关于刑事司法协助的条约》《中华人民共和国和塞内加尔共和国引渡条约》《中华人民共和国政府和塞内加尔共和国政府关于共同推进丝绸之路经济带和21世纪海上丝绸之路建设的谅解备忘录》等多项双边合作文件的签署。

塞尔维亚
(Serbia)

2018年，中华人民共和国与塞尔维亚共和国全面战略伙伴关系深入发展。

两国高层交往密切，政治互信不断加深。7月，国务院总理李克强在保加利亚首都索非亚出席第七次中国—中东欧国家领导人会晤期间同塞尔维亚总理阿娜·布尔纳比奇举行双边会见。5月，全国人大常委会副委员长曹建明访问塞尔维亚并出席中塞立法机关合作委员会第一次会议，塞国民议会议长玛娅·戈伊科维奇、布尔纳比奇总理分别会见。年内，交通运输部部长李小鹏、中国进出口银行监事会主席于学军、国家林业和草原局副局长刘东生、人力资源和社会保障部副部长张义珍、国务院国有资产监督管理委员会副主任孟建民、中共中央统战部常务副部长张裔炯等分别访塞。

9月，塞尔维亚总统阿莱克桑达尔·武契奇来华出席世界经济论坛2018年新领军者年会，国家主席习近平、李克强总理分别同其会见。7月，塞国防部长阿莱克桑达尔·武林访华，中共中央政治局委员、中央军委副主席张又侠上将、国务委员兼国防部长魏凤和上将分别同其会见。10月，塞国防部长武林来华出席第8届北京香山论坛，国务委员兼国防部长魏凤和上将同其会见。11月，塞教育、科学和技术发展部部长姆拉登·沙尔切维奇来华出席首届中国国际进口博览会。

两国经贸合作持续扩大，交通基础设施建设、能源、产能等领域大项目合作稳步推进。匈塞铁路塞境内贝尔格莱德—旧帕佐瓦段开工建设，诺维萨德—苏博蒂察段签署商务合同及贷款协议。河钢集团斯梅戴雷沃钢厂生产运营状况良好。中国企业承建的欧洲E763号高速公路相关路段、科斯托拉茨电站二期等项目建设进展顺利。

两国人文、教育、地方等领域合作进一步深化。贝尔格莱德中国文化中心建设进展顺利。12月，塞尔维亚文化和信息部长弗拉丹·武科萨夫列维奇访华并出席北京塞尔维亚文化中心落成仪式，文化和旅游部部长雒树刚同其会见。贝尔格莱德大学和诺维萨德大学孔子学院运行良好。上海市同贝尔格莱德市、唐山市同斯梅戴雷沃市建立友城关系。北京、天津、上海、湖北、湖南、河北、吉林、青海等地方代表团访塞。

塞尔维亚积极参与中国—中东欧国家合作，成功承办第三届中国—中

东欧国家交通部长会议、第三届中国—中东欧国家首都市长论坛、中国—中东欧国家高校联合会第四次会议。

塞舌尔
(Seychelles)

2018年，中华人民共和国与塞舌尔共和国友好合作关系保持良好发展势头。

两国高层交往密切，政治互信不断增强。9月1日，国家主席习近平会见来华出席中非合作论坛北京峰会的塞舌尔总统丹尼·富尔，共同见证签署《中华人民共和国政府与塞舌尔共和国政府关于共同推进丝绸之路经济带和21世纪海上丝绸之路建设的谅解备忘录》等3项双边合作文件；同日，国务院副总理韩正会见富尔总统。3月，富尔总统致函祝贺习近平再次当选中国国家主席。同月，全国人大常委会委员长栗战书致电祝贺尼古拉斯·普雷亚当选塞舌尔国民议会议长。7月，国家副主席王岐山在成都会见来华出席第五届中非民间论坛的塞舌尔人民党（现更名为"联合塞舌尔党"）主席、副总统文森特·梅里顿。

10月，全国政协副主席刘奇葆访塞。7月，中共中央对外联络部部长宋涛访塞。8月，外交部部长助理陈晓东和塞舌尔外交事务国务秘书巴里·富尔在北京共同主持中塞外交部间第二轮政治磋商。

两国经贸、人文等各领域务实合作稳步推进。中国援塞柯盖特住房项目进展顺利，广电中心项目开工建设。第五届塞舌尔"中国日"系列活动成功举办。第17批援塞医疗队和第8批援塞志愿者抵塞工作。浙江、湖北等地方代表团先后访塞。

10月23日，中国新任驻塞舌尔大使郭玮向富尔总统递交国书。

塞拉利昂
(Sierra Leone)

2018年，中华人民共和国与塞拉利昂共和国关系保持良好发展势头，全面战略合作伙伴关系不断巩固。

两国政治互信日益加深。5月，国家主席习近平致电祝贺朱利叶斯·马达·比奥当选塞拉利昂总统并派特使、科学技术部部长王志刚出席比奥总统就职典礼。1月和5月，外交部部长助理陈晓东访问塞拉利昂。3月，塞拉利昂时任总统欧内斯特·巴伊·科罗马就习近平主席再次当选来函祝贺。8月30日至9月7日，比奥总统来华进行国事访问并出席中非合作论坛北京峰会。习近平主席为其举行欢迎仪式，同其举行会谈，国务院总理李克强同其会见。两国元首一致同意，巩固友好互信，扩大务实合作，将中塞全面战略合作伙伴关系不断推向前进，更好造福两国人民。11月，塞拉利昂人民党总书记乌马鲁·科罗马率团访华，中共中央对外联络部部长宋涛会见。11月，塞拉利昂贸工部部长彼得·康特来华出席首届中国国际进口博览会。

两国经贸合作成果丰硕。8月，中塞签署了《中华人民共和国政府与塞拉利昂共和国政府关于共同推进丝绸之路经济带和21世纪海上丝绸之路建设的谅解备忘录》《中华人民共和国政府和塞拉利昂共和国政府经济技术合作协定》等双边合作协议。11月，弗里敦环城路、蓝茉莉市场改造等项目举行开工仪式。

两国其他领域交流与合作取得积极成果。6月，塞拉利昂军队总参谋长布雷马·西塞中将来华出席首届中非防务安全论坛。7月，中国援塞军热带传染病防控中心项目顺利竣工移交。6月，中塞妇儿保健创新项目在塞正式启动。11月，湖南省卫生代表团赴塞东南部开展“光明行”行动，免费实施白内障手术。

新加坡
(Singapore)

2018年，中华人民共和国与新加坡共和国关系保持良好发展势头，两国“一带一路”合作持续深化，各领域合作成果丰硕。

两国高层交往频繁。11月，国务院总理李克强正式访问新加坡并出席东亚合作领导人系列会议。访问期间，李克强总理会见新加坡总统哈莉玛，同新总理李显龙举行会谈，并共同见证双方交换双边自贸协定升级、互联互通、金融、科技、环境、文化、海关等11项合作文件。9月，国务院副总理韩正访新并同新加坡副总理张志贤共同主持第14次中新双边合作联委会等双边合作机制会议。11月，国家副主席王岐山赴新出席创新经济论坛并

顺访。8月，国务委员兼外交部长王毅访新并出席东亚合作系列外长会。2月，国务委员兼国防部长常万全上将访新。8月，最高人民法院院长周强赴新加坡出席第二届法律和司法圆桌会议，最高人民检察院检察长张军访问新加坡。4月，李显龙总理来华出席博鳌亚洲论坛2018年年会并进行工作访问。6月，张志贤副总理来华出席兰州投资贸易洽谈会。8月，新加坡荣誉国务资政吴作栋来华出席首届国际智能产业博览会。

两国“一带一路”合作深入推进，互联互通、金融支撑和三方合作平台建设成效显著。“陆海新通道”建设取得阶段性成果，11月双方签署关于通道建设合作的谅解备忘录。双方积极开展三方合作，4月签署有关合作谅解备忘录，10月共同主办首届中新“一带一路”投资合作论坛。

两国经贸投资合作不断深化。中国是新加坡第一大贸易伙伴，新加坡是中国在东盟国家中第四大贸易伙伴，也是中国最大新增外资来源国。11月，双方签署升级自贸协定的议定书。苏州工业园区、天津生态城项目继续提质升级，中新（重庆）战略性互联互通示范项目取得新成果。中新广州知识城上升为国家级双边合作项目。

两国在防务、法律司法、文化等领域合作全面推进。10月，新加坡国防部长黄永宏来华参加第八届北京香山论坛。9月，新加坡三军总长王赐吉中将访华。5月，新加坡海军“刚毅”号军舰访问青岛。法律司法合作成为两国“一带一路”合作新的重点领域，8月，第二届中新法律和司法圆桌会议在新举行。双方签署新一轮文化交流执行计划，新加坡中国文化中心运营良好。

3月29日，中国新任驻新加坡大使洪小勇向哈莉玛总统递交国书。

斯洛伐克
(Slovak Republic)

2018年，中华人民共和国与斯洛伐克共和国各领域交流与合作持续发展。

两国高层保持接触。7月，国务院总理李克强出席在保加利亚索非亚举行的第七次中国—中东欧国家领导人会晤期间同斯洛伐克总理彼得·佩列格里尼举行双边会见。2月，斯财政部国务秘书达娜·米盖尔来华参加首届世界海关跨境电商大会。6月，斯经济部国务秘书沃伊捷赫·费伦茨来华召开两国经济联委会第12次例会并率团出席在宁波举办的中国—中东欧经贸促进部长会议。11月，斯财政部国务秘书米盖尔来华参加首届中国国际进口博览会。

两国外交部保持良好合作。3月，外交部副部长王超同斯外交部政治总司长马里安·亚库博齐等在北京举行首次中国同维谢格拉德集团副外长级磋商，国务委员兼外交部长王毅会见。

各领域合作成果丰硕。2018年双方贸易迅速增长，斯再次成为对华贸易顺差最多的中东欧国家。斯积极参与“一带一路”建设和中国—中东欧国家合作框架下的互联互通、人文、地方等领域活动。4月，斯交通部举办“斯洛伐克:‘新丝绸之路’通往欧洲的门户”主题研讨会。交通物流领域合作密切，中欧班列在斯境内新建换装站运营良好，中欧陆海快线自希腊比雷埃夫斯港开往布拉迪斯拉发的海铁联运班列实现常态化运营，中远海运集运（中欧）有限公司斯洛伐克分公司12月正式揭牌成立。

人文交流亮点频现。在斯2所孔子学院、1所中医孔子课堂、若干汉语教学点及斯中双语中学实验班项目进展顺利。双方互换留学生数量持续增加，中国公民赴斯旅游人数继续大幅攀升。两国地方交往持续推进，河北沧州市与斯尼特拉市签署友好城市协议。

截至2018年年底，双方共有结好省（州）、市5对。

斯洛文尼亚
(Slovenia)

2018年，中华人民共和国与斯洛文尼亚共和国友好合作关系积极快速发展。

两国保持高层交往。7月，国务院总理李克强在保加利亚首都索非亚出席第七次中国—中东欧国家领导人会晤期间同斯时任总理米罗·采拉尔举行双边会见。9月，李克强总理向斯新任总理马尔扬·沙雷茨致就职贺电。6月，全国人民大常委会委员长栗战书向斯新任议长戴扬·日丹致就职贺电。

3月，斯总统博鲁特·帕霍尔，时任总理采拉尔，副总理兼农业、林业和食品部长戴扬·日丹，副总理兼外交部长卡尔·埃里亚韦茨分别向国家主席习近平、国务院总理李克强、全国政协主席汪洋、国务委员兼外交部长王毅发来就职贺信。

两国经贸、人文等各领域交流与合作富有成效。2月，斯基础设施部国

务秘书尤雷·莱本访华，该部同国家发展和改革委员会签署《关于开展交通运输和基础设施建设的谅解备忘录》。4月，斯基础设施部长佩特尔·加什佩尔希奇访华，斯外交部经济和公共外交总司长、“16+1合作”斯国家协调员阿兰卡·苏哈多尼克来华出席中斯经济联委会第13次例会。7月，首都体育学院同卢布尔雅那大学签署学术和科学合作总协议。11月，斯经济发展和技术部长兹德拉夫科·波契瓦尔舍克来华出席首届中国国际进口博览会和中斯冰雪运动发展高峰论坛，环境和空间部长莱本来华出席联合国世界地理信息大会。

斯洛文尼亚积极参与中国—中东欧国家合作，致力于推动16+1林业合作协调机制建设。12月，斯外交部经济和公共外交总司长、“16+1合作”斯国家协调员苏哈多尼克来华出席第12次“16+1合作”国家协调员会议。

索马里
(Somalia)

2018年，中华人民共和国与索马里联邦共和国友好关系稳步发展。

两国高层交往取得新进展。3月，索马里总统穆罕默德·阿卜杜拉希·穆罕默德就国家主席习近平再次当选致函祝贺。5月，全国人大常委会委员长栗战书致电祝贺索联邦议会人民院议长穆罕默德·穆萨勒·谢赫·阿卜迪拉赫曼当选。8月，穆罕默德总统来华出席中非合作论坛北京峰会。国家主席习近平，中共中央政治局常委、中央纪委书记赵乐际同其分别会见。两国元首见证签署了《中华人民共和国政府与索马里联邦共和国政府关于共同推进丝绸之路经济带和21世纪海上丝绸之路建设的谅解备忘录》《中华人民共和国政府和索马里联邦共和国政府经济技术合作协定》等合作文件。7月，索外交与国际合作部部长艾哈迈德·伊塞·阿瓦德来华出席中阿合作论坛第八届部长级会议，国务委员兼外交部长王毅同其举行双边会见。

两国人文交流保持热度。索外交与国际合作部、军警部门、全国妇女组织、索中友好协会等派团来华参加汉语文化、中非防务安全论坛、女官员领导能力建设、民间组织能力建设、国际法交流和研究等研修班或会议，索媒体记者团访华。

自2008年年底以来，中国已派出31批护航编队赴亚丁湾和索马里海域开展护航行动。

南 非
(South Africa)

2018年是中华人民共和国与南非共和国建交20周年。两国全面战略伙伴关系保持强劲发展势头。

两国高层交往密切。1月，国家主席习近平同南非时任总统雅各布·祖马就中南建交20周年互致贺电。2月，习近平主席致电祝贺西里尔·拉马福萨当选南非总统。3月，拉马福萨总统对习近平再次当选中国国家主席表示热烈祝贺。7月23～27日，习近平主席对南非进行第三次国事访问并出席在约翰内斯堡举行的金砖国家领导人第十次会晤。9月1～5日，拉马福萨总统结合来华出席2018年中非合作论坛北京峰会对中国进行国事访问，习近平主席同其举行会谈，国务院总理李克强会见。两国元首就新时期中南全面战略伙伴关系发展达成重要共识，一致同意加强高层往来，深化政治互信，对接发展战略，推进务实合作，密切人文交流，让两国人民更多分享中南合作成果。两国元首互访期间还共同见证了一系列中南双边合作文件的签署。

3月23～24日，习近平主席特别代表、中共中央政治局委员杨洁篪访问南非，分别会见拉马福萨总统和南非国际关系与合作部部长林迪韦·西苏鲁。6月3～4日，国务委员兼外交部长王毅访问南非并出席金砖国家外长正式会晤，分别会见拉马福萨总统和西苏鲁外长。

两国政党交往活跃。12月，中共中央对外联络部部长宋涛率中共友好代表团访问南非并出席第二届"金砖+"政党对话会，会见南非总统、非国大主席拉马福萨，并同非国大总书记艾斯·马哈舒勒举行会谈。6月，非国大总书记马哈舒勒率非国大考察团访华，中共中央政治局委员、中共中央组织部部长陈希和宋涛部长分别同其会见。

两国务实合作扎实推进。南非连续8年成为中国在非洲第一大贸易伙伴，也是中国对非直接投资最多的国家之一。中国已连续9年成为南非第一大贸易伙伴国。双方产业产能及经济特区与工业园区合作取得积极进展。7月，习近平主席访问南非期间，两国元首通过视频连线共同见证了北汽南非汽车制造有限公司首车下线仪式。10月，南非举办投资大会，上百家中国企业参会。11月，南非作为主宾国参加首届中国国际进口博览会，南贸工部部长罗布·戴维斯率团与会。

两国在人文等领域合作进一步深化。7月，习近平主席访南期间，双方签署关于签证便利化、高等教育学历学位互认的协议。12月2～4日，南非艺术和文化部部长纳西·姆特特瓦来华同国务院副总理孙春兰共同主持中南高级别人文交流机制第二次会议，双方还共同举办了“中国南非相知相亲——庆祝中南高级别人文交流机制第二次会议暨中南建交20周年文艺晚会”。

两国地方交往与合作更加深入。6月，浙江省委书记车俊率团出席中国（浙江）—南非（东开普省）商务论坛，其间会见南非经济发展部部长帕特尔等官员。河南、内蒙古等省区也积极开展同南非地方省市的合作。

国家主席习近平对南非进行第三次国事访问

7月23～27日，国家主席习近平对南非进行第三次国事访问，同拉马福萨总统举行会谈，对新时期中南关系发展作出战略引领和顶层设计。会谈后，两国元首见证了多项双边合作文件的签署并共同会见了记者。习近平主席还同拉马福萨总统一道参观了中南科技创新合作成果图片展，出席了北汽集团南非合资工厂首车下线视频连线仪式，出席了中南科学家高级别对话会开幕式并发表主旨演讲。习近平主席还出席了拉马福萨总统主持的“欢迎习近平主席访问南非暨庆祝中南建交20周年晚宴”并致辞。

习近平主席在会谈中表示，中南都是具有重要影响的发展中大国和新兴市场国家，建交20年来，双方致力于合作共赢、共同发展，始终风雨同舟、休戚与共，建立起真诚友好、相互信任、亲密无间的“同志加兄弟”关系。中方愿同南方一道，以两国建交20周年为契机，承前启后，继往开来，推动中南全面战略伙伴关系结出更多硕果。双方要加强高层往来，增进政治互信，继续在涉及彼此核心利益和重大关切问题上相互理解和支持。要加强在“一带一路”和中非合作论坛框架内合作，对接发展战略，深化新经济领域和朝阳产业交流合作，共享第四次工业革命带来的发展机遇。要拉紧人文交流纽带，在合作中坚持以人民为中心，早日落实双方就便利人员往来、加强文化和教育交流等达成的共识。要密切在多边框架内协作，共同维护多边主义，反对单边主义、保护主义，推动国际秩序朝着更加公正合理方向发展。

拉马福萨总统热烈欢迎习近平主席访问南非并出席金砖国家领导人约翰内斯堡会晤，完全赞同习近平主席对新时期发展两国关系的建议。拉马福萨总统表示，南中继续加强政治互信、扩大务实合作、加强科技和人文交流，深入推进全面战略伙伴关系，符合南方根本和长远利益。南非将继续坚定奉行一个中国政策，推动共建“一带一路”框架内合作取得积极进展，密切同中国在重大国际和地区问题中的沟通和协调，反对单边主义，加强多边主义，维护发展中国家共同利益。

南苏丹
(South Sudan)

2018年，中华人民共和国与南苏丹共和国友好关系持续发展。

中南双方保持友好政治交往。9月，南苏丹总统萨尔瓦·基尔·马亚尔迪特来华出席中非合作论坛北京峰会，国家主席习近平会见。6月，南苏丹总统特使、总统事务部长马伊克·阿伊·邓访华。11月，南苏丹中央银行行长迪尔·通·恩格尔访华。

两国务实合作稳步推进。1月，中南双方先后签署两国经济技术合作协定和中国向南苏丹提供优惠贷款框架协议（用于实施南苏丹空中交通管理系统工程项目）。9月，中南双方签署共建“一带一路”谅解备忘录。

中方坚定支持并积极推动南苏丹和平进程。2018年上半年，中国政府非洲事务特别代表许镜湖和中国驻南苏丹大使何向东分别出席了三次“重振南苏丹和平协议高级别论坛”会议。12月，何向东大使代表中方以国际见证方身份签署《解决南苏丹冲突重振协议》。

西班牙
(Spain)

2018年是中华人民共和国与西班牙王国建交45周年，两国全面战略伙伴关系持续深入发展，各领域交流与务实合作不断加强。

双方高层交往密切，政治互信不断加深。11月27～29日，国家主席习近平应邀对西班牙进行国事访问。10月，国务院总理李克强在出席第12届亚欧首脑会议期间会见西首相佩德罗·桑切斯·佩雷斯–卡斯特洪。5月，国务委员兼外交部长王毅访问西班牙，同费利佩六世国王、时任首相马里亚诺·拉霍伊·布雷会见，同时任外交与合作大臣阿方索·玛利亚·达斯蒂斯·克塞多会谈。9月，王毅国务委员兼外长出席第73届联合国大会期间会见西外交、欧盟与合作大臣何塞普·博雷利·丰特列斯。年内，国务院

国有资产监督管理委员会主任肖亚庆、文化和旅游部部长雒树刚等访西。

两国经贸关系发展顺利。10月，西班牙工业、贸易与旅游大臣玛利亚·雷耶斯·马罗托访华，中共中央政治局委员、中央外事工作委员会办公室主任杨洁篪，全国政协副主席、国家发展和改革委员会主任何立峰分别同其会见，商务部部长钟山同其共同主持中西经济工业合作混委会第28次会议。11月，西班牙贸易国务秘书西亚娜·马加里达·门德斯率团出席首届中国国际进口博览会。中欧班列（义乌—马德里）已成为亚欧大陆互联互通的重要桥梁和“一带一路”建设的早期成果。

两国在文化、教育、科技、地方等领域合作进一步深化。2018年，两国文化主管部门签署《中西政府2018至2021年文化、青年和体育合作执行计划》。2018年度全球“欢乐春节”活动启动仪式在马德里中国文化中心举行。西班牙语于2018年秋季正式纳入中国普通高中课程标准。上海外国语大学和西皇家学院设立联合研究中心，为西语教学搭建了国际化平台。中西先进材料联合研究中心项目在北京签约。北京市平谷区和西班牙瓦伦西亚自治区伊利亚市、江苏省泰州市和阿拉贡自治区萨拉戈萨市、广西壮族自治区南宁市和瓦伦西亚自治区瓦伦西亚市缔结友好城市关系。

国家主席习近平对西班牙进行国事访问

2018年11月27～29日，国家主席习近平对西班牙进行国事访问。习近平主席分别同西国王费利佩六世、首相佩德罗·桑切斯·佩雷斯–卡斯特洪会见、会谈，出席费利佩六世国王举行的家宴、欢迎仪式和欢迎宴会，出席桑切斯首相举行的午宴，在参议长皮奥·加西亚–埃斯库德罗和众议长安娜·帕斯托尔·胡利安陪同下向两院议员致辞，接受马德里城市金钥匙，同桑切斯首相共同会见中西企业顾问委员会双方代表。在会谈会见中，双方一致同意以中西建交45周年为新起点，保持高层交往，提升务实合作水平，推动中西全面战略伙伴关系在新时代取得新的更大发展，给两国人民带来更多福祉。访问前夕，习近平主席在西班牙主流媒体发表题为《阔步迈进新时代，携手共创新辉煌》的署名文章，在西班牙各界引起热烈反响。访问期间，中西双方发表《中华人民共和国和西班牙王国关于加强新时期全面战略伙伴关系的联合声明》，签署18项双边合作文件。

斯里兰卡
(Sri Lanka)

2018年，中华人民共和国与斯里兰卡民主社会主义共和国进一步巩固政治互信，稳步推进共建"一带一路"，两国真诚互助、世代友好的战略合作伙伴关系不断深化。

双方继续保持高层交往势头。2月，全国政协副主席王钦敏率团出席斯里兰卡独立70周年庆典，会见斯总统麦特里帕拉·西里塞纳、总理拉尼尔·维克拉马辛哈、议长卡鲁·贾亚苏里亚。全国政协副主席韩启德访问斯里兰卡，会见卡鲁议长。9月，全国政协副主席李斌访问斯里兰卡，会见西里塞纳总统，同卡鲁议长会谈。

经贸和大项目合作进展顺利。截至2018年年底，中国在斯累计签订承包工程合同额234.2亿美元，其中2018年新签合同额36.3亿美元。中斯大项目合作进展顺利，中方承建的科伦坡港口城和汉班托塔港项目有序推进，南部高速公路、南部铁路一期等项目进展顺利。中斯自贸谈判已进行了六轮。

人文交流精彩纷呈。双方共同举办了"欢乐春节"、第三届中国电影周、"一带一路"青年绘画展、中国书画展等丰富多彩的文化活动，海南、湖北、宁夏等多地文艺团体赴斯演出。10月，斯佛教代表团来华出席世界佛教论坛，两国宗教界交往不断加强。人员往来日益密切，截至2018年年底，中国赴斯公民26.6万人次，中国是斯第二大旅游客源国。

双方在人权、南海等涉及彼此核心利益的问题上继续相互支持。

苏　丹
(Sudan)

2018年，中华人民共和国与苏丹共和国战略伙伴关系稳步发展。

两国各层次友好交往密切。9月，苏丹总统奥马尔·哈桑·艾哈迈德·巴希尔来华出席中非合作论坛北京峰会，国家主席习近平、国务院总理李克强分别会见巴希尔总统。7月，苏丹外交国务部长乌萨马·费萨

尔·赛义德·阿里来华出席中阿合作论坛第八届部长级会议，国务委员兼外交部长王毅会见。

两国政党交流密切。5月，中共中央政治局委员、全国人大常委会副委员长王晨会见苏丹全国大会党领导局成员、苏丹政府联邦治理部长哈米德·穆罕默德·努尔·艾哈迈德率领的苏丹全国大会党干部考察团。11月，王晨副委员长会见来华出席第五届中苏执政党高层对话的苏丹全国大会党副主席、总统助理费萨尔·哈桑·易卜拉欣代表团一行。

两国经贸合作稳步发展。1月和8月，国家发展和改革委员会副主任宁吉喆同苏丹财政和经济规划部长穆罕默德·奥斯曼·苏莱曼·里卡比在北京两次主持召开中苏合作协调工作组会议，双方重点就石油区块长期合作、大项目合作、债务问题等进行商谈。两国农业领域合作取得积极进展，中苏农业合作开发区运营良好。9月，农业农村部副部长屈冬玉同苏丹农业和林业部国务部长埃尔克希尔·穆罕默德以及动物资源部国务部长艾哈迈德·巴希尔在北京主持中国—苏丹农业合作执行委员会第四次会议。

苏里南
(Suriname)

2018年，中华人民共和国与苏里南共和国友好合作关系不断取得新进展。

双方保持高层交往。9月，国务委员兼外交部长王毅访问苏里南，同苏总统德西·鲍特瑟、副总统迈克尔·阿斯温·阿德欣和外长伊尔迪兹·波拉克–拜赫勒会见会谈。1月，王毅外长（时任）在智利出席中拉论坛第二届部长级会议期间集体会见拜赫勒外长等加勒比国家外长及代表。3月，鲍特瑟总统就习近平主席连任致贺函。11月，苏贸易、工业和旅游部长曾锦荣来华出席首届中国国际进口博览会。两国在重大国际和地区问题上保持良好沟通与配合。

两国务实合作深入开展。5月，两国签署《中华人民共和国政府与苏里南共和国政府关于共同推进丝绸之路经济带和21世纪海上丝绸之路建设的谅解备忘录》。瓦尼卡医院主体建筑如期封顶，国家基础设施项目顺利进行。

两国人文交流日趋活跃。广东艺术团赴苏访演，中苏共同庆祝华人定居苏里南165周年。9月，王毅国务委员兼外长访苏期间，两国签署《中国外交学院与苏里南外交学院合作谅解备忘录》。苏里南大学孔子学院顺利运行。中方继续向苏方提供政府奖学金和人力资源培训名额。

9月14日，中国新任驻苏里南大使刘全向鲍特瑟总统递交国书。

瑞　典
(Sweden)

2018年，中华人民共和国与瑞典关系平稳发展。

两国高层保持交往和沟通。6月、10月，国家主席习近平和瑞典国王卡尔十六世·古斯塔夫就两国国庆相互致贺。9月，全国人大常委会委员长栗战书致电祝贺瑞典新任议长安德烈亚斯·诺尔连当选。11月，瑞典基础设施大臣托马斯·埃内罗特来华出席首届中国国际进口博览会和中国—北欧经贸合作论坛，商务部副部长王炳南同其会见。

两国务实合作不断深化。3月，中国吉利成为沃尔沃集团第一大股东。同月，中国金沙江资本与国能电动汽车瑞典有限公司签署新能源汽车领域的合作协议。2月，全国人大常委会副委员长陈竺荣获国际癌症研究大奖——瑞典舍贝里奖。10月，中瑞启动科技合作联合研究项目，签署科学家交流合作协议。11月底12月初，瑞典皇家工程院科技考察团访问香港、深圳两地。6月，中国东方航空公司开通了上海到斯德哥尔摩的航线。9月，中国江西省和瑞典达拉纳省开通了中瑞间首列中欧班列，双方人员货物往来更加便捷。

双方人文交流活跃。3月、4月，“云锦红楼梦长卷展”和“一带一路”北欧之春国际和平文化节分别在瑞开幕。5月，第一届斯德哥尔摩汉语文化节开幕。9月，全球首所友好城市孔子学院——武汉博伦厄友好城市孔子学院在瑞典博伦厄揭牌。

两国地方交往频繁。陕西省、四川省、上海市、云南省、江苏省等地方代表团访问瑞典。瑞典哥德兰省省长塞得加德、西哥特兰省省长丹尼尔森访华。截至2018年年底，两国已缔结友好省份和友好城市31对。

瑞　士
(Switzerland)

2018年，中华人民共和国与瑞士联邦创新战略伙伴关系继续保持稳中有进的良好发展势头。

两国高层交往密切。1月1日，国家主席习近平向瑞士联邦主席兼内政部长阿兰·贝尔塞致就职贺电。3月19日，瑞士联邦主席兼内政部长阿兰·贝尔塞向习近平主席、国务院总理李克强致贺函。4月12日，瑞士联邦议会国民院议长多米尼克·德布曼向栗战书同志当选全国人大常委会委员长致贺函，向汪洋同志当选全国政协主席致贺函。

1月23日，中共中央政治局委员、中央财经领导小组办公室主任刘鹤（时任）出席达沃斯世界经济论坛2018年年会期间会见瑞士联邦副主席兼财政部长于利·毛雷尔。4月2～4日，瑞士联邦委员兼外交部长卡西斯访华，中共中央政治局委员、中央外事工作委员会办公室主任杨洁篪会见，国务委员兼外交部长王毅同其举行中瑞首轮外长级战略对话。4月24～28日，瑞士联邦最高法院院长乌尔里希·迈尔访华，最高人民法院院长周强会见。7月18～20日，瑞军司令菲利普·雷博特中将访华，国务委员兼国防部长魏凤和上将会见。9月6～8日，瑞士联邦委员兼经济、教研部长约翰·施奈德–阿曼访华，国务院副总理胡春华会见。

两国各领域务实合作成果丰硕。瑞士是中国在欧洲的第六大贸易伙伴，中国是瑞士在亚洲最大贸易伙伴。6月，中国工商银行苏黎世分行开业。中瑞经贸联委会第25次会议、中瑞自由贸易协定升级联合研究第二次会议、第六轮中瑞金融对话、第四届中瑞高级别金融圆桌会成功举行。瑞士作为观察员参加了第七次中国—中东欧国家领导人会晤。

中瑞人文交流更加活跃。第二届“中国—瑞士文化旅游节”、“一带一路”图片展、“遇见中国”活动、中国美食文化节等大型文化活动成功举办。中瑞之间新开通成都、深圳—苏黎世航班。截至2018年年底，两国已建立19对友好省州（城市）关系。

叙利亚
(Syria)

2018年，阿拉伯叙利亚共和国局势持续复杂演变，政治解决势头上升。战场进入收官阶段，叙利亚政府不断收复失地，伊德利卜非军事区逐步落实，“伊斯兰国”等极端恐怖组织遭到沉重打击。索契叙利亚全国对话会召开，阿斯塔纳对话会持续运作，宪法委员会组建工作取得进展。美国宣布从叙利亚撤军，阿拉伯国家同叙利亚关系得到改善。中国旗帜鲜明地推动政治解决叙利亚问题，积极劝和促谈，努力帮助缓解叙利亚人道主义状况。

9月，国务委员兼外交部长王毅在纽约出席联合国大会期间会见叙利亚副总理兼外长瓦立德·穆阿利姆。4月，应中国人民外交学会邀请，叙利亚民族社会党主席、民族和解事务国务部长阿里·海德尔率叙利亚国内反对派代表团访华，外交部副部长王超会见。11月，叙利亚经济与对外贸易部长穆罕默德·哈利勒来华出席首届中国国际进口博览会。2018年，中国政府叙利亚问题特使解晓岩出席索契叙利亚全国对话会和在布鲁塞尔举行的“支持叙利亚和本地区未来”国际会议，并访问叙利亚等有关国家。

2018年，中国政府继续通过多种渠道，多批次地向叙利亚人民包括叙利亚境外难民提供了人道主义援助。7月，国家主席习近平在中阿合作论坛第八届部长级会议开幕式上宣布，中国将再向叙利亚、也门、约旦、黎巴嫩人民提供6亿元人民币援助，用于当地人道主义和重建事业。

塔吉克斯坦
(Tajikistan)

2018年是中华人民共和国与塔吉克斯坦共和国全面战略伙伴关系的开局之年，双边关系持续高水平运行，各领域合作成果丰硕。

两国高层交往密切。3月，中共中央总书记习近平再次当选中国国家主席，塔吉克斯坦总统埃莫马利·拉赫蒙发来贺信。李克强再次就任国务院总理，塔总理科希尔·拉苏尔佐达发来贺信。栗战书当选全国人大常委会委员长，塔最高会议民族院主席马赫马德萨义德·乌拜杜洛耶夫、最高会

议代表会议主席舒库尔忠·祖胡罗夫分别发来贺信。时任外交部长王毅就任国务委员兼外交部长，塔外交部长西罗吉金·阿斯洛夫发来贺信。6月，国家主席习近平同来华出席上海合作组织成员国元首理事会第18次会议的拉赫蒙总统举行双边会见，两国元首就共建“一带一路”合作、密切人文交流、深化打击“三股势力”等问题交换意见，达成重要共识。10月，国务院总理李克强出席上海合作组织成员国政府首脑（总理）理事会第17次会议并正式访问塔吉克斯坦。此访是李克强总理首次访问塔吉克斯坦。访问期间，李克强总理会见拉赫蒙总统，同拉苏尔佐达总理举行会谈。两国总理见证签署了涵盖政治、经贸、援助、海关、地方等领域的7份合作文件。9月，中共中央政治局委员、中央军委副主席许其亮上将访问塔吉克斯坦，会见拉赫蒙总统，同国防部长舍拉利·米尔佐会谈。5月，全国人大常委会副委员长艾力更·依明巴海访问塔吉克斯坦，同塔最高会议代表会议主席祖胡罗夫举行会谈，分别会见拉苏尔佐达总理和塔议会各党派议员代表。4月，国务委员兼外交部长王毅同来华出席上海合作组织成员国外长理事会会议的阿斯洛夫外长举行会见。5月，国务委员、公安部部长赵克志会见来华出席上海合作组织成员国安全会议秘书第13次会议的塔安全会议秘书阿卜杜拉希姆·卡霍洛夫。

两国务实合作顺利推进。中国是塔吉克斯坦第三大贸易伙伴和最大投资来源国。9月，中国—塔吉克斯坦政府间经贸合作委员会第十次会议在杜尚别举行。11月，塔经济发展和贸易部长涅马图洛·希克马图洛佐达来华出席首届中国国际进口博览会。12月，塔副总理阿齐姆·伊布罗希姆来华出席第六届中国—中亚合作论坛，中共中央政治局委员、全国人大常委会副委员长王晨同其举行会见。中央直辖区500千伏输变电线、中泰丹加拉纺织项目二期、塔中矿业冶炼厂、库里亚布市和库尔干秋别市道路改造二期等项目顺利竣工或投产。

两国人文交流日益密切。2月，中国歌剧舞剧院民族乐团在塔成功举办“欢乐春节”暨中国春节民族音乐会。3月，中国—塔吉克斯坦科技合作委员会第一次会议在杜尚别举行。太原市和胡占德市签署友城协议书，海南省、青岛市分别同杜尚别市签署结好意向书。

坦桑尼亚
(Tanzania)

2018年，中华人民共和国与坦桑尼亚联合共和国互利共赢的全面合作伙伴关系平稳发展。

两国政治交往势头良好。9月，国家主席习近平、国务院总理李克强就坦发生沉船事故分别向坦总统约翰·蓬贝·约瑟夫·马古富力、总理卡西姆·马贾利瓦致慰问电。3月，坦总统马古富力致函祝贺国家主席习近平再次当选。4月，坦总理马贾利瓦致函祝贺国务院总理李克强再次就任。11月，中国全国人大常委会副委员长蔡达峰访坦，同坦国民议会议长乔布·尤斯蒂诺·恩杜加伊举行会谈，并会见马贾利瓦总理、桑给巴尔总统阿里·穆罕默德·谢因、桑给巴尔人民代表会议议长祖贝尔·阿里·毛利德。9月，马贾利瓦总理来华出席中非合作论坛北京峰会，习近平主席同其会见。桑给巴尔第二副总统塞义夫·阿里·伊迪率团作为特邀伙伴来华出席中国—东盟博览会。

两国经贸合作稳中有进。中坦签署《中华人民共和国政府与坦桑尼亚联合共和国政府共同推进丝绸之路经济带和21世纪海上丝绸之路建设的谅解备忘录》《中华人民共和国农业农村部与坦桑尼亚桑给巴尔革命政府农业、自然资源、畜牧和渔业部关于渔业合作的谅解备忘录》。坦方积极参与首届中国国际进口博览会，达累斯萨拉姆大学图书馆、外交部办公楼等中方援建项目竣工，钢铁、水泥、陶瓷、皮革等产能合作项目有序运营。坦政府在华举办“中坦‘一带一路’矿业投资论坛”。

两国政党、人文交流合作密切。7月，中共中央对外联络部部长宋涛访坦，并出席中国共产党与世界政党高层对话会非洲专题会。5月，坦桑尼亚—中国友好协会会长、坦前总理萨利姆·艾哈迈德·萨利姆访华并出席第三届中非地方政府合作论坛。7月，坦前总统基奎特率非洲绿色革命联盟代表团访华。10月，坦革命党总书记巴希鲁·阿里·卡库瓦率革命党全国执委研修班访华。两国共同举办“坦赞铁路行”活动，拍摄坦赞铁路主题纪录片《重走坦赞铁路》。

泰　国
(Thailand)

2018年，中华人民共和国与泰王国全面战略合作伙伴关系持续发展。

两国高层交往频繁。1月，国务院总理李克强在柬埔寨金边会见共同出席澜湄合作第二次领导人会议的泰国总理巴育·詹欧差。12月，李克强总理在新加坡出席东亚合作领导人系列会议期间同巴育总理简短会见。11月，全国人大常委会副委员长张春贤访问泰国。8月，国务委员王勇赴泰国主持召开中泰经贸联委会第六次会议。3月，国务委员兼外交部长王毅在大湄公河次区域经济合作第六次领导人会议期间同巴育总理举行会见。8月和12月，王毅国务委员兼外长在东亚合作系列外长会和澜湄合作第四次外长会期间两次会见泰国外长敦·帕马威奈。9月，全国政协副主席李斌访问泰国。4月，泰国公主诗琳通对中国进行正式访问。5月，诗琳通公主来华出席北京大学120周年校庆活动。7月，诗琳通公主赴上海出席第12届国际康复工程与辅助技术大会。同月，诗琳通公主率泰国五世王尉官学院学员赴云南参观考察。12月，泰国立法议会主席蓬佩·威奇春猜对中国进行正式访问。11月，泰国副总理颂奇·乍都西披塔来华出席首届中国国际进口博览会。

两国各领域合作蓬勃发展。中国已连续5年成为泰国第一大贸易伙伴，也是泰第二大出口市场和第三大外资来源国。泰国是中国在东盟国家中第三大贸易伙伴。两国铁路合作持续推进。中国是泰国第一大旅游客源国，2018年赴泰游客数量突破1000万。两国教育合作成效显著，泰国已开设16所孔子学院和20所孔子课堂。两国在金融、文化、防务、执法安全等领域也保持了密切交流与合作。

东帝汶
(Timor-Leste)

2018年，中华人民共和国与东帝汶民主共和国双边关系稳定发展。

6月，国务院总理李克强致电祝贺东帝汶新任总理塔乌尔·马坦·鲁瓦克就职，国务委员兼外交部长王毅致电祝贺东新任外长迪欧尼西奥·巴博·苏亚雷斯就职。3月，东帝汶总统弗朗西斯科·古特雷斯·卢奥洛、时任总理马里·宾·阿穆德·阿尔卡蒂里、国民议会议长阿尼赛托·隆吉尼奥斯·古特雷斯·洛佩斯、时任外交与合作部部长奥雷利奥·古特雷斯分别致信祝贺国家主席习近平、李克强总理、全国人大常委会委员长栗战书、全国政协主席汪洋和王毅国务委员兼外长就职。10月，东国防部长菲洛梅诺·达·派尚·德·热苏斯来华出席第八届香山论坛。12月，东总理夫人伊莎贝尔·达·科斯塔·费雷拉参访浙江和湖南，出席中国援东短期职业技术培训班结业典礼。

两国经贸合作有序推进。8月，中国企业承建的蒂坝港项目正式开工。11月，中国企业承建的苏艾高速公路一期工程竣工通车。东国家电网运行维护工程、国家一号公路项目、农业高新技术开发区等合作项目稳步开展。东派团参加首届中国国际进口博览会。两国防务、警务、农业、卫生等合作进展顺利。

11月15日，中国新任驻东帝汶大使肖建国向卢奥洛总统递交国书。

多　哥
(Togo)

2018年，中华人民共和国与多哥共和国友好合作关系稳步发展。

双方政治互信继续加强。3月，多哥总统、执政党保卫共和联盟主席福雷·埃索齐姆纳·纳辛贝致函祝贺习近平再次当选国家主席。同月，多哥总理科米·塞洛姆·克拉苏致函祝贺李克强再次就任国务院总理，多哥议长达马·德拉马尼致函祝贺栗战书当选全国人大常委会委员长，多哥外交、合作与非洲一体化部长罗贝尔·迪塞致函祝贺王毅就任国务委员兼外交部长。

9月，福雷总统来华出席中非合作论坛北京峰会，习近平主席和中共中央政治局常委、书记处书记王沪宁分别同其举行双边会见，就两国关系和共同关心的国际和地区问题交换意见。双方签署了《中华人民共和国政府与多哥共和国政府关于共同推进丝绸之路经济带和21世纪海上丝绸之路建设的谅解备忘录》等4项合作协议。中非合作论坛北京峰会后，福雷总统访问了浙江和广东。4月，多哥执政党保卫共和联盟主席特使、总统办公厅主任、政府基础发展和青年部长维克图瓦·西德梅霍·托梅加–多贝应中共中央对外联络部邀请率多哥执政党代表团访华。

两国经贸及各领域务实合作取得积极进展。6月，中方援建的多哥议会大厦项目顺利完工并举行启用仪式。中方援建的政府办公楼项目即将完工，广电设施改造和体育场大修项目施工推进顺利。使用中国政府优惠贷款实施的洛美绕城公路二期项目稳步实施。多哥民众学习汉语热情高涨，孔子学院注册学生超过500人，创历史新高。

汤　加
(Tonga)

2018年是中华人民共和国与汤加王国建交20周年，中汤关系取得重要发展。两国关系提升为相互尊重、共同发展的全面战略伙伴关系。

两国高层及各级别交往频繁。11月，国家主席习近平在巴布亚新几内亚同建交太平洋岛国领导人举行集体会晤，其间同汤加首相阿基利西·波希瓦举行双边会见。11月2日，习近平主席同汤加国王图普六世互致贺电，热烈庆祝两国建交20周年。12月，中共中央对外联络部副部长郭业洲访问汤加。2月，图普六世国王对中国进行国事访问，习近平主席、国务院总理李克强分别同其会谈、会见，双方还发表了《中华人民共和国和汤加王国联合新闻公报》。11月，汤加副首相塞密西·西卡来华出席首届中国国际进口博览会。汤加警察大臣马泰尼·塔普埃卢埃卢、教育大臣佩尼西马尼·费费塔等多位内阁大臣和军队参谋长洛德·费埃拉凯帕来华参访。

两国各领域交流与合作取得丰富成果。两国政府签署共建“一带一路”合作协议。中方援助实施的汤加中学体育场馆、风力发电项目进展顺利。8月，中国海军“和平方舟”号医院船访问汤加并在当地开展人道主义医疗服务。中国同汤加共同举办一系列建交20周年庆祝活动。中方为汤加遭受“吉塔”飓风灾害提供现汇和物资援助。

特立尼达和多巴哥
(Trinidad and Tobago)

2018年，中华人民共和国与特立尼达和多巴哥共和国友好合作关系持续稳定发展。

两国政治互信不断加强。3月，国家主席习近平致电祝贺特多新任总统葆拉–梅·威克斯就任。5月，特多总理基思·罗利对中国进行正式访问，习近平主席、国务院总理李克强分别会见、会谈。1月，外交部长王毅（时任）在智利出席中拉论坛第二届部长级会议期间集体会见特多外长丹尼斯·摩西等加勒比国家外长及代表。3月，特多联合民族大会党领袖卡姆拉·佩萨德–比塞萨尔就习近平主席、李克强总理连任及王岐山副主席就任致贺电。11月，特多贸易和工业部长葆拉·戈皮–斯库恩来华出席首届中国国际进口博览会。中特多在国际事务中保持密切沟通与配合。

务实合作成果丰硕。5月，罗利总理访华期间，两国签署《中华人民共和国政府与特立尼达和多巴哥共和国政府关于共同推进丝绸之路经济带和21世纪海上丝绸之路建设的谅解备忘录》《中华人民共和国政府与特立尼达和多巴哥共和国政府经济技术合作协定》《中华人民共和国国家卫生健康委员会与特立尼达和多巴哥共和国卫生部关于加强医药卫生领域合作的谅解备忘录》《中华人民共和国国家国际发展合作署与特立尼达和多巴哥共和国公共管理部关于人力资源开发合作谅解备忘录》等4项合作文件。特多工业园、法医鉴定中心等项目的前期立项工作正在有序进行。

民意基础不断夯实。4～5月，特多多名艺术家来华参加“拉美艺术季”展览活动。9月，中国歌剧舞剧院民乐小组赴特多举办“华艺新颜”当代中国文化拉美展示活动和国庆庆祝活动。9月，中方派出短期医疗专家组赴特多开展义诊活动。中方继续向特多方提供政府奖学金和人力资源培训名额。

突尼斯
(Tunisia)

2018年，中华人民共和国与突尼斯共和国各领域友好关系继续向前发展。

两国各层级互访频繁。6月，中共中央政治局委员、重庆市委书记陈敏尔访问突尼斯，分别会见突尼斯总统贝吉·卡伊德·埃塞卜西、总理尤素福·沙海德和外交部长赫米斯勒·朱海纳维。2月，商务部副部长钱克明访问突尼斯，并同突尼斯外交部国务秘书萨布里·巴赫·陶布吉共同主持中突经贸联委会第九次会议。12月，外交部中阿合作论坛事务大使李成文访问突尼斯。9月，突尼斯总理沙海德来华出席中非合作论坛北京峰会，国家主席习近平、国务院副总理韩正分别同其会见。7月，突尼斯外交部长朱海

纳维来华出席中阿合作论坛第八届部长级会议，国务委员兼外交部长王毅同其会见，双方签署《中华人民共和国政府与突尼斯共和国政府关于共同推进丝绸之路经济带和21世纪海上丝绸之路建设的谅解备忘录》。

两国在经贸、军事、文化等各领域交流与合作取得积极成果。双边贸易额保持稳定。4月，中国北斗卫星导航系统首个海外中心——中阿北斗/GNSS中心（AICTO）在突尼斯落成。同月，中国科学院遥感与数字地球研究所专家联合突尼斯等国科学家，利用空间考古技术在突尼斯发现10处古罗马遗址。10月，中国海军第30批护航编队芜湖舰应邀参加突尼斯海军成立60周年阅舰式。11月，突尼斯首所孔子学院——迦太基大学孔子学院正式开班。

5月，中国新任驻突尼斯大使汪文斌向突尼斯总统埃塞卜西递交国书。

土耳其
(Turkey)

2018年，中华人民共和国与土耳其共和国关系保持良好发展势头。

两国政治交往频繁。4月，国家主席习近平应约同土耳其总统雷杰普·塔伊普·埃尔多安通话。7月、11月，习近平主席在出席金砖国家领导人第十次会晤、二十国集团领导人第13次峰会期间同埃尔多安总统两次举行双边会晤，就双边关系及国际地区问题深入交换意见，达成重要共识，为下阶段双边关系发展作出战略规划和顶层设计。10月，全国人大常委会副委员长白玛赤林赴土出席第三届欧亚国家议长会议。9月，最高人民检察院检察长张军访土。7月，文化和旅游部部长雒树刚作为习近平主席特使赴土出席埃尔多安总统就职典礼。8月，司法部部长傅政华访土。9月，中国政府代表、外交部副部长乐玉成访土。6月，土外长迈乌吕特·查武什奥卢访华，国家副主席王岐山、国务委员兼外交部长王毅分别同其会见、会谈。11月，土司法部部长阿布杜哈米特·居尔访华，最高人民法院院长周强、最高人民检察院检察长张军、司法部部长傅政华分别同其会见、会谈。12月，土大国民议会议长比纳利·耶尔德勒姆访华，国务院总理李克强、全国人大常委会委员长栗战书分别同其会见、会谈。

两国经贸合作持续推进。5月，中国银行土耳其子行正式对外营业。7月，土能源与自然资源部、中国驻土耳其大使馆、中国工商银行共同举办“一带一路”投资及金融合作论坛。其间，中国工商银行土耳其子行与土耳其有关方面签署了提供38亿美元融资的合作谅解备忘录。8月，阿里巴巴集团收购土电子商务公司Trendyol部分股份。10月，中国工业经济联合会与土耳其工商业者联合会(TUSIAD)在伊斯坦布尔共同举办“一带一路”工商协会联盟（BRICA）峰会。11月，56家土耳其企业参展首届中国国际进口博览会。其间，苏宁集团与土方签署了购买5亿欧元商品的谅解备忘录，光大集团、百联集团等同土方签署了推广、营销、销售土食品的协议。

两国人文交流成果丰硕。2018年，土耳其成功在华举办旅游年活动。4月、11月，土时任文化与旅游部部长努曼·库尔图尔穆什、现任文化与旅游部部长迈赫迈特·努利·埃尔索伊先后访华，并出席旅游年开幕式和闭幕式活动。7月，双方完成互设文化中心协定的国内审批工作，协定正式生效。12月，中国南方航空股份有限公司恢复赴土直飞航线。年内，两国政党、高校、媒体、青年、智库等交流密切，频繁互访。2月，中国美食、艺术团组在土多地举办“欢乐春节”活动。

两国其他领域交往进一步密切。国务院、全国政协、中共中央对外联络部及江苏省、安徽省、新疆维吾尔自治区、上海市等部门和地方团组访土。土正义与发展党副主席、伊斯坦布尔市市长等率团访华。此外，两国在二十国集团、联合国等多边机制内保持良好协作。

土库曼斯坦
(Turkmenistan)

2018年，中华人民共和国与土库曼斯坦战略伙伴关系稳定发展。

两国高层交往密切。3月，中共中央总书记习近平再次当选中国国家主席，土库曼斯坦总统库尔班古力·别尔德穆哈梅多夫发来贺信。李克强再次就任国务院总理，别尔德穆哈梅多夫总统发来贺信。栗战书当选全国人大常委会委员长，别尔德穆哈梅多夫总统、土国民会议时任主席阿克贾·努尔别尔德耶娃分别发来贺信。时任外交部长王毅就任国务委员兼外交部长，土副总理兼外交部长拉希德·梅列多夫发来贺信。同月，土成功举行国民会议选举，全国人大常委会委员长栗战书向土国民会议新当选主席古丽莎特·马梅多娃致贺电。2月，中央文献研究室主任冷溶率团访问土库曼斯坦，向土方各界人士宣介中国共产党第十九次全国代表大会精神。11月，土民主党、工业企业家党和农业党组织联合考察团访华。

经贸合作发展顺利。中国是土库曼斯坦第一大贸易伙伴和最大的天然

气出口市场。5月，中土合作委员会经贸合作分委会第五次会议在北京成功举行。9月，土方企业代表团赴新疆出席第六届中国—亚欧博览会。11月，土方企业代表团来沪参加首届中国国际进口博览会，为拓展双方各领域合作搭建平台。

人文领域合作日益扩大。4月，中国马业协会派团赴土出席世界阿哈尔捷金马协会代表大会暨土库曼斯坦赛马节。6月，“土库曼斯坦文化日”活动在北京举行，文化和旅游部党组成员于群同土文化部副部长努尔萨赫特·希利莫夫共同出席开幕式并致辞。8月，“土库曼斯坦—中国”丝绸之路旅游合作论坛在乌鲁木齐举行。11月，中土人文合作分委会第六次会议在阿什哈巴德举行。同月，第二届中土科学创新论坛在武汉举行。

乌干达
(Uganda)

2018年，中华人民共和国与乌干达共和国友好合作关系保持良好发展势头。

两国高层交往密切。7月，国家主席习近平在金砖国家领导人第十次会晤期间会见乌总统约韦里·卡古塔·穆塞韦尼。3月，乌总统穆塞韦尼、乌总理鲁哈卡纳·鲁贡达、乌副总统爱德华·基瓦努卡·塞坎迪分别就国家主席习近平再次当选、国务院总理李克强再次就任，王岐山当选国家副主席致函祝贺。6月13～16日，全国政协主席汪洋访乌，同穆塞韦尼总统、塞坎迪副总统、议长丽贝卡·阿利图瓦拉·卡达加、鲁贡达总理分别会见会谈。9月，穆塞韦尼总统来华出席中非合作论坛北京峰会，习近平主席、全国政协主席汪洋分别同其会见。两国元首见证签署了《中华人民共和国政府和乌干达共和国政府关于共同推进丝绸之路经济带和21世纪海上丝绸之路建设的谅解备忘录》。11月，塞坎迪副总统来华出席“2018中国国际友好城市大会”。乌贸易、工业和商业部长阿梅莉亚·基扬巴德，农业、牧业和渔业部长文森特·巴穆兰加基·塞姆皮贾，总统事务部长埃斯特·姆巴约·姆布拉库布扎等先后访华。

两国经贸务实合作成果丰硕。8月，第二届中乌经贸投资合作论坛在乌召开，穆塞韦尼总统出席。乌首条高速公路恩德培—坎帕拉高速公路竣工通车，苏库卢碳酸岩开发项目建成投产，工业技能培训和生产中心开工建设，阿尔伯特湖区石油开发、卡鲁玛水电站、伊辛巴水电站稳步推进。双方就开展中乌南南合作项目第三期签署谅解备忘录。

两国人文交流和地方交往保持热度。6月，第二届乌干达端午龙舟赛成功举办。两国共同举办“我的中国故事”征文比赛，“奋进新时代”中乌关系月刊创办。乌本土汉语教师培训项目第一期成功举办。湖南省、广东省等多个省部级团组访乌。武汉市与恩德培市正式结为友好城市。

乌克兰
(Ukraine)

2018年，中华人民共和国与乌克兰战略伙伴关系稳定健康发展。

两国高层交往保持平稳势头。6月，乌总检察长尤里·卢岑科成功访华，中共中央政治局委员、中央纪委副书记、国家监察委员会主任杨晓渡，最高人民检察院检察长张军，最高人民法院院长周强与其会见。11月，乌第一副总理兼经贸部部长、中乌政府间合作委员会乌方主席斯捷潘·库比夫率团来华参加首届中国国际进口博览会，国务院副总理刘鹤同其举行双边会见。

中乌务实合作成果显著。乌是中国在欧亚地区中仅次于俄罗斯、哈萨克斯坦的第三大贸易伙伴，中国是乌仅次于俄罗斯的第二大贸易伙伴和第二大进口来源国。7月，中国国际贸易促进委员会会长姜增伟访乌并会见乌工商会主席根纳季·奇日科夫，双方签署《关于共同推动丝绸之路商务理事会建设的谅解备忘录》。此外，两国签署乌南方港航道疏浚、华为承建乌克兰电信网络工程等大型项目。中国人民银行同乌央行再次续签本币互换协议。

双方人文交流十分活跃。7月，中国国家画院在乌举办“写意中国——中国国家画院美术作品欧洲巡展（乌克兰展）”。9月，乌在华举行“文化日”活动，乌文化部长叶甫盖尼·尼修克率团参加文化日框架下活动。乌克兰国立功勋韦廖夫卡合唱团分别在北京和敦煌举办文艺演出，《流金溢彩——乌克兰博物馆文物及实用与装饰艺术大展》在故宫博物院举办。同月，乌议会文化和信仰事务委员会副主席维克多·叶连斯基作为主宾赴甘肃出席第三届丝绸之路（敦煌）国际文化博览会。

阿拉伯联合酋长国
(United Arab Emirates)

2018年是中华人民共和国与阿拉伯联合酋长国关系史上具有里程碑意义的一年。两国宣布建立全面战略伙伴关系，各领域合作保持全面、快速、深入发展势头，取得丰硕成果。

两国各层级、各领域交往密切。7月，国家主席习近平对阿联酋进行国事访问，集体会见阿联酋副总统兼总理、迪拜酋长穆罕默德·本·拉希德·阿勒马克图姆和阿布扎比酋长国王储穆罕默德·本·扎耶德·阿勒纳哈扬。10月，国家副主席王岐山访问阿联酋，分别会见阿联酋副总统兼总理、迪拜酋长穆罕默德·本·拉希德·阿勒马克图姆和阿布扎比酋长国王储穆罕默德·本·扎耶德·阿勒纳哈扬。4月，习近平主席特别代表、中共中央政治局委员、中央外事工作委员会办公室主任杨洁篪访问阿联酋，分别会见阿布扎比酋长国王储穆罕默德·本·扎耶德·阿勒纳哈扬和外交与国际合作部长阿卜杜拉·本·扎耶德·阿勒纳哈扬。7月，阿联酋外交与国际合作部长阿卜杜拉·本·扎耶德·阿勒纳哈扬来华出席中阿合作论坛第八届部长级会议并访华。11月，阿联酋联邦国民议会议长艾迈勒·古贝茜访华。

两国经贸、能源、产能、基础设施建设等领域合作稳步推进。阿联酋继续保持中国在西亚北非地区第二大贸易伙伴和最大出口市场地位。2月，中国石油天然气集团有限公司获得阿布扎比海上石油区块下属两个油田各10%的特许经营权。4月，上海证券交易所同阿布扎比国际金融中心签署合作谅解备忘录。同月，上海电气集团股份有限公司和沙特阿拉伯ACWA电力公司组成的联合体同迪拜水电局签署迪拜光热发电四期700兆瓦电站项目总承包合同。5月，中阿产能合作示范园正式开工建设。12月，哈利法港二期集装箱码头正式开港。

两国人文领域交流日益深入。1月，中阿全面互免签证安排正式生效。7月，双方签署两国互设文化中心谅解备忘录。同月，迪拜政府推出为期一年的“拥抱中国”计划。11月，第六批阿“青年大使”项目代表团访华。

英　国
(United Kingdom)

2018年，中英关系在“黄金时代”引领下总体延续发展，各领域交流合作稳步推进。但英军舰擅闯中国西沙群岛领海，干扰双边关系大局。

两国高层保持交往。1月，国家主席习近平在北京会见访华的英国前首相戴维·卡梅伦。4月，习近平主席应约同英国首相特蕾莎·梅通电话。5月，习近平主席在北京会见英国约克公爵安德鲁王子。10月，习近平主席在北京会见英国48家集团俱乐部主席斯蒂芬·佩里。同月，国务院总理李克强在出席第12届亚欧首脑会议期间与梅首相举行双边会晤。6月，国务院副总理孙春兰在北京会见访华的英国威塞克斯伯爵爱德华王子。同月，国务院副总理胡春华会见访华的英国财政大臣菲利普·哈蒙德。5月，中共中央政治局委员、北京市委书记蔡奇访问英国。1月，梅首相正式访华并举行新一轮中英总理年度会晤，习近平主席、李克强总理、全国人大常委会委员长张德江分别会见、会谈。3月，梅首相致信祝贺习近平主席再次当选中国国家主席。4月，第十届中英政党对话在北京举行。7月，英国外交大臣杰里米·亨特访华并同国务委员兼外交部长王毅共同主持第九次中英战略对话，李克强总理，中共中央政治局委员、中央外事工作委员会办公室主任杨洁篪分别会见。11月，英国约克公爵安德鲁王子、国际贸易大臣利亚姆·福克斯率团出席首届中国国际进口博览会。中英议会定期交流机制第九次会议在北京举行。此外，英国首席内阁大臣戴维·利丁顿、议会下院外委会主席汤姆·图根哈特等先后访华。

两国务实合作亮点纷呈。英国为中国在欧盟内第三大贸易伙伴、第二大投资目的国、第二大实际投资来源地，中国是英国第三大贸易伙伴和重要的投资来源国。8月，中英经贸联委会第13次会议在北京举行。11月，英国作为主宾国参加首届中国国际进口博览会。欣克利角核电站等合作项目稳步推进。“华龙一号”通用设计审查进入第三阶段。英国财政部“一带一路”金融与专业服务合作特使范智廉出任“一带一路”国际合作高峰论坛咨询委员会委员，并来华出席委员会第一次会议。英议会成立跨党派“一带一路”和中巴经济走廊小组。渣打银行成为首家在中国获得证券投资基金托管资格的外资银行。

双方人文交流成果丰硕。4月，《习近平谈治国理政》第二卷多语种图书

全球首发式在伦敦隆重举行。12月，英国48家集团俱乐部主席佩里来华出席庆祝改革开放40周年大会，获颁“中国改革友谊奖章”。英国继续成为接收中国留学生、建立孔子学院最多的欧洲国家，约17万中国留学生在英就读，约1万名英国留学生来华求学。汉语首次成为英国高考第三大外语科目。《秦始皇和兵马俑》展览在英国利物浦国家博物馆举行。地方交往保持活跃，第四届中英地方领导人会议在华举办。两国友好城市（省、郡、区）增至68对。双方年内新开通8条直航航线，客运航班增至每周150班次，全年人员往来超150万人次。

双方在国际事务中保持沟通与协调。中英在倡导自由贸易和多边主义、完善全球治理体系、应对气候变化等重大全球性问题上共识增多。双方在联合国、二十国集团、亚洲基础设施投资银行等多边框架内就重大国际和地区问题合作良好，在打击野生动植物非法贸易等领域合作富有成效。两国外长在国际场合多次会晤。双方外交部举行国际法、海洋法和极地事务磋商。

8月31日，英国“海神之子”号船坞登陆舰擅自进入中国西沙群岛领海，给两国关系带来严重负面影响。中方向英方提出严正交涉。

美　国
(United States of America)

2018年，中华人民共和国与美利坚合众国保持高层及各级别交往。

1月16日，国家主席习近平应约同美国总统特朗普通电话。

3月9日，国家主席习近平应约同美国总统特朗普通电话。

3月16日，美国总统特朗普祝贺习近平当选中华人民共和国主席。

5月8日，国家主席习近平应约同美国总统特朗普通电话。

11月1日，国家主席习近平应约同美国总统特朗普通电话。

12月1日，国家主席习近平应邀同美国总统特朗普在阿根廷布宜诺斯艾利斯共进晚餐并举行会晤。两国元首在坦诚、友好的气氛中，就中美关系和共同关心的国际问题深入交换意见，达成重要共识。双方同意，在互惠互利基础上拓展合作，在相互尊重基础上管控分歧，共同推进以协调、合作、稳定为基调的中美关系。

12月1日，国家主席习近平就美国前总统乔治·布什逝世向美国总统特朗普致唁电。

12月29日，国家主席习近平应约同美国总统特朗普通电话。

中共中央政治局委员、中央外事工作委员会办公室主任杨洁篪（时任国务委员）2月访美，并同美国国务卿蓬佩奥多次通话、通信。中共中央政治局委员、国务院副总理、中央财经领导小组办公室主任、中美全面经济对话中方牵头人刘鹤2月底3月初访美，5月赴美举行中美经贸问题磋商。中共中央政治局委员、全国人大常委会副委员长王晨6月访美。国务委员兼外交部长王毅5月途经华盛顿同美国国务卿蓬佩奥举行会晤、9月出席第73届联大一般性辩论期间举行涉美双边活动，并同美国国务卿蓬佩奥通话、通信。美国国务卿蓬佩奥6月、10月两次访华，国防部长马蒂斯、财政部长姆努钦、商务部长罗斯、交通部长赵小兰等高官相继访华。11月，中共中央政治局委员、中央外事工作委员会办公室主任杨洁篪在华盛顿同美国国务卿蓬佩奥、国防部长马蒂斯共同主持第二轮中美外交安全对话，国务委员兼国防部长魏凤和上将参加。双方就中美双边关系以及共同关心的重大国际与地区问题进行了沟通。

两国在经贸、两军、执法、禁毒、人文、地方等领域的务实合作不断取得新进展。

中美双边贸易稳步增长。2018年双边货物贸易额达6335.2亿美元，同比增长8.5%。中国顺差3233.2亿美元，同比增长17.2%。据中方统计，美国是中国第一大贸易伙伴国，第一大出口市场和第六大进口来源地。中美双边投资平稳发展。2018年，中国企业在美国非金融类直接投资50.6亿美元。根据中国商务部统计，截至2018年12月底，美国对华投资项目累计达70181个，实际投入金额约852亿美元。

两军关系保持总体稳定发展。6月，美国国防部长马蒂斯访华，国家主席习近平会见，中共中央政治局委员、中央军委副主席许其亮上将，中共中央政治局委员、中央外事工作委员会办公室主任杨洁篪，国务委员兼国防部长魏凤和上将分别与其会见会谈。10月，两国防长在出席东盟防长扩大会期间举行会见。11月，国务委员兼国防部长魏凤和上将应邀访美并参加第二轮中美外交安全对话。12月，中国人民解放军海军司令员沈金龙中将应约与美国海军作战部长理查德森进行视频通话。中美国防部工作会晤、海上军事安全磋商等两军重要机制性对话按计划举行。6月，两军在南京成功举行人道主义救援减灾桌面推演。11月，两军在南京举行人道主义救援减灾联合实兵演练。

两国人文交流活跃。截至2018年年底，中美两国建立了50对友好省州和227对友好城市。据中方统计，2018年全年，中美两国人员往来515.15万人次，其中美国来华233.37万人次，中国赴美281.78万人次。截至2018年

年底，中国在美国各类留学人员42.55万人，中国是美国第一大国际学生来源国。

中美就朝鲜半岛、伊朗核、中东、阿富汗等重大国际地区问题以及防扩散、发展等全球性挑战保持密切沟通协调。

另一方面，美国在经贸、台湾、涉藏、涉疆、海上、两军、网络安全、人权宗教等问题上不断采取损害中国利益的错误言行。

7月6日，美方实施对340亿美元中国输美产品加征25%关税。同日，中方对美方采取同等规模的反制措施。8月23日，美方实施对160亿美元中国输美产品加征25%关税。同日，中方对美方采取同等规模的反制措施。9月24日，美方实施对约2000亿美元中国输美产品加征10%关税。同日，中方对自美进口的约600亿美元产品按照5%、10%税率加征关税。

10月，美国副总统彭斯在哈德逊研究所发表讲话，诬蔑中方干涉美国内政和选举，对中国内外政策进行无端指责。

3月，美方签署“与台湾交往法”。8月，美方执意允许蔡英文“过境”美国。9月，美方宣布总额约3.3亿美元的售台武器计划。美国还对中国与有关国家建复交说三道四。

12月，美方签署美国会通过的所谓“2018年对等进入西藏法案”。

美方继续炒作中国南海岛礁建设，5次派军舰擅自闯入中国西沙领海和南沙岛礁邻近海域，重申《美日安保条约》第五条适用于钓鱼岛。

1月，美方公布《2018美国国防战略报告》摘要，指称中国为美国的战略竞争者。2月，美方发布《核态势审议报告》，妄加揣测中国发展意图，渲染中国核力量威胁。9月，美方以中国同俄罗斯开展相关军事合作为由，宣布对中央军委装备发展部及其负责人实施制裁。

12月，美方以所谓“网络窃密”为由对两名中方人员进行“起诉”，在网络安全问题上对中方进行无端指责。

4月，美国国务院发表“2017年国别人权报告”，继续对中国人权状况说三道四。5月，美国国务院发布2017年度“国际宗教自由报告”，诋毁中国的宗教政策。

美方多次对中国涉朝实体和个人实施“长臂管辖”和单边制裁。

针对美方消极错误言行，中方进行了坚决有力斗争，有效维护了中国主权、安全、发展利益。

乌拉圭
(Uruguay)

2018年，中华人民共和国与乌拉圭东岸共和国庆祝建交30周年，两国战略伙伴关系持续深入发展。

两国高层交往密切。10月，全国人大常委会副委员长郝明金率团访乌，分别同乌拉圭总统塔瓦雷·巴斯克斯和副总统兼国会主席、参议长露西亚·托波兰斯基会见、会谈。9月，乌拉圭副总统兼国会主席、参议长托波兰斯基访华，全国人大常委会委员长栗战书、全国政协主席汪洋、国家副主席王岐山分别同其会见、会谈。1月，外交部长王毅（时任）访乌，分别同巴斯克斯总统和乌拉圭外交部长鲁道夫·尼恩会见、会谈。11月，尼恩外长出席首届中国国际进口博览会。12月，海关总署署长倪岳峰访问乌拉圭。

中乌各领域合作机制运转良好。3月，外交部部长助理秦刚（时任）同乌拉圭副外长阿列尔·贝尔加米诺共同在北京主持召开两国外交部间第九次政治磋商。8月，商务部部长助理李成钢与尼恩外长共同主持中乌经贸混委会第19次会议。8月，双方签署《中华人民共和国政府与乌拉圭东岸共和国政府关于共同推进丝绸之路经济带和21世纪海上丝绸之路建设的谅解备忘录》。

两国经贸合作日益深化。中国继续保持乌最大贸易伙伴和最大出口目的地国地位。两国在农业、海关等领域合作稳步推进。中资企业在乌经营平稳。

两国在联合国等国际组织和多边机制中保持良好协调配合。乌方积极支持并参与中拉整体合作。10月，外交部副部长秦刚赴乌举行中国—南方共同市场第六次对话。尼恩外长分别赴智利和中国珠海出席中拉论坛第二届部长级会议和第12届中拉企业家高峰会。

两国政党、人文、地方等领域交往活跃。双方通过举办招待会、文艺演出、展览等方式共同庆祝中国和乌拉圭建交30周年。4月，科学技术部部长王志刚、文化和旅游部部长雒树刚分别与乌拉圭教育和文化部长玛丽亚·胡利娅·穆尼奥斯签署关于科技创新合作以及在乌设立中国文化中心的谅解备忘录。中国首个乌拉圭研究中心在北京交通大学揭牌。“欢乐春节”“汉语桥”比赛等品牌活动在当地成功举办。双方签署互发十年多次商

务签证协议。乌拉圭驻广州总领事馆开馆。

乌兹别克斯坦
(Uzbekistan)

2018年，中华人民共和国与乌兹别克斯坦共和国真诚互信、合作共赢的全面战略伙伴关系进一步深化。

政治互信不断加强。3月，中共中央总书记习近平再次当选中国国家主席，乌兹别克斯坦总统沙夫卡特·米尔济约耶夫发来贺信。李克强再次就任国务院总理，乌总理阿卜杜拉·阿里波夫发来贺信。栗战书当选全国人大常委会委员长，乌最高会议参议院（议会上院）主席尼格马季拉·尤尔达舍夫、最高会议立法院（议会下院）主席努尔丁江·伊斯莫伊洛夫分别发来贺信。时任外交部长王毅就任国务委员兼外交部长，乌外交部长阿卜杜拉济兹·卡米洛夫发来贺信。6月，国家主席习近平同来华出席上海合作组织成员国元首理事会第18次会议的米尔济约耶夫总统举行双边会见。10月，国务院总理李克强出席上海合作组织成员国政府首脑（总理）理事会第17次会议并同阿里波夫总理举行双边会见。2月，外交部长王毅（时任）同来华访问的卡米洛夫外长举行会见。4月，国务委员兼外交部长王毅同来华出席上海合作组织成员国外长理事会会议的卡米洛夫外长举行会见。5月，国务委员、公安部部长赵克志会见来华出席上海合作组织成员国安全会议秘书第13次会议的乌安全会议秘书维克多·马赫穆多夫。10月，全国政协副主席、国家民族事务委员会主任巴特尔访问乌兹别克斯坦。5月，乌副总理坦济拉·纳尔巴耶娃来华出席首届上海合作组织妇女论坛，全国人大常委会副委员长、中华全国妇女联合会主席沈跃跃同其会见。9月，乌最高会议立法院（议会下院）主席伊斯莫伊洛夫访华。全国人大常委会委员长栗战书，全国政协主席汪洋，中共中央政治局委员、全国人大常委会副委员长王晨分别同其举行会谈、会见。11月，乌副总理诺季尔·奥塔若诺夫来华出席首届中国国际进口博览会。

务实合作持续拓展。中国是乌第一大贸易伙伴、第一大投资来源国、第一大电信设备和土壤改良设备供应国。中吉乌公路正式通车。沙尔贡煤矿现代化改造项目开工建设。中乌中小水电项目有序推进。双方就建设撒马尔罕大型旅游综合体、共建农业产业园达成合作意向。乌樱桃、绿豆首次实现对华出口。

人文和地方交往方兴未艾。"汉语热"在乌持续升温。乌方出台针对包括中国游客在内的简化签证手续政策，赴乌旅游人数大幅增长。双方地方团组互访频繁。中方在乌成功举办"一带一路"媒体智库对话会、欢乐春节、电影节、画展等活动，派团出席首届木卡姆国际艺术论坛。双方新闻媒体、学术机构交流互访增多。中亚药物研发中心建成投产。两国联合考古、古迹修复合作项目取得新进展。

瓦努阿图
(Vanuatu)

2018年，中华人民共和国与瓦努阿图共和国关系取得重要发展。两国关系提升为相互尊重、共同发展的全面战略伙伴关系。

两国高层和各级别交往密切。11月，国家主席习近平在巴布亚新几内亚同建交太平洋岛国领导人举行集体会晤，其间同瓦努阿图总理夏洛特·萨尔维举行双边会见。5月，中国—太平洋岛国论坛对话会特使杜起文访瓦。瓦努阿图总理夏洛特·萨尔维、议长埃斯蒙·赛蒙、第二副议长丹尼尔·卡罗分别来华。瓦努阿图外长拉尔夫·雷根瓦努来华出席首届中国国际进口博览会，内政部长安德鲁·纳珀特，农业部长马泰·塞里玛雅（时任），卫生部长诺里斯·卡尔米特，青年发展、培训与体育部长瑟尔·西米恩等政要来华参访。

双方经贸、人文等各领域合作稳步推进。两国政府签署共建"一带一路"合作协议。中方援建的马拉坡学院扩建、塔纳岛和马拉库拉岛公路一期等项目顺利竣工。7月，中国海军"和平方舟"号医院船访瓦并在当地开展人道主义医疗服务。

8月21日，中国新任驻瓦努阿图大使周海成向瓦努阿图总统塔利斯·奥贝德·摩西递交国书。

委内瑞拉
(Venezuela)

2018年，中华人民共和国与委内瑞拉玻利瓦尔共和国全面战略伙伴关

系续有拓展。

政治互信进一步深化。9月，委内瑞拉总统尼古拉斯·马杜罗·莫罗斯对中国进行国事访问，国家主席习近平主持会谈，两国元首就双边关系等重大问题达成重要共识，国务院总理李克强、全国人大常委会委员长栗战书分别会见。此访前夕，委内瑞拉副总统德尔西·罗德里格斯访华，国家副主席王岐山会见。1月，外交部长王毅（时任）赴智利圣地亚哥出席中拉论坛第二届部长级会议期间同委内瑞拉外交部长豪尔赫·阿雷亚萨举行双边会见。11月，委内瑞拉外贸外资部长约玛纳·科太奇率团来华出席首届中国国际进口博览会。

经贸合作稳步推进。9月，中国—委内瑞拉高级别混合委员会第16次会议在北京举行，国务委员兼外交部长王毅与马杜罗总统共同出席会议闭幕式并分别致辞。双方签署政府间共建“一带一路”谅解备忘录。10月，委部长理事会副主席兼国防部长弗拉基米尔·帕德里诺来华参加第八届北京香山论坛。9月，中国海军“和平方舟”号医院船首次访委。

人文交流顺利开展。“欢乐春节”系列活动、中国书法展、中国电影展、中国文化周、“一带一路”图片展等文化活动成功在委内瑞拉举办，受到热烈欢迎。

越　南
(Vietnam)

2018年，中华人民共和国与越南社会主义共和国全面战略合作伙伴关系继续保持发展势头。

双方高层接触频繁。9月，中共中央政治局常委、中央纪委书记赵乐际访越。国务院副总理胡春华赴越出席世界经济论坛东盟会议。3月，国务委员兼外交部长王毅赴越出席大湄公河次区域经济合作（GMS）领导人会议并对越南进行正式访问。9月，王毅国务委员兼外长赴越同越南副总理兼外长范平明主持中越双边合作指导委员会第11次会议。

11月，越南政府总理阮春福来华出席首届中国国际进口博览会，习近平主席同其会见。8月，越共中央政治局委员、中央书记处常务书记陈国旺访华。9月，越南副总理王庭惠来华出席第15届中国—东盟博览会。11月，越共中央书记处书记、祖国阵线主席陈青敏访华。6月，越南副总理武德担来华出席第五届中国—南亚博览会。

两国全面战略合作不断深化。产能、基础设施、跨境经济合作区等重点领域合作取得积极进展。双方继续扩大人文交往，成功举办中越人民论坛第十次会议和第18届中越青年友好会见。两军高层保持频繁交往，通过边境高层会晤、防务安全磋商等机制，加强在边防、维和、国防工业、学术研究、医学、媒体、人员培训等领域合作。两国公安部成功举行第六次合作打击犯罪会议。两国海警举行第二届青年警官交流活动。

边界领土事务续有进展。北部湾湾口外海域工作组、海上共同开发磋商工作组、海上低敏感领域合作专家工作组召开新一轮谈判，就稳步推进北部湾湾口外海域划界及积极商谈共同开发交换意见，一致同意通过内部协商妥善管控分歧，推进海上合作。

11月17日，中国新任驻越南大使熊波向阮富仲主席递交国书。

也　门
(Yemen)

2018年，中华人民共和国与也门共和国友好合作关系持续发展，两国政治互信不断巩固，中方支持政治解决也门问题，并持续向也门提供粮食等人道主义援助。

7月，也门外交部长哈利德·侯赛因·穆罕默德·耶曼尼来华出席中阿合作论坛第八届部长级会议。11月，也门全国人民大会党、社会党、改革集团党、纳赛尔人民统一组织、复兴党代表来华参加由中共中央对外联络部主办的第二届“中国—阿拉伯国家政党对话会”。

10月18日，中国新任驻也门大使康勇向哈迪总统递交国书。

赞比亚
(Zambia)

2018年，中华人民共和国与赞比亚共和国友好合作关系继续保持良好发展势头。

两国高层往来密切，政治互信持续巩固。9月，赞比亚总统埃德加·伦古来华出席中非合作论坛北京峰会，国家主席习近平、全国人大常委会委

员长栗战书分别同其会见，双方签署《中华人民共和国政府与赞比亚共和国政府关于共同推进丝绸之路经济带和21世纪海上丝绸之路建设的谅解备忘录》等4项合作文件。国务委员兼外交部长王毅会见陪同伦古总统来华出席中非合作论坛北京峰会的赞外交部长约瑟夫·马兰吉。3月，伦古总统致函祝贺习近平当选连任中国国家主席。1月，赞内阁秘书长罗兰·姆西斯卡访华。11月，赞商业、贸易与工业部部长克里斯托弗·亚卢马来华参加首届中国国际进口博览会。12月，赞前总统鲁皮亚·班达来华出席“2018从都国际论坛”。

两国经贸合作成果丰硕。中方援赞比亚920口水井顺利移交，玉米粉加工厂前期工作进展顺利。卢萨卡国际机场升级扩建、恩多拉国际机场、偏远地区通信覆盖二期、下凯富峡水电站等项目稳步实施。两国贸易便利化程度进一步提高，签署赞蜂蜜输华议定书，并积极推动赞其他农产品对华出口。

两国人文交流日益密切。国家质量监督检验检疫总局卫生检疫防控工作组赴赞比亚开展霍乱疫情防控工作，南京艺术团等文艺团组赴赞访问演出。

6月29日，中国新任驻赞比亚大使李杰向伦古总统递交国书。

津巴布韦
(Zimbabwe)

2018年，中华人民共和国与津巴布韦共和国传统友好合作关系继续保持良好发展态势。

高层往来频繁，政治互信加深。8月，国家主席习近平致电祝贺埃默森·姆南加古瓦当选津巴布韦总统。习近平主席特使、全国政协副主席苏辉出席姆南加古瓦总统就职仪式。4月，姆南加古瓦总统来华进行国事访问，习近平主席同其举行会谈，国务院总理李克强、全国人大常委会委员长栗战书分别会见。两国元首一致同意将中津关系提升为全面战略合作伙伴关系，双方还签署了《中华人民共和国政府和津巴布韦共和国政府经济技术合作协定》等6项合作文件。9月，姆南加古瓦总统来华出席中非合作论坛北京峰会，习近平主席、栗战书委员长分别会见，双方签署《中华人民共和国政府与津巴布韦共和国政府关于共同推进丝绸之路经济带和21世纪海上丝绸之路建设的谅解备忘录》。3月，姆南加古瓦总统致电祝贺习近平再次当选中国国家主席。

务实合作稳步推进。3月，中国和津巴布韦第十届经贸联委会成功在北京举办。中方援津巴布韦议会大厦项目举行开工仪式，300口水井项目竣工验收。卡里巴南岸水电站扩容项目竣工并投入使用，万吉火电站扩容、穆加贝国际机场改扩建项目进展顺利。

人文交流取得新成果。津巴布韦“梦想秀”艺术团赴北京和南京演出，获得巨大成功。深圳艺术团赴津参加哈拉雷国际艺术节演出，反响热烈。第16批援津医疗队队员抵津。津政府给予中国内地赴津旅客个人落地签政策。

第四章

中国与国际和地区组织的关系

（一）中国与联合国

1. 政治安全领域

（1）积极参与联合国维持和平行动

联合国维和行动是联合国维护国际和平与安全的重要手段，是国际社会共同践行多边主义的一项创举，几十年来在缓和紧张局势、解决地区冲突方面发挥了重要作用。截至2018年12月，联合国正在实施14项维和行动，参加维和行动总人数为104132人，包括79399名军事人员、10447名警务人员、12932名民事人员和1345名联合国志愿者。2018年7月至2019年6月，联合国维和预算约为71.55亿美元。

中国重视并支持根据《联合国宪章》宗旨与原则开展维和行动，积极参与联合国安理会、联合国大会和联合国维和行动特别委员会的有关审议和磋商。中方主张，联合国维和行动应坚持《联合国宪章》宗旨和原则，坚持维和三原则，尊重当事国主权和意愿；加强对维和行动的宏观管理，确保维和授权现实可行；提高行动效率，加快维和部队组建和部署；优化后勤保障，提高维和资源的效用；加强同区域组织的协调与配合，充分发挥区域组织的独特优势，形成合力。

中国坚定支持和积极参与联合国维和行动。自1989年以来，中国共向30项联合国维和行动派出维和人员约4万人次。目前，中国派遣约2512名维和人员在黎巴嫩、塞浦路斯、西撒哈拉、苏丹达尔富尔、刚果（金）、南苏丹、马里、中东8个任务区执行任务。中国维和预算分摊比例为15.2%，在会员国中位居第二位。为落实国家主席习近平2015年出席联合国成立70周年系列峰会期间宣布的支持联合国维和行动重大举措，中国率先组建完成总员额8160人的维和待命部队，已于2017年7月完成向联合国注册，并于2018年7月晋升至二级待命机制。

（2）安理会改革

2018年，联合国会员国继续围绕安理会改革问题展开讨论，并进行政府间谈判。第72届联合国大会期间举行了政府间谈判会议，各方继续阐述各自立场和关切，就安理会改革相关问题交换看法。

6月29日，第72届联合国大会以协商一致方式通过决定，表示将在第73届联合国大会期间继续进行安理会改革政府间谈判。

中国积极参与安理会改革政府间谈判。6月29日，中国常驻联合国代表马朝旭大使在第72届联大全会上发言表示，2018年以来，联大政府间谈判举行了五次非正式会议。政府间谈判共同主席阿联酋常驻代表和格鲁吉亚常驻代表根据联大第62/557号决定授权履职，尊重会员国主导，广泛听取各方面意见。各成员国在政府间谈判中就安改所涉及的五大类问题及其内在关联性进行了坦诚、深入和耐心协商，增进了相互了解，为达成最广泛共识积累条件。中方对联大主席和政府间谈判共同主席为此发挥的积极作用表示高度赞赏。安理会改革政府间谈判机制是会员国讨论安改问题的重要机制，会员国主导原则是政府间谈判平稳发展的关键保障。多年来，会员国积极参与政府间谈判，就安改问题提出的不同立场、主张和建议，构成了各方在政府间谈判开展耐心协商、相向而行的重要基础。任何不顾会员国严重分歧，企图人为加快安改进程或设定安改时限的做法，只会加剧会员国间的对立，破坏多年来的努力与成果，无助于安改进程的健康发展。中方期待下届联大按照联大第62/557号决定授权，坚持会员国主导和“一揽子解决”思路，继续耐心广泛协商，不断积累各方共识，推动安理会改革政府间谈判沿着正确轨道，朝着凝聚最广泛共识、符合会员国共同利益和联合国长远利益的方向发展。

（3）安理会处理的有关热点问题

1. 叙利亚问题

2018年，安理会高度关注叙利亚问题，每月均举行公开会，审议叙政治进程、化学武器、人道局势等问题，听取联合国秘书长叙利亚问题特使德米斯图拉和联合国秘书处负责人道、裁军事务高级官员等通报和介绍。安理会2018年就叙利亚问题通过2份决议。

2月24日，安理会一致通过第2401号决议，要求各方立即接触，确保全面停止敌对行动，以实现初始阶段30天的人道停火。

3月19日，法国、美国等推动安理会举行公开会，讨论叙利亚人权问题。中国、俄罗斯表示反对。安理会就此举行程序性表决，因未获得足够赞成票，会议未能召开。

据媒体报道，叙利亚东古塔地区杜马镇4月8日发生化武袭击事件。4月10日，安理会对美国、俄罗斯分别提出的设立叙境内使用化武事件调查机制决议草案先后进行表决。美草案因俄行使否决权未获通过。俄草案因未获得所需9票赞成票未能通过。随后应俄罗斯要求，安理会表决俄现场提交的新决议草案，核心是欢迎禁止化学武器组织赴东古塔地区实地调查，草案因未获得所需9票赞成票未能通过。

4月14日，美英法对叙利亚开展军事打击。同日，安理会应俄罗斯要求举行紧急公开会。俄在现场散发决议草案，内容包括谴责美国及其盟国违反国际法和联合国宪章对叙利亚发动侵略，并要求立即停止。俄草案由于未获足够赞成票未能通过。

12月13日，安理会以13票赞成、2票弃权通过第2449号决议，将叙跨境人道救援措施延期1年。中、俄对决议投了弃权票。

联合国秘书长叙利亚问题特使德米斯图拉于2018年年底结束任期，前挪威驻华大使裴凯儒于2019年1月接任。

中国代表在审议中表示，叙利亚问题有关各方应根据安理会第2254号决议精神，在尊重叙主权、独立、统一和领土完整的基础上，根据“叙人所有、叙人主导”原则，推动叙各方通过包容性政治进程，寻找各方都能接受的解决方案。安理会应保持团结，为政治解决叙问题创造条件。国际社会应加强反恐合作，统一标准，打击所有安理会列名的恐怖组织。叙各方应从国家前途和人民福祉出发，停火止暴，加快改善人道状况。联合国和国际社会应同叙政府加强沟通，向叙境内所有需要救助地区提供援助。中方坚决反对任何国家、组织或个人，在任何情况下，出于任何目的使用化学武器。所有指称化武事件必须经过全面、客观、公正调查，基于确凿证据，得出经得起事实和历史检验的结论，并将肇事者和责任方绳之以法。

2. 中非共和国问题

2018年，安理会继续关注中非共和国问题，多次审议中非共和国问题，听取联合国秘书长中非问题特别代表奥南加以及中非总统图瓦德拉等通报和介绍，共通过3份决议，发表1份主席声明。

1月30日，安理会通过第2399号决议，决定将对中非的武器禁运、旅行禁令、资产冻结等制裁措施延期至2019年1月31日，将中非制裁委专家小组授权延期至2019年2月28日。

7月13日，安理会发表主席声明，严重关切中非境内武装团伙暴力行为，重申对图瓦德拉总统和对非盟和平和解倡议的支持，欢迎非盟协调小组工作；呼吁中非各方提供和保障人道准入；敦促武装团伙遵守停火协议，重申支持联合国驻中非多层面稳定特派团等。

11月15日，安理会通过第2446号决议，将特派团授权技术性延期至2018年12月15日。12月13日，安理会通过第2448号决议，将特派团授权延期至2019年11月15日。

中国代表在安理会审议中表示，中方欢迎中非政府为加强国家安全力量部署、推进安全部门改革和加强能力建设所作努力，呼吁中非各方从国家和人民利益大局出发，切实推进解武及和平和解进程，通过对话协商解决分歧。中方赞赏联合国驻中非多层面稳定特派团积极履职和开展工作，支持特派团提高自我保卫和安全预警能力。联合国和非盟等区域、次区域组织应同中非政府加强协调，促进中非和平和解对话，共同帮助中非早日实现和平发展。中方呼吁国际社会继续支持中非政府加强国家能力建设，为中非政府维护社会安全稳定提供必要支持等。

3. 刚果（金）问题

2018年，安理会持续关注刚果（金）局势，多次审议刚果（金）问题，并通过2份决议。

3月27日，安理会通过第2409号决议，决定将联合国驻刚果（金）综合稳定团授权延期至2019年3月31日。

6月29日，安理会通过第2424号决议，决定对刚果（金）实施的武器禁运、旅行禁令及金融制裁等措施延长至2019年7月1日，将安理会制裁刚果（金）委员会专家小组授权延长至2019年8月1日。

此外，10月5～7日，安理会组织代表团访问刚果（金），分别与刚果（金）总统卡比拉、全国独立选举委员会、反对派和公民社会等讨论刚果（金）选举问题。

中国代表在安理会审议中表示，刚果（金）政府和人民有强烈意愿以

自主方式维护国家和平稳定，希望通过和平选举实现权力平稳交接。安理会及国际社会应在尊重刚果（金）主权、独立和领土完整基础上，提供建设性帮助。非盟、大湖地区国际会议等区域和次区域组织应加强合作，积极发挥斡旋作用。

4. 布隆迪问题

2018年，安理会多次审议布隆迪问题，并发表1份主席声明。

4月5日，安理会发表主席声明，欢迎并支持非盟、东非共同体等区域组织及地区国家斡旋努力，落实《阿鲁沙协议》并推进各方达成共识的政治进程。

中国代表在审议中表示，国际社会应充分尊重布隆迪在处理本国问题上的所有权和主导权，继续根据布隆迪需要提供支持和援助。呼吁有关国际组织和机构尽早恢复对布隆迪经济合作与发展援助。

5. 马里问题

2018年，安理会多次举行马里问题公开会，听取联合国维和事务副秘书长拉克鲁瓦、秘书长马里问题特别代表兼联合国驻马里综合稳定特派团团长安纳迪夫通报，共通过2份决议。

6月28日，安理会通过第2423号决议，决定将联合国驻马里综合稳定特派团授权延期至2019年6月30日。

8月30日，安理会通过第2432号决议，将马里问题制裁措施延期一年至2019年9月30日。

中国代表在安理会审议中表示，国际社会应在尊重马里独立、主权和领土完整的基础上，切实帮助马里提升自主发展和政府施政能力，支持和帮助马里政府提高安全和反恐能力，支持区域和次区域组织发挥斡旋协调作用。中方赞赏并支持联合国驻马里综合稳定特派团认真履职，希望特派团继续同马里政府保持协调配合，帮助马里加强能力建设。同时中方希望秘书处和特派团继续采取切实措施，加强维和人员安全。

6. 西撒哈拉问题

2018年，安理会关注西撒哈拉公投问题，多次进行审议，听取联合国秘书长西撒问题特别代表兼西撒特派团团长斯图尔特等人通报，秘书长西撒问题特使克勒积极开展斡旋工作。安理会就西撒问题通过2份决议。

4月27日，安理会通过第2414号决议，将联合国西撒公投特派团延期至2018年10月31日。

10月31日，安理会通过第2440号决议，将联合国西撒特派团授权延期至2019年4月30日。

中国代表在安理会审议中表示，中方继续支持秘书长西撒问题特使推动政治解决西撒问题的努力，赞赏西撒特派团为维护地区稳定发挥的重要作用。中方始终支持以安理会有关决议为基础，通过谈判寻求公正、持久和双方均能接受的解决方案。

7. 几内亚比绍问题

2018年，安理会多次审议几内亚比绍局势，通过1份决议。

2月28日，安理会通过第2404号决议，将联合国驻几比建设和平办公室任期延长至2019年2月28日。

中国代表在安理会审议中表示，中方赞赏西非国家经济共同体和非盟等区域、次区域组织及联合国驻几比建设和平办公室为斡旋调解几比政治危机所发挥的重要作用。希望几比各方共同努力，确保选举如期顺利举行。中方呼吁国际社会继续为几比提供支持。中方一贯支持非洲国家以非洲方式解决非洲问题，将继续同国际社会一道为促进几比各方对话沟通、维护几比和西非地区持久稳定发挥建设性作用。

8. 利比里亚问题

2018年，联合国驻利比里亚特派团结束近15年的任期，利比里亚问题正式退出安理会议程，安理会发表1份主席声明。

4月19日，安理会举行公开会并发表主席声明，感谢联合国驻利比里亚特派团维和人员，广大出兵、出警国及双、多边合作伙伴和出资方的重要贡献。重申联合国驻利比里亚特派团撤出后，联合国仍将继续为利政府和人民提供支持。

中方代表在安理会审议中表示，中方祝贺联合国驻利比里亚特派团结束任期，赞赏特派团为维护利和平稳定作出重要贡献。特派团撤出后，国际社会及利多双边合作伙伴应继续同利加强合作，为利国家能力建设发挥积极作用，继续为利经济社会发展和人民生活改善提供帮助。

9. 乌克兰问题

2018年，安理会3次审议乌克兰问题，发表1份主席声明。

5月29日，安理会举行乌克兰问题公开会，听取联合国政治事务副秘书长迪卡洛、人道事务助理秘书长穆勒以及欧洲安全与合作组织阿帕肯大使通报。

6月6日，安理会发表主席声明，强烈谴责持续违反停火机制和使用新明斯克协议禁止的重型武器的行为；重申支持乌克兰主权、独立和领土完整，强调应严格遵守安理会第2202号决议关于落实新明斯克协议的一揽子措施；重申支持关于马航MH17航班坠机事件的第2166号决议等。

10月30日，安理会举行乌克兰问题公开会，听取联合国政治事务副秘书长迪卡洛和人道事务助理秘书长穆勒通报。

11月26日，安理会举行乌克兰问题公开会，听取联合国政治事务副秘书长迪卡洛通报。

中国代表在安理会审议中表示，中国一贯尊重包括乌克兰在内的所有国家的主权和领土完整。中方一直密切关注乌克兰危机问题的发展，呼吁冲突双方恪守停火机制，坚持政治解决冲突的大方向。中方认为，有关各方应该全面落实安理会第2202号决议，切实停火止暴，执行新明斯克协议，通过对话和协商推动乌克兰实现和平、稳定与发展，促进乌各民族和谐相处、乌与地区各国和平共处。国际社会必须坚持推动政治解决乌克兰问题的外交努力。中方愿同有关各方一道继续为政治解决乌克兰问题发挥建设性作用。

10. 科索沃问题

2018年，安理会多次举行科索沃问题公开会，听取联合国秘书长科索沃问题特别代表兼联合国驻科索沃特派团团长塔宁和联合国维和事务副秘书长拉克鲁瓦通报。

中国代表在安理会审议中表示，科索沃各民族实现包容和解、和谐共处，符合各族民众的根本利益和发展需要。中方希望有关各方将人民福祉放在首位，保护各族裔合法权益，避免可能导致局势紧张升级的言行，共同维护巴尔干地区和平、稳定与发展。安理会第1244号决议是解决科索沃问题的重要法律基础。各方应根据联合国宪章宗旨和原则，在安理会相关决议框架内，通过对话和谈判寻求各方均可接受的解决方案。中方欢迎贝尔格莱德和普里什蒂纳不断加强对话，希望双方重申对坚持政治解决的坚定承诺，落实业已达成的协议，逐步增进互信，拿出政治意愿和智慧，相向而行，为寻求当事方均可接受的持久解决方案积累条件。

11. 塞浦路斯问题

2018年，安理会3次审议塞浦路斯问题，通过2份决议。

1月30日，安理会通过第2398号决议，将联合国驻塞浦路斯维和部队授权延期至2018年7月31日。

7月26日，安理会通过第2430号决议，决定将联塞部队授权延期至2019年1月31日。

中国代表在安理会审议中表示，中方始终在塞浦路斯问题上秉持客观、公正立场，尊重塞独立、主权和领土完整。塞问题应在联合国相关决议基础上，通过塞希腊、土耳其两族对话谈判，逐步缩小分歧，达成双方均可接受的持久、全面、公正、合理解决方案。希望塞两族和有关各方坚持政治解决的大方向，在既有进展基础上，尽早恢复谈判。国际社会、特别是对塞希、土两族有影响力的有关各方均应加大努力，推动双方显示灵活，相向而行。

12. 波黑问题

2018年，安理会2次审议波黑问题，通过1份决议。

5月8日，安理会举行波黑问题公开会，听取波黑问题高级代表因兹科通报。

11月6日，安理会举行波黑问题公开会，听取波黑问题高级代表因兹科通报，并一致通过第2443号决议，将欧盟驻波黑多国稳定部队授权延期至2019年11月6日。

中国代表在安理会审议中表示，波黑是巴尔干地区重要国家，维护波黑的和平稳定与发展，符合地区及国际社会的共同利益。中方一贯尊重波黑的独立、主权、国家统一和领土完整，尊重波黑人民对国家前途的选择，支持波黑各民族和睦相处、共同发展。希望波黑各族人民坚持对话协商寻求共识，履行《代顿和平协定》，推动波黑经济发展、国家建设取得更大成就，共享和平发展红利。国际社会应加大对波黑经济建设支持，为实现民族和解、持久和平创造积极条件。国际社会在波黑问题上应注意听取有关各方意见和关切，采取平衡、慎重态度。

13. 哥伦比亚问题

2018年，安理会4次审议哥伦比亚问题，并通过1份决议。

9月13日，安理会通过第2435号决议，决定将联合国哥伦比亚核查团授权延期至2019年9月25日。

12月10日，联合国秘书长古特雷斯宣布由马谢乌接替阿诺，担任秘书长哥伦比亚问题特别代表兼核查团团长。

此外，1月13～14日，古特雷斯秘书长应邀对哥伦比亚进行访问。

中国代表在安理会审议中赞赏哥伦比亚政府致力于执行《结束冲突和建立稳定与持久和平的最终协定》，强调哥伦比亚面临实现前武装人员重返社会、发展社会经济、维护国家安全等挑战，呼吁各方坚持推进和平进程，通过对话解决分歧。希望安理会加大支持力度，赞赏秘书长特别代表和核查团所作贡献，呼吁核查团继续发挥积极作用。

14. 海地问题

2018年，安理会多次审议海地问题，并通过1份决议。

4月10日，安理会通过第2410号决议，决定将联合国海地司法支助团授权延期至2019年4月15日。

8月1日，联合国秘书长古特雷斯任命拉利姆（美国籍）为秘书长海地问题特别代表兼司法支助团团长。

中国代表在安理会审议中赞赏司法支助团和秘书长特别代表所做工作，

支持司法支助团按照授权向海地提供司法支持。海地政府应继续加强同联合国协调，配合联合国实现司法支助团撤出战略。

15. 南苏丹问题

2018年，安理会高度关注南苏丹局势，多次审议南苏丹问题，共通过3份决议。

3月15日，安理会一致通过第2406号决议，将联合国南苏丹特派团授权延期至2019年3月15日。

5月31日，安理会通过第2418号决议，将对南苏丹制裁措施及制裁委专家小组授权分别技术性延期至7月15日和8月14日。

7月13日，安理会通过第2428号决议，决定将安理会对南苏丹制裁措施及制裁委专家小组授权延期至2019年5月31日，并决定对南实施武器禁运等。

在南苏丹问题上，中国代表在安理会审议中呼吁南苏丹冲突各方全面停火止暴。推动国际社会充分尊重南苏丹过渡政府处理本国事务主导权，坚定支持非盟和伊加特发挥斡旋主导作用，充分调动南国内各方积极性，推动其落实《解决南苏丹冲突重振协议》，建设性参与政治进程。安理会有关行动应有助于推进南苏丹问题政治解决。呼吁国际社会继续加大对南苏丹人道援助和经济支持，解决冲突根源问题。

16. 苏丹达尔富尔问题

2018年，安理会持续关注苏丹局势，多次审议达尔富尔问题，共通过3份决议，发表2份主席声明。

1月31日，安理会发表主席声明，要求联合国—非盟达尔富尔混合特派团等继续密切关注裁撤对地面形势的影响，并在6月1日前提交有关联非达团履行授权的报告。

2月8日，安理会一致通过第2400号决议，将苏丹制裁委专家小组授权延期至2019年2月12日。

6月29日，安理会一致通过第2425号决议，将联非达团授权技术性延期至7月13日。

7月13日，安理会一致通过联非达团授权延期的第2429号决议，将联非达团授权延期至2019年6月30日；决定将联非达团军事维和人员削减至4050人，警察维持2500人，并在2020年6月30日前全部撤出。

12月11日，安理会发表主席声明，表示注意到秘书长提出的联非达团裁撤基准条件，呼吁苏丹政府进一步加强与联非达团及联合国其他机构合作，继续改善达尔富尔地区形势。

中国代表在安理会审议中肯定苏丹政府为维护国内稳定、推动达尔富尔地区政治安全局势持续改善所作努力。支持联非达团继续为维护达区和平稳定作出贡献。欢迎联合国对联非达团战略任务、规模和部署调整，将达区安全责任顺利移交苏国家安全力量。呼吁国际社会继续积极协助苏政府推进达区重建，为达区经济发展、改善民生提供有力支持。

17. 也门问题

2018年，安理会密切关注也门局势，多次审议也门问题。联合国秘书长古特雷斯、秘书长也门问题特使马丁·格里菲斯加大斡旋努力。安理会通过2份决议，发表1份主席声明。

2月26日，安理会一致通过第2402号决议，决定将安理会对也门制裁措施及其专家小组授权分别延期至2019年2月26日和2019年3月28日。

3月15日，安理会发表主席声明，呼吁也门冲突各方确保安全、快速和不受干扰的人道准入，强烈谴责胡塞组织使用弹道导弹攻击沙特阿拉伯，严肃对待胡塞组织试图攻击曼德海峡航线，强调维护曼德海峡自由航行重要性等。

12月21日，安理会一致通过第2451号决议，核可也门问题各方在瑞典和谈达成的《斯德哥尔摩协议》，授权联合国秘书长向也门派遣停火协议落实监督小组。

中国代表在安理会审议中表示，政治手段是解决也门问题的唯一途径，各方应维护也门主权、独立、统一和领土完整，支持在安理会第2216号等决议、海湾阿拉伯国家合作委员会倡议及其实施机制、也门全国对话会议成果文件基础上，通过对话谈判，达成具有广泛包容性的政治解决方案。中方愿同各方共同努力，继续为推动解决也门问题发挥建设性作用。

18. 利比亚问题

2018年，安理会对利比亚问题继续保持高度关注，联合国秘书长利比亚问题特别代表加桑·萨拉迈加大斡旋力度。安理会全年多次审议利比亚问题，通过4份决议，发表1份主席声明。

6月11日，安理会一致通过第2420号决议，将在利沿岸公海对检查出入利装载武器或相关物资船只的授权延长12个月至2019年6月12日。

9月14日，安理会通过第2434号决议，将联合国利比亚支助团授权延期至2019年9月15日。

10月3日，安理会一致通过第2437号决议，将会员国在利沿岸公海上打击偷运移民和贩运人口活动的授权延长一年至2019年10月9日。

11月5日，安理会通过第2441号决议，将安理会对利制裁措施及其专家小组授权延长至2020年11月15日，制裁措施同样适用于非法装载，或企图从利出口石油的船只。

中国代表在安理会审议中肯定利比亚各方为落实《利比亚政治协议》，支持萨拉迈特别代表领导支助团继续推进落实《联合国行动计划》，推动各方坚持“利人主导、利人所有”原则，积极参与利政治进程。支持利推进宪法制订、修改《利比亚政治协议》等。国际社会应继续在尊重利主权、独立和领土完整基础上，加大对利支持，增强利国家治理和发展能力。

19. 伊拉克问题

2018年，国际社会持续关注伊拉克局势，安理会先后于2月20日、5月30日、8月8日、11月13日举行公开会，听取联合国秘书长伊拉克问题特别代表兼联合国伊拉克援助团团长扬·库比什通报伊局势。6月，库比什提出希望于年内离职，联合国秘书长古特雷斯随后任命荷兰前国防大臣亨尼斯·普拉斯哈特女士接任。

6月14日，安理会通过第2421号决议，决定将联合国伊拉克援助团的任期延长至2019年5月31日。

4月25日、11月7日，联合国赔偿委员会分别召开第84次、第85次会议，通报赔委会工作情况。

中国代表在审议中表示，伊拉克国家和平稳定与重建正处于关键阶段。中方支持伊拉克政府在推进政府机构改革、促进民族和解、缓和人道局势和推动经济发展等方面所作积极努力，欢迎伊拉克人民反恐斗争取得重大进展。国际社会应在尊重伊拉克主权、独立、统一和领土完整基础上，加大对伊投入和帮助，推动伊各方开展包容性对话，帮助伊恢复经济和加快重建，支持伊继续进行反恐斗争。中方将一如既往地参与伊拉克经济重建，并提供力所能及的帮助。

20. 巴勒斯坦问题

2018年，安理会密切关注巴勒斯坦问题，每月均举行公开会，听取联合国秘书长及联合国中东和平进程特别协调员姆拉德诺夫等通报，并针对突发事件多次召开紧急会议，未通过成果文件。

5月14日，美国将驻以色列使馆迁至耶路撒冷，引发加沙地带大规模冲突。安理会于5月15日举行紧急公开会，听取联合国中东和平进程特别协调员姆拉德诺夫通报。安理会绝大多数成员对巴以局势紧张升级表示关切，呼吁各方保持克制，避免局势继续升级。

5月，科威特散发安理会决议草案，要求谴责以色列对巴平民使用武力，呼吁考虑设立国际保护机制保护巴被占领土平民。美国亦散发安理会决议草案，要求谴责哈马斯等使用火箭弹攻击以色列平民社区，造成加沙暴力升级。6月1日，安理会举行巴勒斯坦问题公开会，分别就科威特和美国提出的决议草案采取行动。科草案投票结果为10票赞成、1票反对（美国）、4票弃权，因美否决未通过。美草案投票结果为1票赞成（美国）、3票反对、11票弃权，也未获通过。

中国代表在安理会审议中表示，中方一贯主张通过和平谈判解决巴以争端，反对任何导致局势恶化及一切针对平民的暴力行为。“两国方案”是化解巴以冲突的根本出路，有关各方应切实落实安理会第2334号决议，停止在被占领土上的一切定居点活动。推动巴以重启和谈是国际社会努力的共同方向，国际社会和安理会应增强紧迫感，开展新一轮促和努力，推动巴以和谈尽快走出僵局。耶路撒冷最终地位问题是推进中东和平进程的关键，各方应根据联合国有关决议和国际共识，通过谈判达成兼顾各方利益的解决方案。中方将继续按照中国国家主席习近平提出的推动巴勒斯坦问题政治解决的“四点主张”，为实现中东和平发挥积极和建设性作用。

21. 阿富汗问题

2018年，安理会多次审议阿富汗问题，通过1份决议，2份主席声明。

1月12～15日，安理会访问团赴阿富汗考察。1月17日，安理会就访问阿富汗情况举行公开会，听取哈萨克斯坦常驻联合国代表通报。

1月19日，安理会举行“维护国际和平与安全：建设阿富汗和中亚安全发展模范”部长级公开会，听取联合国秘书长古特雷斯通报，会议协商一致通过关于阿富汗和中亚和平与安全问题主席声明。

3月8日、6月26日、9月17日、12月17日，安理会四次举行阿富汗问题公开会，听取联合国秘书长阿富汗问题特别代表兼联合国阿富汗援助团团长山本忠通等通报阿富汗局势最新进展及联阿团工作等。

3月8日，安理会通过第2405号决议，决定将联阿团授权延长至2019年3月17日，支持联合国在国际援阿努力及阿政府间继续发挥协调作用，支持阿政府打击恐怖主义和暴力极端主义，呼吁各方通过“一带一路”等发展倡议推动区域合作进程、构建人类命运共同体等。

7月23日，安理会就阿富汗选举发表主席声明。

中国代表在安理会审议中表示，中方高度关注阿富汗局势，国际社会应切实履行承诺，继续向阿提供帮助。一是帮助阿维护政治稳定，推进总统选举筹备工作。二是支持阿国家安全部队加强能力建设，有效应对恐怖主义、跨国犯罪和毒品走私等威胁。三是支持“阿人主导、阿人所有”的包容性政治进程，支持阿政府和谈努力，推动塔利班早日重返谈判桌。四是帮助阿实现自主发展并改善民生，尊重阿人民自主选择的政治制度和发展道路。安理会阿富汗问题决议指出，“一带一路”倡议对促进阿经济发展及区域合作具有重要意义，希望各国根据决议要求，通过对话与协作共同致力于构建人类命运共同体，帮助阿实现稳定与繁荣。中方支持联阿团为

帮助阿推进政治进程、维护国家安全、促进经济发展、提高治理能力等继续发挥重要作用。中方愿继续通过中阿巴三方外长对话、上海合作组织—阿富汗联络组等机制，同地区国家加强反恐合作，共同应对恐怖主义威胁，维护地区和平稳定。

22. 缅甸问题

2018年，安理会多次审议缅甸问题。

2月13日，安理会举行缅甸问题公开会，听取联合国政治事务助理秘书长延恰、难民事务高级专员格兰蒂通报。

4月28日至5月1日，安理会访问团赴缅甸和孟加拉国考察。5月9日，安理会就访问缅甸和孟加拉国发表主席新闻谈话。5月14日，安理会就访问缅甸和孟加拉国情况举行公开会，听取科威特、秘鲁、英国常驻联合国代表通报。

8月28日，安理会举行缅甸问题公开会，听取联合国秘书长古特雷斯、开发计划署副署长盖图、难民署亲善大使布兰切特通报。

10月24日，经程序性表决，安理会举行缅甸问题公开会，听取人权理事会事实调查团主席达鲁斯曼通报。

中国代表在安理会审议中表示，缅甸若开邦问题涉及复杂的历史、民族、宗教因素，解决起来需要循序渐进。当前若开邦形势总体稳定，缅、孟就落实入孟避乱民众遣返协议保持良好互动。国际社会应珍惜来之不易的进展，充分理解当事国面临的严重困难，继续提供建设性帮助，鼓励双方加紧落实既有共识。安理会等联合国机构应各司其职，与缅、孟和地区国家加强协商，促进缅、孟对话，推动解决实际问题，实现若开邦长期和平与稳定。

23. 武装冲突中保护平民问题

2018年，安理会继续关注武装冲突中保护平民问题。

5月22日，波兰主持召开武装冲突中保护平民问题公开辩论会，听取联合国秘书长古特雷斯、红十字国际委员会总干事达科尔等人通报。

中国代表在安理会审议中表示，平民是战争和武装冲突中首当其冲的受害者。有关各方应采取务实有效措施，保障冲突中的平民安全。应标本兼治，加强预防，设法从冲突根源上解决保护平民问题。安理会应切实履行维护国际和平与安全的重要职责，积极鼓励预防性外交，并通过政治手段促进冲突的解决。当事国政府和冲突各方要承担保护平民的责任。联合国有关维和行动履行保护平民授权，是加强对平民保护的重要手段，应严格遵循安理会授权。联合国应充分发挥协调作用，同冲突各方保持沟通，要妥善开展武装冲突中人道救援行动。

24. 妇女、和平与安全问题

近年来，联合国等组织重视妇女在维护和平、预防冲突方面发挥的重要作用。2018年，安理会继续关注妇女、和平与安全议题。

10月25日，安理会举行“妇女、和平与安全”公开辩论会，听取联合国秘书长古特雷斯、联合国妇女署执行主任姆兰博-努卡等通报，呼吁各国将推进妇女、和平与安全事业的承诺真正落到实处，让更多妇女参与和平对话与政治进程。

中国代表在安理会审议中表示，妇女是推动人类进步的重要力量，妇女事业和人类发展紧密相连。国际社会应加强协调合作，充分发挥妇女在维护国际和平与安全方面的重要作用。一是要加大热点问题政治解决，创造有利于女性生存发展的国际环境。二是要坚决打击冲突中侵犯女性的行为，支持当事国在保护冲突中妇女方面承担首要责任。三是要标本兼治，推动受冲突影响国家实现妇女和经济社会同步发展。四是要确保联合国各相关机构形成合力，充分发挥自身优势并加强协调。中方愿同国际社会一道，继续推动落实妇女、和平与安全的各项目标，为全球妇女事业的发展作出更大贡献。

25. 儿童与武装冲突问题

2018年，安理会继续关注儿童与武装冲突问题。

7月9日，瑞典主持召开安理会儿童与武装冲突问题公开辩论会。安理会一致通过第2427号决议，呼吁早日消除武装冲突中侵犯儿童权益行为，加大力度保护受武装冲突影响儿童。

中国代表在安理会审议中表示，国际社会应结合新形势、新动向，采取切实措施保护武装冲突中的儿童。一是要打击一切形式的恐怖主义，防止儿童受到伤害。二是尊重当事国主导、构建保护儿童的坚实基础。三是加大国际人道主义援助，切实向受武装冲突影响的儿童提供帮助。四是综合施策，形成保护儿童的国际合力。中方愿同国际社会一道，继续支持秘书长及其特别代表积极努力，全力维护国际和平与安全，共同改善武装冲突中儿童境遇，防止儿童遭受战火之苦，为儿童健康成长营造和谐安定的环境。

（4）积极参与安理会反恐工作

2018年，安理会多次审议反恐问题，就反恐问题举行5次公开会，发表2份主席声明。

2月8日，安理会就恐怖主义威胁国际和平与安全举行公开会，审议联合国秘书长第六次应对“伊斯兰国”（ISIL）威胁报告暨联合国系统支持会

员国应对恐怖主义威胁有关努力的报告，听取联合国反恐事务副秘书长沃伦科夫通报。

2月13日，安理会就保护关键基础设施免遭恐怖袭击问题举行公开会，听取联合国反恐委员会主席、秘鲁常驻联合国代表梅萨–库阿德拉通报。

5月8日，安理会就防止恐怖分子通过跨国有组织犯罪获利举行公开会，并发表主席声明。

8月23日，安理会就恐怖主义威胁国际和平与安全举行公开会，审议联合国秘书长第七次应对“伊斯兰国”威胁报告暨联合国系统支持会员国应对恐怖主义威胁有关努力的报告，听取联合国反恐事务副秘书长沃伦科夫、安理会反恐委员会执行局主任科尼兹等通报。

10月3日，安理会举行反恐及相关领域附属机构工作通报会，听取1267委员会（“伊斯兰国”及基地组织制裁委）、反恐委员会、1540委员会（防扩散问题委员会）主席年度工作通报。

12月4日，安理会审议联合国收集“伊斯兰国”在伊拉克所犯罪行证据调查组工作，听取联合国秘书长特别顾问兼调查组组长卡里姆·汗通报。

12月21日，安理会就恐怖主义威胁国际和平与安全举行公开会，根据安理会第2368号决议审查制裁措施执行情况，并发表主席声明。

中国代表在安理会审议中呼吁各国凝聚打击恐怖主义国际共识，坚持统一标准，采取零容忍、无差别态度，坚决打击一切形式的恐怖主义。尊重当事国主权和反恐主体责任，遵循联合国宪章宗旨和原则，充分发挥联合国及安理会主导作用。国际社会应协助会员国减贫脱困、推动政治解决地区问题，努力构建新型国际关系。有关国家应加强边境管控和执法合作，切断恐怖分子跨境流动网络，加强互联网领域监管，打击恐怖组织利用互联网从事恐怖活动。

2. 经济领域

（1）综合性国际经济发展领域的活动

1. 联合国第73届大会经济和金融委员会（第二委员会）

联合国第73届大会经济和金融委员会（第二委员会）于2018年10月4日至12月3日在美国纽约联合国总部举行，审议了消除贫困、可持续发展、宏观经济政策和发展业务活动等共29项议题，并通过了40份决议。中国常驻联合国代表马朝旭大使在第二委员会一般性辩论上发言，呼吁各国采取实际行动支持多边主义，加速推进2030年可持续发展议程，共同推动更加开放、包容、普惠、平衡、共赢的经济全球化，共同构建人类命运共同体。中方其他参会代表还在第二委员会各议题下发言，全面阐述中方在全球治理、2030年可持续发展议程、南南合作、气候变化、发展筹资和国际贸易等问题上的立场，呼吁维护多边主义和多边贸易体制，强化全球发展伙伴关系，共同落实2030年可持续发展议程。此外，中方还推动第二委员会首次通过以农村减贫为主题的决议。

2. 联合国亚洲及太平洋经济社会委员会

联合国亚洲及太平洋经济社会委员会（简称“ESCAP”）于1947年成立于中国上海，前身为联合国亚洲及远东经济委员会（简称“ECAFE”），1949年迁址至泰国曼谷，1974年改为现名，为联合国经济及社会理事会下属5个区域经济委员会之一。截至2018年年底，ESCAP共有53个成员及9个准成员。

2018年5月14～15日，外交部部长助理张军率团出席在泰国曼谷举行的ESCAP第74届年会。会议围绕“2030年可持续发展议程背景下的不平等问题”的主题进行一般性辩论，审议区域经济合作重要事项，并就多边主义、前沿科技等议题进行专题讨论。张军部长助理在一般性辩论中发言，提出坚持创新驱动、坚持开放发展、坚持互联互通、坚持共建共享等合作主张，表示中国愿与各方积极开展“一带一路”国际合作，打造伙伴关系，深化务实合作，为亚太繁荣发展作出新贡献。张军部长助理在多边主义专题讨论上作引导发言。会议通过了中国提交的“加强区域合作以解决亚太各种形式的不平等”决议，主张各国将解决不平等问题作为落实2030议程的优先任务。与会期间，张军部长助理会见了时任ESCAP执行秘书沙姆沙德·阿赫塔尔。

11月1日，阿尔米达·萨尔西娅·阿里沙赫巴纳正式就任ESCAP第11任执行秘书。

（2）环境与可持续发展领域活动

联合国经济及社会理事会和联合国可持续发展高级别政治论坛

联合国经济及社会理事会是负责统筹协调联合国经济和社会发展事务的主要机构。2018年经社理事会主题为“从全球到地方：在农村和城市构建可持续和抗风险型社会”，先后举行了发展业务活动会议、发展筹资论坛等。

2018年7月16～18日，联合国可持续发展高级别政治论坛部长级会议在纽约联合国总部举行。中国常驻联合国代表马朝旭大使出席会议并发表讲话，强调各国应坚持发展优先，将落实2030年可持续发展议程同本国发展战略对接。马朝旭大使表示，中方一贯反对单边主义和贸易保护主义，愿同各方一道，共同维护自由贸易和多边贸易体制，坚定维护世界各国共

同利益。

3. 人权领域

（1）积极参与联合国人权机构工作

2018年，中国继续积极和建设性参与联合国人权机构工作。

2月26日至3月23日，联合国人权理事会在日内瓦举行第37届会议。其间举行了高级别会议与联合国人权高专对话，举行纪念《世界人权宣言》通过70周年和《维也纳宣言和行动纲领》通过25周年、“人权主流化”、残疾人权利、儿童权利等专题讨论会，与“人权卫士”、酷刑、反恐中保护人权、宗教信仰自由等专题特别机制举行对话，与叙利亚、朝鲜、伊朗、缅甸、布隆迪、南苏丹等国别特别机制对话，听取人权高专关于乌克兰、柬埔寨、斯里兰卡等问题报告，讨论被占巴勒斯坦领土人权问题，核可巴基斯坦、日本、韩国、瑞士等11国国别人权审议报告，就各国提交的国别和专题性草案采取行动，任命集会和结社自由问题特别报告员等特别机制专家，通过41项决议。

6月18日至7月6日，人权理事会在日内瓦举行第38届会议。其间与法外处决、言论自由权、和平集会和结社自由权、法官和律师独立性、健康权、教育权等近20个特别机制对话，与叙利亚、白俄罗斯、厄立特里亚、缅甸、布隆迪等国别特别机制对话，听取人权高专关于格鲁吉亚问题报告，核可法国、以色列、布隆迪、阿联酋等14国国别人权审议报告，任命环境与人权问题特别报告员、伊朗人权状况特别报告员、人权与跨国公司问题工作组等特别机制专家，通过20项决议。

9月10～28日，人权理事会在日内瓦举行第39届会议。其间与人权高专对话，举行各议题一般性辩论，与任意拘留、强制失踪、发展权、真相权等专题特别机制对话，与叙利亚、南苏丹、缅甸、布隆迪、苏丹等国别特别机制对话，听取人权高专关于乌克兰、刚果（金）等国别问题报告，举行《防止种族灭绝公约》70周年、土著人权利、将性别平等纳入人权理事会工作等专题讨论会，核可俄罗斯、古巴、德国、加拿大等14国国别人权审议报告，选举人权理事会咨委会部分专家，任命白俄罗斯、厄立特里亚人权状况特别报告员等特别机制专家，通过23项决议、1项主席声明。

中国代表团积极参与人权理事会上述会议，介绍中国人权主张、促进和保护人权的政策举措和成就，参加各项议题讨论和决议草案磋商，为发展中国家仗义执言。

联合国人权理事会第37届会议通过中国提出的“在人权领域促进合作共赢”决议，呼吁各国共同努力，构建相互尊重、公平正义、合作共赢的新型国际关系，构建人类命运共同体，强调各国要坚持多边主义，加强人权领域对话与合作，实现合作共赢。联合国人权理事会第38届会议上，中国联合近140国发表“坚持以人民为中心，促进和保护人权”联合声明。联合国人权理事会第39届会议上，中国代表不结盟运动成员国等近140国在人权理事会发表“携手合作消除贫困，共同推进国际人权事业发展”的联合声明。

3月7日，人权理事会第37届会议期间，中国人权研究会在日内瓦万国宫举办“西藏文化的保护与发展”边会，深入介绍西藏在保护和发展传统文化方面所采取的努力和取得的成就。

6月19日，人权理事会第38届会议期间，中国与比利时合作举办儿童权利问题边会。中方在会上介绍了中国在促进和保护儿童权利方面的政策主张及成功经验。

6月25日，人权理事会第38届会议期间，中国与非洲国家共同举办“发展和减贫对促进和保护人权的贡献”国际研讨会，分享以发展促人权的成功经验。

6月25日，人权理事会第38届会议期间，中国人权研究会举办“新疆人权事业的发展与进步”边会，全面介绍新疆在扶贫、教育、文化、反恐、医疗等方面所采取的措施和取得的成就。

9月11日，人权理事会第39届会议期间，中国人权研究会举办“中国改革开放与人权发展”边会，全面介绍改革开放40年来中国人权发展成就。

9月13日，人权理事会第39届会议期间，中国与南非共同举办“消除贫困与实现所有人权，包括发展权”会议，分享中国减贫经验，就通过减贫和发展促进人权同各方进行探讨。

11月6～9日，中国在日内瓦参加联合国人权理事会第三轮国别人权审议。中国代表团全面介绍了中国在促进和保护人权方面取得的巨大成就，阐述了新时代中国特色发展道路和人权观，阐明了中国保障和促进人权的发展方向，并宣布了中国将采取的30项人权保障新举措。120多个国家高度肯定中国发展成就，高度评价中国特色人权理念和实践，表示中国在保障人权和发展权、消除贫困等方面的经验和做法值得学习和借鉴。

审议期间，国务院新闻办公室和常驻联合国日内瓦办事处和瑞士其他国际组织代表团共同主办“新时代中国人权事业的发展”展览；中国国际交流协会、中华全国妇女联合会等11家国内社会组织举办主题为“改革开放40年中国社会组织的发展与人权事业进步”和“中国少数民族发展与人权进步”的边会。

中国还及时答复人权理事会特别机制来函，积极参与人权理事会下属

的发展权工作组、社会论坛、工商业与人权论坛等机制工作，阐述相关主张，发挥了建设性作用。

10月2日至11月21日，第73届联大三委在纽约联合国总部举行，审议了人权保护、社会发展、提高妇女地位、难民、禁毒、预防犯罪等议题并通过57项决议。中国代表团全面参与各议题讨论和决议磋商，阐述中国立场和主张。中国代表团在人权议题下作了综合性发言，就推动国际人权事业发展提出四点主张：一是要维护和平安全，二是要推动全球发展，三是要加强交流合作，四是要完善全球治理，表示将继续与各方携手努力，推动国际人权事业健康发展，共同构建人类命运共同体。

1月29日至2月7日、5月21～30日，联合国非政府组织委员会2018年届会和续会分别在纽约联合国总部举行，中国作为委员会成员国出席会议。会议审议了549个非政府组织的申请和615份非政府组织四年期报告。中国水利工程协会、国际儒学联合会、阿拉伯工商协会、全球化智库获得经社理事会咨商地位。

（2）开展国际人权交流与合作

2018年，中国继续致力于与国际人权机构开展合作。中国重视国际人权文书对促进和保护人权的积极作用，已加入包括《经济、社会及文化权利国际公约》在内的26项国际人权公约，认真履行条约义务，继续与有关人权条约机构开展合作。联合国消除种族歧视委员会审议通过中国履行《消除一切形式种族歧视国际公约》报告。

中国继续在平等和相互尊重的基础上开展国际人权对话与交流。与欧盟、德国、瑞士、荷兰等西方国家举行人权对话和交流，与澳大利亚开展人权技术合作，增进了相互了解。与俄罗斯、巴基斯坦举行双边人权事务磋商，交流参与国际人权工作的经验。

9月18～19日，“2018·北京人权论坛”在北京举行，主题为“消除贫困：共建一个没有贫困、共同发展的人类命运共同体”。中共中央政治局委员、中共中央宣传部部长黄坤明，中国人权研究会会长向巴平措，中国人权发展基金会理事长黄孟复，外交部部长助理张军出席开幕式并致辞。来自近50个国家、地区和国际组织的官员、专家学者、知名人士等200余人出席。

4. 社会领域

（1）国际难民保护

联合国难民事务高级专员公署（简称“难民署”）于1951年成立，负责保护难民并促使难民问题永久解决，总部位于瑞士日内瓦。现任难民高专格兰蒂（意大利籍）于2016年1月1日上任，任期5年。

中国是联合国《1951年关于难民地位公约》及其《议定书》的缔约国，高度重视难民保护问题，严格履行应尽义务，与难民署保持良好合作关系。

2018年，中国政府继续积极参与国际难民保护工作。

8月8～11日，联合国难民高专格兰蒂访华。访华期间，外交部部长助理张军，民政部副部长高晓兵，公安部副部长、国家移民管理局局长许甘露，国家国际发展合作署副署长邓波清，应急管理部副部长郑国光等分别与其会见，就全球难民形势、中国同难民署合作等交换意见。

10月1～5日，联合国难民执委会第69次会议在瑞士日内瓦举行。会议审议了难民保护报告、执委会常委会工作报告、难民署2018～2019双年度项目预算等议题。中国常驻联合国日内瓦办事处和瑞士其他国际组织代表团常驻代表俞建华大使率团出席会议并发言，阐述中国政府关于难民问题的立场和主张，强调应坚持在多边框架下应对难民等全球性挑战，呼吁国际社会以“标本兼治、综合施策”理念，秉持客观中立原则处理难民事务，重申中国将继续同难民署等加强合作，为完善全球难民治理贡献力量。

12月17日，第73届联合国大会通过联合国难民署决议及其附件《难民问题全球契约》。中国政府积极参与契约磋商和谈判进程，提出坚持综合施策、标本兼治应对难民问题等主张，得到普遍欢迎。

（2）妇女权益保护

联合国妇女地位委员会成立于1946年，是联合国经社理事会职司委员会之一，系联合国系统处理妇女问题的主要机构。该机构职责是促进妇女在政治、经济、社会及教育等方面实现男女平等，就有关妇女权益问题向经社理事会提出建议和报告。现有成员45个，由经社理事会按地区分配原则选举产生，任期4年。中国于1972年首次当选妇女地位委员会成员，之后连选连任至2016年年底，2018年又重新担任该委员会成员，现有任期至2021年。中国积极参与该委员会的各项活动。

2018年3月12～23日，第62届联合国妇女地位委员会在纽约联合国总部举行，主题为“实现农村妇女和女童性别平等和赋权面临的挑战和机遇”。中国常驻联合国副代表吴海涛大使率由中华全国妇女联合会、中国常驻联合国代表团及港澳代表组成的中国代表团出席。中国代表团积极参加会议各项议程，宣传中方政策主张和妇女领域工作成果。会议通过决议，决定2020年妇女地位委员会以纪念北京世界妇女大会25周年为主题，并建议在2020年9月联大一般性辩论期间举行一天的高级别会议。

联合国妇女署于2011年1月1日正式开始运作。作为联合国系统内负责

妇女事务的主要机构，联合国妇女署致力于推进全球妇女事业发展，特别是在联合国各层面纳入性别观念及向各国提供政策指导和技术支持。该机构下设执行局作为理事单位，由41个成员国组成。中国于2010年当选为首届执行局成员，之后连选连任至今。中国政府积极落实习近平主席在2015年9月联大期间举行的全球妇女峰会上所作的承诺，自2016年起分五年每年向联合国妇女署捐款200万美元，用于支持落实《北京宣言》和《行动纲领》，落实2030年可持续发展议程相关目标。

2018年12月，联合国副秘书长、妇女署执行主任努卡应邀访华，全国人大常委会副委员长、全国妇联主席沈跃跃，外交部部长助理张军，人力资源和社会保障部副部长张义珍，国家体育总局副局长杨宁，国家国际发展合作署署长王晓涛分别与其会见。

2018年，联合国消除对妇女歧视委员会委员、全国妇联联络部副部长宋文艳出席联合国消除对妇女歧视委员会第69～71届会议，积极参与对各缔约国履约报告的审议和有关报告、文件的讨论，广泛参加各工作组会议，深入了解情况，积极发挥作用。

（3）劳工权益保护

国际劳工组织成立于1919年，1946年成为联合国负责劳工事务的专门机构，总部设在瑞士日内瓦，现有187个成员。成员国代表团按“三方性”原则由政府、雇主组织和工人组织的代表组成，三方代表有平等独立的发言权和表决权。主要机构有国际劳工大会、理事会和国际劳工局。国际劳工大会为该组织的最高权力机构，理事会为大会闭会期间的执行机构，国际劳工局是该组织常设秘书处。总干事盖·莱德（英国籍）于2012年就任，2016年年底获连任，任期至2022年。

中国是国际劳工组织的创始会员国，也是理事会政府组的常任理事国。1971年中国恢复在该组织的合法席位。1983年，中国派团出席第69届国际劳工大会，正式恢复在国际劳工组织中的活动。中国重视并积极参与国际劳工组织的各项活动，与其保持着良好的合作关系。

2018年，中国政府派团参加国际劳工组织第332、333、334届理事会和第107届国际劳工大会等活动。5月27日至6月8日，人力资源和社会保障部副部长张义珍，中华全国总工会副主席、书记处书记江广平和中国企业联合会副会长黄海嵩组成中国三方代表团出席第107届国际劳工大会。张义珍副部长在全会上做了题为“消除性别差距确保女性获得更充分更高质量就业”的发言，介绍中国重视女性就业、女职工劳动保护制度不断完善、女性就业质量和结构不断改善、女性社会保障覆盖面不断扩大等情况。江广平副主席和黄海嵩副会长也分别在全会代表中国工会和雇主组织发言。中国代表团积极参与会议讨论，提出将构建人类命运共同体和推动互利共赢合作等主张上升为国际共识，推动会议通过包含构建人类命运共同体等重要内容的决议。

5. 中国与联合国专门机构

（1）世界卫生组织

世界卫生组织（简称“世卫组织”）创建于1948年，是联合国专门机构，系国际卫生工作的指导和协调机构，总部位于瑞士日内瓦，现有194个会员国。世卫组织的最高权力机构为世界卫生大会，由全体会员国代表组成，每年举行例会。执行委员会是世界卫生大会的执行机构，由34名执委组成，名额按地域分配原则，由世卫组织区域委员会选出。现任总干事为谭德塞(埃塞俄比亚籍)，2017年7月1日就任，任期5年。

中国是世卫组织创始国之一。1972年第25届世界卫生大会恢复中国在该组织的合法席位。此后，中国出席了历届世界卫生大会，多次当选执委会委员。

2018年1月22～27日，世卫组织执委会第142届会议在瑞士日内瓦举行。会议讨论了世卫组织第13个工作总规划、世卫组织改革、突发公共卫生事件防范和应对、非传染性疾病和传染病、人力资源等议题。国家卫生健康委员会组团与会。

5月21～26日，第71届世界卫生大会在瑞士日内瓦举行。会议审议了结核病和慢性非传染性疾病、大流行性流感防范等72项行政管理和技术议题。国家卫生健康委员会、外交部、中共中央台湾工作办公室等组团与会。

7月15～18日，世卫组织总干事谭德塞应邀访华。访华期间，国家主席习近平夫人彭丽媛、国家副主席王岐山、国务委员兼外交部长王毅以及国家卫生健康委员会、国家国际发展合作署、国家市场监督管理总局等部委负责人分别会见谭德塞。

9月2～4日，世卫组织总干事谭德塞来华出席中非合作论坛北京峰会，并出席“中非携手抗艾 共享美好未来”主题会议。国务院副总理孙春兰会见谭德塞。

10月8～12日，世卫组织西太平洋区域委员会第69届会议在菲律宾马尼拉召开。会议选举葛西健（日本籍）担任新任西太区主任，2019年2月1日上任，任期5年。国家卫生健康委员会组团参会。

（2）国际电信联盟

国际电信联盟（简称“国际电联”）成立于1865年，是联合国专门机构，总部位于瑞士日内瓦，现有193个成员国。全权代表大会是国际电联最高权力和政策制定机构。理事会是该组织管理机构，由48个成员国组成。现任秘书长为赵厚麟（中国籍），2015年1月上任，并在2018年国际电联第20届全权代表大会上成功连任，任期至2022年年底。

中国于1920年加入国际电报联盟（国际电联前身），1932年签署马德里《国际电信公约》，在1947年国际电联全权代表大会上被选为行政理事会理事国。新中国成立后，中国在国际电联的合法席位曾一度被剥夺。中国重返联合国后，1972年国际电联第27届行政理事会决定，恢复中国合法席位。此后，中国一直担任国际电联理事国。

2018年4月17～18日，工业和信息化部总工程师陈因在瑞士日内瓦出席国际电联2018年理事会，分别出席并见证了工业和信息化部与国际电联开展人力资源有关活动，以及科大讯飞股份有限公司与国际电联开展人工智能领域合作相关协议的签约仪式。

10月28日至11月2日，工业和信息化部副部长陈肇雄率团出席在阿联酋迪拜举行的2018年国际电联第20届全权代表大会。

12月12日，工业和信息化部与国际电联共同在北京举办“落实中非合作论坛北京峰会成果 加强中非信息通信合作”研讨会。陈肇雄副部长、赵厚麟秘书长出席并致辞。

（3）国际海事组织

国际海事组织（简称“IMO”）成立于1959年，原名“政府间海事协商组织”，1982年更名为“国际海事组织”，是联合国负责海上航行安全和防止船舶造成海洋污染的专门机构，其通过的条约对国际航运行为具有强制约束力。IMO现有174个成员国和3个联系会员（中国香港、中国澳门和法罗群岛），秘书处设在英国伦敦。现任秘书长林基泽（韩国籍）2016年1月上任，任期至2019年12月。

中国于1973年恢复在IMO的成员国地位，已批准或加入该组织几乎所有的重要公约。2017年12月，IMO第30届大会举行了新一届理事会选举，中国以最高票当选该组织A类理事国。这也是中国自1989年起第15次连任该组织A类理事国。在IMO理事会第119次会议上，交通运输部国际合作司副司长张晓杰当选为会议主席，这是中国代表首次当选理事会主席。

2018年，IMO举行了理事会第120、121届会议，海上安全委员会第99

和100次会议、海上环境保护委员会第72和73次会议、法律委员会第105次会议、技术合作委员会第68次会议、便利运输委员会第42次会议及7个技术分委会的会议。中国代表团出席上述会议，积极参与IMO理事会改革、未来发展战略规划、海运温室气体减排、客船安全、水面智能船舶等重要议题的讨论。

（4）国际民航组织

国际民航组织（简称“ICAO”）于1947年成立，是联合国系统中负责处理国际民航事务的专门机构，现有191个成员国，总部设在加拿大蒙特利尔。按照《国际民用航空公约》授权，制定并更新航行方面的国际技术标准和建议措施。

ICAO的最高权力机构是所有成员国参加的大会，每三年召开一次。大会的常设机构为理事会，由36个理事国组成。现任理事会主席为阿留(尼日利亚籍)，任期为2016～2019年。ICAO秘书长为柳芳（中国籍），任期为2018～2021年。

中国自1974年恢复在ICAO活动以来，在历届大会选举中连选连任二类理事国，在2004年第35届大会首次成功竞选担任一类理事国，并于2007、2010、2013、2016年成功连任。

2018年1月31日至2月1日，首届亚太地区民航部长级会议在北京成功举行。会议以“共享 包容 协作 共塑亚太航空新未来”为主题，来自国际民航组织亚太及其他地区的36个成员国和国际民航组织、国际航空运输协会等6个国际组织的近300名代表出席会议。会议通过《北京宣言》。

10月9～19日，国际民航组织第13次空中航行会议在加拿大蒙特利尔举行。会议就飞行安全、空中航行能力与效率、航空界特别关心的其他关键绩效领域、社会效益问题及解决方案等展开了全面讨论。中国民用航空局、外交部、国家空中交通管制委员会办公室、香港民航处和澳门民航局共同组成中国政府代表团参会。

2018年，中国民用航空局共派出逾110个团组参加ICAO各类专家组及技术组工作和会议，全面参与国际民航的标准和政策制定。

（5）联合国教科文组织

联合国教科文组织（简称“教科文组织”）1946年成立。总部设在法国巴黎。现有195个会员国，9个准会员。该组织旨在通过教育、科学及文化促进各国间合作，对和平与安全作出贡献。现任总干事奥德蕾·阿祖莱（法国籍）女士于2017年11月当选，任期至2021年。

中国是教科文组织20个创始国之一，1971年恢复在该组织的合法席位。教科文组织是中国教育、科学和文化领域对外开放的重要合作伙伴，中方始终重视与该组织的合作，积极参与其各项重要项目和活动。

2018年6月，中国"贵州梵净山"自然遗产项目成功被列入《世界遗产名录》。同月，中国高票当选保护非物质文化遗产政府间委员会委员国（任期2018—2022年）。

7月，教科文组织总干事阿祖莱应邀访华，国家主席习近平礼节性会见，习近平主席夫人彭丽媛会见并宴请。中共中央政治局委员、中共中央宣传部部长黄坤明，教育部部长陈宝生，北京市市长陈吉宁分别会见阿祖莱总干事。双方就加强在教科文组织相关领域合作交换意见。

10月，第三届女童和妇女教育奖颁奖仪式在法国巴黎举行，习近平主席夫人彭丽媛向会议致书面贺词，教育部副部长田学军出席颁奖仪式并宣读贺词。该奖项由中国提议并资助，是教科文组织在此领域设立的唯一奖项。

11月，中国"藏医药浴法"成功列入人类非物质文化遗产代表作名录。

（6）世界知识产权组织

世界知识产权组织成立于1967年，1974年成为联合国专门机构，是致力于促进使用和保护人类智力作品的国际组织，总部位于瑞士日内瓦，现有191个成员国。中国自1980年加入世界知识产权组织以来，双方始终保持友好合作关系。

2018年，中国政府代表团共参加世界知识产权组织成员国大会、知识产权与发展委员会会议、计划和预算委员会等近40次各委员会会议和磋商，继续推动世界知识产权组织发挥知识产权领域国际规则制定主平台作用，发表中国的立场和看法，在国际专利分类等领域的多项中国提案在世界知识产权组织通过，有力促进知识产权国际规则朝着平衡、普惠的方向发展。

4月8～11日，世界知识产权组织总干事弗朗西斯·高锐（澳大利亚籍）应邀来华出席博鳌亚洲论坛2018年年会。

8月28～29日，国家知识产权局、国家版权局、商务部、北京市人民政府和世界知识产权组织共同在北京举办2018年"一带一路"知识产权高级别会议，会议主题为"包容、发展、合作、共赢"，会议发布了《关于进一步推进"一带一路"知识产权务实合作的联合声明》，国家主席习近平向大会致贺信，国务院总理李克强会见世界知识产权组织总干事高锐及与会代表，国务委员王勇出席会议并讲话。

11月6～7日，世界知识产权组织总干事高锐应邀来华参加首届中国国际进口博览会。国家知识产权局、商务部、上海市人民政府和世界知识产权组织共同在上海举办“第15届上海知识产权国际论坛暨全球知识产权保护和创新发展大会”。

（7）万国邮政联盟

万国邮政联盟（简称“万国邮联”）成立于1874年，目前有192个成员国，是有关国际邮政事务的联合国专门机构，总部设在瑞士伯尔尼。该组织旨在促进、组织和改善国际邮政业务，并向成员提供邮政技术援助。中国于1914年加入万国邮联，1972年恢复合法席位。万国邮联大会是万国邮联的最高权力机构，每四年召开一届。自1974年以来，中国当选历届邮政经营理事会理事国，除两届轮空外，均当选行政理事会理事国，现任任期至2020年。

2018年9月3～7日，万国邮联第二次特别大会在埃塞俄比亚的斯亚贝巴举行。会议审议了邮联结构改革、会费体制改革、养老保险体系改革、产品与终端费改革四项议题，召开了部长级战略论坛。国家邮政局局长马军胜率团出席。

（8）联合国开发计划署

联合国开发计划署（简称“UNDP”）成立于1965年，总部位于美国纽约，是联合国系统内最大的发展援助机构。

联合国开发计划署/联合国人口基金执行局2018年第一次常会、年会、第二次常会分别于1月、6月、9月在纽约举行，审议了署长年度报告、人类发展报告、财政预算和管理、国别方案、评估事项及项目计划安排等议题。

中国自1972年开始参加开发计划署活动，双方合作良好。双方合作每五年一个周期，正在执行第八周期（2016—2020年）国别方案，主要包括减贫、消除不平等、保护弱势群体、生态发展与低碳经济等方面。2018年11月，开发计划署署长施泰纳访华并出席2018中国环境与发展国际合作委员会年会，国务院总理李克强同其会见。

（9）联合国工业发展组织

联合国工业发展组织（简称“工发组织”，UNIDO）成立于1966年，总部位于奥地利维也纳，1985年成为联合国专门机构。

中国于1973年加入工发组织。自1979年双方开展合作项目以来，工发组织在华开展了500多个项目，涉及工业发展、贸易能力建设、环境保护等

领域。

（10）联合国人口基金

1969年，“联合国人口活动基金”成立，1987年正式定名为“联合国人口基金”（简称“人口基金”，UNFPA），总部位于美国纽约，属联合国经济及社会理事会下属机构。

联合国开发计划署/联合国人口基金执行局2018年第一次常会、年会、第二次常会分别于1月、6月、9月在纽约举行，审议了执行主任年度报告、财政预算和管理、国别方案等议题。

1978年5月，人口基金与中国在北京签署《谅解备忘录》。40年来，双方实施了200多个合作项目，合作领域涉及计划生育、生殖健康、妇幼保健、扶贫、人口普查数据研究、性别平等、艾滋病防治、人口老龄化等领域，取得良好经济和社会效益。

（11）联合国人类住区规划署

1978年，联合国人居中心成立。2001年12月，联合国大会56/206号决议决定将联合国人居中心升格为联合国人类住区规划署（简称“人居署”，UN–HABITAT）。

2018年6月21日，联合国人居署常驻代表委员会第69次例会在纽约举行，人居署执行主任麦慕娜作例行报告，回顾人居署的发展历史和改革方向，并针对人居署未来愿景、改革进程、财务状况、项目执行情况等主题作详细说明。

中国与人居署一直保持着良好的合作关系。近年来，双方交流合作进一步加强，合作领域主要包括可持续城市发展、城市规划、住房和城市基础设施、城市应对气候变化，以及信息传播、世界人居日活动等。

（12）联合国儿童基金会

联合国儿童基金会（简称“儿基会”，UNICEF）成立于1946年12月11日，当时称联合国国际儿童紧急基金会。1953年改称联合国儿童基金会，总部在美国纽约。

儿基会执行局2018年第一次常会、年会、第二次常会分别于2月、6月、9月在纽约举行，审议了执行主任年度报告、财务和预算、国别方案等议题。

1979年，中国开始与儿基会发展合作关系。近40年来，双方合作开展160多个项目，涉及儿童发展和社会福利政策、卫生与营养等领域。

（13）联合国环境规划署

联合国环境规划署（简称“环境署”，UNEP）成立于1973年，总部位于肯尼亚内罗毕。

中国同环境署合作良好。1976年，中国在内罗毕设立驻联合国环境规划署代表处，由中国驻肯尼亚大使兼任代表。2003年9月，环境署在北京设立代表处。

中国与环境署保持良好的合作关系。时任环境署执行主任索尔海姆分别于2018年4月、6月、9月及10月来华访问，生态环境部部长李干杰均与其会见。双方就中非环境合作中心、“一带一路”绿色发展国际联盟等问题深入交换意见。索尔海姆执行主任并走访浙江省多地、河北省塞罕坝机械林场及雄安新区，高度评价中国绿色发展成果，表示环境署将发挥桥梁作用，向世界其他城市推广介绍雄安新区，分享中国可持续发展经验。2018年，浙江省“千村示范、万村整治”工程荣获联合国最高环保荣誉“地球卫士奖”的“激励与行动奖”。

（14）联合国粮食及农业组织

联合国粮食及农业组织（简称“粮农组织”,FAO）成立于1945年10月，总部位于意大利罗马，为联合国专门机构。

2018年6月4～8日，粮农组织理事会第159届会议在意大利罗马举行。会议讨论了粮农组织下任总干事职位提名，审议通过了年度工作计划和预算及各区域委员会报告等一系列文件。

中国为粮农组织创始成员国之一，1973年恢复在该组织席位以来，双方合作良好。粮农组织积极支持中国农村改革和农业发展，中国也积极履行成员国义务，通过设立信托基金、派遣农业专家、提供专门捐款等方式广泛参与和支持粮农组织活动。

（15）国际农业发展基金

国际农业发展基金（简称“农发基金”，IFAD）成立于1977年，总部位于意大利罗马。

2018年2月13～14日，农发基金第41届理事会在意大利罗马举行，会议以“从脆弱性到长期可恢复性：投资可持续农村经济”为主题，审议通过了行政和资本预算等一系列政策文件。

中国于1980年正式加入农发基金，一直与其合作良好。中国积极发挥成员国的作用，积极支持农发基金开展工作。2018年2月，中国宣布在农发

基金设立南南及三方合作基金，专门支持农村减贫和发展领域的南南经验与技术交流、知识分享、政策对话、能力建设与投资促进等。2018年10月，农发基金总裁吉尔伯特·洪博访华，就加强双方总体合作与中方交换意见。

（16）世界粮食计划署

世界粮食计划署（简称“WFP”）成立于1961年，总部位于意大利罗马，是联合国系统中负责多边粮食援助活动的专门机构。

2018年6月18～22日，世界粮食计划署执行局2018年年会在意大利罗马召开。会议主要批准了2017年度绩效报告、道德办公室报告、检察长报告和评估报告，并批准通过了肯尼亚、埃及、阿富汗、菲律宾和玻利维亚等5个国家国别战略计划。

中国于1979年正式参加世界粮食计划署活动。2006年起，世界粮食计划署结束其在华常规粮援项目，中国从受援国转变为捐赠国，并逐渐加大对世界粮食计划署的支持力度。2018年11月，世界粮食计划署执行干事比斯利访华，就加强世界粮食计划署同中国合作交流意见，并与有关中国企业洽谈合作事宜。

（17）世界气象组织

世界气象组织（简称“WMO”）成立于1950年，是开展气象业务和气象科学活动的政府间气象组织。

世界气象组织是中国在联合国恢复合法席位后最早加入的联合国专门机构之一。1972年2月，中国恢复在世界气象组织的合法席位。中国政府长期以来支持世界气象组织在气象防灾减灾、应对气候变化等领域发挥重要的作用，认可世界气象组织是天气、气候和水文领域最重要的多边合作机制。

2017年5月，中国气象局和世界气象组织在首届“一带一路”国际合作高峰论坛上签署了《中国气象局与世界气象组织关于推进区域气象合作和共建“一带一路”的意向书》。2018年，中国在世界气象组织秘书处设立“一带一路”倡议信托基金，支持相关计划和活动的实施。

（18）世界贸易组织

世界贸易组织（简称“世贸组织”）前身为关税与贸易总协定（GATT）。1994年4月在摩洛哥马拉喀什举行的关贸总协定部长级会议正式决定成立世界贸易组织。1995年1月1日，世贸组织成立。目前，世贸组织共有164个成员。

2001年12月11日，中国正式成为世贸组织成员。加入世贸组织后，中国重视世贸组织的作用，坚定维护以世贸组织为核心的多边贸易体制，反对贸易保护主义，敦促主要经济体秉持开放政策，支持世贸组织加强对贸易政策的监督，并通过二十国集团、亚太经合组织等重要多边国际平台呼吁各国加强对贸易问题的关注，支持多哈回合谈判。

2018年7月11日和13日，世贸组织对华第七次贸易政策审议在日内瓦举行。此次审议中，世贸组织成员对中国自上次审议以来的经济发展和贸易政策方向给予了充分肯定，认为中国认真履行成员义务，为其他成员带来了机会和好处，中国的改革开放没有止步。

世贸组织现任总干事阿泽维多于2013年9月正式上任,2017年2月连任。阿泽维多总干事重视中国作用，曾分别于2016年9月、2018年11月来华出席二十国集团领导人杭州峰会、首届中国国际进口博览会。

（19）国际移民组织

国际移民组织（简称“IOM”）成立于1951年，是移民领域唯一的全球性政府间国际组织，总部设在瑞士日内瓦，现有173个成员国。宗旨是在世界范围内确保移民有序流动，并协助有关国家处理移民问题。2016年9月19日，国际移民组织成为联合国联系组织。国际移民组织现任总干事维托里诺（葡萄牙籍），2018年10月上任，任期至2023年。

2001年，中国成为国际移民组织观察员国。2006年9月，中国与国际移民组织签署设处协议，正式同意其在华设立联络处。2016年6月30日，国际移民组织特别理事会在瑞士日内瓦举行。会议协商一致通过中国加入国际移民组织的申请，并通过国际移民组织成为联合国联系组织的决议草案。同日，中国正式加入国际移民组织。2017年双方签署《中华人民共和国政府和国际移民组织关于设立国际移民组织驻华代表处的协议》，国际移民组织驻华联络处升级为代表处。中国同国际移民组织合作良好，双方已合作共同开展两期“中国移民管理能力建设项目”，正在开展“支持中欧人员往来和移民领域对话项目”。

2018年5月7～9日，时任国际移民组织总干事斯温应邀访华，其间拜访外交部、应急管理部、国家移民管理局、国家国际发展合作署，就国际移民形势与加强双方合作交换意见。

11月27～30日，国际移民组织第109届理事会会议在瑞士日内瓦举行。中国常驻联合国日内瓦办事处和瑞士其他国际组织代表团临时代办蒋端率团出席，就加强全球移民治理及《安全、有序和正常的全球移民契约》(以下简称“《移民问题全球契约》”）阐述中方立场，强调坚持多边主义，支持

通过《移民问题全球契约》，坚持可持续发展理念，发挥移民对发展的重要推动作用，坚持标本兼治，综合解决被动移民问题。

12月19日，第73届联合国大会审议通过了《移民问题全球契约》，这是国际社会首份全方位协调解决移民问题的全球性文件，为加强全球移民治理提供了全球性框架。

（20）联合国世界旅游组织

联合国世界旅游组织（简称“UNWTO”），是联合国系统的政府间国际组织，是旅游领域的领导性国际组织。前身为国际官方旅游宣传组织联盟，1975年改为现名，2003年11月成为联合国专门机构。其宗旨是通过旅游业发展，推动经济增长，增进各国了解，促进世界和平与繁荣。目前正式成员有158个，联系成员6个，观察员2个，附属成员450个。总部设在西班牙马德里。现任秘书长是祖拉布·波洛利卡什维利（格鲁吉亚籍），于2017年9月当选，任期为2018～2021年。

1983年10月5日，该组织第五届全体大会通过决议，接纳中国为正式成员国。中国多次当选该组织执行委员会委员，2015年连任，本届任期至2019年。中国同联合国世界旅游组织保持良好合作关系，多次共同组织国际旅游盛会，分别于2003年10月、2017年9月承办了联合国世界旅游组织第15届、第22届全体大会。

2018年，中国继续深化同联合国世界旅游组织及各成员国的合作，积极参与全球旅游治理体系改革和建设，分享中国旅游业发展机遇，贡献中国智慧和方案。9月，国务院副总理孙春兰在中南海会见就职后首次访华的联合国世界旅游组织秘书长波洛利卡什维利一行。

（二）中国与其他国际和地区组织、会议

1. 国际红十字组织

国际红十字组织包括红十字国际委员会（简称“国际红会”）和红十字会与红新月会国际联合会（简称“国际联合会”）。

国际红会成立于1863年，是国际红十字与红新月运动的发起者和创始组织。主要依据《日内瓦公约》所赋予的职责和权力，向战争和武装冲突受害者提供人道主义保护和救助，致力于发展和传播国际人道法。总部设

在瑞士日内瓦。现任主席彼得·莫雷尔（瑞士籍），于2012年就任，2015年连任，任期至2020年。

国际联合会成立于1919年。主要宣传红十字运动原则，救灾，备灾，与各国红十字会或红新月会合作开展各项人道主义工作。总部设在日内瓦。现任主席弗朗西斯科·罗卡（意大利籍），于2017年就任，任期至2021年。2018年4月18～19日，红十字会与红新月会国际联合会第十届中东北非地区会议在伊拉克召开，红十字会与红新月会国际联合会副主席、全国人大常委会副委员长、中国红十字会会长陈竺应邀出席会议。

5月29～31日，红十字国际委员会主席彼得·莫雷尔来华访问，国家副主席王岐山，全国人大常委会副委员长、中国红十字会会长陈竺及外交部、司法部等有关部门负责人分别同其会见。

11月10～15日，第十届红十字会与红新月会国际联合会亚太地区大会在菲律宾马尼拉召开。全国人大常委会副委员长、中国红十字会会长陈竺率团参加，会议通过《马尼拉宣言》。

2. 亚洲太平洋邮政联盟

亚洲太平洋邮政联盟（简称“亚太邮联”）是区域性政府间国际邮政组织，成立于1962年，总部设在泰国曼谷，现有32个成员国。中国于1975年加入该组织。亚太邮联现任秘书长林洪亮（中国籍）于2014年就任，2017年连任，目前任期至2021年。

2018年6月，亚太邮联2018年执行理事会年会在越南岘港召开，讨论议题包括邮政服务发展趋向和政策、电子贸易发展与经营中的机遇和挑战、邮政与电子商务、邮政仓储服务、汇款服务和亚太邮联改革问题等。国家邮政局派团出席会议。

2018年，中国认担亚太邮联最高会费等级5个单位，及时缴纳会费，支持组织工作。此外，中国积极参与在亚太邮联改革、财务、培训、邮政业务重点工作，推动区域合作，扩大中国影响力。

3. 国际可再生能源署

国际可再生能源署（简称“IRENA”）于2009年1月在德国波恩成立，系政府间国际组织，旨在推广可再生能源使用，提出可再生能源发展信息服务和政策咨询，促进可再生能源开发技术转移等，总部设在阿联酋首都阿布扎比。

2018年1月13～14日，第八届国际可再生能源署全体大会在阿布扎比召开，会议选举中国为2019年第九届全体大会主席国。

4. 二十国集团

二十国集团（简称“G20”）于1999年成立，原为部长级会议机制。2008年国际金融危机爆发后，G20升级为领导人机制，旨在推动发达国家和新兴市场国家就世界经济和金融领域的重大问题开展对话与合作，促进世界经济强劲、可持续、平衡增长。G20共有20个成员，即阿根廷、澳大利亚、巴西、加拿大、中国、法国、德国、印度、印度尼西亚、意大利、日本、韩国、墨西哥、俄罗斯、沙特阿拉伯、南非、土耳其、英国、美国、欧盟。

G20无常设秘书处，峰会筹备工作由“三驾马车”（前任、现任和候任主席国）牵头、各成员共同参与，采取协调人、财金渠道双轨筹备机制。

截至2018年年底，G20已举行13次领导人峰会。中国国家主席出席了历届G20峰会并发表重要讲话。

2016年9月4～5日，G20领导人第11次峰会在浙江杭州成功召开。国家主席习近平全程主持峰会，并在开幕式上发表题为《构建创新、活力、联动、包容的世界经济》的致辞。峰会围绕“构建创新、活力、联动、包容的世界经济”主题，就创新增长方式、更高效的全球经济金融治理、强劲的国际贸易和投资、包容和联动式发展等重点议题进行了深入讨论。峰会发表《G20杭州峰会公报》，核准《创新增长蓝图》等28份核心成果文件，形成“放眼长远，综合施策，扩大开放，包容发展”的“杭州共识”，指明了G20从危机应对向长效治理机制转型的新方向。

G20领导人第13次峰会于2018年11月30日至12月1日在阿根廷布宜诺斯艾利斯举行。峰会以“为公平与可持续发展凝聚共识”为主题，围绕世界经济重大问题展开讨论，会后发表《二十国集团领导人布宜诺斯艾利斯峰会宣言》。习近平主席应邀出席并发表题为《登高望远，牢牢把握世界经济正确方向》的重要讲话，强调G20要坚持开放合作、维护多边贸易体制，坚持伙伴精神、加强宏观政策协调，坚持创新引领、挖掘经济增长动力，坚持普惠共赢、促进全球包容发展，引领世界经济沿着正确轨道向前发展。

5. 金砖国家

2001年，美国高盛公司首次提出BRICs概念，用巴西、俄罗斯、印度、中国四国英文名称首字母组成缩写词。因“BRICs”拼写和发音同英文单词“砖”（bricks）相近，中国媒体和学者将其译为金砖国家。2011年，南非正式加入金砖国家，英文名称定为BRICS。

金砖国家国土面积占世界领土总面积26.46%，人口占世界总人口42.24%。据估算，2017年五国经济总量约占世界23%，贸易总额、对外投资比重分别占世界16%和12%，对世界经济增长贡献率达50%。五国在世界银行投票权为14.18%，在国际货币基金组织份额总量为14.84%。

金砖国家合作机制成立以来，合作基础日益夯实，领域逐渐拓展，已经形成以领导人会晤为引领，以安全事务高级代表会议、外长会晤等部长级会议为支撑，在经贸、财金、科技、农业、文化、教育、卫生、智库、友城等数十个领域开展务实合作的多层次架构。金砖国家合作的影响已经超越五国范畴，成为促进世界经济增长、完善全球治理、促进国际关系民主化的建设性力量。

2006年，金砖国家外长举行首次会晤，开启金砖国家合作序幕。2009年6月，金砖国家领导人在俄罗斯叶卡捷琳堡举行首次会晤。2011年11月，金砖国家领导人在法国戛纳二十国集团峰会前夕举行首次非正式会晤。金砖国家领导人迄今共进行了10次会晤和8次非正式会晤。2018年7月23～25日，金砖国家领导人第十次会晤在南非约翰内斯堡举行。

金砖国家是新兴市场国家和发展中国家合作的重要平台。中国是金砖国家的创始国之一，也是金砖国家合作的积极支持者和推动者。中国一贯倡导金砖国家遵循开放、包容、合作、共赢的精神，共同致力于构建更紧密伙伴关系，加强各领域务实合作，继续在完善全球经济治理、加强多边主义和国际关系民主化方面发挥积极作用。

6. 亚太经济合作组织

亚太经合组织（简称“APEC”）是亚太地区级别高、领域广、影响力大的经济合作机制，成立于1989年，以推动区域经济一体化，促进贸易和投资自由化便利化为宗旨。经过30年的发展，APEC合作领域延伸至投资、金融、能源、农业、科技、电信、交通、旅游、人力资源、反恐、防灾减灾、反腐败、卫生等诸多领域。截至2018年年底，APEC共有21个成员及3个观察员。成员分别为澳大利亚、文莱、加拿大、智利、中国、中国香港、印度尼西亚、日本、韩国、墨西哥、马来西亚、新西兰、巴布亚新几内亚、秘鲁、菲律宾、俄罗斯、新加坡、中国台北、泰国、美国、越南。观察员分别为东盟秘书处、太平洋经济合作理事会、太平洋岛国论坛秘书处。APEC主要活动包括领导人非正式会议、部长级会议、高官会以及委员会、工作组会议等。

中国重视APEC的作用，一直支持并积极参与各层次、各领域的合作，并为合作不断取得进展作出重要贡献。中国支持APEC推进自身改革和机制建设、增强效率和效用，提高在应对重大国际经济问题方面的相关性、针对性和实效性，不断增强在区域合作中的影响力。2014年11月10～11日，

中方在北京成功主办APEC第22次领导人非正式会议。会议围绕“共建面向未来的亚太伙伴关系”主题，达成广泛共识，取得丰硕成果，发表《北京纲领：构建融合、创新、互联的亚太——APEC领导人宣言》和《APEC成立25周年声明》。2013年起，国家主席习近平出席或主持历次APEC领导人非正式会议。

2018年11月17～18日，习近平主席出席在巴布亚新几内亚莫尔斯比港举行的亚太经合组织第26次领导人非正式会议。习近平主席在APEC领导人非正式会议上发表《把握时代机遇 共谋亚太繁荣》的重要讲话，在工商领导人峰会上发表题为《同舟共济创造美好未来》的主旨演讲，并出席领导人同APEC工商咨询理事会代表对话会、世界经济形势非正式对话会等活动。习近平主席深刻剖析国际社会面临的挑战，为世界和亚太经济发展与合作提供中国方案、贡献中国智慧，引起高度关注和热烈反响。与会经济体领导人积极响应习近平主席的倡议主张，普遍赞同维护多边主义和多边贸易体系，反对保护主义，支持APEC在促进贸易和投资自由化便利化以及实现平衡、创新、可持续、包容增长方面继续发挥重要作用，支持推动亚太自由贸易区建设，携手共建活力、开放的亚太。会议在加强互联互通、发展数字经济、实现包容增长、制定2020年后合作愿景等领域取得新进展，达成了新共识，进一步深化了亚太合作。

会议期间，习近平主席分别会见智利总统皮涅拉、韩国总统文在寅、印度尼西亚总统佐科，并同多国领导人交换意见。

7. 新开发银行

新开发银行是金砖国家发起成立的多边开发银行。2012年3月，金砖国家领导人第四次会晤决定就金砖国家设立新开发银行进行可行性研究。2013年3月，金砖国家领导人第五次会晤同意建立新开发银行。2014年7月，金砖国家领导人在巴西福塔莱萨会晤期间，见证签署《成立新开发银行的协议》。2015年7月，新开发银行在上海正式开业。

新开发银行初始法定资本1000亿美元，初始认缴资本500亿美元，各国均出资100亿美元，平均股权。银行实行三级治理结构，理事会为最高决策机构，董事会负责监督银行经营，行长和副行长组成管理层。现任行长为昆达普尔·瓦曼·卡马特（印度籍）。

2018年，银行机制建设和业务运营取得积极进展。5月，新开发银行第三届理事会年会在上海举行。会上就银行业务和利用新技术支持可持续发展等进行了交流，选举南非财政部长奈内为第四届理事会主席。8月，银行获得惠誉和标准普尔AA+信用评级，这是其首次获得国际评级机构信用评级。12月，银行正式成为联合国大会观察员。截至2018年12月31日，银行共批准29个贷款项目，总额约78.5亿美元。

8. 77国集团

77国集团是发展中国家在联合国经济社会发展领域加强团结与合作的重要机制。1964年第一届联合国贸易和发展会议上，77个发展中国家发表联合宣言，77国集团由此形成。截至2017年，共有133个成员。主席国由来自亚非拉三大区域的成员国按地区原则轮流担任，任期1年。2018年主席国为埃及，2019年主席国为巴勒斯坦。

77国集团每年在联合国大会期间举行外长会议。在联合国及其专门机构会议期间，77国集团成员国也会协调立场或发表共同声明。2018年9月27日，“77国+中国”第42届部长级会议在纽约联合国总部举行。外交部部长助理张军出席会议，重申中方将继续与77国集团成员一道，坚定不移支持多边主义，为推动落实联合国2030年可持续发展议程、加强南南合作、完善全球经济治理作出努力。

中国不是77国集团的成员，但一贯支持其正义主张和合理要求，形成“77国集团+中国”的合作模式。中国全面参与77国集团的会议和活动，在经济、发展、社会等领域同77国集团协调立场，共同发声，维护发展中国家的整体利益。

9. 上海合作组织

2018年，上海合作组织继续保持健康、稳定的发展势头，政治、安全、经济、人文等领域合作不断取得新进展。成员国团结互信与务实合作水平进一步提高，上海合作组织的国际影响持续提升。

6月9～10日，上海合作组织成员国元首理事会第18次会议在青岛举行。国家主席习近平出席并主持会议小、大范围会谈，签字仪式，共见记者等多场活动。与会各国领导人就当前重大国际和地区问题以及深化上合组织各领域合作深入交换意见，达成广泛共识。会议期间，成员国领导人签署、见证签署或通过了青岛宣言、新闻公报、关于贸易便利化的联合声明、长期睦邻友好合作条约未来5年实施纲要等23份重要合作文件。上海合作组织的合作潜力和国际威望进一步提升。

10月11～12日，上海合作组织成员国政府首脑（总理）理事会第17次会议在塔吉克斯坦杜尚别举行。国务院总理李克强出席会议。各方围绕国际和地区经济形势以及深化上海合作组织经济和人文合作等问题交换意见，签署《上海合作组织成员国政府首脑（总理）理事会第十七次会议联

合公报》等文件，达成广泛共识。

2018年，上海合作组织还举行外交部长、安全会议秘书、最高法院院长、总检察长、国防部长、司法部长、经贸部长、文化部长、铁路部门领导人、议会国际事务委员会负责人和“上海合作组织—阿富汗联络组”会议或会晤等重大活动。中方担任上海合作组织2017～2018年轮值主席国期间，除相关机制性会议外，还组织了文化艺术节、青少年交流营、媒体峰会、人民论坛、政党论坛、妇女论坛等200多场活动，有效深化和巩固上海合作组织各领域合作，扩大了其国际影响力。

10. 亚洲相互协作与信任措施会议

2018年1～9月，中国继续履行亚洲相互协作与信任措施会议（简称“亚信”）主席国第二任期职责，主办一系列重要活动，推动落实各领域信任措施，全面推进亚信进程。2018年9月，中国将亚信主席国职责交予塔吉克斯坦。

5月15～19日，亚信智慧农业应用和发展研讨与培训班在宁夏银川举办。8月15日，斯里兰卡获得亚信成员国地位文件签署仪式在中国外交部举行，亚信成员国增至27个。9月24日，亚信成员国外长非例行会议在美国纽约举行，国务委员兼外交部长王毅出席会议并发表讲话，会上中方与塔吉克斯坦完成主席国交接。11月28～30日，亚信国际环保合作对话会在福建福州举行。12月2～7日，亚信现代农业发展交流研讨与培训班在北京举办。12月7～8日，2018亚信金融峰会在四川成都举办。

11. 东南亚国家联盟

东南亚国家联盟（简称“东盟”）成立于1967年，成员国包括文莱、柬埔寨、印度尼西亚、老挝、马来西亚、缅甸、菲律宾、新加坡、泰国、越南10国。中国、日本、韩国、印度、澳大利亚、新西兰、美国、俄罗斯、加拿大、欧盟、联合国为东盟对话伙伴。

2018年是中国—东盟建立战略伙伴关系15周年，也是中国—东盟创新年，双方关系保持健康稳定发展势头。

4月12日，国务院总理李克强和东盟轮值主席国新加坡总理李显龙分别向中国—东盟创新年开幕式致贺信。

5月7日，李克强总理访问东盟秘书处，会见东盟秘书长林玉辉，出席中国—东盟建立战略伙伴关系15周年庆祝活动启动仪式并发表主旨讲话。

10月8日，李克强总理同新加坡总理李显龙就中国—东盟建立战略伙伴关系15周年互致贺电。

11月14日，李克强总理出席在新加坡举行的第21次中国—东盟领导人会议暨庆祝中国—东盟建立战略伙伴关系15周年纪念招待会。

9月12～15日，第15届中国—东盟博览会暨中国—东盟商务与投资峰会在广西南宁举行。国务院副总理韩正出席开幕式并致辞。

9月12日，国务院副总理胡春华出席在越南河内举行的世界经济论坛东盟会议开幕式并致辞。

8月2日，中国—东盟外长会在新加坡举行，国务委员兼外交部长王毅出席。

中国与东盟其他领域合作稳步推进。5月3日，第16次中国—东盟海关署长磋商会在马来西亚兰卡威举行。8月14～15日，第11届中国—东盟成员国总检察长会议在文莱斯里巴加湾举行。9月5日，第九届中国—东盟知识产权局局长会议在新加坡举行。10月12日，第六届中国—东盟动植物检疫和食品安全合作部长会议在越南河内举行。10月23日，第四次中国—东盟文化和艺术部长会议在印尼日惹举行。11月1日，第六届中国—东盟打击跨国犯罪部长级会议在缅甸内比都举行。11月8日，第17次中国—东盟经贸部长会议和第17次中国—东盟交通部长会议分别在新加坡和泰国曼谷举行。11月16日，中国—东盟银行联合体理事会第八次会议在新加坡举行。

12. 南亚区域合作联盟

南亚区域合作联盟（简称“南盟”）成立于1985年12月，包括阿富汗、孟加拉国、不丹、印度、马尔代夫、尼泊尔、巴基斯坦和斯里兰卡8个成员国。中国、日本、美国、欧盟、伊朗、韩国、毛里求斯、澳大利亚和缅甸为观察员。

2005年11月，第13届南盟峰会原则同意接纳中国为观察员国。2006年8月，南盟第27届部长理事会审议通过南盟观察员指导原则，正式接纳中国为观察员。2007年4月、2008年8月、2010年4月、2011年11月、2014年11月，中国以观察员身份分别派团出席第14～18届南盟峰会。

13. 阿拉伯国家联盟

2018年，中国与阿拉伯国家联盟（简称“阿盟”）的友好合作关系进一步发展，并在中国—阿拉伯国家合作论坛（简称“中阿合作论坛”）框架下共同举办了多项重要活动。

7月10日，中阿合作论坛第八届部长级会议在北京举行。国家主席习近平出席会议开幕式并发表重要讲话。科威特埃米尔萨巴赫·艾哈迈德·贾比尔·萨巴赫出席开幕式。国务委员兼外交部长王毅与21个阿盟成员国部

长级代表、阿盟秘书长与会。会议以共建“一带一路”、共促和平发展为主线，中阿双方一致同意建立全面合作、共同发展、面向未来的中阿战略伙伴关系，翻开了中阿关系的新篇章。双方签署了《中国—阿拉伯国家合作论坛第八届部长级会议北京宣言》《中国—阿拉伯国家合作论坛2018年至2020年行动执行计划》《中国和阿拉伯国家合作共建“一带一路”行动宣言》3份成果文件，就各领域合作达成了100多项共识。

3月，阿盟秘书长艾哈迈德·阿布·盖特致信祝贺习近平再次当选中国国家主席。

4月23日，首届中阿改革发展论坛研讨会在北京举行。研讨会由外交部依托中阿改革发展研究中心举办，埃及前总理伊萨姆·沙拉夫、苏丹国民议会前议长法提赫·伊扎丁等参加。来自中国和阿拉伯国家的政府官员与专家学者50余人与会，就“交流治国理政经验”“实现共同繁荣发展”“中国理念与阿拉伯发展道路的探索”“在新的开放格局下推进中阿‘一带一路’建设”等议题进行了深入探讨。

5月8～9日，阿盟助理秘书长哈立德·哈巴斯访华。外交部副部长乐玉成、部长助理陈晓东分别与其会见、会谈，双方就中阿合作论坛第八届部长级会议筹备工作、中东地区形势等问题交换意见。

7月9日，中阿合作论坛第15次高官会在北京举行。外交部部长助理陈晓东出席会议开幕式并致辞。会议由论坛中方秘书处秘书长、外交部亚非司司长邓励和阿方主席、沙特外交部阿盟司司长拉斯共同主持，来自21个阿拉伯国家和阿盟秘书处的高级别官员及阿拉伯国家驻华使节与会。会议就论坛第八届部长级会议筹备情况交换了意见，审议了部长会的议程和有关成果文件。会前，中阿双方还举行了第四次高官级战略政治对话。

10月25日，第四届“阿拉伯艺术节”在成都闭幕。习近平主席致贺信，对艺术节的成功举办表示热烈祝贺。艺术节由习近平主席在7月10日中阿合作论坛第八届部长级会议开幕式上宣布正式启动，中阿双方共同在华举办了20多项内容涉及图书、音乐、舞蹈、绘画、书法等领域的活动。

11月5～8日，第六届中阿能源合作大会在埃及开罗举行。会议由国家能源局和阿盟共同主办，主题为“‘一带一路’的投资机会”，着重探讨在“一带一路”框架下如何进一步推动中阿能源合作。来自中国和阿盟成员国的政府官员、企业家和专家学者与会。会议宣布将成立中阿清洁能源培训中心。

11月8日，第二届中阿城市论坛在摩洛哥马拉喀什举行，全国人大常委会副委员长、中国阿拉伯友好协会会长艾力更·依明巴海出席论坛开幕式。本届论坛由中国人民对外友好协会、阿拉伯城市组织和摩洛哥内政部共同主办，主题为“共建‘一带一路’共同体：中阿城市的作用”，重点探讨中阿如何在智慧城市建设、文化遗产保护、住房土地规划等领域开展合作。来自中国和阿拉伯国家政府和民间机构代表250余人参加论坛。

6月、7月、12月，外交部中阿合作论坛事务大使李成文三次访问阿盟总部，会见阿盟助理秘书长哈立德等，就论坛第八届部长级会议筹备工作和成果落实、论坛机制建设、中阿共建“一带一路”等交换意见。

2018年，中阿改革发展研究中心围绕交流治国理政经验等主题面向阿拉伯国家举办了三期研修班。

14. 海湾合作委员会

海湾阿拉伯国家合作委员会（简称“海湾合作委员会”或“海合会”）成立于1981年5月25日，包括阿联酋、巴林、沙特阿拉伯、阿曼、卡塔尔、科威特6个海湾阿拉伯国家。

2018年，中华人民共和国与海湾合作委员会关系稳步发展。

9月，国务委员兼外交部长王毅在出席第73届联大一般性辩论期间会见海湾合作委员会“三驾马车”成员科威特副首相兼外交大臣萨巴赫·哈立德·哈马德·萨巴赫、海湾合作委员会秘书长阿卜杜拉提夫·扎耶尼、阿曼外交事务主管大臣代表。双方就中海关系及共同关心的国际地区问题深入交换意见，双方表达了推动中海自由贸易区谈判的意愿。

中国与海湾合作委员会续签《中国—海湾合作委员会战略对话2018年至2021年行动计划》《中国—海湾合作委员会经贸投资联委会合作工作计划（2018—2021年）》。

15. 非洲联盟

2018年，中国与非洲联盟友好合作关系深入发展，各领域交流与合作成果丰硕。

中非盟政治互信不断深化。7月，国家主席习近平致电祝贺非盟第31届首脑会议召开。5月，全国人大常委会委员长栗战书在非盟总部会见非盟委员会代主席托马斯·夸第。9月，国务委员兼外交部长王毅与非盟委员会主席穆萨·法基·穆罕默德共同出席非盟驻华代表处开馆仪式。9月，非盟轮值主席、卢旺达总统保罗·卡加梅和非盟委员会主席法基来华出席中非合作论坛北京峰会。习近平主席分别会见卡加梅总统和法基主席，全国政协主席汪洋会见法基主席。2月，法基主席访华并同外交部长王毅（时任）共同举行第七次中国—非盟战略对话。12月，非盟驻华代表拉汉塔拉·奥斯曼大使向国务委员兼外交部长王毅递交委任书。

中非盟各领域合作持续推进。中方支持非洲疾控中心建设，落实对非

盟军援，并继续向非盟能力建设和非盟在索马里维和行动提供帮助。非盟继续在气候变化、2030年可持续发展议程等问题上与中方密切协调配合。双方还就加强中非跨国跨区域基础设施、经贸、能源、农业等领域合作保持密切沟通。

16. 欧洲联盟

2018年是中国与欧洲联盟（简称“欧盟”）全面战略伙伴关系建立15周年。中欧关系保持稳中向好势头，和平、增长、改革、文明四大伙伴关系建设全面推进。

中国—欧盟领导人会晤机制继续发挥政治引领作用。7月16日，第20次中国—欧盟领导人会晤在北京成功举行。国家主席习近平会见了来华出席会晤的欧洲理事会主席唐纳德·图斯克、欧盟委员会主席让–克洛德·容克。国务院总理李克强同图斯克主席和容克主席共同主持会晤，双方领导人就中欧关系和务实合作以及国际形势深入交换了看法，达成了广泛共识和丰富成果。双方一致同意将继续加强战略沟通和协作，携手维护多边主义和基于规则的自由贸易体制。会晤发表了《第二十次中国欧盟领导人会晤联合声明》以及《中欧领导人关于气候变化和清洁能源联合声明》。双方领导人见证签署循环经济、碳排放、海洋、海关、互联互通等领域6项合作文件。李克强总理同容克主席共同出席了中欧企业家圆桌会。

中欧各层级政治对话和磋商进展良好。6月1日，国务委员兼外交部长王毅在布鲁塞尔欧盟总部同欧盟外交与安全政策高级代表兼欧盟委员会副主席费代丽卡·莫盖里尼共同主持第八轮中欧高级别战略对话。双方一致同意继续加强在经贸投资、互联互通、气候变化、能源、海洋、反恐等领域的对话合作，进一步开拓在政治安全以及防务领域的交流与合作，并就共同关心的国际和地区热点问题深入交换看法，重申中欧致力于共同维护多边主义、完善全球治理。

3月，双方在北京举行《中欧合作2020战略规划》第三次年度评估会，对规划中“和平与安全”“繁荣”“可持续发展”“人文交流”四大板块相关领域合作进展进行评估，一致认为规划落实工作总体进展顺利，双方将继续推进各领域交流合作，对制定2020年后新的五年规划持积极态度。中欧外交政策磋商、中欧非洲事务磋商、中欧拉美事务磋商、中欧中亚事务磋商、中欧中东事务磋商、中欧议会定期交流机制第41次会议成功举行。

中欧务实合作稳步推进。欧盟是中国最大贸易伙伴、最大进口来源地、第二大出口市场、最大技术引进来源地。中国是欧盟第二大贸易伙伴、第一大进口来源地、第二大出口市场。2018年中欧贸易额达6821.6亿美元，创历史新高；全年欧盟对华新增投资104.2亿美元，同比增长25.7%；中国对欧盟新增投资81.1亿美元，同比增长7.1%。2018年6月25日，第七次中欧经贸高层对话在北京举行，国务院副总理刘鹤和欧盟委员会副主席卡泰宁共同主持对话，双方围绕“支持和推动全球化，深化和扩大中欧合作”的主题，进行了富有成果的讨论，并达成一系列成果和共识。“一带一路”建设在欧洲地区取得积极进展，中国同希腊、马耳他、葡萄牙签署合作文件。9月，欧盟出台的“欧亚互联互通战略”强调重视中国的作用。中欧加快投资协定谈判进程，迄已举行19轮谈判，第20次中国—欧盟领导人会晤期间双方交换清单出价，标志着谈判进入新阶段。2018年7月，中国欧盟签署《关于为促进海洋治理、渔业可持续发展和海洋经济繁荣在海洋领域建立蓝色伙伴关系的宣言》，正式建立蓝色伙伴关系。中欧建立世界贸易组织改革联合工作组并举行两次正式会议，就上诉机构改革等议题开展对话合作。中欧互联互通平台第三次主席会议成功举行，中欧共同投资基金启动首单项目，双方在科技、数字、海关、知识产权、财金、环境、能源等各领域对话合作进展顺利。

2018年，中国赴欧盟国家留学人员总数约为16.1万，欧盟国家共有约4.7万人来华留学。2018年，中欧往来人员总数约735.5万人次，其中中方赴欧盟414.6万人次，欧方来华320.9万人次。2018年为“中国—欧盟旅游年”，双方分别在意大利威尼斯和中国西安举行了旅游年的开幕式和闭幕式。

12月，中国政府发表第三份对欧盟政策文件，这是中国政府继2003年和2014年之后，再次发表对欧盟政策文件，阐述了新时期中国对欧盟的政策目标和今后一个时期加强中欧各领域对话与合作的重要举措。

中欧在经贸投资领域仍有摩擦分歧。2017年9月启动的欧盟外资审查框架立法进程已接近尾声，欧盟整体投资环境有所收紧。中欧在市场准入、营商环境等问题上有一定分歧。

17. 美洲国家组织

美洲国家组织成立于1948年，成员包括全美洲35个国家（2009年美洲国家组织废除了1962年关于中止古巴成员国资格有关决议，但古巴拒绝重返该组织），是美洲最重要的政府间政治组织。总部设在华盛顿，现任秘书长路易斯·莱昂纳多·阿尔马格罗（乌拉圭籍），2015年5月就任。该组织现有70个常驻观察员。

中国重视发展与美洲国家组织的友好合作关系，2004年5月成为该组织第60个常驻观察员后，同其开展了合作基金、人力资源开发和奖学金等合作项目。2016年2月底，阿尔马格罗秘书长访华，国务委员杨洁篪（时任）、

外交部长王毅（时任）分别会见，外交部副部长王超同其会谈，商务部国际贸易谈判副代表张向晨（时任）同其会见。此系中国成为美洲国家组织常驻观察员后该组织秘书长首次访华。2018年6月，中国常驻美洲国家组织首席副观察员出席该组织在华盛顿举行的第48届年会。2018年，中国—美洲国家组织合作基金资助了该组织区域政治、社会发展等领域项目。

18. 拉美和加勒比国家共同体

拉美和加勒比国家共同体（简称“拉共体”）于2011年12月成立，由拉美和加勒比33国组成，是拉美和加勒比首个囊括该地区所有独立国家的综合性组织，旨在推进地区各领域一体化建设，整合、协调现有的区域和次区域一体化组织。拉共体诞生后，地区原最重要的政治磋商和协调机制——里约集团完成转型并停止活动。拉共体实行轮值主席国制，议事规则为协商一致原则，在原“三驾马车”基础上设立“四驾马车”协助轮值主席国工作，拉共体现任轮值主席国、前任轮值主席国、候任轮值主席国和加勒比共同体轮值主席国一同组成“四驾马车”。2018年“四驾马车”成员为萨尔瓦多、多米尼加、玻利维亚和加勒比共同体轮值主席国（每半年轮换一次，2018年上半年为海地，下半年为牙买加）。

2015年1月8～9日，中国—拉共体论坛（简称“中拉论坛”）首届部长级会议在北京举行，标志着中拉论坛正式启动。国家主席习近平出席开幕式并发表题为《共同谱写中拉全面合作伙伴关系新篇章》的重要讲话。

2018年1月21～22日，中拉论坛第二届部长级会议在智利圣地亚哥举行。习近平主席致函表示祝贺，时任智利总统巴切莱特出席开幕式并致辞，外交部长王毅(时任)率中方代表团出席会议。拉共体31个成员国外长或高级别代表以及联合国拉美经委会等4个重要地区组织和多边机构代表出席。会议通过了《圣地亚哥宣言》《中国与拉共体成员国优先领域合作共同行动计划（2019—2021）》和《关于“一带一路”倡议的特别声明》三个成果文件。

2018年，中拉双方密切协调配合，推动中拉论坛合作取得积极进展：一是中拉领导人多次就加强论坛建设交换意见，引领中拉整体合作发展，中国—拉共体“四驾马车”外长在联大期间举行第六次对话；二是中拉论坛框架下各分论坛活动收效良好。第二届中拉政党论坛、第四届中拉基础设施合作论坛、第五届中拉青年政治家论坛、中国与加勒比地区国家反腐败执法合作会议、第12届中拉企业家高峰会、第二届中拉地方政府合作论坛顺利举行；三是中方对拉一揽子融资安排和中拉产能投资合作基金稳步落实，批贷和储备项目覆盖拉美和加勒比地区20多个国家，涵盖基础设施、能源资源、信息技术、产能合作、高新技术、制造业、农业、金融、环保和民生等广泛领域。第二届中拉融资合作培训班在华成功举办；四是中拉人文交流蓬勃开展，中方对拉政府奖学金、人员培训、青年交往等倡议有序推进。

19. 南方共同市场

南方共同市场（简称“南共市”）于1991年成立，1995年1月正式启动，是南美最大的经济一体化组织和关税同盟。现有成员包括阿根廷、巴西、乌拉圭、巴拉圭和委内瑞拉（委内瑞拉被暂停成员国资格，玻利维亚正在履行“入市”程序）。秘书处设在乌拉圭首都蒙得维的亚。

中国同南共市关系良好。双方于1997年建立副部长级对话机制，至2018年双方共举行六次对话。2012年6月，国务院总理温家宝在访问阿根廷期间与南共市国家领导人举行视频会议，就深化双方关系、加强经贸合作交换意见，并就发表《中华人民共和国与南方共同市场关于进一步加强经济、贸易合作联合声明》达成一致。同月，南共市第43届峰会正式发表该联合声明。2014年7月，南共市第46届峰会祝贺中国—拉美和加勒比国家领导人巴西利亚会晤成功举行，支持建立中国—拉共体论坛。2018年10月，中国—南共市第六次对话在乌拉圭举行，双方就推动中南关系发展，加深各领域合作进行交流，重申支持地区一体化及以世界贸易组织为核心的多边贸易体制。

20. 太平洋联盟

太平洋联盟成立于2011年，宗旨是实现区内货物、服务、资本和人员自由流通，促进成员国经济增长、社会发展、提升整体竞争力，搭建面向世界，特别是亚太地区的政治、经济和贸易一体化平台。该组织现有智利、哥伦比亚、墨西哥、秘鲁4个成员国，55个观察员国，现任轮值主席国为秘鲁。2017年，太平洋联盟增设“联系国”机制，将加拿大、澳大利亚、新西兰、新加坡列为首批候选“联系国”，并于10月正式启动同上述四国“高质量、高标准经贸协议”谈判。2018年7月，联盟举行第13届峰会，决定启动研究韩国、厄瓜多尔成为候选“联系国”事宜。

中国于2013年7月成为该组织观察员国。2014年4月、6月和2015年7月，太平洋联盟分别在秘鲁、墨西哥和秘鲁举行与观察员国对话会，中国驻秘鲁、驻墨西哥大使和驻秘鲁大使馆临时代办分别出席。2016年4月，中国政府拉美事务特别代表殷恒民访问太平洋联盟时任轮值主席国秘鲁，并同秘方就发展中国同太平洋联盟关系等交换意见。2016年6月、2017年6月和2018年7月，太平洋联盟分别在智利、哥伦比亚、墨西哥举行与观察员

国部长级对话会，中国驻智利、哥伦比亚、墨西哥大使分别出席。

21. 美洲开发银行

美洲开发银行（简称“美开行”）成立于1959年，宗旨是促进拉美和加勒比经济社会发展。现有48个成员国，总部设在美国华盛顿。现任行长路易斯·阿尔贝托·莫雷诺（哥伦比亚籍）于2005年10月就任，2015年9月第二次连任。

中国重视发展与美开行的友好合作关系。1991年中国人民银行成为美开行观察员，中方派团出席历届美开行年会。2009年1月，中国人民银行代表中国成为美开行正式成员。2013年1月，中国人民银行和美开行共同成立规模为20亿美元的“中国对拉美和加勒比地区联合融资基金”。2015年3月，中国人民银行和美开行签署《中国人民银行与美洲开发银行关于中期合作规划（2015—2019）谅解备忘录》。2016年4月，中拉产能合作投资基金与美开行及其下属的美洲投资公司签署框架性合作协议。10月，美开行副行长达罗萨来华出席第十届中国—拉美企业家高峰会，外交部副部长王超同其会见。2017年5月，美开行行长莫雷诺应邀来华出席“一带一路”国际合作高峰论坛并在“加强政策沟通和战略对接”和“促进资金融通”平行主题会议上发言。其间，莫雷诺行长拜会国务院副总理马凯，并与美洲投资公司首席执行官斯克里文、亚洲基础设施投资银行行长金立群签署框架性合作协议。11月，莫雷诺行长出席在乌拉圭举行的第11届中拉企业家高峰会。2018年3月，美开行第59届年会决定该行第60届年会于2019年3月在成都举行。10月，莫雷诺行长访华，国务院副总理刘鹤、中国人民银行行长易纲、外交部副部长乐玉成、财政部副部长邹加怡等分别会见。目前，中方在美洲投资公司持股比例已提升至4.76%，成为该公司最大域外股东。

22. 拉丁美洲议会

拉丁美洲议会（简称“拉美议会”）成立于1964年，由拉美和加勒比23个国家和地区的议员组成，宗旨是促进拉美和加勒比国家的团结和地区一体化。总部位于巴拿马首都巴拿马城，现任议长埃利亚斯·阿列尔·卡斯蒂略，于2017年6月当选。

中国重视发展与拉美议会的友好合作关系。2004年3月，中国全国人民代表大会成为拉美议会观察员。2017年6月，全国人大外事委员会副主任委员曹卫洲率团出席拉美议会第33届年会。11月，中国驻巴拿马大使馆派员以观察员身份出席拉美议会第34届年会。2018年11月，中方与拉美议会合作建设的“中国馆”在拉美议会总部落成。

23. 东亚—拉美合作论坛

东亚—拉美合作论坛（简称“亚拉论坛”）于1999年成立，是目前唯一跨东亚和拉美两区域的官方多边合作论坛，旨在增进两区域之间的了解，促进双方政治、经济对话及各领域合作，推动东亚和拉美国家之间建立更为密切的关系。目前，亚拉论坛共有36个成员国。2018年11月，亚拉论坛第19次高官会在老挝万象举行，中国政府拉美事务特别代表刘玉琴率团与会。

中国积极参与亚拉论坛活动，促进两区域间交流与合作，担任2017～2019年论坛社会、政治合作和可持续发展工作组东亚方主席。2018年4月，中方出席在韩国光州举行的亚拉论坛网络秘书处第八届研讨会。2018年，中方在亚拉论坛框架下先后举办了第九期拉美和加勒比青年干部研修班、第四期“未来之桥”中拉青年领导人培训交流营、“欢乐春节”和“拉美艺术季”等活动。

24. 亚欧会议

亚欧会议（简称“ASEM”）成立于1996年，是亚洲与欧洲之间的政府间论坛，旨在通过对话增进了解、加强合作，促进建立亚欧新型全面伙伴关系。亚欧会议现有成员53个，政治对话、经贸合作、社会文化及其他领域交流是其合作三大支柱。

2018年，中国继续全面深入参与亚欧会议各项活动，引领亚欧互联互通合作，推动构建新时代的亚欧新型伙伴关系。

3月28～30日，亚欧会议第五届核能安全研讨会在北京举行，主题为“将承诺转化为行动——应对21世纪核能安全挑战”。来自英国、法国、巴基斯坦、新加坡、越南等20多个亚欧会议成员国及国际原子能机构等国际组织代表近200人与会。各方围绕核能安全新机遇和挑战、核电监管、业界实践、能力建设、应急响应等议题进行了深入讨论。

9月12～14日，第三届亚欧城市水管理研讨会在匈牙利布达佩斯举行，该研讨会由湖南省人民政府、科学技术部、外交部和匈牙利外交部共同主办，来自32个亚欧会议成员国的政府部门、科研机构、企业界代表近300人参加。

9月25～27日，第四届亚欧科技创新合作论坛在芬兰赫尔辛基举行，主题为“绿色 智慧 健康”，由亚欧科技创新合作中心、赫尔辛基市政府、芬兰华人科技协会共同主办，亚欧会议成员国政府、企业和科研代表参加。芬兰经济就业部副国务秘书、赫尔辛基市副市长出席开幕式并致辞。

10月18～19日，第12届亚欧首脑会议在比利时布鲁塞尔举行。会议主题为“欧洲和亚洲：全球伙伴应对全球挑战”。国务院总理李克强率团出

席会议，推动会议取得丰硕成果，会议通过《主席声明》和互联互通工作组成果报告两份成果文件。亚欧领导人就维护多边主义、构建开放型世界经济、维护自由贸易体制、反对保护主义和单边主义等发出共同声音，在互联互通等务实合作领域取得积极成果，并就合力应对气候变化、反恐等全球性问题达成广泛共识。首脑会议还通过了亚欧互联互通工作组成果报告，进一步明确了下步合作的重点领域。2018年，中国亚欧会议高官谢波华大使率团出席1次亚欧会议非正式高官会、3次亚欧会议高官会和亚欧互联互通工作组会。中国代表团还先后出席亚欧会议海关事务工作组会议（5月）、亚欧可持续发展目标气候行动研讨会（6月）、模拟亚欧会议成都分论坛（7月）、亚欧会议交通高官会（7月）、第十届亚欧议会伙伴关系会议（9月）等。

中国继续积极支持和参与亚欧基金开展的活动。中国亚欧基金董事张小康大使出席了第38、39次董事会会议及执行董事会会议。

25. 东亚峰会

东亚峰会成立于2005年。现有18个成员国，包括东盟10国、中国、日本、韩国、印度、澳大利亚、新西兰、美国和俄罗斯。

2018年11月15日，第13届东亚峰会在新加坡举行，国务院总理李克强出席会议。8月，东亚峰会外长会在新加坡举行，国务委员兼外交部长王毅出席会议。6月、8月和10月，中方三次出席东亚峰会高官会。

中方积极参与东亚峰会重点领域合作，举办了东亚峰会海洋微塑料防治国际论坛、东亚峰会促进人船港互联互通研讨会、东亚峰会第四届新能源论坛、东亚峰会船舶交通管理系统操作人员能力建设培训项目、东亚峰会环境资源信息共享与管理经验交流研讨会、东亚峰会加强肿瘤防控能力建设合作专家研讨会和培训项目、东亚峰会海上搜救经验交流研讨会、东亚峰会特殊食品合作国际会议、东亚峰会区域安全架构二轨国际研讨会、东亚峰会第七次地震应急演练等活动。

26. 中日韩合作

1999年11月，中国国务院总理朱镕基、日本首相小渊惠三、韩国总统金大中在菲律宾出席东盟与中日韩（10+3）领导人会议期间举行早餐会，启动了中日韩合作进程。2008年以来，中日韩合作进入新的发展阶段，建立起以领导人会议为核心、21个部长级会议和70多个工作层机制为支撑的合作体系，成立了中日韩合作秘书处。三国投资协定于2014年5月17日正式生效，中日韩自贸区谈判稳步推进。

中国高度重视并积极参与中日韩合作。2018年5月，国务院总理李克强赴东京出席第七次中日韩领导人会议，三国合作重拾势头。中国主办了第20届环境部长会议、第十届文化部长会议、第三届农业部长会议、第十届央行行长会议、第18届知识产权局局长政策对话会议、第三次北极事务高级别对话、第四届产业博览会、第三届安全合作国际研讨会、第11届文化产业论坛等活动，出席第三次水资源部长会议、第二次教育部长会议、第六次信息通信部长会议、第七届运输及物流部长会议、第二届体育部长会议、第11届卫生部长会议、第七届海关领导人会议。三方举行了第13、14轮中日韩自贸区谈判，“亚洲校园”等重点合作项目稳步推进。中国西安市、日本东京都丰岛区、韩国仁川市被评为2019年度“东亚文化之都”。

27. 东盟与中日韩合作

东盟与中日韩（10+3）合作是东亚合作的主渠道。自1997年召开首届领导人会议以来，“10+3”在财金、粮食、能源、灾害管理、减贫等20多个领域开展了务实合作，建立了67个对话机制，形成了以领导人会议为核心，以部长级会议、高官会、大使级会议（CPR+3）和工作组会议为支撑的合作体系。“10+3”合作成员国包括东盟10国、中国、日本和韩国。

2018年11月15日，第21次“10+3”领导人会议在新加坡举行，国务院总理李克强出席会议。李克强总理提出“10+3”国家要扎实推动东亚经济共同体建设，加快自贸区建设，强化金融安全，开拓创新合作，促进包容发展，拉紧人文纽带，得到了与会各国领导人的广泛支持和响应。

2018年，“10+3”合作取得新进展。清迈倡议多边化（CMIM）完成首次定期审议，区域信用担保与投资基金启动增资。各方一致同意尽快完成区域全面经济伙伴关系协定最后阶段谈判，推进清迈倡议多边化，增加本币使用，拓展“中日韩+X”、智慧城市、创新、电子商务合作，加强互联互通，推进在金融、教育、文化、农业、减贫、环境、卫生等领域合作。面对国际形势中的不确定性，各方表示将团结一致，共迎挑战，推进多边主义和基于规则的自由贸易体系，维护地区和平稳定。

2018年，中方积极参加“10+3”合作各层级会议。8月4日，国务委员兼外交部长王毅率团出席在新加坡举行的第19次“10+3”外长会。6月、8月、10月，中方出席三次“10+3”高官会，就“10+3”合作重点领域和具体倡议等与各方交换意见。

中国于3月举办第六届“10+3”村官交流活动，5月举办第七届“10+3”了解中国项目、第13届“10+3”外交培训机构院长会议，7月举办第12届“10+3”文化人力资源开发合作研讨班，8月举办第八届“10+3”粮食安全

合作战略圆桌会、第五届东亚现代农业研修班、“10+3”中小企业服务机构电子商务发展研讨会，9月举办第七届“10+3”村官交流活动，10月举办第九届“10+3”媒体合作研讨会。

28. 博鳌亚洲论坛

博鳌亚洲论坛成立于2001年，是首个定址中国的非官方、非营利国际会议组织，旨在为亚洲各国提供一个共商发展大计的场所，推动亚洲各国同其他国家的相互了解与合作。论坛自成立以来，立足亚洲、面向世界，以服务新兴经济体和亚洲经济一体化为宗旨，在凝聚亚洲共识、促进亚洲发展、提升亚洲影响等方面发挥了重要作用。论坛现任理事长为联合国前秘书长潘基文，副理事长、中方首席代表为十二届全国政协副主席、中国人民银行前行长周小川。

近年来，论坛年会规模不断扩大，国际影响力不断提升，为推动亚洲和新兴经济体发展、区域经济一体化作出积极贡献。论坛每年均邀请多国领导人和主要国际组织负责人、前政要、部长级官员以及企业、智库、媒体等各界代表出席年会，已成为兼具亚洲特色和全球影响的重要政商对话平台。

论坛2018年年会于4月8～11日在海南博鳌举行，主题为“开放创新的亚洲，繁荣发展的世界”。习近平主席应邀出席年会开幕式并发表题为《开放共创繁荣 创新引领未来》的主旨演讲。

除年会外，论坛还于2018年9月在柬埔寨和老挝分别举办金边会议和万象会议，11月在香港和韩国分别举办青年会议和首尔会议，12月在意大利和越南分别举办罗马会议和河内会议，进一步凝聚了经济全球化共识，促进了亚洲区域合作，扩大了论坛影响力。

29. 东盟地区论坛

东盟地区论坛（简称“ARF”）是亚太地区最主要的官方多边安全对话与合作平台之一，目前共有27个成员：文莱、柬埔寨、印度尼西亚、老挝、马来西亚、缅甸、菲律宾、新加坡、泰国、越南、中国、日本、韩国、朝鲜、蒙古、印度、巴基斯坦、孟加拉国、斯里兰卡、俄罗斯、美国、加拿大、澳大利亚、新西兰、巴布亚新几内亚、东帝汶和欧盟。

ARF进程分为建立信任措施、开展预防性外交和探讨解决冲突的方式三个阶段。截至2018年年底，ARF已实施300多个建立信任措施项目。

自1994年成立以来，ARF每年在东盟轮值主席国举行外长会。2018年8月4日，第25届ARF外长会在新加坡举行。2018年，ARF还举办了高官会、安全政策会议、建立信任措施与预防性外交会间辅助会议、两次国防官员对话会、第一届网络安全会间会、第十届海上安全会间会、第17届救灾会间会、第十届防扩散与裁军会间会、第12届专家名人小组会议、第22届国防院校长会，以及海上数据分析最佳实践、提高核生化物质风险意识、预防性外交、加强海上执法机构合作、海域态势感知国际合作、东南亚可持续渔业管理和粮食安全等研讨会，中国均派团参加。

5月和11月，中国与新加坡分别在北京和新加坡共同举办城市搜救能力高级培训班。7月，中国与马来西亚在南宁共同举办第二届城市应急救援研讨班。11月，中国与泰国和澳大利亚在天津共同举办地区气候变化和减轻海岸灾害研讨会，与文莱和美国在南京共同举办预防性外交——新理念和新举措研讨会。

30. 亚洲合作对话

亚洲合作对话（简称“ACD”）由泰国于2002年倡议成立，是面向亚洲的政府间对话与合作机制。ACD成立以来，为促进亚洲国家间相互理解、培育亚洲意识、增进亚洲团结发挥了积极作用。现有34个成员国，即中国、日本、韩国、蒙古、俄罗斯、文莱、柬埔寨、印度尼西亚、老挝、马来西亚、缅甸、菲律宾、新加坡、泰国、越南、印度、巴基斯坦、孟加拉国、斯里兰卡、阿富汗、不丹、尼泊尔、哈萨克斯坦、吉尔吉斯斯坦、塔吉克斯坦、乌兹别克斯坦、沙特、伊朗、土耳其、阿联酋、科威特、阿曼、卡塔尔和巴林。

2018年7月2日，ACD中国高官陈明明大使率团出席在伊朗举行的ACD“三驾马车”之友会议。9月22日，中国代表出席在联合国大会期间举行的ACD外长会。

2018年9月，“ACD亚洲能源转型与安全论坛”在北京举行，ACD秘书长班迪、成员国政府能源主管部门官员、专家学者、企业代表等150余人与会，各方围绕亚洲的能源转型与安全展望、能源互联互通与便利化及技术创新合作等进行深入探讨。其间，中方作为“粮食、水与能源安全相互关系”支柱领域的牵头国，召开了该领域牵头国和共同牵头国高级别磋商会。

此外，中方还出席了在科威特举办的亚洲合作对话包容和可持续发展工作组第二次会议，并主办了“绿色生态储粮技术研修班”等项目。

31. 澜沧江—湄公河合作机制

建立澜沧江—湄公河合作机制是中国国务院总理李克强在2014年11月第17次中国—东盟领导人会议上提出的重要倡议，旨在通过深化澜湄六国睦邻友好和务实合作，促进次区域国家经济社会发展，缩小地区国家发展差距，助力东盟共同体建设和地区一体化进程，为推进南南合作和落实联合国2030年可持续发展议程作出新贡献。机制成员包括中国、柬埔寨、老挝、缅甸、泰国、越南六国，至2018年年底已举行两次领导人会议、四次外长会、七次高官会和九次外交联合工作组会。

2016年3月23日，澜湄合作首次领导人会议在海南三亚成功举行，正式启动澜湄合作机制。澜湄合作启动近三年来成果显著，合作机制日益健全，合作领域不断扩大，参与部门和地方不断增加，合作影响不断增强，已成为次区域最具活力和发展潜力的合作机制之一。各方共同确认了“3+5合作框架”，即坚持政治安全、经济和可持续发展、社会人文三大支柱协调发展，优先在互联互通、产能、跨境经济、水资源、农业和减贫领域开展合作。2018年1月10日，澜湄合作第二次领导人会议在柬埔寨金边举行。李克强总理提出，重点开展水资源、产能、农业、人力资源和医疗卫生合作，推动澜湄合作从培育期顺利迈向成长期。12月17日，国务委员兼外交部长王毅出席在老挝万象举行的第四次外长会。

2018年3月19～25日，首个“澜湄周”成功举行，王毅国务委员兼外长在《人民日报》发表署名文章。六国共同举办了青年交流、合作成果展、文化表演、智库论坛、企业峰会、电视专题片等30余项庆祝活动。“澜湄周”活动扩大了合作影响，增进了六国民众合作意识。

2018年6月26日至7月6日，澜湄合作六国秘书处（协调机构）培训在北京、深圳两地举行，来自六国秘书处和协调机构、各优先合作领域牵头部门及中方相关地方外办等近40名学员参加。参训学员通过专家授课、官员交流、小组讨论、参观考察等课程，系统了解澜湄合作背景、进展和未来规划，加强了相互间沟通交流，提升了工作能力，进一步培养了平等相待、真诚互助、亲如一家的澜湄文化。

32. 太平洋岛国论坛

2018年，中国与太平洋岛国论坛关系总体稳定发展。

9月，中国—太平洋岛国论坛对话会特使杜起文作为中国政府代表出席在瑙鲁举行的第30届太平洋岛国论坛对话活动，并会见太平洋岛国论坛秘书长梅格·泰勒（巴布亚新几内亚籍），阐明中方发展同太平洋岛国论坛关系的原则立场。8月，中国人民对外友好协会副会长谢元在斐济苏瓦会见太平洋岛国论坛贸易项目政策官员。太平洋岛国论坛驻华贸易与投资专员署运行良好。

33. 中国环境与发展国际合作委员会

中国环境与发展国际合作委员会（简称“国合会”）成立于1992年，是经中国政府批准的非营利、国际性高层政策咨询机构。主要职责是针对中国环境与发展领域的重大问题进行研究，开展政策示范和项目示范，向中国政府提出政策建议，促进中国可持续发展。现任主席为国务院副总理韩正，委员包括中外合作伙伴政府机构代表、相关国际组织和机构代表、知名专家、学者、私营部门和社会组织领袖。

2018年11月2日，国合会举办2018年年会，主题为“创新引领绿色新时代”，国务院副总理、国合会主席韩正出席并讲话，表示中国将坚持共谋全球生态文明建设，积极参与全球生态环境治理，推动落实联合国2030年可持续发展议程，携手共建绿色“一带一路”。

第五章

中国外交中的国际安全、军控与防扩散工作

（一）概述

当前，国际战略安全格局深刻演变，国际形势中不稳定不确定因素显著上升。大国战略疑虑和竞争加剧，地缘政治冲突、热点安全问题焦灼难解，多边军控、裁军和防扩散机制受到冲击，国际安全治理的理念、规则和路径之争日趋激烈。传统和非传统安全威胁交织，恐怖主义、网络安全形势复杂严峻，新兴科技发展成为影响全球战略稳定的突出因素，维护国际和平与安全任重道远。与此同时，国际社会普遍求和平、求稳定、求发展，维护全球战略稳定及现有多边机制仍是大多数国家的共同愿望。

中国坚定致力于维护国际和平与安全，继续建设性参与国际军控与防扩散进程，努力维护国际军控与防扩散体系，认真履行国际义务，积极推动通过对话磋商解决热点问题，全面加强防扩散出口管制，积极开展对外交流与合作，为维护国际和平、安全与稳定作出贡献。

（二）中国参与联合国框架内的国际安全与军控工作

1. 联合国大会第一委员会

第73届联合国大会第一委员会（国际安全与裁军委员会）会议于10月8日至11月9日在纽约联合国总部举行。会议进行了一般性辩论，并就核武器、其他大规模杀伤性武器、外空、常规武器、裁军机制、地区裁军与安全、其他裁军措施与国际安全等问题举行专题辩论，审议通过了63项决议和5项决定。

中国代表团以积极和建设性姿态参与会议各项工作。在一般性辩论中，中国代表团全面阐述了对国际安全形势的看法与主张，并就有效应对国际安全挑战提出以下建议：维护以《联合国宪章》宗旨和原则为核心的国际秩序，秉持共同、综合、合作和可持续的安全观，照顾各国在安全领域的合理利益诉求和关切，实现普遍安全与共同安全；维护现有国际规则的权威性和严肃性，反对双重标准，切实履行核、生、化等领域的现有国际规则；推进全球治理，结合安全领域新形势，发挥创造性思维，加强沟通协商，推动全球安全治理体系朝着更加公平、合理、有效的方向发展；老办法、旧思维难以应对新兴威胁和新疆域治理，国际社会应通过谈判制定国际准则对其在军事领域的应用进行必要的规范。

中国代表团强调，中国始终是多边主义的维护者，坚持走多边主义道路，始终坚定支持和维护伊朗核问题全面协议并履行自身承诺与义务，支持秘书长裁军议程，致力于加强五核国合作及战略互信；中国是国际规则的捍卫者，坚定维护现有裁军机制；中国是国际体系的建设者，积极推进全球安全治理，特别是在外空安全、核安全、生物安全及人道主义扫雷领域作出更多积极贡献。

在核武器专题讨论中，中国代表团阐述了对核裁军问题的立场，介绍了中国在国际核裁军、参与《不扩散核武器条约》审议进程、“禁产条约”、核裁军核查等方面所作努力，分析了当前国际核军控形势，主张国际社会应以共商共建人类命运共同体的责任感，坚持“维护全球战略平衡与稳定”和“各国安全不受减损”等重要原则，继续推动核裁军进程。

在其他大规模杀伤性武器专题讨论中，中国代表团介绍了中国在履行

《禁止化学武器公约》《禁止生物武器公约》和推进发展中国家生物安全能力方面所作的积极努力，以及中国在日遗化武销毁、指称使用化武事件、《禁止化学武器公约》第四次审议大会等问题上的看法和主张。

在外空专题讨论中，中国代表团强调确保外空和平利用、防止外空武器化和军备竞赛符合各国共同利益，并阐述了中国对防止外空军备竞赛以及外空透明和建立信任措施问题的立场。中国代表团还介绍了中国在推动达成外空安全相关国际法律文书方面所作的努力，以及根据"防止外空军备竞赛进一步切实措施"决议授权成立的"防止外空军备竞赛"政府专家组工作情况。

在常规武器专题讨论中，中国代表团介绍了中国在人道主义扫雷援助、打击轻小武器非法贸易、致命性自主武器系统、简易爆炸装置、《武器贸易条约》和军事透明等问题上的立场和举措。

在裁军机制专题讨论中，中国代表团强调裁军机制对维护国际和平与安全、推进国际军控与裁军进程发挥的重要作用，认为应通过维护多边裁军机制权威性、增进国际社会政治意愿、根据国际安全形势创新议题等途径，激活多边裁军机制。

在其他裁军措施与国际安全专题讨论中，中国代表团全面阐释中国的网络外交政策理念，强调中国积极推动在联合国框架内制定各方普遍接受的网络空间国际规则，倡导构建网络空间命运共同体，展现中国致力于维护网络空间和平、推动国际合作的建设性姿态。

2. 日内瓦裁军谈判会议

日内瓦裁军谈判会议（简称"裁谈会"）是国际上唯一的多边裁军谈判机构，曾谈判制定《禁止化学武器公约》《全面禁止核试验条约》等重要多边军控条约。现有65个成员国，以协商一致方式开展工作。由于各方在会议应优先处理的裁军、军控议题上存在不同关切，裁谈会已二十余年未能开展实质性谈判工作。

2018年，裁谈会成员继续就裁谈会工作计划问题进行讨论，但未达成一致。裁谈会还成立5个附属机构，第一至第四附属机构讨论核裁军、"禁产条约"、防止外空军备竞赛、无核武器国家安全保证四大核心议题，第五附属机构讨论新型大规模杀伤性武器、综合裁军方案与新兴挑战等问题。附属机构就各项问题开展深入讨论，为裁谈会下步工作打下了基础。第一、二、三、五附属机构并发布协调员报告，介绍各方观点和立场。

中国代表团以建设性姿态积极参加裁谈会工作及附属机构讨论，就裁谈会下步工作、"禁产条约"谈判、防止外空军备竞赛、核裁军、无核武器国家安全保证、新兴科技对国际安全的影响等问题阐述了中国的相关立场和主张。

3. 联合国裁军审议委员会

2018年联合国裁军审议委员会（下称“裁审会”）会议于4月2～20日在纽约联合国总部举行。会议审议“核裁军与核不扩散目标”和“以防止外空军备竞赛为目标促进执行外空透明与建立信任措施”两项议题。由于各方分歧较大，两项议题工作组主席仅以个人名义向2019年裁审会提交文件，供继续讨论。

中国代表团以建设性姿态参加了2018年裁审会工作。在一般性辩论和各议题讨论中，中国代表团积极倡导树立共同、综合、合作、可持续的新安全观，强调维护多边裁军机制的重要意义，同时介绍了中国参与全球安全治理以及为政治解决防扩散热点问题所作努力。

4. 联合国常规武器登记册

联合国常规武器登记册系联合国大会根据其第46/36L号决议于1992年设立。该决议呼吁所有会员国每年提交其上一日历年涉及作战坦克、装甲战斗车、大口径火炮、作战飞机和无人驾驶战斗机、攻击直升机、军舰、导弹及发射机构七大类常规武器的转让情况，并请各国自愿提供有关军事财产、国内生产采购、轻小武器转让等情况。自1994年开始，联合国每三年成立政府专家组对登记册的继续运作和进一步发展进行审议。

联合国常规武器登记册作为常规武器转让领域的一项透明机制，在增进国家间互信方面发挥了积极作用。中国政府一贯高度重视，并以积极和建设性姿态参加了登记册各项相关工作，对登记册的健康运作和发展作出了重要贡献。2018年，中国政府向登记册提交了相关报告。

5. 联合国军事开支报告制度

根据联合国大会第35/142B号决议，联合国于1980年设立联合国军费开支标准报告制度，2013年改名为军事开支报告制度。该制度是联合国框架内的军事透明机制之一，各国自愿参加，以表格形式向联合国报告最近一个财政年度的军事开支。根据联合国大会第62/13和68/23号决议，联合国秘书长于2010年和2016年成立政府专家组，审议该制度的运作情况和未来发展。

中国于2007年参加联合国军费开支标准报告制度，从2008年起在报告中说明军事开支的主要用途，从2011年起在报告中说明军事开支占国内生

产总值的比重，所提供的信息更加丰富。

6.《武器贸易条约》

《武器贸易条约》（简称“ATT”）于2013年4月2日在联合国大会投票表决通过，同年6月3日在纽约联合国总部开放签署，2014年12月24日正式生效，旨在建立统一的国际武器转让原则和标准。截至2018年年底，条约共有100个缔约国，36国签约但尚未批约。

中国赞成国际社会采取必要措施，规范国际武器贸易行为，打击非法武器转让和贩运。中国连续四年派观察员代表团参加《武器贸易条约》缔约国会议。中国愿与各方继续加强合作，共同致力于建设规范合理的国际武器贸易秩序。

（三）中国履行国际军控和防扩散法律文书的工作

1.《不扩散核武器条约》

《不扩散核武器条约》（简称“NPT”）于1968年达成，1970 年生效。1995年召开的NPT审议大会决定条约无限期有效。NPT主要目的是推动核裁军、防止核武器扩散及促进和平利用核能。现有191个成员国，中国于1992年加入。印度、巴基斯坦、以色列迄未加入，朝鲜于2003年宣布退约。条约第九条第3款规定，“1967年1月1日前爆炸核武器或其他核爆炸装置的国家为核武器国家”，中国、美国、俄罗斯、英国、法国由此获得核武器国家地位。

NPT规定每五年召开一次审议大会，审议条约实施情况，其间召开三次筹备会。条约第十次审议大会将于2020年举行，目前已于2017年和2018年分别在维也纳和日内瓦举行了两次筹备会议。

在核裁军领域，中国一贯主张并积极倡导最终全面禁止和彻底销毁核武器，坚定奉行自卫防御的核战略，恪守在任何时候任何情况下不首先使用核武器、无条件不对无核武器国家和无核武器区使用或威胁使用核武器的承诺。中国未参加任何形式的核军备竞赛，将继续把自身核力量维持在国家安全需要的最低水平。中国充分理解无核武器国家要求加快推进核裁军进程的良好愿望，愿与各方一道为之作出不懈努力。

在核不扩散领域，中国始终以建设性姿态参与相关国际合作，为推动政治外交解决地区热点核问题作出不懈努力。中国已与东盟就《东南亚无核武器区条约》议定书相关问题达成解决意向，坚定支持建立中东无核及其他大规模杀伤性武器区的国际努力，将继续支持有关无核武器国家根据本地区实际情况，在自行协商、自愿协议的基础上建立无核武器区。

同时，中国始终坚持开放共赢理念与各国开展和平利用核能合作，并努力向有需要的国家提供力所能及的帮助，为推动国际和本地区和平利用核能事业发展作出积极贡献。中国积极支持国际原子能机构在促进核能和平利用方面所做的工作，按时、足额缴纳技术合作基金。中国参与的加纳和尼日利亚微堆低浓化改造工作取得圆满成功。

2018年4月，中国派团出席在日内瓦举行的NPT 2020年第十次审议大会第二次筹备会，呼吁国际社会坚持条约宗旨和目标，全面维护和促进条约权威性、普遍性和有效性，平衡推进条约确定的核不扩散、核裁军及和平利用核能三大支柱。

2. 国际原子能机构

国际原子能机构（下称“机构”）于1957年10月正式成立，总部设在奥地利维也纳。机构秉持“原子能用于和平与发展”的宗旨，主要职责包括促进核能与核技术可持续发展、开展保障监督以及加强核能安全与核安全。截至2018年年底，机构共有170个成员国。

中国于1984年加入机构，于1988年9月自愿与机构签署全面保障监督协定，并于1998年12月与机构签署附加议定书。中国重视机构作用，与机构在各领域开展了多层次、全方位合作，积极参与机构理事会、大会等决策机制工作。中国支持加强机构全面保障监督协定和附加议定书的普遍性，同时主张应本着公正、客观、透明的原则提升机构保障监督效率和有效性。

3.《全面禁止核试验条约》

《全面禁止核试验条约》（下称“条约”）于1996年达成并开放签署。条约禁止任何核武器试验爆炸及任何其他核爆炸，是实现全面禁止和彻底销毁核武器过程中的一个重要步骤。条约迄今已有184国签署，167国批准。条约生效所必需的44国中，已有36国批约。

为确保条约得到遵守，条约规定设立以国际监测系统为主体的核查机制。国际监测系统由运用地震、水声、次声、放射性核素4种技术的321个台站和16个实验室组成。截至2018年年底，约91%的台站已建成，其中约88%通过核证验收。

中国于1996年9月24日条约开放签署当日签署条约，是筹备委员会首批成员国之一。中国坚定支持条约宗旨和目标，在核武器国家中进行核试验次数最少，并一直恪守“暂停试”承诺。中国积极支持条约早日生效，投票支持历届联大和安理会有关条约的决议。2018年1月31日，外交部长王毅（时任）会见访华的全面禁止核试验条约组织筹委会临时技术秘书处执行秘书泽博，重申中国坚定支持条约的立场。

中国积极支持并以建设性姿态全面参与筹委会工作。截至2018年年底，中国境内已建成两个基本地震台站、四个辅助地震台站、三个放射性核素台站、一个次声台站、一个核素实验室及中国国家数据中心。其中，兰州放射性核素台站、广州放射性核素台站、北京放射性核素台站、海拉尔基本地震台站和兰州基本地震台站已通过核证验收。

4.《禁止生物武器公约》

该公约全称《禁止细菌（生物）及毒素武器的发展、生产及储存以及销毁这类武器的公约》(下称“公约”)，于1971年达成，1975年生效。中国于1984年加入该公约。

2018年，公约总体执行情况良好，缔约国总数为182个，普遍性稳步提高，缔约国对履约的重视程度进一步加强，履约的深度、广度不断加大，履约支持机构运行平稳。

中国继续致力于公约的全面、有效实施。中国外交部军控司充分发挥国家履约联络点的作用，保持同公约履约支持机构和其他缔约国的联络，协调国内相关部门的履约工作，推动国内生物履约工作顺利进行。

中国继续以积极务实态度参与多边生物军控进程，主动、深度参与公约新一轮会间会进程。中国提出国际社会各方应秉持“公正有效、平衡有序、合作互助、统筹兼顾”的生物安全理念，打造全球生物安全命运共同体。

2018年6月，外交部军控司与公约履约支持机构在华合办主题为“构建全球生物安全命运共同体：制定生物科学家行为准则”的国际研讨会，深入探讨相关问题，并于8月向公约专家会议提交新一版“制定生物科学家行为准则范本”草案。

在2018年8月专家会议上，中国代表团继续积极推进“制定生物科学家行为准则范本”“建立生物防扩散出口管制和国际合作机制”两项倡议，介绍了中国履约及开展国际合作举措，展示了中国积极、严格履约的形象。

2018年10月，作为中国向公约国际合作数据库提交的首个援助数据，外交部与中国科学院在中国科学院武汉病毒研究所举办“生物安全实验室管理与实验技术国际培训班”，为发展中国家培养传染病防控研究人才，取得良好效果。

在2018年12月公约缔约国会议上，中国代表团与各国一道，推动会议达成解决公约财务问题的方案，并宣布提前缴纳2019年会费，为推进多边生物军控进程、加强全球生物安全治理作出了重要贡献。

5.《禁止化学武器公约》

该公约全称《关于禁止发展、生产、储存和使用化学武器及销毁此种武器的公约》(下称“公约”)，于1992年达成，1997年生效，现有缔约国193个。中国于1997年批准公约，是公约原始缔约国。

2018年，履约工作总体平稳推进。化武销毁继续取得进展，已销毁全球已宣布的库存化武的96%。公约核查机制行之有效，禁止化学武器组织技术秘书处对缔约国进行的现场核查已达6970次。

中国高度重视公约履约工作。为不断完善履约能力，提升履约水平，2018年中国国家履约机构召开履约工作联席会议，回顾和总结履约经验和成绩，规划下步履约工作重点。中国继续全面、忠实履行公约各项义务，按时向禁化武组织提交各类工业宣布和日本遗弃在华化学武器的后续宣布，接受了禁化武组织40次现场视察。中国认真履行公约规定的防扩散义务，不断加强出口管制能力建设，依照相关出口管制法规严格审查化学品进出口。中国政府高度重视公约在香港特别行政区、澳门特别行政区和台湾地区的适用问题。香港特区履约工作全面顺利开展，澳门特区履约准备工作正有条不紊进行。在坚持一个中国原则前提下，中国政府一直积极、务实寻求妥善解决公约适用于台湾的问题。

中国积极推动公约框架下国际援助与合作。2018年9月17～21日，中国外交部军控司与禁化武组织技秘处在北京联合举办化武防护与援助高级培训班。中国通过此类活动，分享本国履约经验，协助其他国家提升履约能力，并为推进公约普遍性、有效性贡献力量。

中国政府高度重视处理日遗化武问题。2018年1月和6月，中国、日本与禁化武组织技秘处就日遗化武问题举行了两轮三方磋商，讨论了日遗化武销毁进展、下步工作计划、核查安排等。中国政府根据公约和禁化武组织执理会有关决定，按时提交《处理日遗化武进展报告》，并接待禁化武组织对日遗化武双边作业、托管库、销毁工作的现场视察11次。日遗化武销毁虽取得一定进展，但仍有大量日遗化武还在危害中国人民的生命财产和生态环境安全。中国敦促日方切实遵守禁化武组织执理会相关决定，加大投入，尽早全面、彻底销毁日遗化武。

6月27～28日，公约第四次特别缔约国大会在荷兰海牙举行，讨论化武使用追责问题。中国代表团在会上阐明中方反对使用化武的立场和主张，强调应充分利用公约现有机制调查和处理指称使用化武问题，反对强行表决存在分歧的决定草案，呼吁各方相向而行，继续通过协商弥合分歧，凝聚共识，共同维护公约有效性。

11月19～30日，公约第23届缔约国大会和第四次审议大会在荷兰海牙举行。中国代表团在审议大会一般性辩论发言中阐述了中国政府在公约未来发展、化武使用追责、日遗化武、国际合作等问题上的立场和主张。中国代表团强调平衡推进公约宗旨目标、严格遵循公约规定、切实维护协商一致原则、坚持通过对话协商解决分歧的重要性；强调日遗化武销毁工作刻不容缓，敦促日方切实履行公约义务，遵守执理会相关决定，按照中日双方共同提交的销毁计划尽早完成销毁。香港特区代表作为中国代表团成员向大会介绍了特区履约情况。

6.《特定常规武器公约》

该公约全称《禁止或限制使用某些可被认为具有过分伤害力或滥杀滥伤作用的常规武器公约》（下称“公约”），于1983年生效，截至2018年年底共有125个缔约国。公约现有《无法检测的碎片议定书》《禁止或限制使用地雷、诱杀装置和其他装置议定书》《禁止或限制使用燃烧武器议定书》《激光致盲武器议定书》《战争遗留爆炸物议定书》5个附加议定书。2001年公约第二次审议大会通过第一条修正案，将公约及其附加议定书的适用范围扩大至包括非国际武装冲突。中国批准了公约及所附五个议定书以及第一条修正案。

2018年11月21～23日，公约缔约国会议在日内瓦举行。中国代表团在发言中高度评价公约在解决常规武器滥用引发的人道主义问题方面发挥的重要作用，介绍中国在常规军控具体问题上的立场、相关履约工作和开展国际合作与援助等情况。

（1）地雷问题

目前国际上关于地雷问题的法律文书，除《特定常规武器公约》所附经修订的《地雷议定书》（二号议定书）外，还有《渥太华禁雷公约》（下称《渥约》）。

经修订的《地雷议定书》于1996年达成，1998年生效，截至2018年年底有104个缔约国。2018年11月20日，经修订的《地雷议定书》第20次缔约国年会在日内瓦举行。中国代表团在发言中积极评价议定书在解决地雷引发的人道主义问题上发挥的重要作用，介绍过去一年来中国在能力建设、宣传培训、国际扫雷援助、联合国“简易爆炸装置处置标准”制订、《国际地雷行动标准》审议等方面的履约工作情况。

《渥约》于1997年12月3日达成，并于1999年3月1日正式生效，截至2018年年底共有164个缔约国，中国不是《渥约》缔约国。2018年11月26～30日，《渥约》第17次缔约国会议在日内瓦举行，中国派观察员代表团与会。中国观察员代表团在发言中表示，中国赞赏《渥约》体现的人道主义精神，认同《渥约》的宗旨和目标，将继续与《渥约》缔约国在内的各国加强交流与合作。

（2）国际人道主义扫雷援助

中国政府高度重视地雷引发的人道主义关切，积极参与国际扫雷援助活动，帮助有关国家摆脱雷患困扰。自1998年以来，中国政府建立长期、机制化的国际扫雷援助规划，通过捐款、援助扫雷器材和举办扫雷技术培训班等方式，向40多个亚、非、拉国家提供总额逾9000万元人民币的扫雷援助，培训500余名专业扫雷技术人员。

中国积极与地雷受害国保持交流与合作。2018年，中国政府在华为柬埔寨和老挝举办人道主义扫雷培训班，共培训70名专业扫雷人员，并向两国提供了一批探、扫雷设备和人道主义物资援助。

（3）战争遗留爆炸物

《特定常规武器公约》所附《战争遗留爆炸物议定书》（五号议定书）于2003年达成，2006年生效，截至2018年年底有93个缔约国。

2018年11月19日，《战争遗留爆炸物议定书》第12次缔约国会议在日内瓦举行。中国代表团在发言中积极评价议定书在解决战争遗留爆炸物造成的人道主义问题上发挥的作用，希望各国继续落实履约工作，不断增强议定书普遍性和有效性。中国代表团并介绍过去一年在机制建设、战争遗留爆炸物清除销毁、受害者救助、国际交流合作等方面的工作和成绩。

（4）集束弹药问题

近年来，集束弹药问题成为人道主义军控领域热点。自2007年成立以来，《特定常规武器公约》政府专家组就集束弹药问题进行密集谈判。2011年《特定常规武器公约》第四次审议大会期间，各方未就公约框架下的集束弹药议定书达成一致。中国代表团积极参加了集束弹药问题政府专家组工作。

在《特定常规武器公约》框架外，挪威、墨西哥等国发起“奥斯陆进

程”，于2008年年底达成《集束弹药公约》(简称“CCM”)，并于2010年8月1日正式生效。截至2018年年底共108国签约，106国批约。公约禁止发展、生产、使用、储存和转让集束弹药。公约第八次缔约国会议于2018年9月3～5日在日内瓦举行，中国派观察员代表团出席本次会议，并在会上介绍中国对集束弹药问题的一贯立场。

(5)“致命性自主武器系统”

随着人工智能、机器学习等新技术的迅速发展和广泛应用，关于“致命性自主武器系统”(简称“LAWS”)的国际讨论逐步升温。不少国家和非政府组织担心LAWS可能改变战争形态，引发新的军备竞赛，并带来人道、法律、伦理等问题。2014～2016年，在《特定常规武器公约》框架下，公约缔约国及相关国际组织就LAWS问题举行了3次非正式专家会。2016年12月，《特定常规武器公约》第五次审议大会授权成立LAWS政府专家组，首期会议于2017年举行。2018年4月和8月，LAWS政府专家组二、三期会在日内瓦举行。各方主要围绕LAWS的定义、技术、军事价值、法律适用等问题开展讨论，讨论进程逐步走深走实，已达成一份共十条的指导原则。中国代表团建设性地参与了专家组会讨论，并在发言中介绍了中国在LAWS问题上的立场和主张。

(四)中国在防扩散方面的工作

1. 积极参与国际防扩散努力

作为联合国安理会常任理事国和负责任大国，中国坚决反对一切形式的大规模杀伤性武器及其运载工具的扩散，一贯以高度负责的态度处理防扩散问题，积极参与国际防扩散努力。中国支持联合国在防扩散领域发挥的重要作用，坚决履行安理会有关决议赋予的防扩散国际义务，并以建设性态度参与安理会1540委员会等联合国框架下的防扩散工作。

中国高度关注扩散热点问题的发展，支持并积极参与朝鲜半岛核问题、伊朗核问题的政治和外交解决进程。中国始终支持并参与本地区防扩散努力。2018年1月，中国派员参加了在日本举行的亚洲地区高级别防扩散对话会。3月，派员参加了在印度举行的“印度—威斯巴登会议”。4月，派员参加了在韩国举行的东盟地区论坛防扩散与裁军专题会间会。5月，派员参加了在巴基斯坦举行的防扩散出口管制国际研讨会。9月，派员参加了在韩国举行的安理会第1540号决议地区会议。

作为“核供应国集团”成员，中国继续积极参与集团相关工作，坚决维护国际核不扩散体系有效性、完整性和权威性。2018年4月，中国派团赴维也纳参加集团第44次咨询组会和技术专家组会。6月，中国派团赴拉脱维亚尤尔马拉出席了2018年全会、第45次咨询组会、集团信息交流会、许可证与执法专家组会等会议。9月，中国派团出席在维也纳举行的咨询组非正式会议。11月，中国派团参加在维也纳举行的集团第46次咨询组会、技术专家组会。

中国高度关注国际防扩散新挑战。作为“金融行动特别工作组”的一员，中国于2018年2月、6月和10月派员参加“金融行动特别工作组”全会及工作组会，就打击扩散融资问题与各方交换意见。

2. 开展防扩散国际合作

中国重视开展防扩散交流与合作，与美国、欧盟等保持对话和交流。

中美两国在防扩散执法等领域加强机制化务实合作，共同打击扩散行为。2018年6月，外交部军控司派团赴华盛顿同美方举行第三次中美防扩散联合工作组会议，就防扩散形势、防扩散执法合作等进行交流。

中国与欧盟防扩散交流与合作不断深化。11月，中国应邀派员赴冰岛出席第14届北约军控、裁军与防扩散会议。

（五）中国与有关国家开展战略安全、军控和防扩散磋商

中国与十余个国家建有副部级、司级战略安全、军控与防扩散磋商机制，对增进相互理解与合作发挥了重要作用。2018年，中国继续开展战略安全、军控等领域的对外交流与合作。

1月19日，外交部军控司与法国外交部战略、安全与裁军事务司在北京举行中法战略对话框架下军控与防扩散分组会议，主要就国际安全形势、核裁军、《不扩散核武器条约》审议进程、朝鲜半岛核问题、伊朗核问题全面协议以及外空、常规武器等问题深入交换看法。

4月10日，外交部军控司与印度外交部裁军与国际安全司在北京举行军控磋商，就共同关心的国际安全、军控与防扩散问题深入交换看法。

4月17日，外交部军控司与美国国务院在北京举行中美第三次核安全对话，主要就核安全、核能安全、核应急等问题深入交换看法。

4月18日，外交部军控司与巴基斯坦外交部军控司在北京举行军控磋商，主要就军控、裁军与防扩散领域共同关心的问题交换看法。

10月10日，外交部军控司在纽约主持五核国代表团团长非正式磋商暨核政策交流，各方围绕核政策和战略稳定、五核国协调、《不扩散核武器条约》审议进程、联大一委等问题进行深入讨论。

11月29日，外交部军控司与以色列外交部在北京举行军控与防扩散磋商，主要就地区核问题、中东无大规模杀伤性武器区、《中导条约》等国际军控、裁军和防扩散领域共同关心的问题深入交换看法。

12月12日，外交部军控司与英国外交部防务与国际安全司在伦敦举行军控与防扩散磋商，就五核国合作进程、《不扩散核武器条约》审议进程、《中导条约》存废、化武使用追责、地区核问题、防扩散出口控制机制、《武器贸易条约》等军控领域热点问题坦诚深入交换看法。

12月13日，外交部军控司与芬兰外交部军控事务部门在北京举行军控与防扩散磋商，主要就国际军控、裁军与防扩散领域共同关心的问题深入交换看法。

12月14日，外交部军控司与法国外交部战略、安全与裁军事务司在巴黎举行中法战略对话框架下新一轮军控与防扩散分组会议，主要就核领域战略性问题、地区热点核问题、化武使用追责等深入交换看法。

（六）中国积极开展网络外交工作

中国高度重视网络问题，倡导各方在相互尊重、平等互利的基础上，加强对话合作，共同构建网络空间命运共同体，建立和平、安全、开放、合作、有序的网络空间以及多边、民主、透明的国际互联网治理体系。国际社会应尽快在联合国框架下制定各方普遍接受的网络空间国际规则。

中国始终是网络安全的坚定维护者，一贯支持国际社会加强网络安全的努力。中国主张，应确保信息和通信技术用于促进社会经济发展、国际和平与稳定和人类福祉，反对网络监听、网络攻击和网络军备竞赛，各方应在共同安全中实现自身安全。应尊重各国自主选择网络发展道路、网络管理模式、互联网公共政策以及平等参与国际网络空间治理的权利，不搞网络霸权，不利用网络干涉他国内政。各国不应以“国家安全”为借口遏制数字领域技术发展、推进贸易保护主义。网络空间国际治理应坚持多边参与、多方参与，国际社会应共同管理和公平分配互联网基础资源。应秉持互利共赢理念，加大对发展中国家的援助，弥合数字鸿沟。

2018年，中国全面深入参与和引导网络空间国际治理，广泛开展网络外交政策交流和务实合作，积极参与网络空间国际规则制定。中国推动联大通过信息安全决议，支持启动国际规则讨论新进程。全面参与联合国互联网治理论坛，推动互联网国际治理体系改革。深入参与多边和地区机制下网络安全务实合作，推进金砖国家、上海合作组织网络安全进程，推动东盟地区论坛建立网络安全会间会机制，提出“互联网应急响应信息共享”倡议，深化各方务实合作。推进亚太经合组织、二十国集团等在互联网和数字经济领域合作倡议，提升数字经济可及性，缩小数字鸿沟。中国积极开展双边网络事务对话交流，同俄罗斯、欧盟等举行网络政策磋商，不断增进互信与合作。

第六章 中国外交中的条约法律工作

（一）中国对外缔结条约情况

1. 中国对外缔结条约概况

中国政府重视发展与世界各国的友好关系，积极参与区域性、全球性国际组织的活动，对外缔结了大量政治、经贸、文化、司法协助等领域的双边、多边条约，为保持国民经济平稳较快发展，全面建设小康社会，加深中国与世界各国及国际组织的全方位合作提供了良好的法律保障。

据不完全统计，2018年中国对外缔结的国家间、政府间和政府部门间的双边条约、协定及其他具有条约、协定性质的文件约280多项。

多边条约方面，2018年中国参加的多边条约共2项。包括国务院2018年2月20日核准的《关于沿亚洲公路网国际道路运输政府间协定》；经国务院审核，5月30日加入《2004年国际船舶压载水和沉积物控制和管理公约》。此外，中国于10月3日签署《预防中北冰洋不管制公海渔业协定》。

2. 涉及香港特别行政区和澳门特别行政区的条约法律事务

中央人民政府严格根据《中华人民共和国香港特别行政区基本法》、《中华人民共和国澳门特别行政区基本法》和“一国两制”方针处理涉及香港特区和澳门特区的条约和法律事务，为香港特别行政区和澳门特别行政区在有关领域参与国际合作、开展对外交往提供支持。

（1）双边协定方面

2018年，中央政府授权香港特区政府与马尔代夫、阿联酋签署促进和保护投资协定，与意大利签署移交被控告及被定罪人协定，与乌克兰签署移交被判刑人协定;授权澳门特区政府与蒙古、泰国谈判避免双重征税协定，与东帝汶、佛得角、安哥拉谈判刑事司法互助协定、移交逃犯协定和移交被判刑人协定，与尼日利亚签署移交被判刑人协定。

（2）多边条约方面

根据《基本法》规定，在征询特区政府意见后，中央政府办理了中国参加的《2006年海事劳工公约（经2014年修订）》适用于香港特区,《多边税收征管互助公约》适用于香港特区、澳门特区,《核材料实物保护公约》适用于澳门特区的有关手续；目前正在办理中国参加的《制止危及海上航行安全非法行为公约》、《制止危及大陆架固定平台安全非法行为议定书》适用于澳门特区的有关手续。

（二）中国在联合国机构中的法律工作

1. 第73届联合国大会的法律议题

（1）概述

2018年10月3日至12月20日，第73届联合国大会（简称“联大”）共审议30余项法律议题。联大全会审议了国际法院的报告、国际刑事法院的报告、海洋和海洋法等议题。联大第六委员会审议了消除国际恐怖主义的措施、国内和国际法治、普遍管辖权原则的范围和适用、《联合国宪章》和加强联合国作用特别委员会（简称“特委会”）报告、国际法委员会第70届会议工作

报告等议题。联大第四委员会审议的法律议题主要涉及和平利用外空的国际合作。

中国代表团全面参加了上述议题的审议和决议草案的磋商，在有关议题下积极发言，阐述中国政府的立场主张，介绍中国有关实践。

（2）关于“消除国际恐怖主义的措施”

中国代表团表示，当前国际反恐形势正经历复杂深刻演变，国际社会应齐心协力，共同努力应对，强调各国应凝聚共识、加强合作，发挥联合国主导作用，严格遵守国际法规则，实现标本兼治，正本清源。中国代表团还介绍了中国开展反恐国际合作等方面取得的成绩，希望国际社会积极支持和配合中国有关反恐努力，共同维护世界和地区安全稳定。

（3）关于“国内和国际法治”

中国代表团强调，中国政府坚定不移全面推进依法治国，积极探索有自身特色的法治之路。在国际层面，中国始终坚定捍卫以联合国为核心的国际体系，倡导多边主义，促进尊重国际法。中国代表团并介绍了2018年7月在北京举办“一带一路”法治合作国际论坛有关情况，表示“一带一路”倡议是中方迄今向世界提供的最大公共产品，是践行构建人类命运共同体理念的重要行动，也是弘扬多边主义的重要举措。中方将同有关各方开展多层次、多渠道、全方位的法治合作，共同探索建立合作机制、协商确定合作重点、逐步制订行动计划、有效解决法律问题、不断凝聚共识，为“一带一路”建设夯实法治之基。

（4）关于“普遍管辖权原则的范围和适用”

中国代表团指出，普遍管辖权是一个涉及政治、法律和外交的综合性问题，联大六委近年来为明确普遍管辖权原则的范围和适用所进行的讨论具有积极意义。但除海盗行为外，各国对其他情形下是否适用普遍管辖权及其适用条件等问题存在明显分歧，相关国家实践和法律确信存在很大不同，没有形成公认的习惯国际法规则。中国代表团强调，普遍管辖权的确立和行使应遵循《联合国宪章》的宗旨和原则以及国际法准则，不得侵犯他国主权、不得干涉他国内政，也不得侵犯国家、国家官员、外交和领事人员享有的豁免权。

（5）关于“和平利用外空的国际合作”

中国代表团肯定2018年成功举行的纪念联合国外空会议50周年

（UNISPACE+50）高级别会议对于和平利用外空国际合作的里程碑意义。中国代表团指出，根据会议成果，制订“空间2030议程”及其执行计划将是外空委未来两年重要工作，应全面平衡反映不同空间能力国家的诉求，与联合国“可持续发展2030议程”等重要发展议程对接，推广空间技术应用，推动能力建设和国际合作，促进外空和人类可持续发展。中国代表团还介绍了过去一年中国航天活动及相关国际合作的主要进展，表示中国政府愿与各国携手努力，推动外空事业更好促进各国经济发展和社会进步，共同建设和平、法治、发展的外空，使之真正造福于全人类。

（6）关于“《联合国宪章》和加强联合国作用特别委员会报告”

中国代表团支持特委会根据联大授权开展工作，重视特委会的积极作用，肯定特委会对《联合国宪章》第33条所载和平解决争端方法进行逐项讨论，积极参与了特委会2018年届会对谈判和调查两种和平解决争端方法的讨论。中国代表团介绍了中方在和平解决争端方面的成功实践，并强调指出，争端解决方法的选择和适用应符合“当事国同意原则”，充分尊重各国自主选择和平解决争端方法的权利，不能强加于任何国家。在和平解决争端方法中，谈判最能体现当事方自主意愿和主权平等，最有利于当事方掌控争端解决过程，谈判结果也最易为当事方接受和执行，是争端解决实践中运用最多也是最为重要的方法。中国代表团还重申了在安理会制裁等问题上的立场，支持特委会改进工作方法和提高工作效率。

（7）关于“国际法委员会第70届会议工作报告”

中国代表团肯定国际法委员会成立70年来取得的一系列重要成果，以及为维护国家间关系健康稳定发挥的重要作用。同时指出，目前委员会在专题选择、工作方法、与国家互动等问题上也面临挑战。中国代表团重点就“与条约解释有关的嗣后协定和嗣后惯例”“习惯国际法的识别”“国家官员的外国刑事管辖豁免”“一般国际法强制性规范（强行法）”“保护大气层”“条约的暂时适用”等问题阐述立场。

关于“与条约解释有关的嗣后协定和嗣后惯例”专题，中国代表团强调只有反映缔约方在条约解释方面真实、共同意思表示的嗣后实践，才能作为《维也纳条约法公约》第31条第3款规定的作准解释资料；其他的嗣后实践，有可能作为公约第32条所称的条约解释补充资料发挥一定作用，但与第31条第3款所指的嗣后实践应有明显区别。

关于“习惯国际法的识别”专题，中国代表团强调，习惯国际法是重

要的国际法渊源，对其识别必须采取严谨而系统的方法，全面深入考察各国的普遍实践，不能出于任何国家的个别利益或需要进行选择性识别或降低识别的门槛；在习惯国际法识别上，尽管在某些情况下需要考虑国际组织决议、国际司法判决、权威公法学家学说等对识别习惯国际法的意义，但起首要作用的始终是国家实践。

关于“国家官员的外国刑事管辖豁免”专题，中国代表团就委员会2017年投票通过属事豁免例外的条款草案表达关切，强调该草案中有关豁免例外缺乏国际实践支持，所举例证具有选择性等，建议委员会重新审查有关条款草案及其评注。中国代表团并就法院地国何时开始考虑官员豁免问题、哪个部门有权决定是否给予豁免、官员豁免的程序保障等问题发表看法。

关于“一般国际法强制性规范（强行法）”专题，中国代表团指出，强行法具有不同于一般国际法规则的特殊重要性，委员会对该专题的审议应极其谨慎。中国代表团着重就特别报告员提出的结论草案表达了两点意见：一是不赞同结论草案17关于联合国安理会决议与强行法抵触时不创设有约束力的义务的内容。二是不赞同结论草案23关于将“强行法所禁止的任何罪行”纳入官员属事豁免例外的内容。此外，中国代表团还对本专题的审议程序表达了关切。

关于“保护大气层”专题，中国代表团表示，该专题的研究应以2013年设定的四项谅解条件为基本遵循，以普遍国际实践和现行法作为基础，充分尊重国际社会现有机制下的努力和相关政治法律谈判进程的成果。中国代表团赞同现有指南草案中重申国际合作、和平解决争端等国际法原则，但对指南草案提出的一些具体规则有不同看法，建议进一步研究和完善。

关于“条约的暂时适用”专题，中国代表团表示，在确定暂时适用对当事方产生有法律约束力的义务范围时应采取审慎态度，切实尊重当事方的真实意愿，对当事方达成的暂时适用条件和程序应作严格解释，以免不当扩大当事方承担义务的范围。中方建议在相关评注中对此予以明确。

关于“与武装冲突有关的环境保护”专题，中国代表团主张，国际性武装冲突与非国际性武装冲突性质不同，除非有国家实践支持，否则不能将适用于国际性武装冲突的国际法规则简单照搬到非国际性武装冲突中去。目前的原则草案及评注仍存在这种倾向，建议委员会深入研究。

关于“国家责任方面的国家继承”专题，中国代表团表示，与国家责任方面继承有关的国家实践十分有限，这些有限的国家实践也各有复杂的政治和历史原因，编纂一般性规则有客观困难。建议委员会考虑本专题的工作是否有必要继续，或者是否仅编纂必要的指南草案。

2. 联合国国际法委员会第70届会议情况

联合国国际法委员会第70届会议上半期于2018年4月30日至6月1日在纽约联合国总部举行，下半期于7月2日至8月10日在日内瓦万国宫举行。中国籍委员黄惠康出席会议并参与各专题讨论，在“国家官员的外国刑事管辖豁免”“一般国际法强制性规范（强行法）”“国家责任方面的国家继承”等专题下重点发言。

本届会议由哥伦比亚籍委员爱德华多·巴伦西亚–奥斯皮纳担任主席，捷克籍委员帕维尔·斯图尔马和越南籍委员阮洪滔分别任第一和第二副主席，塞拉利昂籍委员查尔斯·切尔诺·贾洛任起草委员会主席，葡萄牙籍委员帕特里夏·加尔旺·特莱斯任报告员。会议主要情况如下：

关于“与条约解释相关的嗣后协定和嗣后实践”专题，特别报告员提交了第五次报告，逐条梳理各国和国际组织就一读通过的结论草案的评论和意见，提交起草委员会并进入二读审议程序。委员会最终二读通过了“与条约解释相关的嗣后协定和嗣后实践”的13条结论草案及其评注。

关于“习惯国际法的识别”专题，特别报告员提交了第五次报告。该报告梳理了各国和国际组织就一读通过的结论草案提出的评论和意见，提交起草委员会并进入二读审议程序。委员会最终二读通过了“习惯国际法的识别”的16条结论草案及其评注。

关于“国家官员的外国刑事管辖豁免”专题，特别报告员提交了第六次报告，报告概述了国际法委员会和联合国大会第六委员会就第7条草案进行的辩论，并主要讨论了官员豁免的程序问题，但并未提出具体条款草案。特别报告员表示将于2019年提交同样涉及程序问题的第七次报告，并在六、七两次报告基础上提出关于程序问题的条款草案。委员会审议了特别报告员提交的本次报告，并决定于2019年第71届会议上继续就本报告展开辩论。

关于“一般国际法强制性规范（强行法）”专题，特别报告员提交了第三次报告，主要讨论了一般国际法强制性规范（强行法）的后果和法律效力，并提出了14条结论草案（结论草案10至23），涉及条约同强行法抵触的法律后果、其他国际法渊源同强行法抵触的后果、同强行法抵触所产生的国家责任问题、对强行法所禁止的犯罪行使国家管辖权、公务职位无关性以及不适用属事豁免等方面。委员会暂时通过了结论草案8、9，以及特别报告员在本次报告所提出的结论草案10至14。此外，尽管委员会将第三次报告所载的结论草案10至23转交起草委员会，但有一项谅解，即结论草案22和23将以“不妨碍”条款的方式加以处理。

关于“保护大气层”专题，特别报告员提交了第五次报告，提出了一系列指南草案，包括指南草案10“执行”、指南草案11“遵约”、指南草案12“争端解决”。最终委员会一读通过了“保护大气层”的序言草案、包括上述3条指南草案在内的12条指南草案及相关评注，并决定将有关条款草案转交各国政府和国际组织征求评论和意见。

关于“条约的暂时适用”专题，特别报告员提交了第五次报告，提出了指南草案8之二“条约因违约而终止或暂停暂时适用”和指南草案5之二“提具保留”以及8条示范条款草案。委员会最终一读通过了“条约的暂时适用”的12条结论草案及其评注，并决定将有关指南草案转交各国政府和国际组织征求评论和意见。

关于“与武装冲突有关的环境保护”专题，新任特别报告员提交了其第一次报告，主要涉及占领局势下保护环境的问题，并提出了三条原则草案。起草委员会最终暂时通过了原则草案19“占领方的一般义务”、原则草案20“自然资源的可持续利用”及原则草案21“应尽职责”。此外，委员会还暂时通过了起草委员会在第68届会议上暂时通过的原则草案4、6至8以及14至18及其评注。

关于“国家责任方面的国家继承”专题，特别报告员提交了第二次报告，提出了第5条草案“本条款草案所涵盖的国家继承情况”、第6条草案“一般规则”、第7条草案“国家若干部分的分离（脱离）”、第8条草案“新独立国家”、第9条草案“一国部分领土的移交”、第10条草案“国家的合并”、第11条草案“国家解体”共7条草案。委员会将上述7条草案提交起草委员会。在本届会议上，起草委员会主席提出了一份关于起草委员会暂时通过的第1条草案第2款以及第5和第6条草案的临时口头报告，该报告仅供参考。此外，委员会还决定请秘书处编写一份备忘录，提供可能与此专题今后工作有关的条约的资料。

在本届会议上，委员会选举俄罗斯籍候选人耶夫格尼·扎加伊诺夫为委员，以填补罗曼·科洛德金辞职造成的临时空缺。委员会还决定将“一般法律原则”专题列入工作方案并任命厄瓜多尔籍委员马塞洛·巴斯克斯–贝穆德斯为该专题特别报告员，并决定将“普遍刑事管辖权”及“与国际法有关的海平面上升问题”两个专题纳入委员会的长期工作方案。此外，委员会在本次会议期间先后举办了两次委员会成立70周年纪念活动，主题为“国际法委员会70周年——总结过去，展望未来”，第一次在上半期会议期间，于5月21日在美国纽约举行；第二次在下半期会议期间，于7月5～6日在瑞士日内瓦举行。

3. 联合国和平利用外层空间委员会

联合国和平利用外层空间委员会（简称“外空委”）下设科技小组委员会、法律小组委员会，是国际社会就和平利用外层空间事务进行交流与合作的主要平台。2018年，中国派代表团出席了外空委大会第61届会议、科技小组委员会第55届会议、法律小组委员会第57届会议和“联合国外空会议50周年”纪念活动。

（1）第61届外空委大会会议情况

2018年6月22～29日，外空委第61届大会在维也纳举行。主要讨论外空委科技小组委员会和法律小组委员会报告、空间与可持续发展、联合国外空委的未来作用等议题。

中国代表团在一般性发言、外空委未来作用等议题下作专门发言，宣介中国和平利用外空事业发展成就、国际合作成果，并表示中国一贯支持加强联合国在全球治理中的核心作用，支持外空委作为各国在外空领域制订规则、协调政策、促进外空国际合作主平台的作用，相信优化外空委工作机制、充分有效发挥外空司职能，有利于实现加强外空治理的目标。中国代表团重申中国支持外空法治建设、支持和平利用外空和反对外空武器化以及外空军备竞赛的一贯立场，中国愿与国际社会一起，为维护外空安全、促进外空和平利用作出应有的贡献。

（2）“联合国外空会议50周年”纪念活动情况

6月20～21日，“联合国外空会议50周年”纪念活动在维也纳举行。中国代表团出席高级别会议，还通过举办“中国的航天合作：构建命运共同体和造福全人类”主题宣介会、参加展览和向联合国捐赠模型等方式宣介中国在载人航天、深空探测、北斗导航、空间能力建设等领域的成就和国际合作情况。

高级别会议正式通过成果文件“空间作为可持续发展驱动因素”，成果文件采纳中国提议，以协商一致方式写入人类命运共同体理念，呼吁“在和平利用外空领域加强国际合作，以实现命运共同体愿景，为全人类谋福利与利益”。中国代表团在高级别会议发言中指出，外空命运共同体愿景既与《外空条约》目标宗旨一脉相承，又契合保护外空环境、促进外空活动和社会经济可持续发展的当代需要，反映了国际社会的普遍诉求，为在新时期加强外空全球治理与国际合作、应对和平利用外空各类挑战指明了方向。

（3）第55届科技小组委员会会议情况

1月19日至2月9日，外空委科技小组委员会第55届会议在维也纳举行。主要讨论了外空活动长期可持续性、空间碎片、空间天气、近地天体、全球卫星导航系统等议题。中国代表团还参加了“联合国外空会议50周年”成果文件、外空活动长期可持续性等工作组会议及非正式磋商。

中国代表团在多个议题下发言，全面介绍中国航天各方面的发展成就，并通过技术报告首次向国际航天界全面介绍“一带一路”空间信息走廊有关情况，表达了与各方加强国际合作的积极态度。国家航天局还与欧洲空间政策研究所联合举办了“中国贡献：国际空间社会的机遇与前景”专题研讨会，系统介绍了中国航天项目的国际合作机会、原则和举措，尤其对中国空间科学卫星发展进行了回顾和展望，进一步展示了中国航天开放合作的姿态，以及在航天领域推动构建人类命运共同体的意愿。

（4）第57届法律小组委员会会议情况

4月9～20日，外空委法律小组委员会第57届会议在维也纳举行。会议讨论了五项外空条约的现状和适用、空间资源开发利用、空间交通管理、小卫星活动、空间法能力建设等10多项议题，就“联合国外空会议50周年”纪念活动成果文件举行磋商。

中国代表团在一般性意见交流、空间资源开发利用、空间法能力建设等议题下发言，回顾了过去一年中国航天事业取得的新进展和国际合作新情况，并通报了“天宫一号”目标飞行器再入大气层有关情况。中国代表团表示，支持以《外空条约》为基石的外空活动国际法律制度，同时充分发挥外空委作为政府间讨论外空规则问题首要平台的作用，探讨和解决和平利用外空活动中的法律问题，补充完善外空活动规则和治理机制。空间资源开发利用应坚持外空领域现有法律框架和原则精神，并作好兼顾自由利用与分享利益、兼顾合理长期利用与环境保护两大平衡。

（三）中国在打击跨国犯罪领域的法律工作

1.《联合国打击跨国有组织犯罪公约》

2018年3月，《联合国打击跨国有组织犯罪公约》缔约国大会下设“制订《联合国打击跨国有组织犯罪公约》及相关议定书履约审议机制程序和规则”政府间会议第三次会议在维也纳举行，基本确立了程序规则的主体框架，各方并就原则和特点、目标、国别审议、信息收集等内容初步达成一致。5月，国际合作工作组第九次会议和技术援助工作组第11次会议在维也纳举行，会议审议了履约评估调查问卷，讨论了开展培训和提供立法援助的良好做法及引渡合作中面临的挑战。7月，贩运人口第八次会议在维也纳召开，会议讨论了打击贩运人口国际合作中受害人的需求和权利，并继续审议拟定了用以审议《贩运人口问题议定书》实施情况的调查问卷。中国代表团参加了上述会议，全面深入参与了上述会议各议题讨论。

10月15～19日，《联合国打击跨国有组织犯罪公约》第九次缔约方大会在维也纳举行。中国常驻联合国维也纳办事处和其他国际组织代表团常驻代表王群大使率外交部、公安部、司法部、常驻维也纳代表团和澳门特别行政区人员组成的代表团与会。大会审议了《联合国打击跨国有组织犯罪公约》及其议定书执行、新型犯罪、国际犯罪、技术援助等议题，大会还通过了正式建立履约审议机制等决议。王群大使代表中国代表团在一般性辩论中发言，全面介绍中方履约成就，呼吁各国高举合作、共赢、法治、创新旗帜，共同打击跨国犯罪，推动构建普遍安全的人类命运共同体。在大会期间举行了国际合作工作组第十次会议，中方派专家代表亚太组作专题发言，系统介绍了中国引渡制度。中国代表团还利用大会间隙举办了主题为“公安部失踪儿童信息紧急发布平台”的边会，宣介中国通过高科技手段打击贩运人口的成就。

2.《联合国反腐败公约》

2018年6月，《联合国反腐败公约》（下称“公约”）履约审议组第九次会议和资产追回工作组会议在维也纳召开。履约审议组会议重点讨论公约第五章“资产追回”履约审议相关问题和履约审议机制运行情况，资产追回工作组

会议围绕资产追回领域相关前沿问题展开务实交流。

9月，公约履约审议组第九次会议第一次续会和预防腐败工作组会议在维也纳召开。履约审议组续会围绕公约第二章“预防腐败”履约审议过程中的经验、良好实践、挑战和技术援助需求等问题展开讨论，预防腐败工作组会议就“防止和管理利益冲突”及“财产和利益申报制度”举行专题讨论，交流经验和良好做法。11月，公约履约审议组第九次会议第二次续会在维也纳举行，就公约履约审议机制运行等问题进行进一步交流。

中国代表团积极参加上述工作组会议，深入参与议题讨论，宣介中国在反腐败方面取得的巨大成就，介绍中国履约实践，呼吁各国加强司法协助、引渡和资产追回等反腐败国际合作。

（四）中国在国际人权条约领域的工作

1. 履行国际人权条约

2018年8月10日和13日，中国政府代表团与联合国消除种族歧视委员会在日内瓦就中国履行《消除一切形式种族歧视国际公约》第14～17期合并报告举行对话会。中国代表团详细介绍了中国在保护少数民族权利方面的新进展。中国政府已启动履行《消除对妇女一切形式歧视公约》第九次报告的撰写工作，拟于2019年向联合国消除对妇女歧视委员会提交。

6月，中国中央政府为香港特别行政区和澳门特别行政区分别提交参照《公民权利和政治权利国际公约》相关规定实施情况的第四次和第二次报告。

2. 参与“跨国公司与人权”法律文书谈判

2018年10月15～19日，“跨国公司和其他工商业与人权”政府间工作组第四次会议在日内瓦举行。工作组根据2014年联合国人权理事会第26/9号决议设立，旨在谈判拟订“从国际人权法角度规范跨国公司及其他跨国商业活动的有法律拘束力的文书”。在本次会议上，工作组主席在前三次会议基础上推出法律文书“零案文”，各方就“零案文”主要内容深入交换意见。中国代表团在一般性发言中表示，应平衡促进人权和发展，以合法性原则为指导，最大程度寻求协商一致，并发表了对零案文的逐条评论。

（五）中国在国际私法领域的工作——海牙国际私法会议

2018年3月，海牙国际私法会议2018年总务与政策理事会在海牙召开，中国代表团与会。会议对位于香港的亚太区域办事处在吸收新成员国加入、推广有关公约和促进国际私法合作方面所做工作表示赞赏。

4月，海牙国际私法会议125周年国际研讨会——“未来之路：在日益紧密联系世界中的挑战和机遇”在香港举行。外交部驻香港特别行政区特派员公署特派员谢锋出席开幕式并致辞。包括香港特别行政区和澳门特别行政区政府代表在内的中国代表团参加会议，积极参与讨论。

5月，“判决项目”框架下“外国民商事判决承认与执行公约”第四次特委会在海牙召开，继续就制订该公约进行政府间谈判。包括香港特区和澳门特区政府代表在内的中国代表团积极参加谈判，推动会议取得进展。

（六）中国与外国的司法协助和法律合作

1. 涉及香港特别行政区和澳门特别行政区的司法合作事务

中央人民政府严格根据《中华人民共和国香港特别行政区基本法》和《中华人民共和国澳门特别行政区基本法》以及“一国两制”原则处理涉及香港特区和澳门特区的司法合作事务，为两特区在该领域开展对外交往、参与国际合作提供支持。

2018年，中央人民政府授权香港特区与意大利签署移交被控告及被定罪人协定，与乌克兰签署移交被判刑人协定。中央人民政府授权澳门特区分别与东帝汶、佛得角、安哥拉谈判刑事司法协助协定、移交逃犯协定和移交被判刑人协定，与尼日利亚签署移交被判刑人协定。

2. 与外国缔结双边司法协助条约状况

中国主张各国在司法领域加强国际合作，共同打击跨国犯罪，并积极推动与各国谈判缔结双边司法协助条约和引渡条约，以进一步夯实司法合作法律基础，保障中国和其他国家之间人员和经贸的正常往来。

2018年，中国与外国签署了9项双边司法协助类条约:《中国和奥地利刑事司法协助条约》《中国和塞浦路斯引渡条约》《中国和塞内加尔引渡条约》《中国和塞内加尔刑事司法协助条约》《中国和津巴布韦引渡条约》《中国和毛里求斯引渡条约》《中国和毛里求斯刑事司法协助条约》《中国和巴拿马引渡条约》《中国和厄瓜多尔刑事司法协助条约》。

2018年生效的双边司法协助类条约共有4项:《中国和亚美尼亚刑事司法协助条约》《中国和埃塞俄比亚民事和商事司法协助条约》《中国和印度尼西亚引渡条约》《中国和巴巴多斯引渡条约》。

截至2018年年底，中国已与77个国家缔结各类司法协助类条约共161项。其中，司法协助条约84项（72项已生效），引渡条约55项（38项已生效），移管被判刑人条约14项（12项已生效），打击三股势力协定7项（均已生效），资产返还和分享协定1项（尚未生效）。

（七）中国在国际海洋法领域的工作

1. 多边海洋法和极地事务

（1）《联合国海洋法公约》第28次缔约国会议

2018年6月11～14日，《联合国海洋法公约》(简称《公约》)第28次缔约国会议在纽约联合国总部举行，近120个《公约》缔约国与会。会议讨论了国际海洋法法庭、国际海底管理局和大陆架界限委员会等《公约》三大机构的工作情况，并通过了法庭2019～2020年财务预算。中国代表团在发言中强调树立人类命运共同体意识，倡导“创新、协调、绿色、开放、共享”的发展理念，呼吁秉持共商共建共享原则，推进国际海洋治理。

（2）联合国海洋和海洋法问题非正式磋商进程

2018年6月18～22日，联合国海洋和海洋法问题非正式磋商进程第19次会议在纽约联合国总部举行。本次会议的主题是“人为水下噪音”。包括来自中国的与会各国代表和专家探讨了人为水下噪音的性质和来源，从环境、社会、经济等不同角度分析人为水下噪音对海洋的影响，还从法律政策、科学技术、管理、能力建设等方面讨论了可能的合作应对措施。

（3）全球海洋环境报告与评估经常性进程

2018年2月28日至3月1日，全球海洋环境报告与评估经常性进程特设全体工作组第十次会议在纽约联合国总部召开，审议了第二轮世界海洋评估报告纲要、工作进度表和执行计划。8月23～24日，特设全体工作组第11次会议在纽约联合国总部举行，审议了2019年“多方参与对话和能力建设伙伴关系”会议议程等文件。中国代表团与会参加上述会议，为推动相关进程的工作作出努力。

（4）国家管辖范围以外区域海洋生物多样性养护和可持续利用问题

2018年，国家管辖范围以外区域海洋生物多样性养护和可持续利用问题国际协定政府间谈判正式开启。4月16～18日，政府间大会组织会议在纽约联合国总部举行，商定了政府间大会组织模式、第一次会议议程等程序性事项。9月4～17日，政府间大会第一次会议召开。各方围绕大会主席起草的《主席对讨论的协助》文件，就国家管辖范围以外区域海洋生物多样性养护和可持续利用问题国际协定所涉海洋遗传资源及其惠益分享、海洋保护区等划区管理工具、环境影响评价、能力建设和海洋技术转让等“一揽子”问题进行了深入讨论。中国代表团建设性参与谈判，在所有议题下积极发言，有理有据地传递中国声音，为推动谈判进程贡献中国智慧与中国方案，受到各方的认可与好评。

（5）第73届联大海洋和海洋法议题审议

2018年12月11日，第73届联大就“海洋和海洋法”议题举行一般性辩论，并表决通过了年度“海洋和海洋法决议”以及“可持续渔业决议”。“海洋和海洋法决议”对过往一年国际海洋和海洋法领域的工作情况进行了盘点，内容涵盖《联合国海洋法公约》实施、《公约》三大机构工作、国际海洋立法新进展、海洋环保和海洋科学等内容。“可持续渔业决议”涉及促

进渔业资源养护和管理、区域合作、打击非法捕鱼等内容。中国代表团建设性参与上述决议磋商，并在一般性辩论中积极宣传中国有关立场和主张：呼吁推动全球海洋治理，构建人类命运共同体；呼吁发展蓝色经济，实现可持续发展目标；呼吁促进国际海洋法治，维护公平合理的海洋秩序；呼吁促进渔业可持续发展等。决议积极评价了中国在海洋领域加强国际合作、促进能力建设和发展水产养殖方面的工作。

（6）国际海底管理局第24届会议

2018年3月5～9日和7月16～27日，国际海底管理局（简称“管理局”）第24届会议分两期先后在牙买加金斯敦举行。会议就国际海底区域资源开发规章制定工作进行了讨论，并继2017年之后再次邀请各利益攸关方就规章草案反馈意见。会议审议通过了《国际海底管理局2019—2023年期间战略计划》，改选了半数理事会成员，补选了部分法律和技术委员会委员。

中国代表团在秘书长报告、开发规章制定、战略计划制定等多个议题下发言，从不同角度阐述中国对国际海底形势的政策主张以及对相关重大问题的立场和看法。中国大洋协会在会议期间举办边会，介绍其于2018年5月在青岛举办西北太平洋区域环境管理计划研讨会的情况。中国地质调查局广州海洋地质调查局总工程师杨胜雄成功补选为法律和技术委员会委员，任期至2021年年底。

（7）多边渔业

中国政府高度重视渔业资源的养护与可持续利用，积极参与相关国际渔业组织活动。2018年，中国政府派团参加了南太平洋渔业管理委员会、印度洋金枪鱼委员会、北太平洋渔业管理委员会、美洲间热带金枪鱼委员会、养护大西洋金枪鱼委员会、中西部太平洋渔业管理委员会等国际渔业管理组织年会，积极参加相关条约和养护管理措施的制订、修改和实施等工作。中国代表团还全程参加北冰洋公海渔业问题磋商，为达成《预防中北冰洋不管制公海渔业协定》贡献中国智慧和方案，并出席了该协定的签署仪式。

中国政府在渔业问题上的总体立场是：多边渔业合作的目标是养护渔业资源，规范渔业行为，实现渔业的可持续发展和利用，确保各国特别是发展中国家人民享有渔业资源。

（8）极地事务

第41届南极条约协商会议

2018年5月13～18日，第41届南极条约协商会议和第21届环境保护委员会会议在阿根廷布宜诺斯艾利斯举行。会议重点讨论了南极区域保护与管理、南极生物勘探、南极旅游和秘书处工作等问题。中国代表团积极参与会议各个议题讨论，所提关于罗斯海新站综合环境影响评估、在恩克斯堡岛新设南极特别保护区的预评估程序和中山站内陆考察车库建设初步环境影响评估等三个提案获得通过。关于南极冰穹A区域探索和研究行为准则会间非正式讨论情况报告通过审议，并由中国牵头继续开展会间讨论。

南极海洋生物资源养护委员会

2018年10月22日至11月2日，南极海洋生物资源养护委员会第37届会议在澳大利亚霍巴特举行。会议重点讨论了南极海洋保护区相关情况，评估了成员国遵守和执行《南极海洋生物资源养护公约》状况，并修订了多项养护措施。中国代表团在会上积极参与各项议题讨论，为规范南极海洋保护区设立、修订养护措施、应对气候变化等发挥了建设性作用。中国在南极的磷虾入渔申请获得委员会批准。

北极理事会系列会议

2018年3月21～23日，北极理事会春季高官会在芬兰利维举行。11月1～2日，北极理事会秋季高官会在芬兰罗瓦涅米举行。中国政府派团出席了上述会议，积极推荐专家深入参与理事会下设工作组和特别任务组工作，不断深化对北极的了解和认知，加强与有关各方的互利合作，为促进北极地区和平、稳定与可持续发展作出贡献。

北极圈论坛

2018年10月18～21日，第六届北极圈论坛大会在冰岛雷克雅未克举行。5月8～9日，北极圈论坛分论坛在丹麦格陵兰举行。12月7～8日，北极圈论坛分论坛在韩国首尔举行。中国政府派团出席了上述会议，积极宣介中国的北极政策，深化同各方的交流合作，跟踪有关北极国际治理的新情况，努力做北极事务的积极参与者、建设者和贡献者。

2. 双边海洋法和极地事务对话

（1）中日韩第三轮北极事务高级别对话

2018年6月8日，中日韩第三轮北极事务高级别对话在中国上海举行。三方就北极政策与活动进行了交流，同意继续将北极科研作为优先合作领域。三国决定明年在韩国釜山举行第四轮对话。

（2）中国—俄罗斯第五轮北极事务对话

2018年6月20日，中俄第五轮北极事务对话在俄罗斯莫斯科举行。双方就各自北极政策和活动、北极航道合作、北极科研合作、北极理事会工作、北冰洋公海渔业协定等问题深入交换了意见，并达成广泛共识。

（3）中国—法国海洋法和极地事务对话

2018年7月2日，中法国际法和海洋法事务磋商在法国巴黎举行。双方就国家管辖范围以外海域生物多样性国际协定、国际海底矿产资源开发规章制定、海平面上升对陆地和海洋权利的影响等问题深入交换意见。

（4）中国—美国第九轮海洋法和极地事务对话

2018年8月23～24日，第九轮中美海洋法和极地事务对话在中国浙江舟山举行。双方围绕国家管辖范围以外海域生物多样性国际协定谈判、国际海底管理局工作、南北极事务、中美海警执法合作等多项议题深入交换意见，同意将进一步加强两国在海洋法和极地领域的沟通与协调，并商定于2019年在美国举行第十轮对话。

（5）中国—英国国际法和海洋法事务磋商

2018年11月22～23日，中英国际法和海洋法事务磋商在中国北京举行。双方就国际海底事务、南极海洋保护区、核动力船舶及设施等问题深入交换意见。磋商促进了双方在相关领域的沟通与交流。

（八）中国在国际环境法领域的工作

1. 联合国气候变化卡托维兹会议

2018年12月2～16日，《联合国气候变化框架公约》（下称“公约”）第24次缔约方会议、《京都议定书》第14次缔约方会议和《巴黎协定》第一次缔约方会议第三次续会在波兰卡托维兹举行。其间还举行了《巴黎协定》特设工作组第一阶段会议第七次续会以及公约附属履行机构和附属科技咨询机构第49次会议。上述会议统称联合国气候变化卡托维兹会议。来自公约197个缔约方和观察员国、1000多个政府间组织和非政府组织及500多家媒体共约1.8万余人参会。本次会议由波兰任主席国，波兰环境部国务秘书库尔蒂卡任大会主席。波兰于12月3日举办领导人峰会，联合国秘书长古特雷斯、第73届联大主席埃斯皮诺萨以及近30个国家元首和政府首脑出席峰会。生态环境部部长李干杰作为中国政府代表出席峰会活动。

经深入谈判，会议按计划完成了制定《巴黎协定》实施细则这一核心任务。实施细则共90余页，就如何履行协定有关"国家自主贡献"及其减缓、适应、透明度、全球盘点、资金等内容作出全面、平衡的一揽子决定，为全面落实协定、提升全球气候行动力度作出进一步安排。实施细则维护了《巴黎协定》的基本原则，既体现了各方共同落实减缓、适应等应对气候变化的义务，也为发展中国家实施协定提供了务实的区别和灵活安排。此外，本次会议还举行了塔拉诺阿对话、2020年前行动力度盘点及气候资金部长级对话等高级别活动，供各方分享交流气候行动经验。会议还就塔拉诺阿对话通过决议，呼吁各方在准备国家自主贡献和提高2020年前行动力度时积极考虑本次对话成果。卡托维兹会议的成功，传递了坚持多边主义、加强全球应对气候变化行动的积极信号，提振了各方对气候治理多边机制的信心，为各方推进全球治理、迈向全球绿色低碳转型注入了新的动力。会议还决定，下届公约缔约方会议将在智利举办。

中国派出由生态环境部、外交部、国家发展改革委、财政部、科学技术部、农业农村部、交通运输部、国家林业和草原局、中国气象局等单位及香港特别行政区和澳门特别行政区有关部门、相关研究机构组成的代表团出席会议，中国气候变化事务特别代表解振华任代表团团长。中国代表团积极、建设性地参与各议题磋商，主动引导谈判进程和走向，与各方广泛沟通交流，为弥合各方分歧、推动会议成功作出了关键贡献。

2. 生物多样性和生物安全

2018年12月13～29日，《生物多样性公约》第14次缔约方大会、《卡塔赫纳生物安全议定书》第九次缔约方会议以及《获取遗传资源和公正公平分享其利用所产生惠益的名古屋议定书》第三次缔约方会议在埃及沙姆沙伊赫召开。会议讨论了2020年后框架筹备进程、生物多样性主流化、遗传资源数字序列信息、海洋和沿海生物多样性、合成生物学、资源调动和资金机制等议题，通过了《为人类和地球投资生物多样性沙姆沙伊赫宣言》及70多项决定。

由生态环境部、外交部、科学技术部、中国科学院及香港特别行政区政府代表组成的中国代表团出席会议，代表团团长由生态环境部副部长黄

润秋担任。中国代表团参加了全会、高级别会议及有关工作组会议，就重要议题阐述中方立场，并与各方开展广泛交流，为会议取得成功发挥积极作用。会议期间，中国相关部门举办了“中国日”招待会、主题展览和边会，介绍中国生物多样性保护做法及经验，展示中国生态文明建设成果。同时，作为下届缔约方会议主席国，中国还同现任主席国埃及及公约秘书处共同发起“从沙姆沙伊赫到北京自然与人类行动议程”，为推动全球生物多样性进程保护贡献力量。

3.《濒危野生动植物种国际贸易公约》

2018年10月1～5日，《濒危野生动植物种国际贸易公约》第70次常委会会议在俄罗斯索契举行，会议主要讨论了大象及象牙、老虎、犀牛、紫檀等物种议题以及议事规则、执法、大宗贸易回顾、海上引进等综合性议题，加强对有关濒危物种的保护。由国家林业和草原局、外交部、农业农村部、中国林业科学研究院及香港特别行政区政府代表组成的中国代表团出席会议。中国代表团深入参与并就主要议题广泛发表意见，积极宣传中国在保护野生动植物方面所做的工作和取得的成就，为推动各方深化交流、取得共识作出积极贡献。

4.《关于特别是作为水禽栖息地的国际重要湿地公约》

2018年10月21～29日，《关于特别是作为水禽栖息地的国际重要湿地公约》第13次缔约方大会在阿联酋迪拜举行。会议讨论了提高公约有效性、财政预算、国际重要湿地状况、湿地与气候变化等议题，并颁发首批“国际湿地城市”认证证书，进一步加强对国际重要湿地的保护。由国家林业和草原局、外交部、生态环境部、北京林业大学及香港特别行政区政府代表组成的中国代表团出席会议。中国代表团全面介绍了中国湿地保护和恢复工作的举措和成就，首次提出关于“小微湿地”的决议案获得通过，中国有6个城市获得首批“国际湿地城市”证书，中方在湿地保护方面的成就赢得广泛赞誉。

5.《关于消耗臭氧层物质的蒙特利尔议定书》

2018年11月5～9日，《关于消耗臭氧层物质的蒙特利尔议定书》第30次缔约方会议在厄瓜多尔基多举行。来自170个国家以及一些国际组织与非政府组织的600多名代表与会。会议主要讨论了关于逐步削减氢氟碳化物的基加利修正案的实施、遵约和数据报告、三氯氟甲烷的意外排放、对《蒙特利尔议定书》的调整等问题，并通过了21项决定。

由生态环境部和外交部组成的中国代表团出席了上述会议。生态环境部副部长翟青在高级别会议上发言，宣介了中国在生态文明建设与生态环境保护方面的成绩以及中国履行议定书的进展情况，强调中国政府对涉及消耗臭氧层物质的违法行为始终采取“零容忍”态度，发现一起，打击一起，得到许多国家的积极评价。中国代表团稳健、务实、积极参加了全会、接触小组的磋商和谈判，与有关各方就三氯氟甲烷的意外排放问题坦诚沟通交流，及时回应各方关切，为推动会议取得进展发挥积极作用。

6.《关于汞的水俣公约》

2018年11月19～23日，《关于汞的水俣公约》（简称“公约”）第二次缔约方会议在瑞士日内瓦举行。来自160个国家以及一些国际组织与非政府组织的近千名代表与会。会议主要讨论了缔约方会议议事规则、秘书处设置、资金和技术援助、履约与遵约委员会议事规则与成效评估等问题，并通过了12项决定。

由生态环境部、外交部、国家发展改革委、自然资源部、商务部以及香港特别行政区和澳门特别行政区政府代表组成的中国代表团出席了本次会议。生态环境部副部长赵英民在开幕式上发言，介绍了中国在生态文明建设和生态环境保护特别是汞污染防治方面开展的工作和取得的成绩，呼吁所有缔约方根据公约所载的原则和要求，携手合作，推动实现公约确定的目标。中国代表团积极参加了大会、区域会议和接触小组的磋商和谈判，与其他各方积极协商交流，为会议取得积极成果作出重要贡献。

（九）中国在网络领域的条法外交工作

1. 参加联合国框架下打击网络犯罪领域相关工作

2018年4月3～5日，联合国网络犯罪政府专家组第四次会议在维也纳举行，中国等94个联合国成员国，欧盟、欧洲委员会、上海合作组织、独联体等4个国际组织相关代表与会。会议一致通过了专家组2018～2021年工作计划，并重点就网络犯罪“立法和政策框架”和“定罪”议题进行讨论，汇集了各国提出的系列初步建议供后续会议审议。

中国代表团由外交部、公安部、司法部、工业和信息化部及常驻维也纳联合国和其他国际组织代表团组成，阿里巴巴集团安全部门及有关学者作为顾问参团。会上，代表团积极参与会议讨论、提交书面评论和建议，与各方广泛开展交流，并提名专家担任小组讨论核心成员，全方位、多渠道介绍了中国打击网络犯罪立法和相关实践。中国代表团提出的尊重网络主权、推动树立网络空间命运共同体理念、制定打击网络犯罪国际合作示范法、采取全面综合方法应对网络犯罪以及开展能力建设和技术援助应充分尊重接受国意愿等理念和主张，以及关于“立法”和“定罪”的具体建议被纳入会议最终报告。

9月11～12日，77国集团预防和打击网络犯罪会议在维也纳举行。会议由俄罗斯联邦政府和联合国毒品与犯罪问题办公室（UNODC）联合支持举办，40多国派代表与会。会议围绕打击网络犯罪国际合作、能力建设、最佳国家实践、公私伙伴关系等问题进行研讨，中国政府和企业代表应邀分别在相关议题下作主旨发言，分享中国经验和方案。

12月17日，第73届联大全会表决通过俄罗斯提交、中国参与共提的“打击为犯罪目的利用信息和通信技术行为”决议草案。包括中国在内的94个联合国成员国投赞成票，59国投反对票，33国投弃权票。决议要求第74届联大将网络犯罪列为正式议题，联合国秘书长就网络犯罪问题拟定报告，鼓励各国向联合国秘书长提交相关信息。

2. 亚非法协网络空间国际法工作组第三次会议

2018年10月8日，亚非法协网络空间国际法工作组第三次会议在日本东京举行。会议由工作组主席、伊朗外交部条法司长阿巴斯·巴盖尔普尔主持，中国、印度、伊朗、日本、韩国、泰国等24个法协成员国与会。

各方均认可法协网络国际法议题及网络空间国际法工作组的重要意义，支持工作组继续开展工作。中国代表团在会上高度肯定工作组在推进法协关于网络空间国际法问题讨论的重要作用，并就工作组未来工作提出包括制定亚非法协“打击网络犯罪示范条款”“网络空间国际法原则宣言”等倡议。

（十）中国在国际人道法领域的工作

1.“加强国际人道法的执行”政府间进程

“加强国际人道法的执行”政府间进程旨在落实2015年第32届红十字和红新月国际大会有关决议，讨论加强国际人道法现有执行机制，以及设立新执行机制问题，并向2019年第33届国际大会提交成果文件。

2018年3月27日，政府间进程非正式会议在日内瓦召开，主要讨论瑞士政府和国际红会起草的“共识要素”，为第四次正式会议作准备。5月14～16日及12月3～5日，“加强国际人道法的执行”政府间进程第四次和第五次正式会议先后在日内瓦召开。包括中国在内的100多个国家及红十字国际委员会派代表参会。第四次会议盘点了加强国际人道法执行的“共识要素”，第五次会议讨论了加强国际人道法执行的具体模式，但由于各方分歧较大，未能就具体模式达成协商一致，会议共同主席宣布终止实质磋商，决定2019年向第33届国际大会提交事实性报告。

各方主要分歧在于是否设立新的国际人道法执行机制。中国代表团在会上发言表示，政府间进程应立足于完善现有机制，重在补充其不足。是否及如何建立新机制，应坚持以各国充分协商并达成共识为基础。

2.“加强对被剥夺自由人员的国际人道法保护”磋商进程

“加强对被剥夺自由人员的国际人道法保护”政府间磋商进程由2015年第32届红十字和红新月国际大会决议授权启动，主要讨论如何加强保护武装冲突中被剥夺自由人员的国际人道法规则，并向2019年第33届大会提交成果文件。该磋商进程自2017年4月在日内瓦举行第一次会议后，因各方分歧较大，2018年除召开一次专家会之外未继续开展工作。

（十一）其他条约法律工作

1. 国际刑事法院

国际刑事法院根据2002年生效的《国际刑事法院罗马规约》(简称《罗马规约》)设立，旨在对犯有灭绝种族罪、战争罪、危害人类罪和侵略罪的个人追究刑事责任。2018年7月17日，国际刑事法院正式启动对侵略罪的管辖权，追究犯有侵略罪个人的刑事责任。

截至2018年12月31日,《罗马规约》共有123个缔约国。目前，法院正调查或审理11项情势，涉及布隆迪、乌干达、刚果（金）、中非、肯尼亚、利比亚、科特迪瓦、马里、苏丹、格鲁吉亚等10国，共28个案件。此外，检察官办公室还正对缅甸、菲律宾、委内瑞拉、阿富汗、哥伦比亚、尼日利亚、几内亚、乌克兰、伊拉克、巴勒斯坦等10项情势展开初步调查。

2018年12月5～12日，第17届《罗马规约》缔约国大会在海牙召开，中国代表团作为观察员与会发言，阐述对法院的原则立场与关切，指出法院在司法活动中应切实尊重和维护豁免规则；在根据《罗马规约》及相关文书确立管辖权并据此作出裁定时，应受一般国际法原则指导，在涉及非缔约国时尤应谨慎；对侵略罪的管辖不应削弱联合国安理会在认定侵略行为方面承担的特殊职责，不应涉及非缔约国及未批准侵略罪修正案的缔约国国民实施的、以及发生在上述国家领土范围内的行为；敦促缔约国大会充分保障观察员国参加缔约国大会及其各附属机构、磋商、工作组等会议的权利。

2. 国际法院

国际法院依据《联合国宪章》于1945年6月成立，1946年4月开始运作，设于荷兰海牙。国际法院是联合国的主要司法机关，职能包括就国家间争端行使诉讼管辖权，就联合国有关机构提交的法律问题发表咨询意见。

截至2018年12月31日，提交到国际法院的案件有175件，其中148件是国家之间的诉讼案件，27件是联合国机关或专门机构要求发表咨询意见的案件。在诉讼案件中，半数以上涉及领土和边界纠纷，不少涉及海事争端及有关国际法问题，还有一些涉及国家管辖权、外交和领事关系法以及非法使用武力等问题。此外，法院还曾处理过十几起国家为保护私人或商业利益而提起的诉讼案件。法院处理的咨询案件主要涉及与国际组织行使职能有关的法律问题。近年来，国际法院在解决国际争端方面的作用明显增强，审理的案件数量呈上升趋势，其判决和咨询意见越来越受到各国重视。目前法院未决案件有17件。

中国是《国际法院规约》缔约国，一直积极参加法院工作。新中国成立后，先后有倪征□、史久镛、薛捍勤当选国际法院法官，其中史久镛曾于2003～2006年任国际法院院长，薛捍勤于2018年起任副院长。2018年，中国政府就国际法院“查戈斯群岛咨询意见案”提交书面意见，就联合国非殖民化问题及法院管辖权等问题阐述了中方立场和关切。

3. 亚非法律协商组织

2018年10月8～12日，亚洲—非洲法律协商组织（简称“亚非法协”）第57届年会在日本东京举行，外交部条法司负责人率由外交部、商务部、香港特别行政区政府以及中国驻印度、日本使馆组成的代表团与会。中方在以“全球治理与国际法治”为主题的一般性辩论发言中，深入阐述人类命运共同体思想的国际法内涵，强调该思想契合国际法的核心价值和发展趋势，契合亚非国家国际法诉求和合作目标，呼吁亚非国家以构建人类命运共同体为引领加强国际法合作。

9月3～21日，由外交部主办、武汉大学国际法研究所和亚洲国际法律研究院承办的“中国—亚非法协国际法交流与研究项目”第四期培训班在北京和香港举行。近50名来自35个亚非法协成员国、4个非成员国（阿尔及利亚、菲律宾、津巴布韦、老挝）、亚非法协秘书处及国内相关部委的法律官员参加培训。培训班内容涵盖当前国际法热点和前沿问题，特别是国际贸易与投资领域的国际法问题。培训期间，外交部还组织举办了“人类命运共同体与国际法”专题研讨会，邀请联合国国际法委员会委员黄惠康大使、部分外交部国际法咨询委员会委员及国内外知名学者从条约、习惯国际法、争端解决、多边贸易体系等专业角度解读人类命运共同体理念的内涵和实践路径。

第七章

中国外交中的边界与海洋工作

（一）概述

中国与14个陆地邻国接壤，陆地国界线总长2.2万多公里，是世界上陆地国界线最长、邻国最多、边界情况最为复杂的国家之一。中国海域辽阔，拥有1.8万多公里的大陆海岸线和6500多个岛屿，与8个国家在海上相邻。目前，中国已与12个陆上邻国彻底解决历史遗留的边界问题，划定并勘定国界线约2万公里，与越南划定了北部湾海洋分界线。

边界与海洋工作关乎国家主权、安全和发展利益，是中国外交的重要组成部分。中国政府高度重视边界与海洋问题，从维护双边友好关系和地区和平与稳定出发，主张根据国际法基本原则，在平等的基础上通过友好协商，公平合理地解决与周边国家的领土主权与海洋权益争端。

2018年，中国政府坚持睦邻友好、互利合作的周边外交政策，积极开展陆地边界和周边海洋外交工作。实现中印关系改善发展，边界谈判取得积极进展，边境地区保持和平稳定。扎实推进同有关国家边界联检工作，维护陆地国界线清晰稳定。加强和完善边界管理，大力推进跨境经济合作和边境基础设施互联互通建设，服务“一带一路”建设。坚决捍卫国家领土主权和海洋权益，妥善处理同有关国家的领土主权与海洋权益争端，同有关国家加强对话，努力推动海上共同开发与合作，维护与有关国家友好合作关系和周边和平稳定。

（二）陆地边界工作

1. 中印边界问题

2018年3月22～23日，中印边境事务磋商和协调工作机制第11次会议在新德里举行。双方回顾了两国边境地区形势，就边境管控、增进互信等事宜深入交换了意见。双方重申将本着建设性的态度推进信任措施建设，共同维护边境地区的和平与安宁，为中印关系健康稳定发展创造条件。

9月27～28日，中印边境事务磋商和协调工作机制第12次会议在成都举行。双方一致同意贯彻两国领导人共识精神，进一步密切两国外交和国防部门的沟通协调，妥善管控涉边问题，增进边防交往与合作，为中印关系的健康稳定发展营造良好氛围。

11月24日，中印边界问题特别代表第21次会晤在四川成都举行。中方特别代表、国务委员兼外交部长王毅同印方特别代表、国家安全顾问多瓦尔就边界问题、双边关系和共同关心的国际地区问题深入交换了意见，取得重要共识，会晤基调积极，富有建设性和前瞻性。

2. 中印跨境河流工作

2018年3月26～27日，中印跨境河流专家级机制第11次会议在浙江杭州举行。双方回顾了2006年专家级机制建立以来跨境河流合作总体情况、印方对中方所提供汛期水文信息的应用情况，同意续签雅鲁藏布江—布拉马普特拉河报汛谅解备忘录和实施方案并就文本达成一致，相互介绍了雅鲁藏布江—布拉马普特拉河有关开发利用工程情况，签署了会议纪要。

8月和10月，雅鲁藏布江分别发生洪水和山体滑坡堰塞湖险情，中方同印方通过既有渠道保持沟通与合作，中国水利部门第一时间向印方通报有关情况，并启动应急信息通报机制。

3. 联合检查工作

（1）中俄国界两地段联合检查

2018年3月，中俄国界阿巴该图洲渚和黑瞎子岛两地段联合检查委员会成立并举行第一次会议，签署《中俄国界两地段联合检查委员会条例》等法律和技术文件，正式启动中俄国界两地段联合检查。2018年，双方按计划完成联检野外作业，转入内业阶段。

（2）中哈国界第一次联合检查

2018年，中哈双方共举行两次联检委会议和三次测图组会议，确认了测图野外作业细则、地形图图式、测图野外作业计划、室内制图作业计划，商定并草签了拟新增、原位、移位重竖界桩一览表及任务分工，制订了2019年联检工作计划。

（3）中阿边界第一次联合检查

2018年6月，中阿边界第一次联合检查委员会第一次会议在北京举行，正式启动两国历史上首次边界联检。此后，双方联检组共同上界开展了外业工作。

（三）边界管理与合作开发

1. 中朝边界联合委员会会议

2018年11月，中朝边界联合委员会第四次会议在北京举行。双方回顾总结了联委会第三次会议以来《中朝边界管理制度协定》执行情况，并就有关涉边事务达成共识。

2. 中俄边界联合委员会会议

2018年6月，中俄边界联合委员会第22次会议在莫斯科举行。12月，中俄边界联合委员会第23次会议在北京举行。双方就两国边界管控与边境地区执法合作、边境口岸合作与跨境基础设施建设、跨界水合作等问题广泛、深入交换意见并达成系列共识。

3. 中蒙边界联合委员会会议

2018年9月，中蒙边界联合委员会第二次会议在乌兰巴托举行。双方就《中蒙边界管理制度条约》执行情况、边境地区管控与执法合作、口岸合作和双边口岸工作机制协调、边界水领域合作等议题深入交换意见并达成多项共识。

4. 中缅边境管理与合作协定执行情况司局级会晤

2018年4月，中缅边境管理与合作协定执行情况第15轮司局级会晤在北京举行。双方就双边关系、“一带一路”建设、协定执行情况、边管机制完善、边界联合检查、边境口岸功能落实、边境地区执法安全合作、界河护岸工程、跨境经济合作、边境森林防火等议题深入交换意见并达成广泛共识。

5. 中哈吉俄塔边境裁军联合监督小组会议

2018年5月和11月，中哈吉俄塔边境裁军联合监督小组第38次和第39次会议分别在阿斯塔纳和贵阳举行。双方高度评价联监组为促进五国军事领域信任、交流与合作以及维护边境地区安全稳定所发挥的积极作用，并制定了联监组2019年工作计划。

6. 中尼友谊桥、热索桥重建协定文本磋商

2018年4月，中尼友谊桥、热索桥重建协定文本磋商在加德满都举行。双方就两桥重建协定文本达成一致。

（四）中国与周边国家间海洋问题

1. 中日海洋事务高级别磋商

2018年4月19～20日，第九轮中日海洋事务高级别磋商在日本仙台举行。双方就防务部门海空联络机制备忘录文本达成一致，并为尽早签署《中日海上搜救协定》进行了具体讨论。12月17～18日，双方在浙江乌镇举行第十轮磋商，就推动加强两国防务、海上执法、海上搜救等部门间交流合作交换

了意见，并就加强海洋地质科学合作研究、推进北极事务沟通、涉海智库合作等达成一致。

2. 中韩海域划界谈判

2018年7月5～6日，中韩海域划界谈判工作组第四轮会谈在韩国庆州举行。中方代表团团长为外交部黄海事务大使王晓渡，韩方代表团团长为韩外交部国际法律局局长裴钟仁。双方就海域划界相关问题深入交换意见。

3. 中菲签署《中华人民共和国政府和菲律宾共和国政府关于油气开发合作的谅解备忘录》

2018年11月20～21日，国家主席习近平对菲律宾进行国事访问。在两国领导人的共同见证下，双方签署《中华人民共和国政府和菲律宾共和国政府关于油气开发合作的谅解备忘录》，标志着中菲在油气勘探、开发合作方面迈出新的步伐。双方将设立政府间联合指导委员会和企业间工作组，并尽快达成有关合作安排。

4. 中国—菲律宾南海问题双边磋商机制第二次和第三次会议

中国—菲律宾南海问题双边磋商机制第二次会议于2018年2月13日在菲律宾马尼拉举行。双方就南海有关问题坦率、亲切地交换了意见，探讨了管控和防止海上意外事件、加强海上对话合作以及增进相互信任和信心的方法，就在磋商机制框架下启动渔业、油气、海洋科研与环保、政治安全等技术工作组达成一致。

中菲南海问题双边磋商机制第三次会议于10月18日在北京举行。双方重申继续开展合作的重要性，商谈促进互信与信心的措施。双方通过下设技术工作组会，就加强海上合作的路径进行富有成效的交流，探讨了海上油气联合勘探和开发合作等问题。

5. 外交部边海司负责人同越方举行会谈

2018年8月29日，外交部边海司负责人在越南河内同越南外交部国家边界委相关负责人举行会谈，就中越海上问题及陆地边界合作等深入交换意见。双方一致认为，维护南海和平稳定对两国关系发展意义重大，同意认真落实两国高层共识，妥善管控海上分歧，推动海上务实合作，为两国关系健康稳定发展营造良好氛围。双方高度评价两国陆地边界合作取得的丰硕成果，同意继续加强沟通、推进合作，为双边关系发展注入动力。

6. 中越北部湾湾口外海域工作组第九轮、第十轮磋商，海上共同开发磋商工作组第六轮、第七轮磋商

2018年3月15日，中越北部湾湾口外海域工作组第九轮磋商、海上共同开发磋商工作组第六轮磋商在越南岘港举行。11月6～7日，北部湾湾口外海域工作组第十轮磋商、海上共同开发磋商工作组第七轮磋商在宁波举行。双方就北部湾湾口外海域划界和共同开发、南海大范围共同开发等相关问题深入交换意见，强调认真落实两国高层领导人达成的共识和《关于指导解决中越海上问题基本原则协议》，稳步推进北部湾湾口外海域划界谈判，积极推进该海域共同开发，在南海更大范围海域开展有关合作。双方还就积极推进渔业合作、扩大湾口外海域共同考察区域和增加油气考察内容、妥善管控海上分歧等充分交换了意见。

7. 中越举行海上低敏感领域合作专家工作组第11轮、第12轮磋商

2018年5月14～18日，中越海上低敏感领域合作专家工作组第11轮磋商在越南河内举行。双方总结了第十轮磋商以来已达成项目的实施情况，积极评价各项目合作成果，并就中方提出的新项目建议交换了意见。双方还就海上搜救领域合作及商签关于建立海上渔业活动突发事件热线的协议交换了意见。

12月5～6日，海上低敏感领域合作专家工作组第12轮磋商在广东珠海举行。双方高度评价“长江三角洲和红河三角洲全新世沉积演化对比合作研究”得到成功落实，以及“北部湾渔业资源增殖放流与养护合作”“北部湾海洋与海岛环境综合管理合作研究”取得积极成果。

8. 落实《南海各方行为宣言》

2018年，中国和东盟国家继续在全面有效落实《南海各方行为宣言》框架下，积极推进“南海行为准则”磋商和海上务实合作，共举办两场高官会和四场联合工作组会，取得一系列重要成果。截至2018年年底，各方审议更新了落实《南海各方行为宣言》2016—2021年工作计划，形成了“南海行为准则”单一磋商文本草案，并确定了一批海上务实合作项目。

9. 第28届“管理南海潜在冲突研讨会”

2018年9月8～10日，第28届“管理南海潜在冲突研讨会”在印度尼西亚美娜多举行。会议积极评价研讨会成立28年来在增进各方互信、促进海上合作等方面发挥的作用，听取了项目进展报告与新项目建议。中方积极分享关于海平面变化问题的经验成果及关于共同开发的思路设想。

第八章

中国外交中的新闻和公共外交工作

（一）概述

2018年，外交部围绕全国“两会”、纪念改革开放40周年等国内重要政治活动以及博鳌亚洲论坛2018年年会、上海合作组织青岛峰会、中非合作论坛北京峰会、中国国际进口博览会、中国领导人出访和出席国际会议等重大活动，积极开展涉外新闻和公共外交工作，向国际社会宣介习近平新时代中国特色社会主义思想和党的十九大精神，倡导构建新型国际关系和人类命运共同体，秉持共商共建共享的全球治理观和“一带一路”合作共赢的理念，展现中国开放自信、和平发展、包容友善、积极作为、勇于担当的大国形象。通过例行记者会、媒体吹风会、外交部网站群、“外交小灵通”、“外交部发言人办公室”等“外交微群”新媒体矩阵和“外交服务站”广播等，及时发布权威信息，回应外界关切。通过省区市全球推介、旁听发言人例行记者会、中外智库媒体对话会等公共外交活动，围绕重大外交行动、“一带一路”国际合作等主题，与国内外各界加强互动，增进了解与共识。

加强与外国媒体和记者沟通交流，及时介绍中国外交政策和主张，为其全面、客观报道中国提供便利。

（二）阐述外交政策

1. 介绍国家领导人出访和出席国际会议情况

2018年，外交部等有关部门以中国领导人出访、出席国际会议及开展“主场外交”为契机，通过举行媒体吹风会、接受采访等形式介绍相关情况，宣介政策主张。

4月10～11日，国家主席习近平出席博鳌亚洲论坛2018年年会开幕式并举行有关活动。4月3日，外交部举行中外媒体吹风会，国务委员兼外交部长王毅介绍论坛背景、意义及预期成果等，并回答记者提问。

6月9～10日，国家主席习近平主持上海合作组织青岛峰会。5月28日，外交部举行中外媒体吹风会，国务委员兼外交部长王毅介绍峰会举办背景、意义、活动安排及预期成果等。山东省委常委、青岛市委书记张江汀介绍青岛市峰会筹备工作有关情况，并同外交部部长助理张汉晖共同回答记者提问。6月9日，外交部副部长乐玉成接受媒体采访，介绍峰会有关情况。6月10日，王毅国务委员兼外长在青岛接受媒体采访，介绍上海合作组织青岛峰会成果，认为青岛峰会是上合组织发展进程中一座新的里程碑，对上合组织的发展具有承前启后、继往开来的重要意义。

7月19～29日，国家主席习近平对阿联酋、塞内加尔、卢旺达和南非进行国事访问，在南非约翰内斯堡出席金砖国家领导人第十次会晤，过境毛里求斯并进行友好访问。7月13日，外交部举行中外媒体吹风会，外交部副部长孔铉佑、部长助理张军介绍访问背景、意义、活动安排及预期成果等，并回答记者提问。金砖国家领导人第十次会晤期间，中方设立中国代表团新闻中心，外交部国际经济司司长、金砖国家事务特使王小龙以及中国国际商会多边合作部、商务部国际经贸关系司等部门负责人举行中外媒体吹风会，介绍习近平主席出席会晤有关情况。7月29日，国务委员兼外交部长王毅向随行记者介绍此访情况，认为此访是中国加强同发展中国家和新兴市场国家战略合作的一次成功的历史性访问，引领中国特色大国外交开辟了新境界，打开了中外关系和南南合作的新局面，拓宽了国内发展和战略运筹的新空间，推进了构建人类命运共同体的新实践。

9月3～4日，国家主席习近平主持2018年中非合作论坛北京峰会。8月22日，外交部举行中外媒体吹风会，国务委员兼外交部长王毅介绍论坛举办背景、意义、活动安排及预期成果等，外交部部长助理陈晓东回答记者提问。9月6日，王毅国务委员兼外长接受媒体采访，介绍2018年中非合作论坛北京峰会情况及成果，认为此次峰会是中非友好大家庭的一次历史性聚会，是中非加强团结合作、促进共同发展的一座历史丰碑。

9月11～12日，国家主席习近平赴俄罗斯符拉迪沃斯托克出席第四届东方经济论坛。9月7日，外交部举行中外媒体吹风会，外交部部长助理张汉晖介绍访问背景、意义及预期成果等，并回答记者提问。9月13日，国务委员兼外交部长王毅向随行记者介绍此访情况，认为此访为中俄关系增添新动力，为区域合作开辟新前景，为国际关系注入新气象，是一次深化互信、增进友谊、拓展合作、推动共赢之行。

11月15～21日，国家主席习近平出席亚太经合组织（APEC）第26次领导人非正式会议，对巴布亚新几内亚、文莱和菲律宾进行国事访问并在巴新同建交太平洋岛国领导人会晤。11月13日，外交部举行中外媒体吹风会，外交部副部长郑泽光、孔铉佑，部长助理张军和商务部部长助理李成钢介绍访问背景、意义、活动安排及预期成果等，并回答记者提问。11月18日，外交部国际经济司、商务部国际司负责人在APEC会议新闻中心就会议成果等向中外媒体吹风，并回答记者提问。11月21日，国务委员兼外交部长王毅向随行记者介绍此访情况，认为此访倡导命运共同体意识，深化伙伴关系合作，推进“一带一路”建设，坚定多边主义信心，为实现共同发展和进步汇聚更广泛共识、增添更强劲动力。

11月27日至12月5日，国家主席习近平对西班牙、阿根廷、巴拿马和葡萄牙进行国事访问并出席二十国集团（G20）领导人第13次峰会。11月23日，外交部举行中外媒体吹风会，外交部副部长王超、秦刚，部长助理张军，财政部副部长邹加怡，商务部副部长兼国际贸易谈判副代表王受文，中国人民银行副行长陈雨露介绍访问背景、意义、活动安排及预期成果等，并回答记者提问。12月1日，国务委员兼外交部长王毅在布宜诺斯艾利斯举行中外记者会，介绍中美元首会晤情况。12月1日，外交部二十国集团事务特使、国际经济司司长王小龙在布宜诺斯艾利斯G20新闻中心就中国代表团出席峰会情况向中外媒体吹风。12月5日，王毅国务委员兼外长向随行记者介绍此访情况，认为此访推升“一带一路”合作发展势头，开辟中欧、中拉关系广阔前景，为处在关键当口的国际形势增添了稳定性，为经历深刻变革的国际体系提供了方向感，为充满忧虑情绪的国际社会注入了

正能量。

1月10～11日，国务院总理李克强出席澜沧江—湄公河合作第二次领导人会议并访问柬埔寨。1月4日，外交部举行中外媒体吹风会，外交部副部长孔铉佑介绍有关情况，并回答中外记者提问。

5月6～11日，国务院总理李克强正式访问印度尼西亚，赴日本出席第七次中日韩领导人会议并正式访问日本。5月4日，外交部举行中外媒体吹风会，外交部副部长孔铉佑介绍有关情况，并回答中外记者提问。

7月5～10日，国务院总理李克强对保加利亚进行正式访问并出席在索非亚举行的第七次中国—中东欧国家领导人会晤、赴德国主持第五轮中德政府磋商并对德国进行正式访问。6月29日，外交部举行中外媒体吹风会，外交部副部长王超和商务部部长助理任鸿斌介绍有关情况，并回答中外记者提问。

10月11～19日，国务院总理李克强出席在塔吉克斯坦杜尚别举行的上海合作组织成员国政府首脑（总理）理事会第17次会议并对塔吉克斯坦和荷兰进行正式访问、出席在比利时布鲁塞尔举行的第12届亚欧首脑会议并对比利时进行工作访问。10月9日，外交部举行中外媒体吹风会，外交部副部长王超，部长助理张军、张汉晖介绍有关情况，并回答中外记者提问。

11月12～16日，国务院总理李克强对新加坡进行正式访问并出席第21次中国—东盟（10+1）领导人会议、第21次东盟与中日韩（10+3）领导人会议和第13届东亚峰会（EAS）。11月8日，外交部举行中外媒体吹风会，外交部部长助理陈晓东介绍有关情况，并回答中外记者提问。

2. 举行例行记者会

2018年，外交部发言人共举行225场记者会，就中外媒体关注的问题发布消息，阐明中国政府立场。全年共主动发布消息152条。通过例行记者会、主动表态、电话答问等方式回答记者提问3700余个。

2018年，外交部接待了来自近30个国家和地区65批1700余人次旁听记者会，其中包括政府官员、社会团体、高校师生、媒体记者和港澳台同胞等各界人士，增进了国内外公众对中国外交的了解和认识。

（三）外国记者工作

1. 外国常驻记者概况

截至2018年年底，共计260家外国媒体在华派驻新闻机构，来自44个国家的561名记者在华常驻。其中，常驻北京221家机构442名记者；常驻上海79家机构102名记者；常驻广州8家机构9名记者；常驻重庆2家机构1名记者；常驻沈阳4家机构4名记者；常驻大连1家机构1名记者；常驻深圳2家机构2名记者。

2. 国家领导人会见及接受外国媒体采访

2018年，国家领导人在外国主流媒体发表文章19篇，专场会见中外记者1次，同外国领导人共见记者活动18次。其中包括：

1月9日，国家主席习近平在北京同法国总统马克龙会谈后共同会见中外记者，介绍会谈成果。

6月8日，国家主席习近平在北京同俄罗斯总统普京会谈后共同会见中外记者，介绍会谈成果。

6月10日，上海合作组织成员国领导人在青岛共同会见记者，国家主席习近平作为主席国元首发表讲话，介绍了上海合作组织青岛峰会达成的重要共识和成果。

7月18日，国家主席习近平在阿联酋《联邦报》《国民报》发表题为《携手前行，共创未来》的署名文章，就推动中阿关系发展、打造中阿共建“一带一路”命运共同体阐述看法和主张。

7月20日，国家主席习近平在塞内加尔《太阳报》发表题为《中国和塞内加尔团结一致》的署名文章，就推动中塞关系得到更大发展阐述看法和主张。

7月21日，国家主席习近平在卢旺达《新时代报》发表题为《中卢友谊情比山高》的署名文章，就深化中卢各领域合作、推动中卢关系迈上新台阶阐述看法和主张。

7月22日，国家主席习近平在南非《星期日独立报》《星期日论坛报》《周末守卫者报》发表题为《携手开创中南友好新时代》的署名文章，就加强金砖国家团结合作、推动中南全面战略伙伴关系更好更快向前发展阐述

看法和主张。

9月4日，2018年中非合作论坛北京峰会闭幕后，国家主席习近平同论坛前任共同主席国南非总统拉马福萨、新任共同主席国塞内加尔总统萨勒共同会见记者。

11月14日，国家主席习近平在巴布亚新几内亚《信使邮报》《国民报》发表题为《让中国同太平洋岛国关系扬帆再启航》的署名文章，就深化中巴新关系和中国同太平洋岛国关系阐述看法和主张。

11月17日，国家主席习近平在文莱《婆罗洲公报》《诗华日报》《联合日报》《星洲日报》发表题为《携手谱写中国同文莱关系新华章》的署名文章，就推动中文关系更好向前发展阐述看法和主张。

11月19日，国家主席习近平在菲律宾《菲律宾星报》《马尼拉公报》《每日论坛报》发表题为《共同开辟中菲关系新未来》的署名文章，就提升中菲全方位合作、推动中菲关系高水平发展阐述看法和主张。

11月27日，国家主席习近平在西班牙《阿贝赛报》发表题为《阔步迈进新时代，携手共创新辉煌》的署名文章，就推动中西、中欧关系健康稳定发展阐述看法和主张。

11月28日，国家主席习近平在阿根廷《号角报》发表题为《开创中阿关系新时代》的署名文章，就开创中阿全面战略伙伴关系新时代阐述看法和主张。

11月30日，国家主席习近平在巴拿马《星报》发表题为《携手前进，共创未来》的署名文章，就加强发展战略对接、推动中巴关系发展阐述看法和主张。

12月3日，国家主席习近平在葡萄牙《新闻日报》发表题为《跨越时空的友谊 面向未来的伙伴》的署名文章，就进一步丰富中葡全面战略伙伴关系内涵、不断扩大双边务实合作的深度和广度阐述看法和主张。

1月9日，国务院总理李克强在柬埔寨《柬埔寨之光》《高棉时报》《柬华日报》发表题为《为澜湄合作与中柬友好架桥铺路》的署名文章，就深化中柬关系和澜湄合作阐述看法和主张。

1月10日，国务院总理李克强在出席澜沧江—湄公河合作第二次领导人会议后，同会议共同主席国柬埔寨首相洪森以及老挝总理通伦、泰国总理巴育、越南总理阮春福和缅甸副总统吴敏瑞共同会见记者，介绍会议成果。

3月20日，第十三届全国人民代表大会第一次会议在人民大会堂举行记者会，国务院总理李克强应大会发言人张业遂的邀请会见中外记者，并回答记者提问。

5月5日，国务院总理李克强在印度尼西亚《罗盘报》《雅加达邮报》发表题为《开启中印尼友好合作的新航程》的署名文章，就推动中印尼两国友好合作阐述看法和主张。

5月7日，国务院总理李克强在茂物同印度尼西亚总统佐科会谈后共同会见记者，介绍会谈成果。

5月8日，国务院总理李克强在日本《朝日新闻》发表题为《让中日和平友好事业再起航》的署名文章，就推动中日两国关系长期健康稳定发展阐述看法和主张。

5月9日，国务院总理李克强在东京与日本首相安倍晋三、韩国总统文在寅在第七次中日韩领导人会议结束后共同会见记者，介绍会议成果。

5月9日，国务院总理李克强在东京与日本首相安倍晋三会谈后共同会见记者，介绍会谈成果。

5月24日，国务院总理李克强在北京同德国总理默克尔会谈后共同会见记者，介绍会谈成果，并回答记者提问。

6月25日，国务院总理李克强在北京同法国总理菲利普会谈后共同会见记者，介绍会谈成果，并回答记者提问。

7月4日，国务院总理李克强在保加利亚《24小时报》《标准报》同时发表题为《新起点 新愿景 新征程》的署名文章，就将中保关系和“16+1合作”推向更高水平阐述看法和主张。

7月6日，国务院总理李克强在索非亚同保加利亚总理鲍里索夫共同会见记者，介绍会谈成果。

7月7日，国务院总理李克强在《法兰克福汇报》发表题为《做引领开放与创新合作的好伙伴》的署名文章，就推动中德高水平互利共赢合作阐述看法和主张。

7月9日，国务院总理李克强在柏林与德国总理默克尔主持第五轮中德政府磋商后共同会见记者，介绍磋商成果，并回答记者提问。

7月16日，国务院总理李克强在北京同欧洲理事会主席图斯克、欧盟委员会主席容克共同主持第20次中国欧盟领导人会晤后共同会见记者，介绍会晤成果，并回答记者提问。

10月10日，国务院总理李克强在塔吉克斯坦《人民报》发表题为《携手开辟中塔合作新局面》的署名文章，就深化中塔关系阐述看法和主张。

10月13日，国务院总理李克强在杜尚别同塔吉克斯坦总理拉苏尔佐达共同会见记者，介绍会谈成果。

10月14日，国务院总理李克强在《欧洲时报》发表题为《故友新知 共创未来》的署名文章，就推动中荷两国关系与合作持续发展阐述看法和主张。

10月15日，国务院总理李克强在海牙同荷兰首相吕特共同会见记者，介绍会谈成果并回答记者提问。

10月17日，国务院总理李克强在布鲁塞尔同比利时首相米歇尔共同会见记者，介绍会谈成果。

10月26日，国务院总理李克强在北京同日本首相安倍晋三会谈后共同会见记者，介绍会谈成果。

11月7日，国务院总理李克强在北京同俄罗斯总理梅德韦杰夫举行中俄总理第23次定期会晤后共同会见记者，介绍会谈成果。

11月12日，国务院总理李克强在新加坡《联合早报》《海峡时报》发表题为《开放合作，创新发展，明天会更好》的署名文章，就推动中新两国和中国—东盟各领域合作阐述看法和主张。

3. 外国媒体采访外交部长

2月8日，外交部长王毅（时任）在北京同来访的非盟委员会主席法基举行中国—非盟第七次战略对话后共同会见记者。

2月9日，外交部长王毅（时任）在北京同来访的印度尼西亚外长蕾特诺共同主持中印尼政府间双边合作联委会第三次会议后共同会见记者。

3月8日，第十三届全国人民代表大会第一次会议新闻中心在梅地亚中心多功能厅举行记者会，外交部长王毅（时任）应邀就中国外交政策和对外关系回答中外记者提问。

4月18日，国务委员兼外交部长王毅在北京同来访的尼泊尔外长贾瓦利会谈后共同会见记者。

4月22日，国务委员兼外交部长王毅在北京同来访并出席上海合作组织外长会议的印度外长斯瓦拉吉会谈后共同会见记者。

4月23日，国务委员兼外交部长王毅在北京同来访的巴基斯坦外长阿西夫会谈后共同会见记者。

4月23日，国务委员兼外交部长王毅在北京同来访的俄罗斯外长拉夫罗夫会谈后共同会见记者。

6月14日，国务委员兼外交部长王毅在北京同来访的美国国务卿蓬佩奥会谈后共同会见记者。

6月15日，国务委员兼外交部长王毅在北京同来访的土耳其外交部长查武什奥卢会谈后共同会见记者。

6月29日，国务委员兼外交部长王毅在北京同来访的孟加拉国外长阿里会谈后共同会见记者。

7月30日，国务委员兼外交部长王毅在北京同来访的英国外交大臣亨特主持第九次中英战略对话后共同会见记者。

8月27日，国务委员兼外交部长王毅在北京同来访的希腊外长科齐阿斯会谈后共同会见记者。

9月13日，国务委员兼外交部长王毅在北京同来访的法国外长勒德里昂会谈后共同会见记者。

9月21日，国务委员兼外交部长王毅在圣多明各同多米尼加外长巴尔加斯共同会见记者。

9月22日，国务委员兼外交部长王毅在乔治敦同圭亚那副总统兼外长格里尼奇共同会见记者。

9月23日，国务委员兼外交部长王毅在帕拉马里博同苏里南外长拜赫勒共同会见记者。

11月8日，国务委员兼外交部长王毅在北京同来访的澳大利亚外长佩恩举行第五轮中澳外交与战略对话后共同会见记者。

11月13日，国务委员兼外交部长王毅在北京同来访的德国外长马斯举行第四轮中德外交与安全战略对话后共同会见记者。

12月15日，国务委员兼外交部长王毅在喀布尔同阿富汗外长拉巴尼、巴基斯坦外长库雷希举行第二次中国—阿富汗—巴基斯坦三方外长对话后共同会见记者，介绍对话成果。

12月17日，国务委员兼外交部长王毅在琅勃拉邦同老挝外长沙伦赛、柬埔寨副首相贺南洪、泰国外长敦、缅甸国际合作部长觉丁、越南副总理兼外长范平明举行澜沧江—湄公河合作第四次外长会后，与沙伦赛外长共同会见记者，介绍外长会成果。

4. 外国记者赴各地采访情况

2018年，外交部新闻司共组织外国记者赴各地采访6次，主要有：

1月23～26日，赴海南海口、博鳌、三亚采访海南建省近30年来在经济、社会、科技、新农村建设等方面取得的发展成就。

2月1日，就“多面上海——枫泾古镇年文化体验活动”赴上海采访。

2月27日，赴北京市监察委采访市监察体制改革试点工作情况。

5月30日，赴北京市朝阳区采访北京城市治理规划的新方向和新成果。

8月20～25日，赴西藏采访西藏经济发展、文化保护、民族团结、社会和谐等方面的成果。

10月10日，赴北京市朝阳区采访北京市保护利用老厂房拓展文化空间情况。

（四）对外新闻交往

2018年，外交部新闻司接待来自亚洲、欧洲、拉美的10批外国新闻团、记者团访华，举行3次新闻磋商。

1. 新闻团互访

5月2～6日，接待印度尼西亚主流媒体记者团访华。

5月7～12日，接待上海合作组织部分成员国主流媒体代表团访华。

6月19～23日，接待韩国外交部新闻团访华。

6月24～28日，接待缅甸记者团访华。

6月26日至7月4日，接待多米尼加主流媒体记者团访华。

7月8～13日，接待阿拉伯国家联合记者团访华。

9月8～15日，接待香港明天更好基金美国记者团访华。

9月16～19日，接待中国驻圣彼得堡总领馆领区媒体代表团访华。

9月21～29日，接待萨尔瓦多媒体团访华。

10月24～28日，接待乌兹别克斯坦媒体团访华。

2. 新闻磋商

4月12～13日，上海合作组织成员国外交部新闻部门在北京举行磋商。

5月15～18日，中越外交部发言人在河内举行磋商。

12月17～21日，中日外交部发言人在东京举行磋商。

（五）公共外交

1. 公共外交活动概况

2018年，外交部和中国驻外机构以习近平新时代中国特色社会主义思想和党的十九大精神为指引，积极开展丰富多样的公共外交活动，加强中外交流，促进民心相通，讲好中国故事，服务外交大局，为国家和平稳定发展营造良好舆论环境。

2018年，外交部继续开展省区市全球推介活动，为海南等六省区分别举办推介会，架起中国地方和世界各国直接对接合作的便捷桥梁，得到地方和各国使节一致好评。

2018年，外交部主办或参与举办的公共外交活动主要有：

1月22～31日，为进一步推动澜沧江—湄公河合作务实深入发展，加深中国与湄公河次区域国家人民间的传统友谊，邀请来自柬埔寨、老挝、缅甸、泰国、越南五国媒体、智库、专家学者、青年领袖等29人来华赴北京、杭州、上海访问。

2月2日，以"新时代的中国：美好新海南 共享新机遇"为主题的外交部第11场省区市全球推介活动在外交部蓝厅举行，外交部长王毅（时任）发表致辞，海南省委书记刘赐贵讲话，省长沈晓明进行推介。外交部党委书记张业遂、160多个国家的驻华使节、国际组织驻华代表及工商界代表、中外专家学者和媒体记者等500余人出席。

2月2日，以"加强人文合作 促进交流互鉴"为主题的中埃和非盟公共外交对话会在埃塞俄比亚首都亚的斯亚贝巴举行。中国公共外交协会副会长胡正跃、非盟委员会副主席夸第、埃塞俄比亚前驻华大使海尔基洛斯、中国驻埃塞俄比亚大使谈践等出席并在开幕式致辞，谈践大使主持开幕式。

2月6日，"中坦野生动物保护与旅游发展论坛"在坦桑尼亚首都达累斯萨拉姆举行。中国公共外交协会副会长胡正跃、中国驻坦桑尼亚大使王克、坦旅游协会会长贾奇·托马斯·米哈约、坦自然资源与旅游部常务秘书高顿斯·米兰兹、中国影视演员海清、国际著名动物保护学者珍·古道尔等出席并在开幕式致辞。

3月27日，中国国际新闻交流中心非洲、亚太分中心2018年项目联合开班仪式在北京举行。外交部等相关部委、智库、媒体和高校代表，来自非洲、亚太国家的42国44名记者及相关国家驻华使节和代表等近200人出席。

4月3～4日，中国国际新闻交流中心上海合作组织分中心、加勒比分中心开班仪式分别在北京举行。外交部等相关部委、媒体、智库和高校代表、参加项目的所有记者及其国家驻华使馆代表等人出席。

4月9日，以"亚洲媒体合作新时代——互联互通与创新发展"为主题的"亚洲媒体高峰会议"在海南三亚举行。来自亚洲40个国家的140多位主流媒体负责人，以及亚洲文化学者和相关代表共260余人出席开幕式。

4月13日，以"新时代的中国：与世界携手 让河南出彩"为主题的外交部第12场省区市全球推介活动在外交部蓝厅举行，国务委员兼外交部长

王毅出席并发表讲话，河南省委书记王国生致辞，省长陈润儿进行推介。外交部副部长乐玉成和150多个国家的驻华使节、国际组织驻华代表及工商界代表、中外专家学者和媒体记者等500余人出席。

4月24日，“中日智库媒体高端对话会”在日本首都东京举行，中国公共外交协会副会长胡正跃、中国驻日本大使程永华、日本外务省报道官丸山则夫出席开幕式并致辞。中日两国智库、媒体代表80余人围绕“新时代中日关系的机遇与挑战”这一主题进行了坦诚深入的交流。

5月8～10日，“澜湄光明行”青少年眼视力健康活动在柬埔寨、老挝举办，免费视力筛查和配镜惠及两国千余名学生。

5月28日，以“新时代的中国：雄安 探索人类发展的未来之城”为主题的外交部第13场省区市全球推介活动在外交部蓝厅举行，国务委员兼外交部长王毅出席并发表讲话，河北省委书记王东峰致辞，省长许勤进行推介。外交部党委书记张业遂、160多个国家和国际组织的驻华使节和代表、工商企业界代表及媒体记者等500多人出席。

7月5日，“一带一路”——中国企业走进东盟研讨会在上海举办，与会企业分享经验与智慧，探索走进东盟新思路。

7月12日，以“新时代的中国：湖北，从长江走向世界”为主题的外交部第14场省区市全球推介活动在外交部蓝厅举行，国务委员兼外交部长王毅出席并发表讲话，湖北省委书记蒋超良致辞，省长王晓东进行推介。外交部党委书记张业遂、副部长乐玉成、部长助理张汉晖和140多个国家的驻华使节、国际组织驻华代表及工商界代表、中外专家学者和媒体记者等500余人出席。

9月5～12日，“一带一路”倡议提出5周年之际，“一带一路”中哈智库媒体人文交流论坛、中乌智库媒体对话会分别在哈萨克斯坦和乌兹别克斯坦举行。

9月20日，以“新时代的中国：新动能 新山东 与世界共赢”为主题的外交部第15场省区市全球推介活动在外交部蓝厅举行，国务委员兼外交部长王毅出席并发表讲话，山东省委书记刘家义致辞，省长龚正进行推介。外交部党委书记张业遂、副部长乐玉成、秦刚和140多个国家的驻华使节、国际组织驻华代表及工商界代表、中外专家学者和媒体记者等500余人出席。

10月8～15日，为推进中拉共建“一带一路”，加强与拉美地区大国和新建交国公共外交工作，“中墨智库媒体对话会”“中巴智库媒体论坛”和“中多智库媒体对话会”分别在墨西哥、巴拿马和多米尼加举行。

10月18日，2018中日韩公共外交论坛在韩国首都首尔举行。前国务委员戴秉国、日本自民党参议院议员松川瑠衣、韩国前外交通商部长官金星焕分别率三方代表团出席论坛。

10月20日，“中外媒体与智库高峰论坛”在武汉东湖会议中心举行。此次论坛是“中国中部国际产能合作论坛暨企业对接洽谈会”框架下系列交流研讨活动之一，吸引了国内外100多位政府、企业、智库、媒体及文化界代表出席。

10月21日，由国务委员兼外交部长王毅夫人钱韦女士发起的“大爱无国界——听见世界的爱”国际义卖活动在北京国家体育场举行。90家驻华使馆、国际组织驻华机构及60余家中资企事业单位参加。此次义卖共筹得善款600余万元，将通过中国扶贫基金会为甘肃省贫困地区听障儿童捐赠人工耳蜗。

11月12日，以“新时代的中国：黑龙江 走振兴新路 约世界同行”为主题的外交部第16场省区市全球推介活动在外交部蓝厅举行，国务委员兼外交部长王毅出席并发表讲话，黑龙江省委书记张庆伟致辞，省长王文涛进行推介。外交部党委书记张业遂、部长助理张汉晖和120多个国家的驻华使节、国际组织驻华代表及工商界代表、中外专家学者和媒体记者等500余人出席。

12月5日，以“构筑全面信任，支撑中韩关系新十年”为主题的第六届中韩公共外交论坛在江苏盐城举行。国务院新闻办公室前主任赵启正、21世纪韩中交流协会会长金汉圭发表主旨演讲。中韩两国智库、媒体、文化及青年代表约200人应邀与会。

12月12日，中国国际新闻交流中心2018年项目非洲、亚太中心联合结业仪式在北京举行。外交部等相关部委、媒体、智库、高校代表，相关国家驻华使节和代表，非洲和亚太42国45名记者学员等200余人出席。

12月14日，为纪念改革开放40周年，“中国改革开放40年·评价与展望”国际学术会议在韩国首尔举行。

12月17～21日，为进一步夯实中日友好社会民意基础，中国智库媒体代表团访问日本并进行系列公共外交活动。外交部发言人、新闻司司长陆慷等应邀出席有关活动并发言。

12月20日，中国公共外交协会第二次会员大会暨首次理事会换届大会在北京召开。外交部副部长秦刚出席并讲话。

12月21日，中印高级别人文交流机制首次会议在印度首都新德里举行。中国外交部和印度外交部合作举办的“第三届中印媒体高峰论坛”是此次会议配套活动的重头戏，国务委员兼外交部长王毅、印度外长斯瓦拉吉共同出席论坛开幕式并致辞，中印主流媒体围绕增进相互理解、加强合作、

助力中印发展进行了深入讨论，既丰富了人文交流机制的内容，也提升了两国媒体交流合作的高度。

2. 外交部公众信息网体系建设

外交部网站群旨在及时、准确、全面发布中国外交信息，为国内外公众第一时间了解中国外交政策和外交工作提供服务。外交部网站群主要包括外交部网站、驻外外交机构网站及相关子网站等289个站点。2018年，外交部网站群共发布信息逾95万条，计逾17亿字，日均点击量约2000万次。

此外，外交部发言人办公室与中央人民广播电台“中国之声”节目合作播报“外交服务站”145期并将音频、文字上网，及时播发重要外交信息和领事提醒，践行“外交为民”，深受广大听众喜爱。

3. 积极开展新媒体公共外交

外交部高度重视并积极运用新媒体开展公共外交。继续推进外交部和驻外外交机构新媒体工作，通过部网站群、外交新媒体矩阵及驻在国知名社交媒体平台宣介中国外交政策，积极向国内外发出“中国声音”，讲好“中国故事”。

“外交小灵通”作为外交部发布中国外交政策、提供领事服务信息、与网民交流互动的重要平台，2018年共发布信息1500余条，粉丝总数近1200万。2018年“两会”期间，“外交小灵通”创新思路，尝试推出外长经典答问“竖屏近焦”短视频，总阅读量近2000万次。“外交部发言人办公室”微信公众号于2018年1月8日成功上线，及时发布外交部发言人例行记者会重要问答及记者会实录中英文双语版，发帖600余条，公众留言与互动积极踊跃，粉丝数达23万，多条发言人表态成为网络热帖，国内民众纷纷点赞中国外交政策和大国风范。外交部各司局和驻外使领馆也积极利用新媒体宣介外交政策、提供政务服务、开展公共外交，各账号互联互通、协同发展，外交新媒体矩阵已初具规模，成效显现。

第九章

中国外交中的领事工作

（一）概述

2018年，外交部坚决贯彻落实党中央、国务院领导各项指示批示和工作要求，紧扣“改革、发展、服务”的主线，坚持问题导向，与时俱进改革创新领事工作理念、制度与手段，坚定维护国家主权、安全和发展利益，坚持“以人民为中心”，服务对外工作全局。

积极构建海外中国平安体系。一是积极稳妥处置领保案件。一年来，外交部和中国驻外使领馆会同有关部门，妥善处置领事保护和协助案件约8万起，包括朝鲜交通事故、泰国普吉岛游船倾覆致中国游客重大伤亡，中国游客在日本和美国塞班岛等地因自然灾害滞留等重大案件。“外交部全球领事保护与服务应急呼叫中心”12308热线受理来电37.1万通。二是稳步推进领事保护立法和机制建设。《中华人民共和国领事保护与协助工作条例（草案）》在广泛征询社会意见后报送国务院审查。出台短信提醒等一系列规范性文件，同工业和信息化部以及各电信运营商建立安全提醒短信推送合作机制，同中国

民用航空局以及国内民航企业建立中国公民海外安全与文明出行民航领域工作机制。三是扎实开展预防性领保工作。集中专项部署涉游客、留学生、海外企业员工等预防性领保工作。全年共发布安全提醒千余条，深入全国各地高校、企业开展领保宣讲近70场。成功举办中国公民海外平安文明行宣传活动和第二届“祖国在你身后”领保情景剧大赛。

积极助力国家对外开放和发展。一是领事磋商更加精准务实。一年来，共与韩国等9个周边国家、白俄罗斯等5个“一带一路”沿线国家（不含周边国家）以及美欧等4个大国和地区组织举行领事磋商和专家谈判，与菲律宾开创领事交流与旅游专项合作。二是稳妥推进中外互设领事机构。中国驻喀山总领事馆、中国驻达沃总领事馆开馆。与委内瑞拉、巴拿马等国就设领达成协议。三是切实提升中国护照“含金量”。一年来先后与阿联酋等4国实现全面免签，数量为历年之最，且成色更足。截至2018年年底，中国已与144个国家缔结涵盖不同种类护照的互免签证协定，其中14个涵盖普通护照；与42个国家达成71份简化签证手续协定或安排，持普通护照的中国公民可有条件地以免签或落地签的形式前往72个国家或地区。APEC商务旅行卡中方有效持卡量近4.9万张，位居各经济体前列。

深化“放管服”改革，大力提升便民服务水平。一是提升海外同胞办证体验。在中国驻外使领馆全面实施“只跑一次”、护照跨领区申办、手机预约等举措。升级“海外中国公民在线预约系统”，增设办理进度查询和服务评价功能，缩短办证时间，实现办妥即取。二是降费惠民。降低驻外使领馆办理一式多份公证书收费标准，大幅下调中国公民办理领事认证费用。力促也门、阿联酋、柬埔寨等国驻华大使馆大幅缩减中国公民办理领事认证的费用与时间。三是“互联网+政务服务”更便捷。开通“领事之声”微博，上线“外交部12308”手机应用客户端，连同中国领事服务网、“领事直通车”微信公众号构成领事服务“一网、两微、一端”新媒体矩阵。截至2018年年底，“12308微信版”订阅户逾115万，“领事之声”微博关注量近24万，“外交部12308”手机应用客户端下载量逾8万，各平台对外发布领事信息的总阅读量逾1.5亿次。

（二）领事保护

2018年，面对复杂多变的国际形势、持续增长的出境人数以及多点爆发的海外安全事件，外交部深入贯彻落实党中央、国务院领导重要指示精神和部党委决策部署，革故鼎新，统筹施策，通过法律支撑、机制建设、风险评估、安全预警、预防宣传和应急处置六大系统工程，积极构建“海外中国平安体系”，打造外交为民、利民、安民、惠民的“领保长城”。一年来，外交部同中国驻外使领馆妥善处理中国公民海外安全转移、意外事故、遭绑架劫持、涉恐袭击等各类涉海外中国公民和机构安全突发事件约8万起。12308热线全年受理来电37.1万通，同比翻倍。2018年发生的重大领事保护案件主要有：

1. 朝鲜交通事故致中国游客伤亡

4月22日，一辆载有34名中国游客的大巴车在朝鲜发生严重交通事故，造成32人死亡，2人重伤。党中央和国务院领导作出重要指示和批示。外交部及中国驻朝鲜大使馆即启动应急机制，全力开展伤员救助、死者善后、对外交涉等应急处置工作。26日上午，中国协调朝鲜用专列将遇难者遗体和伤员运抵沈阳，各省市工作组陪同伤亡人员家属处理后续事宜。

2. 泰国普吉岛游船倾覆致中国游客遇难

7月5日，两艘载有122名中国游客的游船在泰国普吉海域倾覆，造成47名中国游客遇难。外交部紧急启动应急机制，会同文化和旅游部、交通运输部等部门和地方政府及中国驻泰国大使馆、驻宋卡总领事馆普吉领事办公室全力开展应急处置工作。经过连续13天不懈努力，截至7月18日，遇难人员遗体全部火化或运回国内，获救人员及处理善后的家属、各地方工作组全部回国，事故应急处置、在泰善后工作顺利完成。

3. 美国塞班岛遭超级台风“玉兔”袭击致中国游客滞留

10月24日，美国塞班岛遭超级台风“玉兔”袭击，机场关闭，约1500名中国游客滞留。外交部和中国驻旧金山总领事馆第一时间启动应急机制，广泛协调各方，积极开展协助中国游客回国相关工作。28日，塞班机场有限度开放，有关航空公司连续2日共派出5架次航班接返中国游客1295人，另约300人搭乘香港及外航航班。29日，滞留人员基本离塞回国。

（三）领事磋商与会谈

2018年，中国与外方举行18场领事磋商和会谈，就双边重大领事问题进行深入交流，不断扩大领事领域务实合作。

4月10日，中国与法国在巴黎举行第五轮领事磋商。双方就中法领事合作、保护公民安全与权益、便利人员往来深入交换意见。

4月17日，中国与印度尼西亚在日惹举行第十轮领事磋商。双方就保障公民合法权益、便利双边人员往来等深入交换意见。

4月26日，中国与白俄罗斯在北京举行第七轮领事磋商。双方就双边领事合作、中白持普通护照人员往来制度性安排深入交换意见。

5月9日，中国与塞尔维亚在北京举行第二轮领事磋商。双方全面评估并积极评价全面互免签证协定执行情况，并就便利人员往来、维护公民安全与合法权益等深入交换意见。

5月16日，中国与乌兹别克斯坦在三亚举行首轮领事磋商。双方就中乌领事合作、便利人员往来、维护公民权益等深入交换意见。

5月21日，中国与哈萨克斯坦在北京举行第17轮领事磋商。双方就便利人员往来、维护公民权益深入交换意见。

5月24日，中国与美国在成都举行第12轮领事磋商。双方就推进中美领事合作、便利人员往来、公民安全与合法权益等议题深入交换意见。

6月5日，中国与菲律宾在北京举行第七轮领事磋商。双方就开展旅游合作、便利人员往来、保障公民安全与合法权益等深入交换意见。

6月13日，中国与蒙古在北京举行第19轮领事磋商。双方就中蒙领事关系、便利人员往来、维护公民和机构安全与合法权益等深入交换意见。

6月27日，中国与印度在新德里举行第11轮领事磋商。双方就便利双边人员往来、保障公民安全与合法权益等深入交换意见。

7月3日，中国与缅甸在北京举行第九轮领事磋商。双方就中缅领事关系、维护公民和机构安全与合法权益、便利人员往来等深入交换意见。

7月17日，中国与泰国举行第六轮领事磋商。双方就赴泰中国游客安全及合法权益维护等议题深入交换意见。

8月1日，中国与吉尔吉斯斯坦在比什凯克举行第六轮领事磋商。双方就便利人员往来、维护公民权益等深入交换意见。

8月29日，中国与韩国在北京举行第20轮领事磋商。双方就推进中韩领事合作、便利人员往来、维护公民安全与合法权益等深入交换意见。

9月4日，中国与澳大利亚在北京举行第16轮领事磋商。双方就推进中澳领事合作、便利人员往来、维护公民安全与合法权益等深入交换意见。

9月18日，中国与沙特阿拉伯在北京举行第五轮领事磋商。双方就推进中沙领事合作、便利人员往来、维护公民安全与合法权益等深入交换意见。

11月9日，中国与老挝在北京举行第11轮领事磋商。双方就推动中老领事合作、便利人员往来、公民安全与合法权益保护等深入交换意见。

11月27日，中国与韩国在江陵举行第11次渔业问题会谈。双方就妥善处理中韩渔业纠纷有关问题深入交换意见。

（四）领事类协定

领事类协定是发展中外领事关系的重要法律基石。2018年，中国本着互利共赢的原则同15个国家缔结签证协定（协议、谅解备忘录、安排），推进中外双边人员往来便利化。

2018年缔结的签证协定（协议、谅解备忘录、安排）

序号	协定名称	生效日期
1	关于修订《中华人民共和国政府和阿拉伯联合酋长国政府关于互免持外交护照人员签证的谅解备忘录》的换文	2018.01.16
2	中华人民共和国政府与圣多美和普林西比民主共和国政府关于互免持外交、公务护照（特别公务护照）人员签证的协定	2018.02.03
3	中华人民共和国政府和塞舌尔共和国政府关于互免航空公司机组人员签证的协定	2018.02.26
4	中华人民共和国政府与波斯尼亚和黑塞哥维那部长会议关于互免持普通护照人员签证的协定	2018.05.29
5	中华人民共和国政府和冈比亚共和国政府关于互免持外交、公务、公务普通护照人员签证的协定	2018.06.10
6	中华人民共和国政府和挪威王国政府关于互免持外交护照人员短期停留签证的协定	2018.06.18

续表

序号	协定名称	生效日期
7	中华人民共和国政府和乌拉圭东岸共和国政府关于简化商务人员签证手续的协定	2018.07.14
8	中华人民共和国政府和白俄罗斯共和国政府关于互免持普通护照人员签证的协定	2018.08.10
9	中华人民共和国政府和巴林王国政府关于互免持外交、公务和特别护照人员签证的协定	2018.10.25
10	中华人民共和国政府和布基纳法索政府关于互免持外交、公务护照人员签证的协定	2018.11.18
11	中华人民共和国政府和尼日尔共和国政府关于互免持外交、公务护照人员签证的协定	2018.12.15
12	中华人民共和国政府和卡塔尔国政府关于互免签证的协定	2018.12.21
13	中华人民共和国政府和博茨瓦纳共和国政府关于互免持外交、公务和官员护照人员签证的协定	2018.12.22
14	中华人民共和国政府和卢旺达共和国政府关于互免持外交、公务护照人员签证的协定	2018.12.23
15	中华人民共和国政府和塞拉利昂共和国政府关于互免持外交、公务护照人员签证的协定	2018.12.24

（五）领事机构

领事机构是加强中外领事关系的重要平台。2018年，中国政府在对等互惠基础上，通过友好协商，与3个国家就在华设立4个领事机构达成一致。中国驻喀山总领事馆（俄罗斯）、达沃总领事馆（菲律宾）开馆。

2018年中外双方同意在华新设的领事机构

序号	机构名称	达成协议日期
1	委内瑞拉驻广州总领事馆	2018.04.29
2	加纳驻广州总领事馆	2018.07.06
3	巴拿马驻广州总领事馆	2018.09.27
4	巴拿马驻香港总领事馆	2018.11.09

（六）领事证件

领事证件是一项基础性领事业务。2018年，外交部全面重点狠抓中国驻外使领馆领事窗口服务质量，不断提升证件工作的管理和服务水平，大幅提升海外中国公民办证体验。

护照方面。一是创新手段“网上办”。升级“海外中国公民护照在线预约系统”，增设“护照办理进度查询”和“收集领事服务评价”功能，开发海外护照在线预约系统手机版，不断提升用户体验。在驻外使领馆开通移动支付服务，便利申请人选择最适合的付款方式。二是提高效率“马上办”。为行动不便和紧急办证人员提供“绿色通道”，及时为丢照人员补办证照。缩短办证时间，实现护照办妥即取。三是暖心服务“一次办”。实现中国公民在驻外使领馆申办护照、旅行证“只跑一次”，如申请材料不全实行“一次性告知”和“先收后补”。四是省时省力“就近办”。中国公民可在驻同一国家任一使领馆申办证照，各馆利用休息日赴本领区内偏远地区、中国公民集中地区等开展“现场办公”服务，实现“服务到家”。

签证方面。2018年，中国驻外签证机关为外国人来华颁发700余万份签证，并积极为在华举行的博鳌亚洲论坛2018年年会、上海合作组织青岛峰会、中非合作论坛北京峰会、中国国际进口博览会等大型国际活动筹备、参会人员提供方便快捷的签证服务。中国与阿联酋、波黑、白俄罗斯、卡塔尔缔结适用于普通护照的免签协定，与南非签署为商务、旅游、探亲人员简化签证手续、互发5～10年多次签证协定，与巴拿马签署为商务、旅游、探亲人员互发多年多次签证协定。截至2018年12月31日，中国已与144个国家缔结涵盖不同种类护照的互免签证协定，与42个国家达成71份简化签证手续协定或安排。给予香港特别行政区护照持有人免办签证或落地签证待遇的国家和地区达163个，给予澳门特别行政区护照持有人免办签证或落地签待遇的国家和地区有141个。生物识别签证项目取得积极进展，截至2018年年底，中国驻45个国家的54个使领馆启动实施指纹全量留存并签发新版生物识别贴纸签证，驻50个国家的59个使领馆启用在线电子签证申请表和在线预约系统。

继续稳妥推进APEC商务旅行卡工作。中国APEC商务旅行卡有效持有量继续位居各经济体前列。截至2018年12月31日，全国共受理中方申请近

1.66万例，同比下降6.4%；审批外方申请近9.41万例，同比增长6%。

公证认证和婚姻登记工作。大幅降低驻外使领馆对中国公民、企业领事认证的收费标准，调整一式多份公证书计费方式，降低申请人办证成本，让中国公民切实享受领事服务惠民之利。采取有力措施，畅通办证渠道，促使也门、柬埔寨、阿联酋等收费偏高、办证时间长的驻华使馆大幅降费，缩短办证时间，为中国公民、企业办理人道主义、海外招投标等紧急事项领事认证提供协助。统一中外公民送办领事认证方式，进一步完善驻外使领馆领事认证代办机制，积极推进中国加入《关于取消外国公文认证要求的公约》、境外退休人员领取养老金资格远程认证等工作。继续作好对地方领事认证机构的指导和管理，成功举办第13期全国地方外办领事认证业务培训班暨工作交流会。2018年，中国驻外使领馆办理领事认证71万余份，公证12万余份，婚姻登记8176对。外交部全年办理领事认证60万余份，委托地方外办办理领事认证60万余份。全年共发布领事认证信息180余条，接听咨询热线电话3万余通。

（七）涉及外国驻华领事机构事务和涉外案件

1. 外国驻华领事机构事务

2018年，中国政府认真履行国际义务，依据《维也纳领事关系公约》、中外双边领事条约（协定）、《中华人民共和国领事特权与豁免条例》及其他中国法律法规，不断完善对外国驻华领事机构的管理和服务，为外国驻华领事机构和人员在华工作生活提供必要协助和便利。地方政府重视发挥外国驻华领事机构的桥梁作用，加强本地区与有关国家在经贸、文化、旅游、教育等领域的交流与合作，有效促进中外友好和推动地方经济社会发展。

2018年，外交部共为81位外国新任驻华总领事颁发《领事证书》，为4位名誉领事颁发《名誉领事证书》。

2. 涉外案件处理

中国政府依法保障在华外国公民和机构合法权益，中国司法机关依法处理涉及外国公民和机构的案件。外交部协调主管部门，依据国际公约、双边领事条约有关规定，及时进行领事通报，为外国驻华使领馆官员执行领事职务提供必要的协助和便利，积极回应外方合理关切。

各部门和地方不断完善涉外案（事）件应急处置机制，加强协调配合和信息通报，发生重大涉外突发案（事）件时，第一时间启动应急机制，及时了解外国公民及机构情况，向外方通报或回复外国驻华使领馆问询。

（八）移民合作

2018年，中国政府继续本着建设性态度参与移民领域对话及各类研讨培训，与有关各方面密切合作，共同防范和打击非法出入境等跨国犯罪活动，为国际间人员交流健康有序发展发挥积极作用。

8月7日，“巴厘进程”第七届部长级会议在印度尼西亚巴厘举行。中国驻印度尼西亚大使肖千率团与会。会议回顾了第六届部长级会议以来巴厘进程在打击偷渡等跨国犯罪活动领域所取得的成绩和进展，探讨当前非法移民的新形势、新挑战，商定下阶段工作目标和策略，并通过第七届部长级会议宣言。

8月27～28日，国际移民组织驻华联络处在广州举办“第二届大湄公河次区域移民管理政策研讨会”，会议主题为婚姻移民管理，并介绍有关国家在婚姻移民立法和实践中的有益做法。外交部派员参加。

12月10～11日，联合国移民问题政府间大会在摩洛哥马拉喀什举行，外交部率团与会。150多个国家政府代表团及有关国际机构、非政府组织、专家学者、私营部门代表参加。会议通过了《移民问题全球契约》，正式完成契约政府间谈判进程。

附录一

2018年中国外交重要活动

一月

8～10日　法国总统马克龙对中国进行国事访问。

10日　国家主席习近平集体会见北欧和波罗的海国家议长。

10～11日　国务院总理李克强赴柬埔寨出席澜沧江—湄公河合作第二次领导人会议并对柬埔寨进行正式访问。

11日　国家主席习近平在北京会见英国前首相卡梅伦。

11日　国家主席习近平同韩国总统文在寅通电话。

11日　中共中央政治局委员、中央政法委书记郭声琨，中共中央政治局委员、国务委员杨洁篪（时任）分别会见英国首相国家安全顾问塞德维尔。

12～16日　外交部长王毅（时任）访问卢旺达、安哥拉、加蓬、圣多美和普林西比。

16日　国家主席习近平应约同美国总统特朗普通电话。

21～25日　外交部长王毅（时任）出席中拉论坛第二届部长级会议并访问智利、乌拉圭。

21～24日　中共中央总书记习近平特使、中共中央对外联络部部长宋涛访问古巴。

22日　国家主席习近平特使、国家卫生计生委主任李斌（时任）赴利比里亚出席维阿总统就职典礼。

22～26日　中共中央政治局委员、中央财经领导小组办公室主任刘鹤（时任）赴瑞士出席世界经济论坛2018年年会。

23日　中共中央政治局委员、国务委员杨洁篪（时任）会见塞尔维亚前总统、国家对华合作委员会主席尼科利奇。

27～28日　日本外相河野太郎来华访问。

27日至2月2日　智利参议长萨尔迪瓦来华访问。

31日至2月1日　巴基斯坦外秘詹朱阿来华访问。

31日至2月2日　英国首相梅对中国进行正式访问并同国务院总理李克强举行新一轮中英总理年度会晤。

二月

1～7日　毛里求斯国民议会议长哈努曼吉访华。

4～8日　国务委员兼国防部长常万全上将（时任）访问新加坡。

6～7日　乌兹别克斯坦外长卡米洛夫来华访问。

7日　俄罗斯副总理兼总统驻远东联邦区全权代表特鲁特涅夫来华同中共中央政治局常委、国务院副总理汪洋（时任）举行中国东北地区和俄罗斯远东及贝加尔地区政府间合作委员会双方主席会晤并出席中俄地方合作交流年开幕式。

7～9日　荷兰国王威廉-亚历山大对中国进行工作访问。

7～10日　非盟委员会主席法基来华同外交部长王毅（时任）举行第七次中非盟战略对话。

8～9日　中共中央政治局委员、国务委员杨洁篪（时任）访问美国。

8～10日　国家主席习近平特别代表、中共中央政治局常委韩正（时任）赴韩国出席平昌冬奥会开幕式。

8～10日　印度尼西亚外长蕾特诺来华访问。

23日　中共中央政治局委员、国务委员杨洁篪（时任）同日本国家安全保障局长谷内正太郎举行会谈。

23～24日　印度外秘顾凯杰来华访问。

23～26日　国务委员兼国防部长常万全上将（时任）访问加蓬、赤道几内亚。

24～26日　国家主席习近平特别代表、国务院副总理刘延东赴韩国出席平昌冬奥会闭幕式。

27日至3月3日　中共中央政治局委员、中央财经领导小组办公室主任、中美全面经济对话中方牵头人刘鹤（时任）赴美国磋商。

28日至3月8日　汤加国王图普六世对中国进行国事访问。

三月

9日　国家主席习近平应约同美国总统特朗普通电话。

10～11日　国家主席习近平特使、第十二届全国政协副主席、中拉友协会长马培华赴智利出席智总统权力交接仪式。

12日　国家主席习近平在北京会见韩国总统特使、国家安保室长郑义溶。

15日　外交部长王毅（时任）在北京会见爱尔兰副总理兼外交贸易部长科文尼。

17日　国家主席习近平应约同德国总理默克尔通电话。

19日　国家主席习近平同俄罗斯总统普京通电话。

20日　国家主席习近平应约同印度总理莫迪通电话。

21～25日　菲律宾外长卡亚塔诺来华访问。

22日　国家主席习近平同法国总统马克龙通电话。

22～24日　喀麦隆总统比亚对中国进行国事访问。

23～24日　国家主席习近平特别代表、中共中央政治局委员杨洁篪访问南非。

25～28日　朝鲜劳动党委员长、国务委员会委员长金正恩对中国进行非正式访问。

26日　国务院总理李克强在北京集体会见来华出席中国发展高层论坛2018年年会的外方代表。

27～28日　国务院总理李克强、全国人大常委会委员长栗战书分别会见来华访问的美国国会议员团。

28日至4月3日　纳米比亚总统根哥布对中国进行国事访问。

29～30日　国家主席习近平特别代表、中共中央政治局委员、中央外事工作委员会办公室主任杨洁篪访问韩国。

30日至4月2日 国务委员兼外交部长王毅赴越南出席大湄公河次区域经济合作第六次领导人会议并访问越南。

四月

2～4日 瑞士联邦委员兼外长卡西斯来华访问并同国务委员兼外交部长王毅举行中瑞首轮外长级战略对话。

2～6日 津巴布韦总统姆南加古瓦对中国进行国事访问。

4～6日 国家主席习近平特使、国务委员兼外交部长王毅访问俄罗斯。

5～8日 国务委员兼国防部长魏凤和上将访问白俄罗斯。

8～11日 博鳌亚洲论坛2018年年会及有关活动在海南博鳌举行，国家主席习近平出席开幕式并发表题为《开放共创繁荣 创新引领未来》的主旨演讲。奥地利总统范德贝伦偕总理库尔茨、菲律宾总统杜特尔特、新加坡总理李显龙、蒙古总理呼日勒苏赫、荷兰首相吕特、巴基斯坦总理阿巴西、联合国秘书长古特雷斯、世界知识产权组织总干事高锐出席。其间，奥地利总统范德贝伦对中国进行国事访问，蒙古总理呼日勒苏赫、荷兰总理吕特、联合国秘书长古特雷斯对中国进行正式访问，新加坡总理李显龙对中国进行工作访问。

9日 国务院总理李克强、国务委员兼外交部长王毅分别在北京会见日本国际贸易促进协会会长河野洋平。

11日 国家副主席王岐山，中共中央政治局委员、北京市委书记蔡奇分别会见来华出席第十届中英政党对话的英国首席内阁大臣利丁顿。

12～13日 中共中央政治局委员、中央外事工作委员会办公室主任杨洁篪在上海同印度国家安全顾问多瓦尔举行会谈。

12～15日 印度尼西亚总统特使、海洋统筹部长卢胡特来华访问。

12～15日 巴布亚新几内亚外交与贸易部长帕托来华访问。

15～17日 国务委员兼外交部长王毅访问日本并出席中日经济高层对话。

16日 国家主席习近平在北京会见世界经济论坛主席施瓦布。

17～21日 尼泊尔外长贾瓦利来华访问。

19日 国家主席习近平应约同英国首相梅、土耳其总统埃尔多安通话。

23日 国家主席习近平在北京会见俄罗斯外长拉夫罗夫。

23日 国家主席习近平在北京集体会见上海合作组织成员国国防部长会议外方代表团团长。

23～27日　爱尔兰众议长欧法雷尔来华访问。

23～27日　密克罗尼西亚联邦议长西米纳来华访问。

23～30日　中共中央政治局委员、中央书记处书记、中央政法委书记郭声琨赴俄罗斯索契出席第九届安全事务高级代表国际会议并以国家主席习近平特使名义访问罗马尼亚、波兰。

24日　上海合作组织成员国外长理事会在北京举行，国家主席习近平集体会见外方代表团团长，国务委员兼外交部长王毅主持会议。

27～28日　国家主席习近平同印度总理莫迪在武汉举行中印领导人非正式会晤。

28日至5月1日　国家主席习近平特别代表、中共中央政治局委员、中央外事工作委员会办公室主任杨洁篪访问科威特、阿联酋。

五月

1日　国务委员兼外交部长王毅在北京同多米尼加外长巴尔加斯签署《中华人民共和国和多米尼加共和国关于建立外交关系的联合公报》，中多正式建交。

2日　全国政协主席汪洋会见法国经济社会环境理事会主席贝尔纳斯科尼。

2～3日　国务委员兼外交部长王毅访问朝鲜。

3日　全国人大常委会委员长栗战书会见日本日中友好议员联盟代表团。

3～4日　美国总统特使、财政部长姆努钦率团来华同国务院副总理刘鹤就中美经贸问题举行磋商。

4日　国家主席习近平应约同日本首相安倍晋三通电话。

6～11日　国务院总理李克强正式访问印度尼西亚、出席第七次中日韩领导人会议并正式访问日本。

7～8日　中共中央总书记、国家主席习近平同朝鲜劳动党委员长、国务委员会委员长金正恩在大连举行会晤。

7～8日　尼日尔总理拉菲尼来华出席第三届中非地方政府合作论坛。

8日　国家主席习近平应约同美国总统特朗普通电话。

8～15日　国务委员、公安部部长赵克志访问缅甸、柬埔寨、老挝。

9～15日　中共中央政治局委员、北京市委书记蔡奇访问爱尔兰、英国。

9～18日　全国人大常委会委员长栗战书对埃塞俄比亚、莫桑比克、纳米比亚进行正式友好访问。

11日　国家主席习近平同韩国总统文在寅通电话。

12日　国家主席习近平特使、科技部部长王志刚赴塞拉利昂出席比奥总统就职典礼。

12～16日　阿曼外交事务主管大臣阿拉维来华访问。

13日　伊朗外长扎里夫来华访问。

14～15日　巴西外长努内斯来华访问。

14～19日　特立尼达和多巴哥总理罗利对中国进行正式访问。

15日　国家主席习近平在北京会见博鳌亚洲论坛理事长潘基文。

15日　国家副主席王岐山会见来华出席第十轮中美工商领袖和前高官对话的美方代表。

15～20日　国家主席习近平特使、国务院副总理、中美全面经济对话中方牵头人刘鹤应邀赴美国磋商。

16日　中共中央总书记、国家主席习近平在北京会见朝鲜劳动党友好参观团。

16～25日　国务委员兼外交部长王毅访问法国、西班牙、葡萄牙、阿根廷，并出席二十国集团外长会。其间，途经华盛顿同美国国务卿蓬佩奥举行会晤。

21日　国务院副总理刘鹤会见来华出席第四届中美省州长论坛的美方主要代表。

22日　上海合作组织成员国安全会议秘书第13次会议在北京举行，国家主席习近平集体会见外方代表团团长，国务委员、公安部部长赵克志主持会议。

24～25日　德国总理默克尔对中国进行正式访问。

24～27日　新西兰副总理兼外长彼得斯来华访问。

24～29日　国家副主席王岐山赴俄罗斯出席第22届圣彼得堡国际经济论坛并访问白俄罗斯。

25日　国家主席习近平在北京会见法国前总统奥朗德。

25～30日　布基纳法索外交与合作部长巴里来华访问并出席中布复交仪式，同国务委员兼外交部长王毅签署复交联合公报，中国和布基纳法索恢复外交关系。

27～30日　玻利维亚外交部长瓦纳库尼来华访问。

29日　国家主席习近平会见英国约克公爵安德鲁王子。

29～31日　红十字国际委员会主席莫雷尔来华访问。

30日　中共中央总书记、国家主席习近平在北京同来华访问的老挝人民革命党中央总书记、国家主席本扬举行会谈。

30日至6月5日　国务委员兼外交部长王毅访问德国、赴布鲁塞尔举行第八轮中欧高级别战略对话、访问南非并出席金砖国家外长正式会晤。

30日至6月5日　黑山议长布拉约维奇来华访问。

六月

2～3日　美国商务部部长罗斯来华访问并同国务院副总理刘鹤就中美经贸问题举行磋商。

5日　国务院副总理孙春兰会见英国威塞克斯伯爵爱德华王子。

7～8日　新加坡外长维文来华访问。

8日　国家主席习近平向俄罗斯总统普京颁授中华人民共和国首枚“友谊勋章”。

8日　国务院副总理胡春华会见俄罗斯副总理兼总统驻远东联邦区全权代表特鲁特涅夫。

9～10日　上海合作组织成员国元首理事会第18次会议在山东青岛举行，国家主席习近平主持会议并发表重要讲话。俄罗斯总统普京、哈萨克斯坦总统纳扎尔巴耶夫、塔吉克斯坦总统拉赫蒙、乌兹别克斯坦总统米尔济约耶夫、吉尔吉斯斯坦总统热恩别科夫、印度总理莫迪、巴基斯坦总统侯赛因、白俄罗斯总统卢卡申科、蒙古总统巴特图勒嘎、阿富汗总统加尼、伊朗总统鲁哈尼出席会议。其间，俄罗斯总统普京、哈萨克斯坦总统纳扎尔巴耶夫、吉尔吉斯斯坦总统热恩别科夫对中国进行国事访问。

10～15日　加纳外交与地区一体化部长博奇韦来华访问。

10～16日　中共中央政治局委员、全国人大常委会副委员长王晨访问加拿大、美国。

11日　中共中央政治局委员、中央政法委书记、中白政府间合作委员会中方主席郭声琨会见白俄罗斯总统办公厅副主任、中白政府间合作委员会白方主席斯诺普科夫。

11～16日　冈比亚外长达博来华出席首届中冈经贸联委会会议。

11～20日　全国政协主席汪洋对刚果（布）、乌干达、肯尼亚进行正式友好访问。

12～16日　国家主席习近平特使、国务院副总理孙春兰赴俄罗斯出席第21届世界杯足球赛开幕式。

13日　国务院副总理胡春华会见来华出席第五届中国—南亚博览会的阿富汗第二副首席执行官穆哈齐克。

13～14日　文莱外交贸易部第二部长艾瑞万来华访问。

13～20日　国务委员兼国防部长魏凤和上将访问缅甸、柬埔寨。

14日　美国国务卿蓬佩奥来华访问。

15日　国家主席习近平同俄罗斯总统普京通电话。

15日　土耳其外长查武什奥卢来华访问。

18～20日　玻利维亚总统莫拉莱斯对中国进行国事访问。

18～23日　希腊议长武齐斯来华访问。

19～20日　朝鲜劳动党委员长、国务委员会委员长金正恩第三次访华。

19～22日　塞内加尔外交和海外侨民部长卡巴来华访问。

19～23日　阿塞拜疆国民议会议长阿萨多夫来华访问。

19～24日　尼泊尔总理奥利对中国进行正式访问。

20～22日　丹麦外交大臣萨穆埃尔森来华访问。

20～26日　巴布亚新几内亚总理奥尼尔来华访问。

21日　国家主席习近平在北京集体会见“全球首席执行官委员会”特别圆桌峰会与会代表。

22～25日　法国总理菲利普对中国进行正式访问。

25日　国务院副总理刘鹤在北京同欧盟委员会副主席卡泰宁共同主持第七次中欧经贸高层对话。

25～29日　缅甸联邦议会民族院议长曼温楷丹来华访问。

26～28日　美国国防部长马蒂斯来华访问。

24日至7月2日　中共中央政治局委员、重庆市委书记陈敏尔访问乍得、埃及、突尼斯。

28～29日　中共中央政治局委员、中央外事工作委员会办公室主任杨洁篪赴南非出席第八次金砖国家安全事务高级代表会议。

28～30日　孟加拉国外长阿里来华访问。

28日至7月3日　中共中央政治局委员、中央纪委副书记、国家监察委员会主任杨晓渡访问巴西、阿根廷。

七月

1～3日　第72届联大主席莱恰克来华访问。

2～3日　“一带一路”法治合作国际论坛在北京举行，国务委员兼外交部长王毅出席开幕式并作演讲，中国法学会会长王乐泉出席并致辞。

3～5日　俄罗斯联邦委员会主席马特维延科来华访问并同全国人大常

委会委员长栗战书共同主持中俄议会合作委员会第四次会议。

4日 国务院总理李克强同欧盟委员会主席容克通电话。

4～7日 国务委员兼外交部长王毅出席伊朗核问题外长会并访问奥地利。

5～10日 国务院总理李克强对保加利亚进行正式访问并出席第七次中国—中东欧国家领导人会晤、赴德国主持第五轮中德政府磋商并对德国进行正式访问。

8～14日 国务院副总理胡春华访问法国、布基纳法索。

9日 国家主席习近平特使、文化和旅游部部长雒树刚出席土耳其总统埃尔多安就职仪式。

10日 中国—阿拉伯国家合作论坛第八届部长级会议在北京举行。国家主席习近平出席开幕式，发表题为《携手推进新时代中阿战略伙伴关系》的重要讲话并集体会见与会外方团长，国务委员兼外交部长王毅与阿盟秘书长盖特共同主持会议。科威特埃米尔萨巴赫、21个阿拉伯国家外长或部长级代表和阿盟秘书长等出席。

11日 国家副主席王岐山会见美国芝加哥市市长伊曼纽尔。

12日 中国驻布基纳法索大使馆举行开馆仪式。

12～14日 博茨瓦纳国际事务与合作部长尤妮蒂·道来华访问。

14日 中共中央政治局委员、中央外事工作委员会办公室主任杨洁篪在北京出席第七届世界和平论坛开幕式。

14～22日 中共中央政治局委员、上海市委书记李强访问古巴、巴拿马、秘鲁。

15～18日 世界卫生组织总干事谭德塞来华访问。

15～18日 世界银行行长金墉来华访问。

16日 第20次中国—欧盟领导人会晤在北京举行。国家主席习近平会见来华参会的欧洲理事会主席图斯克和欧盟委员会主席容克，国务院总理李克强同图斯克和容克主席共同主持会晤。

16～19日 联合国教科文组织总干事阿祖莱来华访问。

19～28日 国家主席习近平对阿联酋、塞内加尔、卢旺达、南非进行国事访问，出席金砖国家领导人第十次会晤，过境毛里求斯并进行友好访问。

22～26日 刚果（布）总理穆安巴、塞舌尔副总统梅里顿来华出席第五届中非民间论坛。

23～27日 日本众议院议长大岛理森来华访问。

30日 国务院总理李克强，中共中央政治局委员、中央外事工作委员会办公室主任杨洁篪分别会见英国外交大臣亨特。国务委员兼外交部长王毅同亨特举行第九次中英战略对话。

31日至8月5日　国务委员兼外交部长王毅访问马来西亚、新加坡并出席东亚合作系列外长会。

八月

5～8日　国家主席习近平特使、交通运输部部长李小鹏赴波哥大出席哥伦比亚总统权力交接仪式。

5～10日　第73届联大当选主席、厄瓜多尔前外长埃斯皮诺萨来华访问。

14～17日　中共中央政治局委员、中央外事工作委员会办公室主任杨洁篪赴俄罗斯举行中俄第14轮战略安全磋商。

16～19日　巴基斯坦参议院主席桑吉拉尼来华访问。

17～20日　国家主席习近平特使、国务院副总理孙春兰赴印度尼西亚出席第18届亚运会开幕式。

17～21日　马来西亚总理马哈蒂尔对中国进行正式访问。

19～28日　乌拉圭外长尼恩来华访问。

20日　中共中央总书记、国家主席习近平在北京会见越共中央政治局委员、中央书记处常务书记陈国旺。

20日　国务院总理李克强同巴基斯坦总理伊姆兰·汗通电话。

21日　国务委员兼外交部长王毅同萨尔瓦多外交部长卡斯塔内达在北京签署《中华人民共和国和萨尔瓦多共和国关于建立外交关系的联合公报》，中萨正式建交。

22日　中国驻喀山总领事馆开馆。

22日　菲律宾外长卡亚塔诺来华访问。

23日　国务院副总理胡春华在北京会见英国国际贸易大臣福克斯。

23～25日　国务委员兼外交部长王毅访问蒙古。

23～26日　国务委员王勇赴泰国主持召开中泰经贸联委会第六次会议。

25～28日　老挝外长沙伦赛来华访问。

26日　国家主席习近平特使、全国政协副主席苏辉出席津巴布韦总统姆南加古瓦就职典礼。

26～29日　秘鲁外长波波利西奥来华访问。

27～28日　希腊外长科齐阿斯来华访问。

29日至9月1日 国务院副总理胡春华分别会见来华出席第六届中国—亚欧博览会的格鲁吉亚副总理兼基础设施和地区发展部长茨基季什维利、阿富汗议会长老院主席穆斯利姆亚尔。

九月

1～9日 中共中央政治局委员、中央军委副主席许其亮上将访问哈萨克斯坦、吉尔吉斯斯坦、塔吉克斯坦。

3～4日 中非合作论坛北京峰会召开。国家主席习近平同论坛共同主席国南非总统拉马福萨共同主持峰会，安哥拉总统洛伦索、贝宁总统塔隆、博茨瓦纳总统马西西、布基纳法索总统卡博雷、喀麦隆总统比亚、中非总统图瓦德拉、乍得总统代比、科摩罗总统阿扎利、刚果（布）总统萨苏、科特迪瓦总统瓦塔拉、吉布提总统盖莱、埃及总统塞西、赤道几内亚总统奥比昂、加蓬总统邦戈、冈比亚总统巴罗、加纳总统阿库福-阿多、几内亚总统孔戴、几内亚比绍总统瓦斯、肯尼亚总统肯雅塔、利比里亚总统维阿、马达加斯加总统埃里、马拉维总统穆塔里卡、马里总统凯塔、毛里塔尼亚总统阿齐兹、莫桑比克总统纽西、纳米比亚总统根哥布、尼日尔总统伊素福、尼日利亚总统布哈里、卢旺达总统卡加梅、塞内加尔总统萨勒、塞舌尔总统富尔、塞拉利昂总统比奥、索马里总统穆罕默德、南苏丹总统基尔、苏丹总统巴希尔、多哥总统福雷、乌干达总统穆塞韦尼、赞比亚总统伦古、津巴布韦总统姆南加古瓦、阿尔及利亚总理乌叶海亚、佛得角总理席尔瓦、刚果（金）总理奇巴拉、埃塞俄比亚总理阿比、莱索托首相塔巴内、毛里求斯总理贾格纳特、摩洛哥首相欧斯曼尼、圣多美和普林西比总理特罗瓦达、坦桑尼亚总理马贾利瓦、突尼斯总理沙海德、布隆迪第二副总统布托雷、非盟委员会主席法基出席。其中，博茨瓦纳总统马西西、布基纳法索总统卡博雷、刚果（布）总统萨苏、科特迪瓦总统瓦塔拉、埃及总统塞西、加纳总统阿库福-阿多、塞拉利昂总统比奥、南非总统拉马福萨对中国进行国事访问，埃塞俄比亚总理阿比、莱索托首相塔巴内对中国进行正式访问。联合国秘书长古特雷斯作为特邀嘉宾，26个国际和非洲地区组织作为观察员出席峰会有关活动。

5～8日 摩纳哥国家元首阿尔贝二世亲王对中国进行国事访问。

6～10日 冰岛外长索尔达松来华访问。

6～15日 中共中央政治局委员、广东省委书记李希访问巴布亚新几内亚、新西兰、斐济。

7日 国家主席习近平和哈萨克斯坦总统纳扎尔巴耶夫向纪念“一带一

路”倡议提出五周年中哈商务论坛发表祝贺视频。

7日　全国政协主席汪洋出席朝鲜驻华大使馆国庆70周年招待会。

7日　国家副主席王岐山出席中国人民对外友好协会和中朝友好协会举办的朝鲜国庆70周年庆祝招待会。

7～8日　古巴国务委员会第一副主席兼部长会议第一副主席巴尔德斯来华访问。

7～10日　国务委员兼外交部长王毅访问巴基斯坦。

8～11日　中共中央总书记、国家主席习近平特别代表，全国人大常委会委员长栗战书率中国党政代表团访问朝鲜，并出席朝鲜建国70周年庆祝活动。

9～15日　乌拉圭副总统、国会主席兼参议长托波兰斯基来华访问。

10～13日　委内瑞拉副总统罗德里格斯来华访问。

11日　国务院副总理韩正分别会见来华出席第15届中国—东盟博览会的柬埔寨首相洪森、越南副总理王庭惠、缅甸副总统敏瑞、老挝副总理兼财政部长宋迪。

11～12日　国家主席习近平赴俄罗斯符拉迪沃斯托克出席第四届东方经济论坛。

11～13日　国务院副总理胡春华赴越南河内出席世界经济论坛东盟会议。

12日　国务院总理李克强在北京会见日本经济界代表团。

12～15日　马耳他外长阿贝拉来华访问。

12～15日　智利外长安普埃罗来华访问。

13～14日　法国欧洲和外交部长勒德里昂来华主持中法经贸混委会第25次会议。其间，国务院总理李克强和国务院副总理胡春华分别同其会见。国务委员兼外交部长王毅同其举行会谈。

13～16日　委内瑞拉总统马杜罗对中国进行国事访问。

15～17日　国务委员兼外交部长王毅赴越南同越南副总理兼外长范平明主持中越双边合作指导委员会第11次会议。

16～18日　国务院副总理韩正访问俄罗斯，并同俄第一副总理西卢阿诺夫共同主持中俄投资合作委员会第五次会议、同俄副总理科扎克共同主持中俄能源合作委员会第15次会议。

18～20日　2018年夏季达沃斯论坛在天津举行。国务院总理李克强出席开幕式并发表特别致辞。爱沙尼亚总统卡留莱德、拉脱维亚总统韦约尼斯、塞尔维亚总统武契奇、萨摩亚总理图伊拉埃帕、欧盟委员会副主席东布罗夫斯基斯出席。

18～21日　乌兹别克斯坦最高会议立法院（议会下院）主席伊斯莫伊洛夫率团访华，全国人大常委会委员长栗战书、全国政协主席汪洋分别会谈、会见。

19～21日　国务院副总理韩正访问新加坡并同新加坡副总理张志贤共同主持中新双边合作联委会第14次会议、中新苏州工业园区联合协调理事会第19次会议、中新天津生态城联合协调理事会第十次会议和中新（重庆）战略性互联互通示范项目联合协调理事会第二次会议。

20～29日　中共中央政治局常委、中央纪委书记赵乐际访问白俄罗斯、老挝、越南。

20～29日　国务委员兼外交部长王毅访问多米尼加、圭亚那、苏里南并赴纽约出席第73届联大一般性辩论。其间，王毅国务委员兼外长在联大一般性辩论发言，会见联合国秘书长古特雷斯、第73届联大主席埃斯皮诺萨，出席亚信成员国外长非例行会议并发表讲话、出席曼德拉和平峰会并发表讲话、出席安理会五常同联合国秘书长会晤、金砖国家外长会晤、中缅孟三方非正式会晤、伊朗核问题外长会、中国—拉共体“四驾马车”外交部长第六次对话、“为维和而行动”倡议高级别会议、安理会维护国际和平与安全问题高级别会议、安理会朝鲜半岛问题公开会、中国落实2030年可持续发展议程主题图片展、气候变化问题高级别非正式对话会等活动，分别会见美国前国务卿基辛格以及美中关系全国委员会、美中贸易全国委员会负责人，在美国对外关系委员会发表演讲并会见该会会长哈斯。

22日　国家主席习近平特使、全国政协副主席郑建邦赴马里出席凯塔总统就职典礼暨马里国庆58周年庆祝活动。

25日　中共中央政治局委员、中央外事工作委员会办公室主任杨洁篪在苏州与日本国家安全保障局长谷内正太郎共同主持第五次中日高级别政治对话。

25～26日　哈萨克斯坦第一副总理马明来华同国务院副总理韩正举行中哈合作委员会双方主席会晤。

27日　国家副主席王岐山在北京会见丹麦王储腓特烈。

十月

8日　美国国务卿蓬佩奥来华访问。

8～11日　安哥拉总统洛伦索对中国进行国事访问。

10日　国务院总理李克强、国务委员兼外交部长王毅会见来华出席第四轮中日企业家和前高官对话会的日本前首相福田康夫及日方经济界代表。

11～20日　国务院总理李克强出席上海合作组织成员国政府首脑（总理）理事会第17次会议并正式访问塔吉克斯坦和荷兰，出席第12届亚欧首脑会议并对比利时进行工作访问。

11～20日　挪威国王哈拉尔五世对中国进行国事访问。

12日　国家副主席王岐山在北京会见清华大学经管学院顾问委员会海外委员和中方企业家委员。

12日　国家主席习近平特使、全国人大常委会副委员长张春贤赴赤道几内亚出席赤几独立50周年庆典。

16日　国家主席习近平会见英国四十八家集团俱乐部主席佩里。

16～17日　俄罗斯总统办公厅主任瓦伊诺来华访问。

17～20日　中共中央政治局委员、中央外事工作委员会办公室主任杨洁篪赴俄罗斯出席第15届瓦尔代国际辩论俱乐部年会。

18～23日　葡萄牙外长席尔瓦来华访问。

19日　国家主席习近平在北京会见俄罗斯国防部长绍伊古。

22～30日　国家副主席王岐山访问以色列、巴勒斯坦、埃及、阿联酋，并主持中以创新合作联委会第四次会议。

23～26日　柬埔寨参议院主席赛冲来华访问。

25～27日　日本首相安倍晋三对中国进行正式访问。

27～30日　中共中央政治局委员、天津市委书记李鸿忠率中共代表团访问柬埔寨。

28日　中国驻达沃总领事馆正式开馆。

28日至11月1日　国务委员兼外交部长王毅访问菲律宾、斐济、巴布亚新几内亚。

十一月

1日　国家主席习近平应约同美国总统特朗普通电话。

1日　国务院总理李克强在北京会见美国国会议员访华团。

3日　中共中央政治局委员、中央书记处书记、中央政法委书记郭声琨在北京同白俄罗斯总统办公厅副主任斯诺普科夫举行中白政府间合作委员会第三次会议。

3～9日　阿联酋联邦国民议会议长古贝茜来华访问。

5～6日　国务委员兼外交部长王毅会见美国盖茨基金会主席比尔·盖茨。

5～7日　俄罗斯总理梅德韦杰夫对中国进行正式访问，并同国务院总理李克强举行中俄总理第23次定期会晤。

5～7日　国家副主席王岐山访问新加坡并出席2018年创新经济论坛。

5～10日　首届中国国际进口博览会在上海举办。国家主席习近平出席开幕式并发表题为《共建创新包容的开放型世界经济》主旨演讲。多个国家和地区领导人、国际组织负责人、各国政府代表以及中外企业家代表等1500余人出席开幕式。其间，萨尔瓦多总统桑切斯、多米尼加总统梅迪纳、古巴国务委员会主席兼部长会议主席迪亚斯–卡内尔对中国进行国事访问，巴基斯坦总理伊姆兰·汗对中国进行正式访问。

6日　国际货币基金组织总裁拉加德来华访问。

6日　国务院总理李克强在北京与世界主要经济组织负责人举行第三次“1+6”圆桌对话会。

7～11日　国家主席习近平在北京会见美国前国务卿基辛格。

8日　澳大利亚外长佩恩来华同国务委员兼外交部长王毅举行第五轮中澳外交与战略对话。

8～11日　国务委员兼国防部长魏凤和上将访问美国。

9日　中共中央政治局委员、中央外事工作委员会办公室主任杨洁篪赴美国同美国国务卿蓬佩奥、国防部长马蒂斯共同主持第二轮中美外交安全对话。国务委员兼国防部长魏凤和上将参加。

11～20日　国务院副总理孙春兰访问捷克、克罗地亚。

12日　国务委员王勇在北京同加拿大财政部长莫诺、国际贸易多元化部长卡尔共同主持首轮中加经济财金战略对话。

12～13日　德国外交部长马斯来华同国务委员兼外交部长王毅举行第四轮中德外交与安全战略对话。

12～16日　国务院总理李克强正式访问新加坡并出席东亚合作领导人系列会议。其间，同加拿大总理特鲁多举行第三次中加总理年度对话，同澳大利亚总理莫里森举行第六轮中澳总理年度会晤，同新西兰总理阿德恩举行双边会见。

14～20日　中共中央政治局委员、中央书记处书记、中央政法委书记郭声琨赴俄罗斯出席中俄执法安全合作机制第五次会议并访问匈牙利。

15～21日　国家主席习近平赴巴布亚新几内亚出席亚太经合组织第26次领导人非正式会议，对巴布亚新几内亚、文莱、菲律宾进行国事访问并在巴新同建交太平洋岛国领导人会晤。

17～18日　国家主席习近平特使、文化和旅游部部长雒树刚出席马尔代夫新任总统萨利赫就职典礼并会见萨利赫。

18～20日　葡萄牙议长罗德里格斯来华访问。

19日　国务院副总理韩正会见来华访问的法国国务部长兼生态转型和团结部长德吕吉。

19～20日　国务委员王勇出席博鳌亚洲论坛首尔会议。

21～22日　哈萨克斯坦总理萨金塔耶夫对中国进行正式访问并举行中哈总理第四次定期会晤。

24日　国务委员兼外交部长王毅在四川成都同印度国家安全顾问多瓦尔举行中印边界问题特别代表第21次会晤。

25～29日　国务院副总理刘鹤访问德国并出席第八届中欧论坛汉堡峰会。

25～30日　越南祖国阵线主席陈青敏来华访问。

27日　国务院总理李克强在北京会见英国前首相卡梅伦。

27日　国务院总理李克强在北京会见出席第二届中韩省长知事会议的双方代表。

27日至12月5日　国家主席习近平对西班牙、阿根廷、巴拿马、葡萄牙进行国事访问并出席二十国集团领导人第13次峰会。

28日　国务院副总理韩正在北京会见俄罗斯总统能源发展战略和生态安全委员会秘书长兼俄石油公司总裁谢钦。

29日至12月4日　国家主席习近平特使、全国人大常委会副委员长沈跃跃赴墨西哥城出席墨西哥总统权力交接仪式。

30日　国务委员兼外交部长王毅在阿根廷布宜诺斯艾利斯出席中国同法国、联合国共同举办的气候变化问题三方会议。

十二月

1日　国家主席习近平应邀同美国总统特朗普在阿根廷布宜诺斯艾利斯举行会晤。

3日　国务院副总理、中南高级别人文交流机制中方主席孙春兰在北京和南非艺术与文化部部长、机制南方主席姆特特瓦共同主持中南高级别人文交流机制第二次会议。

3～6日　土耳其大国民议会议长耶尔德勒姆访华。

3～8日　国务院副总理胡春华赴法国主持中法高级别经济财金对话。

5～10日　德国总统施泰因迈尔对中国进行国事访问。

6～8日　朝鲜外相李勇浩来华访问。

10～12日　2018年从都国际论坛在广东举行，国家主席习近平在北京集体会见出席论坛的外方嘉宾，国家副主席王岐山出席开幕式。

11～13日　厄瓜多尔总统莫雷诺对中国进行国事访问。

11～18日　泰国立法议会主席蓬佩来华访问。

12日　卡塔尔副首相兼外交大臣穆罕默德来华访问并同国务委员兼外交部长王毅共同主持中卡政府间战略对话首次会议。

12～15日　哥伦比亚外长特鲁希略来华访问。

14～17日　国务委员兼外交部长王毅赴阿富汗出席第二次中阿巴三方外长对话，访问老挝出席并共同主持澜湄合作第四次外长会。

16日　中共中央政治局委员、中央外事工作委员会办公室主任杨洁篪在北京出席“一带一路”国际合作高峰论坛咨询委员会第一次会议开幕式并致辞，开幕式后集体会见与会咨委会委员。

16～17日　第三届“读懂中国”国际会议在北京举行，国务院总理李克强在北京集体会见第三届“读懂中国”国际会议与会代表，国家副主席王岐山出席开幕式，中共中央政治局委员、中央外事工作委员会办公室主任杨洁篪出席午餐会并发表演讲。

18日　中国政府发表第三份对欧盟政策文件。

18日　庆祝改革开放40周年大会在北京举行，国家主席习近平、国务院总理李克强、全国人大常委会委员长栗战书、全国政协主席汪洋为获得中国改革友谊奖章的国际友人颁奖。

20～24日　国务委员兼外交部长王毅访问印度并主持中印高级别人文交流机制首次会议。

29日　国家主席习近平应约同美国总统特朗普通电话。

附录二

2018年中国外交重要文献

一、重要讲话、文章和专访

1. 国务院总理李克强在柬埔寨《柬埔寨之光》《高棉时报》《柬华日报》发表署名文章《为澜湄合作与中柬友好架桥铺路》（2018年1月9日）

2. 国务院总理李克强在澜沧江—湄公河合作第二次领导人会议上的讲话（2018年1月10日）

3. 外交部长王毅(时任)在《人民日报》发表署名文章《时代催人进，合作正当时》（2018年1月18日）

4. 国家主席习近平致中国—拉美和加勒比国家共同体论坛第二届部长级会议的贺信（2018年1月22日）

5. 外交部长王毅（时任）在中拉论坛第二届部长级会议开幕式上的致辞《新时代跨越大洋的牵手》（2018年1月22日）

6. 外交部长王毅（时任）接受智利《信使报》书面采访（2018年1月22日）

7. 中共中央政治局委员、中央财经领导小组办公室主任刘鹤（时任）在世界经济论坛2018年年会上的致辞《推动高质量发展 共同促进全球经济繁荣稳定》（2018年1月24日）

8. 外交部长王毅（时任）在外交部2018年新年招待会上的致辞（2018年1月30日）

9. 中共中央政治局委员、国务委员（时任）杨洁篪在《人民日报》发表署名文章《坚持“上海公报”原则，推动中美关系健康稳定发展》（2018年2月28日）

10. 外交部长王毅（时任）在《中国日报》发表署名文章（Wangyi: Building a Community of Shared Future），在中国日报网发表中英文署名文章《为推动构建人类命运共同体不懈努力》（2018年3月2日）

11. 国务委员兼外交部长王毅在《人民日报》发表署名文章《建设澜湄国家命运共同体，开创区域合作美好未来》（2018年3月23日）

12. 国务委员兼外交部长王毅在大湄公河次区域经济合作工商峰会上的致辞（2018年3月30日）

13. 国务委员兼外交部长王毅在大湄公河次区域经济合作第六次领导人会议上的讲话（2018年3月31日）

14. 国家主席习近平在博鳌亚洲论坛2018年年会开幕式上的主旨演讲《开放共创繁荣 创新引领未来》（2018年4月10日）

15. 国务院总理李克强在印度尼西亚《罗盘报》和《雅加达邮报》发表署名文章《开启中印尼友好合作的新航程》（2018年5月5日）

16. 国务院总理李克强在出席中国—印尼工商峰会时发表的主旨演讲（2018年5月7日）

17. 国务院总理李克强在中国—东盟建立战略伙伴关系15周年庆祝活动启动仪式上的主旨讲话（2018年5月8日）

18. 国务院总理李克强在日本《朝日新闻》发表署名文章《让中日和平友好事业再起航》（2018年5月8日）

19. 国务院总理李克强在出席纪念《中日和平友好条约》缔结40周年招待会上的讲话（2018年5月10日）

20. 国家副主席王岐山在第22届圣彼得堡国际经济论坛上的致辞《增进信任，携手合作，共同发展》（2018年5月25日）

21. 国务委员兼外交部长王毅在金砖国家外长会晤上的发言《携手迈进金砖合作第二个“金色十年”》（2018年6月4日）

22. 国家主席习近平在上海合作组织青岛峰会欢迎宴会上的祝酒辞（2018年6月9日）

23. 国家主席习近平在上海合作组织成员国元首理事会第18次会议上的讲话《弘扬“上海精神”构建命运共同体》（2018年6月10日）

24. 国家主席习近平同上海合作组织领导人共同会见记者时的讲话（2018年6月10日）

25. 国务委员兼外交部长王毅就上海合作组织青岛峰会接受国内媒体采访（2018年6月11日）

26. 国务委员兼外交部长王毅在“一带一路”法治合作国际论坛开幕式上的演讲《加强国际法治合作 推动“一带一路”建设行稳致远》（2018年7月2日）

27. 国务院总理李克强在保加利亚《24小时报》和《标准报》发表署名文章《新起点 新愿景 新征程》（2018年7月4日）

28. 国务院总理李克强在德国《法兰克福汇报》发表署名文章《做引领开放与创新合作的好伙伴》（2018年7月7日）

29. 国务院总理李克强在第八届中国—中东欧国家经贸论坛上的致辞（2018年7月7日）

30. 国务院总理李克强在第七次中国—中东欧国家领导人会晤上的讲话(2018年7月7日)

31. 国务院总理李克强在第九届中德经济技术合作论坛上的致辞（2018年7月9日）

32. 国家主席习近平在中阿合作论坛第八届部长级会议开幕式上的讲话《携手推进新时代中阿战略伙伴关系》（2018年7月10日）

33. 中共中央政治局委员、中央外事工作委员会办公室主任杨洁篪在第七届世界和平论坛开幕式上的致辞《携手建设持久和平、普遍安全的世界 推动构建人类命运共同体》（2018年7月14日）

34. 国家主席习近平在阿联酋《联邦报》和《国民报》发表署名文章《携手前行，共创未来》（2018年7月18日）

35. 国家主席习近平在塞内加尔《太阳报》发表署名文章《中国和塞内加尔团结一致》（2018年7月20日）

36. 国家主席习近平在卢旺达《新时代报》发表署名文章《中卢友谊情比山高》（2018年7月21日）

37. 国家主席习近平在南非《星期日独立报》《星期日论坛报》《周末守卫者报》发表署名文章《携手开创中南友好新时代》（2018年7月22日）

38. 国家主席习近平在金砖国家工商论坛上的讲话《顺应时代潮流 实现共同发展》（2018年7月25日）

39. 国家主席习近平在金砖国家领导人约翰内斯堡会晤大范围会议上

的讲话《让美好愿景变为现实》（2018年7月26日）

40. 国家主席习近平在2018年中非合作论坛北京峰会开幕式上的讲话《携手共命运 同心促发展》（2018年9月3日）

41. 国家主席习近平在中非领导人与工商界代表高层对话会暨第六届中非企业家大会开幕式上的讲话《共同迈向富裕之路》（2018年9月3日）

42. 国家主席习近平同中非合作论坛前任和新任非方共同主席国元首共同会见记者时的讲话（2018年9月4日）

43. 国务委员兼外交部长王毅接受国内媒体采访，介绍2018年中非合作论坛北京峰会情况及成果（2018年9月6日）

44. 国家主席习近平同俄罗斯总统普京共同出席中俄地方领导人对话会时的致辞（2018年9月11日）

45. 国家主席习近平在第四届东方经济论坛全会上的致辞《共享远东发展新机遇 开创东北亚美好新未来》（2018年9月12日）

46. 国家主席习近平访问"海洋"全俄儿童中心时的讲话《做中俄友好事业接班人》（2018年9月12日）

47. 国务院副总理胡春华在世界经济论坛东盟会议开幕式上的致辞（2018年9月12日）

48. 国务院总理李克强在第12届夏季达沃斯论坛开幕式上的致辞（2018年9月19日）

49. 国务委员兼外交部长王毅在安理会维护国际和平与安全问题公开会上的发言《履行神圣职责 共筑和平安全》（2018年9月27日）

50. 国务委员兼外交部长王毅在第73届联合国大会一般性辩论上的讲话《坚持多边主义 共谋和平发展》（2018年9月29日）

51. 国务院总理李克强在塔吉克斯坦《人民报》发表署名文章《携手开辟中塔合作新局面》（2018年10月10日）

52. 国务院总理李克强在上海合作组织成员国政府首脑（总理）理事会第17次会议上的讲话（2018年10月12日）

53. 国务院总理李克强在《欧洲时报》发表署名文章《故友新知 共创未来》（2018年10月14日）

54. 国务院总理李克强在中国—荷兰经贸论坛上的讲话（2018年10月18日）

55. 中共中央政治局委员、中央外事工作委员会办公室主任杨洁篪在瓦尔代国际辩论俱乐部年会外交议题讨论会上的讲话（2018年10月18日）

56. 国务院总理李克强在第12届亚欧首脑会议上的发言《共担全球责任 共迎全球挑战》（2018年10月19日）

57. 国家主席习近平在首届中国国际进口博览会开幕式上的讲话《共建创新包容的开放型世界经济》(2018年11月5日)

58. 国家副主席王岐山在2018年创新经济论坛开幕式上的讲话《顺应潮流，改革创新，共同发展》(2018年11月6日)

59. 国务院总理李克强在新加坡《联合早报》和《海峡时报》发表署名文章《开放合作，创新发展，明天会更好》(2018年11月12日)

60. 国务院总理李克强在“新加坡讲座”和“通商中国”发表主旨演讲《在开放融通中共创共享繁荣》(2018年11月13日)

61. 国家主席习近平在巴布亚新几内亚《信使邮报》和《国民报》发表署名文章《让中国同太平洋岛国关系扬帆再启航》(2018年11月14日)

62. 国务院总理李克强在第21次中国—东盟领导人会议上的讲话(2018年11月14日)

63. 国务院总理李克强在第21次东盟与中日韩领导人会议上的讲话(2018年11月15日)

64. 国务院总理李克强在第13届东亚峰会上的讲话(2018年11月15日)

65. 国家主席习近平在文莱《婆罗洲公报》《诗华日报》《联合日报》《星洲日报》发表署名文章《携手谱写中国同文莱关系新华章》(2018年11月17日)

66. 国家主席习近平在亚太经合组织工商领导人峰会上的主旨演讲《同舟共济创造美好未来》(2018年11月17日)

67. 国家主席习近平在亚太经合组织第26次领导人非正式会议上的讲话《把握时代机遇 共谋亚太繁荣》(2018年11月18日)

68. 国家主席习近平在菲律宾《菲律宾星报》《马尼拉公报》《每日论坛报》发表署名文章《共同开辟中菲关系新未来》(2018年11月19日)

69. 国家主席习近平在西班牙《阿贝赛报》发表署名文章《阔步迈进新时代，携手共创新辉煌》(2018年11月27日)

70. 国务委员兼外交部长王毅在《人民日报》发表署名文章《十年同舟路，今朝再扬帆》(2018年11月27日)

71. 国家主席习近平在阿根廷《号角报》发表署名文章《开创中阿关系新时代》(2018年11月28日)

72. 国家主席习近平在巴拿马《星报》发表署名文章《携手前进，共创未来》(2018年11月30日)

73. 国家主席习近平在二十国集团领导人第13次峰会第一阶段会议上的讲话《登高望远，牢牢把握世界经济正确方向》(2018年11月30日)

74. 国家主席习近平在葡萄牙《新闻日报》发表署名文章《跨越时空的友谊 面向未来的伙伴》（2018年12月3日）

75. 国务委员兼外交部长王毅在2018年国际形势与中国外交研讨会开幕式上的讲话（2018年12月11日）

76. 国务委员兼外交部长王毅接受人民日报、中央电视台年终采访《在习近平外交思想指引下开启中国特色大国外交新征程》（2018年12月29日）

二、重要声明、宣言和公报

1. 中华人民共和国和法兰西共和国联合声明（2018年1月10日）

2. 澜湄合作第二次领导人会议发表《金边宣言》（2018年1月11日）

3. 中华人民共和国政府和柬埔寨王国政府联合公报（2018年1月11日）

4. 中华人民共和国和汤加王国联合新闻公报(2018年3月1日)

5. 中国—拉共体论坛第二届部长级会议圣地亚哥宣言（2018年3月22日）

6. 中国—拉共体论坛第二届部长级会议关于“一带一路”倡议的特别声明（2018年3月22日）

7. 中华人民共和国和奥地利共和国关于建立友好战略伙伴关系的联合声明（2018年4月8日）

8. 上海合作组织成员国外长理事会会议新闻公报（2018年4月24日）

9. 中华人民共和国和多米尼加共和国关于建立外交关系的联合公报（2018年5月1日）

10. 中华人民共和国政府和印度尼西亚共和国政府联合声明（2018年5月7日）

11. 第七次中日韩领导人会议联合宣言（2018年5月9日）

12. 中华人民共和国和布基纳法索关于恢复外交关系的联合公报(2018年5月26日)

13. 金砖国家外长会晤新闻公报（2018年6月4日）

14. 中华人民共和国和吉尔吉斯共和国关于建立全面战略伙伴关系联合声明（2018年6月7日）

15. 中华人民共和国和哈萨克斯坦共和国联合声明（2018年6月8日）

16. 中华人民共和国和俄罗斯联邦联合声明（2018年6月8日）

17. 上海合作组织成员国元首理事会会议新闻公报（2018年6月10日）

18. 上海合作组织成员国元首理事会青岛宣言（2018年6月10日）

19. 中华人民共和国和多民族玻利维亚国关于建立战略伙伴关系的联

合声明（2018年6月20日）

20. 中华人民共和国和尼泊尔联合声明（2018年6月21日）

21. 中华人民共和国政府和保加利亚共和国政府联合公报(2018年7月7日)

22. 中华人民共和国和科威特国关于建立战略伙伴关系的联合声明（2018年7月9日）

23. 第五轮中德政府磋商联合声明“为构建更美好世界做负责任伙伴”（2018年7月10日）

24. 第二十次中国欧盟领导人会晤联合声明(2018年7月16日)

25. 中华人民共和国和阿拉伯联合酋长国关于建立全面战略伙伴关系的联合声明（2018年7月20日）

26. 金砖国家领导人第十次会晤约翰内斯堡宣言及约翰内斯堡行动计划（2018年7月26日）

27. 中华人民共和国政府和马来西亚政府联合声明（2018年8月21日）

28. 中华人民共和国和萨尔瓦多共和国关于建立外交关系的联合公报(2018年8月21日)

29. 关于构建更加紧密的中非命运共同体的北京宣言（2018年9月4日）

30. 金砖国家外长联大会晤新闻公报（2018年9月27日）

31. 上海合作组织成员国政府首脑（总理）理事会第十七次会议联合公报（2018年10月12日）

32. 第十二届亚欧首脑会议主席声明（2018年10月19日）

33. 中华人民共和国和巴基斯坦伊斯兰共和国关于加强中巴全天候战略合作伙伴关系，打造新时代更紧密中巴命运共同体的联合声明（2018年11月4日）

34. 第三次“1+6”圆桌对话会联合新闻稿（2018年11月6日）

35. 中俄总理第二十三次定期会晤联合公报（2018年11月7日）

36. 中国—东盟战略伙伴关系2030年愿景（2018年11月14日）

37. 中国—东盟科技创新合作联合声明（2018年11月14日）

38. 中华人民共和国和新加坡共和国政府联合声明（2018年11月15日）

39. 中华人民共和国和文莱达鲁萨兰国联合声明（2018年11月19日）

40. 中华人民共和国与菲律宾共和国联合声明（2018年11月21日）

41. 中华人民共和国和西班牙王国关于加强新时期全面战略伙伴关系的联合声明(2018年11月29日)

42. 金砖国家领导人布宜诺斯艾利斯非正式会晤新闻公报（2018年11月30日）

43. 法国外长、中国国务委员兼外长、联合国秘书长气候变化会议新闻公报（2018年11月30日）

44. 二十国集团领导人布宜诺斯艾利斯峰会宣言（2018年12月1日）

45. 中华人民共和国和阿根廷共和国联合声明（2018年12月3日）

46. 中华人民共和国和巴拿马共和国联合新闻公报（2018年12月3日）

47. 中华人民共和国和葡萄牙共和国关于进一步加强全面战略伙伴关系的联合声明（2018年12月6日）

48. 中华人民共和国和厄瓜多尔共和国联合新闻公报（2018年12月12日）

49. 第二次中国—阿富汗—巴基斯坦三方外长对话联合声明（2018年12月15日）

50. 澜湄合作第四次外长会联合新闻公报（2018年12月17日）

三、其他

1. 澜沧江—湄公河合作五年行动计划（2018—2022）（2018年1月11日）

2.《中国的北极政策》白皮书（2018年1月26日）

3. 中国与拉共体成员国优先领域合作共同行动计划（2019—2021）（2018年3月22日）

4.《中华人民共和国政府与特立尼达和多巴哥共和国政府关于共同推进丝绸之路经济带和21世纪海上丝绸之路建设的谅解备忘录》（2018年5月14日）

5.《中华人民共和国政府与苏里南共和国政府关于共同推进丝绸之路经济带和21世纪海上丝绸之路建设的谅解备忘录》（2018年5月25日）

6.《中华人民共和国政府与安提瓜和巴布达政府关于共同推进丝绸之路经济带和21世纪海上丝绸之路建设的谅解备忘录》（2018年6月4日）

7.《中华人民共和国政府与多民族玻利维亚国政府关于共同推进丝绸之路经济带和21世纪海上丝绸之路建设的谅解备忘录》（2018年6月20日）

8.《中华人民共和国政府与巴布亚新几内亚独立国政府关于共同推进丝绸之路经济带和21世纪海上丝绸之路建设的谅解备忘录》（2018年6月21日）

9. 中国—中东欧国家合作索非亚纲要（2018年7月9日）

10. 第七次中国—中东欧国家领导人会晤成果清单（2018年7月9日）

11.《中华人民共和国政府与多米尼克国政府关于共同推进丝绸之路经

济带和21世纪海上丝绸之路建设的谅解备忘录》(2018年7月13日)

12.《中华人民共和国政府与塞内加尔共和国政府关于共同推进丝绸之路经济带和21世纪海上丝绸之路建设的谅解备忘录》(2018年7月21日)

13.《中华人民共和国政府与卢旺达共和国政府关于共同推进丝绸之路经济带和21世纪海上丝绸之路建设的谅解备忘录》(2018年7月23日)

14.《中华人民共和国政府与纽埃政府关于共同推进丝绸之路经济带和21世纪海上丝绸之路建设的谅解备忘录》(2018年7月23日)

15.《中华人民共和国政府与圭亚那合作共和国政府关于共同推进丝绸之路经济带和21世纪海上丝绸之路建设的谅解备忘录》(2018年7月27日)

16.《中华人民共和国政府与乌拉圭东岸共和国政府关于共同推进丝绸之路经济带和21世纪海上丝绸之路建设的谅解备忘录》(2018年8月19日)

17.《中华人民共和国政府与希腊共和国政府关于共同推进丝绸之路经济带和21世纪海上丝绸之路建设的谅解备忘录》(2018年8月27日)

18.《第73届联合国大会中方立场文件》(2018年8月28日)

19.《中华人民共和国政府与科特迪瓦共和国政府关于共同推进丝绸之路经济带和21世纪海上丝绸之路建设的谅解备忘录》(2018年8月30日)

20.《中华人民共和国政府与塞拉利昂共和国政府关于共同推进丝绸之路经济带和21世纪海上丝绸之路建设的谅解备忘录》(2018年8月30日)

21.《中华人民共和国政府与喀麦隆共和国政府关于共同推进丝绸之路经济带和21世纪海上丝绸之路建设的谅解备忘录》(2018年8月31日)

22.《中华人民共和国政府与索马里联邦共和国政府关于共同推进丝绸之路经济带和21世纪海上丝绸之路建设的谅解备忘录》(2018年8月31日)

23.《中华人民共和国政府与加蓬共和国政府关于共同推进丝绸之路经济带和21世纪海上丝绸之路建设的谅解备忘录》(2018年9月1日)

24.《中华人民共和国政府与几内亚共和国政府关于共同推进丝绸之路经济带和21世纪海上丝绸之路建设的谅解备忘录》(2018年9月1日)

25.《中华人民共和国政府与加纳共和国政府关于共同推进丝绸之路经济带和21世纪海上丝绸之路建设的谅解备忘录》(2018年9月1日)

26.《中华人民共和国政府与莫桑比克共和国政府关于共同推进丝绸之路经济带和21世纪海上丝绸之路建设的谅解备忘录》(2018年9月1日)

27.《中华人民共和国政府与塞舌尔共和国政府关于共同推进丝绸之路经济带和21世纪海上丝绸之路建设的谅解备忘录》(2018年9月1日)

28.《中华人民共和国政府与赞比亚共和国政府关于共同推进丝绸之路经济带和21世纪海上丝绸之路建设的谅解备忘录》(2018年9月1日)

29.《中华人民共和国政府与埃塞俄比亚联邦民主共和国政府关于共同

推进丝绸之路经济带和21世纪海上丝绸之路建设的谅解备忘录》（2018年9月2日）

30.《中华人民共和国政府与安哥拉共和国政府关于共同推进丝绸之路经济带和21世纪海上丝绸之路建设的谅解备忘录》（2018年9月2日）

31.《中华人民共和国政府与吉布提共和国政府关于共同推进丝绸之路经济带和21世纪海上丝绸之路建设的谅解备忘录》（2018年9月2日）

32.《中华人民共和国政府与纳米比亚共和国政府关于共同推进丝绸之路经济带和21世纪海上丝绸之路建设的谅解备忘录》（2018年9月2日）

33.《中华人民共和国政府与非洲联盟关于共同推进丝绸之路经济带和21世纪海上丝绸之路建设的谅解备忘录》（2018年9月2日）

34.《中华人民共和国政府与哥斯达黎加政府关于共同推进丝绸之路经济带和21世纪海上丝绸之路建设的谅解备忘录》（2018年9月3日）

35.《中华人民共和国政府与肯尼亚共和国政府关于共同推进丝绸之路经济带和21世纪海上丝绸之路建设的谅解备忘录》（2018年9月4日）

36.《中华人民共和国政府与布隆迪共和国政府关于共同推进丝绸之路经济带和21世纪海上丝绸之路建设的谅解备忘录》（2018年9月5日）

37.《中华人民共和国政府与刚果共和国政府关于共同推进丝绸之路经济带和21世纪海上丝绸之路建设的谅解备忘录》（2018年9月5日）

38.《中华人民共和国政府与津巴布韦共和国政府关于共同推进丝绸之路经济带和21世纪海上丝绸之路建设的谅解备忘录》（2018年9月5日）

39.《中华人民共和国政府与尼日利亚联邦共和国政府关于共同推进丝绸之路经济带和21世纪海上丝绸之路建设的谅解备忘录》（2018年9月5日）

40.《中华人民共和国政府与乍得共和国政府关于共同推进丝绸之路经济带和21世纪海上丝绸之路建设的谅解备忘录》（2018年9月5日）

41. 中非合作论坛—北京行动计划（2019—2021年）（2018年9月5日）

42.《中华人民共和国政府与多哥共和国政府关于共同推进丝绸之路经济带和21世纪海上丝绸之路建设的谅解备忘录》（2018年9月6日）

43.《中华人民共和国政府与佛得角共和国政府关于共同推进丝绸之路经济带和21世纪海上丝绸之路建设的谅解备忘录》（2018年9月6日）

44.《中华人民共和国政府与冈比亚共和国政府关于共同推进丝绸之路经济带和21世纪海上丝绸之路建设的谅解备忘录》（2018年9月6日）

45.《中华人民共和国政府与坦桑尼亚联合共和国政府关于共同推进丝绸之路经济带和21世纪海上丝绸之路建设的谅解备忘录》（2018年9月6日）

46.《中华人民共和国政府与乌干达共和国政府关于共同推进丝绸之路经济带和21世纪海上丝绸之路建设的谅解备忘录》（2018年9月6日）

47.《中华人民共和国政府与委内瑞拉玻利瓦尔共和国政府关于共同推进丝绸之路经济带和21世纪海上丝绸之路建设的谅解备忘录》（2018年9月14日）

48.《中华人民共和国政府与格林纳达政府关于共同推进丝绸之路经济带和21世纪海上丝绸之路建设的谅解备忘录》（2018年9月19日）

49.《中华人民共和国政府与萨摩亚独立国政府关于共同推进丝绸之路经济带和21世纪海上丝绸之路建设的谅解备忘录》（2018年9月19日）

50. 亚欧互联互通优先领域和务实合作规划文件（2018年10月19日）

51.《中华人民共和国政府与萨尔瓦多共和国政府关于共同推进丝绸之路经济带和21世纪海上丝绸之路建设的谅解备忘录》（2018年11月1日）

52.《中华人民共和国政府与多米尼加共和国政府关于共同推进丝绸之路经济带和21世纪海上丝绸之路建设的谅解备忘录》（2018年11月2日）

53.《中华人民共和国政府与智利共和国政府关于共同推进丝绸之路经济带和21世纪海上丝绸之路建设的谅解备忘录》（2018年11月2日）

54.《中华人民共和国政府与马耳他共和国政府关于共同推进丝绸之路经济带和21世纪海上丝绸之路建设的谅解备忘录》（2018年11月5日）

55.《中华人民共和国政府与密克罗尼西亚联邦政府关于共同推进丝绸之路经济带和21世纪海上丝绸之路建设的谅解备忘录》（2018年11月7日）

56.《中华人民共和国政府与古巴共和国政府关于共同推进丝绸之路经济带和21世纪海上丝绸之路建设的谅解备忘录》（2018年11月8日）

57.《中华人民共和国政府与瓦努阿图共和国政府关于共同推进丝绸之路经济带和21世纪海上丝绸之路建设的谅解备忘录》（2018年11月9日）

58.《中华人民共和国政府与库克群岛政府关于共同推进丝绸之路经济带和21世纪海上丝绸之路建设的谅解备忘录》（2018年11月12日）

59.《中华人民共和国政府与斐济共和国政府关于共同推进丝绸之路经济带和21世纪海上丝绸之路建设的谅解备忘录》（2018年11月12日）

60.《中华人民共和国政府与汤加王国政府关于共同推进丝绸之路经济带和21世纪海上丝绸之路建设的谅解备忘录》（2018年11月12日）

61. 中华人民共和国政府和菲律宾共和国政府关于油气开发合作的谅解备忘录(2018年11月27日)

62.《中华人民共和国政府与葡萄牙共和国政府关于共同推进丝绸之路经济带和21世纪海上丝绸之路建设的谅解备忘录》（2018年12月5日）

63.《中华人民共和国政府与厄瓜多尔共和国政府关于共同推进丝绸之路经济带和21世纪海上丝绸之路建设的谅解备忘录》（2018年12月12日）

64.《第三份中国对欧盟政策文件》（2018年12月18日）

附录三

（一）2018年中华人民共和国外交部组织机构表

办　公　厅
政策规划司
亚　洲　司
西亚北非司
非　洲　司
欧　亚　司
欧　洲　司
北美大洋洲司
拉丁美洲和加勒比司
国　际　司
国际经济司
军　控　司
条约法律司

边界与海洋事务司
新　闻　司
礼　宾　司
领　事　司（领事保护中心）
香港澳门台湾事务司
翻　译　司
外事管理司
涉外安全事务司
干　部　司
离退休干部局
行　政　司
财　务　司
机 关 党 委（部党委国外工作局）
外交部巡视工作领导小组办公室
档　案　馆
服 务 中 心

（二）中华人民共和国外交部领导成员名单

王　毅　　国务委员兼外交部长
齐　玉　　外交部党委书记
乐玉成　　外交部副部长
王　超　　外交部副部长
郑泽光　　外交部副部长
张　骥　　中央纪委国家监委驻
　　　　　外交部纪检监察组组长
孔铉佑　　外交部副部长
　　　　（兼中国政府朝鲜半岛事务特别代表）
秦　刚　　外交部副部长
张汉晖　　外交部副部长
陈晓东　　外交部部长助理
张　军　　外交部部长助理
刘显法　　外交部部长助理

（三）同中国建交的国家、建交日期和2018年中国驻外使节一览表

（以建交先后为序）

序号	国名	建交日期	中国在任使节
1	俄罗斯联邦[①]	1949年10月2日	李辉
2	保加利亚共和国	1949年10月4日	张海舟
3	罗马尼亚	1949年10月5日	徐飞洪（5月以前）
4	匈牙利	1949年10月6日	段洁龙
5	朝鲜民主主义人民共和国	1949年10月6日	李进军
6	捷克共和国[②]	1949年10月6日	马克卿（女） 张建敏（9月以后）
7	斯洛伐克共和国	1949年10月6日	林琳
8	波兰共和国	1949年10月7日	徐坚 刘光源（3月以后）
9	蒙古国	1949年10月16日	邢海明
10	阿尔巴尼亚共和国	1949年11月23日	姜瑜（女）
11	越南社会主义共和国	1950年1月18日	洪小勇 熊波（11月以后）
12	印度共和国	1950年4月1日	罗照辉
13	印度尼西亚共和国	1950年4月13日	肖千
14	瑞典	1950年5月9日	桂从友
15	丹麦王国	1950年5月11日	邓英（女）
16	缅甸联邦共和国	1950年6月8日	洪亮
17	瑞士联邦	1950年9月14日	耿文兵
18	列支敦士登公国[③]	1950年9月14日	高燕平（女）(兼) 赵清华（兼，5月以后）
19	芬兰共和国	1950年10月28日	陈立
20	巴基斯坦伊斯兰共和国	1951年5月21日	姚敬
21	挪威王国	1954年10月5日	王民
22	塞尔维亚共和国[④]	1955年1月2日	李满长
23	阿富汗伊斯兰共和国	1955年1月20日	刘劲松

续表

序号	国名	建交日期	中国在任使节
24	尼泊尔	1955年8月1日	于红（女） 侯艳琪（女，12月以后）
25	阿拉伯埃及共和国	1956年5月30日	宋爱国
26	阿拉伯叙利亚共和国	1956年8月1日	齐前进 冯飚（10月以后）
27	也门共和国	1956年9月24日	田琦 康勇（8月以后）
28	斯里兰卡民主社会主义共和国	1957年2月7日	程学源
29	柬埔寨王国	1958年7月19日	熊波 王文天（11月以后）
30	伊拉克共和国	1958年8月25日	陈伟庆
31	摩洛哥王国	1958年11月1日	李立
32	阿尔及利亚民主人民共和国	1958年12月20日	杨广玉 李连和（12月以后）
33	苏丹共和国	1959年2月4日	李连和（11月以前）
34	几内亚共和国	1959年10月4日	卞建强 黄巍（9月以后）
35	加纳共和国	1960年7月5日	孙保红（女） 王世廷（5月以后）
36	古巴共和国	1960年9月28日	陈曦
37	马里共和国	1960年10月25日	陆慧英（女） 朱立英（5月以后）
38	索马里联邦共和国[⑤]	1960年12月14日	覃俭
39	刚果民主共和国	1961年2月20日	王同庆
40	老挝人民民主共和国	1961年4月25日	王文天 姜再冬（10月以后）
41	乌干达共和国	1962年10月18日	郑竹强
42	肯尼亚共和国	1963年12月14日	刘显法 孙保红（女，5月以后）
43	布隆迪共和国	1963年12月21日	李昌林
44	突尼斯共和国	1964年1月10日	边燕花（女） 汪文斌（4月以后）
45	法兰西共和国	1964年1月27日	翟隽
46	刚果共和国	1964年2月22日	夏煌 马福林（4月以后）
47	坦桑尼亚联合共和国	1964年4月26日	王克（女）

续表

序号	国名	建交日期	中国在任使节
48	中非共和国	1964年9月29日	马福林 陈栋（3月以后）
49	赞比亚共和国	1964年10月29日	杨优明 李杰（5月以后）
50	贝宁共和国	1964年11月12日	刁鸣生 彭惊涛（3月以后）
51	毛里塔尼亚伊斯兰共和国	1965年7月19日	张建国
52	加拿大	1970年10月13日	卢沙野
53	赤道几内亚共和国	1970年10月15日	陈国友
54	意大利共和国	1970年11月6日	李瑞宇
55	埃塞俄比亚联邦民主共和国	1970年11月24日	谈践
56	智利共和国	1970年12月15日	徐步
57	尼日利亚联邦共和国	1971年2月10日	周平剑
58	科威特国	1971年3月22日	王镝 李名刚（12月以后）
59	喀麦隆共和国	1971年3月26日	魏文华 王英武（6月以后）
60	圣马力诺共和国[⑥]	1971年5月6日	李瑞宇（兼）
61	奥地利共和国	1971年5月28日	李晓驷
62	塞拉利昂共和国	1971年7月29日	吴鹏
63	土耳其共和国	1971年8月4日	郁红阳
64	伊朗伊斯兰共和国	1971年8月16日	庞森
65	比利时王国	1971年10月25日	曲星 曹忠明（9月以后）
66	秘鲁共和国	1971年11月2日	贾桂德
67	黎巴嫩共和国	1971年11月9日	王克俭
68	卢旺达共和国	1971年11月12日	饶宏伟
69	塞内加尔共和国	1971年12月7日	张迅
70	冰岛共和国	1971年12月8日	金志健
71	塞浦路斯共和国	1971年12月14日	黄星原
72	马耳他共和国	1972年1月31日	姜江
73	墨西哥合众国	1972年2月14日	邱小琪
74	阿根廷共和国	1972年2月19日	杨万明 邹肖力（12月以后）
75	大不列颠及北爱尔兰联合王国	1972年3月13日	刘晓明
76	毛里求斯共和国	1972年4月15日	孙功谊

续表

序号	国名	建交日期	中国在任使节
77	荷兰王国	1972年5月18日	吴恳
78	希腊共和国	1972年6月5日	邹肖力 章启月（女，8月以后）
79	圭亚那合作共和国	1972年6月27日	崔建春
80	多哥共和国	1972年9月19日	刘豫锡 巢卫东（8月以后）
81	日本国	1972年9月29日	程永华
82	德意志联邦共和国	1972年10月11日	史明德
83	马尔代夫共和国⑦	1972年10月14日	张利忠
84	马达加斯加共和国	1972年11月6日	杨小茸（女）
85	卢森堡大公国	1972年11月16日	黄长庆
86	牙买加	1972年11月21日	牛清报 田琦（3月以后）
87	乍得共和国	1972年11月28日	吴杰 李津津（7月以后）
88	澳大利亚联邦	1972年12月21日	成竞业
89	新西兰	1972年12月22日	吴玺（女，3月以后）
90	西班牙王国	1973年3月9日	吕凡
91	布基纳法索	1973年9月15日	李健
92	几内亚比绍共和国	1974年3月15日	金红军
93	加蓬共和国	1974年4月20日	胡长春
94	马来西亚	1974年5月31日	白天
95	特立尼达和多巴哥共和国	1974年6月20日	宋昱旻
96	委内瑞拉玻利瓦尔共和国	1974年6月28日	李宝荣
97	尼日尔共和国	1974年7月20日	张立军
98	巴西联邦共和国	1974年8月15日	李金章 杨万明（12月以后）
99	冈比亚共和国	1974年12月14日	张吉明 马建春（11月以后）
100	博茨瓦纳共和国	1975年1月6日	赵彦博
101	菲律宾共和国	1975年6月9日	赵鉴华
102	莫桑比克共和国	1975年6月25日	苏健
103	泰王国	1975年7月1日	吕健
104	圣多美和普林西比民主共和国	1975年7月12日	王卫
105	孟加拉人民共和国	1975年10月4日	张佐（2月以后）
106	斐济共和国	1975年11月5日	钱波

续表

序号	国名	建交日期	中国在任使节
107	萨摩亚独立国	1975年11月6日	王雪峰
108	科摩罗联盟	1975年11月13日	何彦军
109	佛得角共和国	1976年4月25日	杜小丛
110	苏里南共和国	1976年5月28日	张晋雄 刘全（8月以后）
111	塞舌尔共和国	1976年6月30日	余劲松（女） 郭玮（女，10月以后）
112	巴布亚新几内亚独立国	1976年10月12日	薛冰
113	利比里亚共和国	1977年2月17日	张越 付吉军（3月以后）
114	约旦哈希姆王国	1977年4月7日	潘伟芳
115	巴巴多斯	1977年5月30日	延秀生
116	阿曼苏丹国	1978年5月25日	于福龙 李凌冰（女，12月以后）
117	利比亚国	1978年8月9日	（空缺）
118	美利坚合众国	1979年1月1日	崔天凯
119	吉布提共和国	1979年1月8日	符华强 卓瑞生（7月以后）
120	葡萄牙共和国	1979年2月8日	蔡润
121	爱尔兰	1979年6月22日	岳晓勇
122	厄瓜多尔共和国	1980年1月2日	王玉林
123	哥伦比亚共和国	1980年2月7日	李念平
124	津巴布韦共和国	1980年4月18日	黄屏（9月以前）
125	瓦努阿图共和国	1982年3月26日	刘全 周海成（8月以后）
126	安提瓜和巴布达	1983年1月1日	王宪民
127	安哥拉共和国	1983年1月12日	崔爱民
128	科特迪瓦共和国	1983年3月2日	唐卫斌
129	莱索托王国	1983年4月30日	孙祥华（9月以前）
130	阿拉伯联合酋长国	1984年11月1日	倪坚
131	多民族玻利维亚国[8]	1985年7月9日	梁宇
132	格林纳达	1985年10月1日	赵永琛
133	乌拉圭东岸共和国	1988年2月3日	董晓军 王刚（3月以后）
134	卡塔尔国	1988年7月9日	李琛

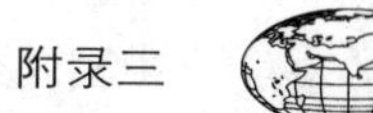

续表

序号	国名	建交日期	中国在任使节
135	巴勒斯坦国[⑨]	1988年11月20日	陈兴忠 郭伟（4月以后）
136	巴林王国	1989年4月18日	安瓦尔（3月以后）
137	密克罗尼西亚联邦	1989年9月11日	李杰 黄峥（5月以后）
138	纳米比亚共和国	1990年3月22日	张益明
139	沙特阿拉伯王国	1990年7月21日	李华新
140	新加坡共和国	1990年10月3日	洪小勇（3月以后）
141	爱沙尼亚共和国	1991年9月11日	李超
142	拉脱维亚共和国	1991年9月12日	黄勇
143	立陶宛共和国	1991年9月14日	魏瑞兴 申知非（2月以后）
144	文莱达鲁萨兰国	1991年9月30日	杨健（女）
145	乌兹别克斯坦共和国	1992年1月2日	姜岩（女）
146	哈萨克斯坦共和国	1992年1月3日	张汉晖 张霄（8月以后）
147	乌克兰	1992年1月4日	杜伟
148	塔吉克斯坦共和国	1992年1月4日	岳斌 刘彬（12月以后）
149	吉尔吉斯共和国	1992年1月5日	肖清华
150	土库曼斯坦	1992年1月6日	孙炜东
151	白俄罗斯共和国	1992年1月20日	崔启明
152	以色列国	1992年1月24日	詹永新
153	摩尔多瓦共和国	1992年1月30日	张迎红
154	阿塞拜疆共和国	1992年4月2日	魏敬华
155	亚美尼亚共和国	1992年4月6日	田二龙
156	斯洛文尼亚共和国	1992年5月12日	叶皓 王顺卿（12月以后）
157	克罗地亚共和国	1992年5月13日	胡兆明
158	格鲁吉亚	1992年6月9日	季雁池
159	大韩民国	1992年8月24日	邱国洪
160	厄立特里亚国	1993年5月24日	杨子刚
161	北马其顿共和国[⑩]	1993年10月12日	殷立贤（女）
162	安道尔公国[⑪]	1994年6月29日	吕凡（兼）
163	摩纳哥公国[⑫]	1995年1月16日	翟隽（兼）
164	波斯尼亚和黑塞哥维那	1995年4月3日	陈波（女）

续表

序号	国名	建交日期	中国在任使节
165	巴哈马国	1997年5月23日	黄亲国
166	库克群岛[13]	1997年7月25日	吴玺（女，兼,3月以后）
167	南非共和国	1998年1月1日	林松添
168	汤加王国	1998年11月2日	王保东
169	东帝汶民主共和国	2002年5月20日	刘洪洋 肖建国（10月以后）
170	多米尼克国	2004年3月23日	卢坤
171	黑山[14]	2006年7月6日	崔志伟 刘晋（8月以后）
172	哥斯达黎加共和国	2007年6月1日	汤恒
173	纽埃[15]	2007年12月12日	吴玺（女，兼,3月以后）
174	马拉维共和国	2007年12月28日	王世廷 刘洪洋（6月以后）
175	南苏丹共和国	2011年7月9日	何向东
176	巴拿马共和国	2017年6月13日	魏强
177	多米尼加共和国	2018年5月1日	张润
178	萨尔瓦多共和国	2018年8月21日	欧箭虹（女）

注：

① 1949年10月2日系中国与前苏联建交日。1991年12月27日，国务委员兼外长钱其琛致电俄罗斯外长，宣布中国承认俄罗斯联邦政府并决定中国驻前苏联大使改任驻俄罗斯大使。

② 1949年10月6日系中国与原捷克斯洛伐克建交日。1992年12月31日捷斯联邦解体，1993年1月1日捷克共和国和斯洛伐克共和国成为独立主权国家，中国政府分别予以承认并与两国建立大使级外交关系。

③ 中国驻苏黎世总领事兼任驻列支敦士登公国总领事。

④ 1955年1月2日系中国与前南斯拉夫社会主义联邦共和国建交日。2003年2月4日，南斯拉夫联盟共和国将国名改为塞尔维亚和黑山。2006年6月3日，黑山共和国独立，塞尔维亚共和国继承塞黑国际法主体地位。6月14日，中国外交部照会塞外交部，宣布中国驻塞尔维亚和黑山特命全权大使转任驻塞尔维亚共和国特命全权大使，驻塞黑使馆同时更名。

⑤ 由于索马里国内原因，中国驻索马里外交人员曾于1991年撤离。2014年10月，中国驻索马里使馆复馆。

⑥ 中国驻意大利大使兼任驻圣马力诺大使。

⑦ 2011年11月，中国在马尔代夫共和国设立大使馆。中国驻斯里兰卡大使不再兼任驻马尔代夫大使。

⑧ 2009年3月，玻利维亚共和国将国名改为多民族玻利维亚国。

⑨ 1995年12月，中国在加沙设立驻巴勒斯坦民族权力机构办事处，2004年5月迁至拉马拉，2013年10月更名为驻巴勒斯坦国办事处。2008年6月，中国驻突尼斯大使不再兼任驻巴勒斯坦国大使，由驻巴办主任（大使衔）全权负责同巴勒斯坦交往事宜。

⑩ 2018年6月12日，马其顿、希腊两国总理宣布就国名问题达成协议，同意马国名更改为“北马其顿共和国”，并于当月17日签署正式协议。2019年2月12日，马政府宣布正式更改国名为“北马其顿共和国”。

⑪ 中国驻西班牙大使兼任驻安道尔公国大使。

⑫ 中国同摩纳哥公国自1995年1月16日起建立领事关系，中国驻马赛总领事兼任驻摩纳哥总领事。2006年2月升格为大使级外交关系，中国驻法国大使兼任驻摩纳哥大使。

⑬ 中国驻新西兰大使兼任驻库克群岛大使。

⑭ 2007年10月19日，黑山共和国将国名改为黑山。

⑮ 中国驻新西兰大使兼任驻纽埃大使。

（四）中华人民共和国常驻联合国、驻其他国际组织代表团（处）名称、驻地和2018年常驻代表（团长）一览表

名称	驻地	常驻代表
中华人民共和国常驻联合国代表团	纽约	马朝旭大使
中华人民共和国常驻联合国日内瓦办事处和瑞士其他国际组织代表团	日内瓦	俞建华大使（2月以后）
中华人民共和国常驻联合国维也纳办事处和其他国际组织代表团	维也纳	史忠俊大使 王群大使（8月以后）
中华人民共和国驻欧盟使团	布鲁塞尔	张明大使
中华人民共和国常驻美洲国家组织观察员办事处①	华盛顿	崔天凯大使（兼）
中华人民共和国常驻禁止化学武器组织代表团②	海牙	吴恳大使（兼）
中华人民共和国常驻联合国环境规划署代表处③	内罗毕	刘显法大使（兼） 孙保红（女，兼，5月以后）
中华人民共和国常驻联合国人类住区规划署代表处④	内罗毕	刘显法大使（兼） 孙保红（女，兼，5月以后）
中华人民共和国常驻国际海底管理局代表处⑤	金斯敦	牛清报大使（兼） 田琦（兼，3月以后）
中华人民共和国常驻世界贸易组织代表团	日内瓦	张向晨大使
中华人民共和国常驻联合国教育、科学及文化组织代表团	巴黎	沈阳（代表）
中华人民共和国常驻联合国粮农机构代表处	罗马	牛盾（代表）
中华人民共和国常驻国际民用航空组织理事会代表处	蒙特利尔	杨胜军（代表）
中华人民共和国常驻联合国亚洲及太平洋经济社会委员会代表处	曼谷	黎弘（代表）
中华人民共和国驻东盟使团	雅加达	黄溪连大使
中华人民共和国驻非盟使团	亚的斯亚贝巴	旷伟霖大使 刘豫锡大使（8月以后）

注：

① 中国驻美国大使兼任中国常驻美洲国家组织观察员。

② 中国驻荷兰大使兼任中国常驻禁止化学武器组织代表。

③ 中国驻肯尼亚大使兼任中国常驻联合国环境规划署代表。

④ 中国驻肯尼亚大使兼任中国常驻联合国人类住区规划署代表。

⑤ 中国驻牙买加大使兼任中国常驻国际海底管理局代表。

（五）中国与外国互设领事机构一览表

（按国名英文字母顺序排列）

1. 中国在外国设立领事机构一览表

（1）总领事馆

序号	国名	驻地	协议日期	开馆日期	领区	2018年在任馆长
1	澳大利亚	悉尼	1978.09.18	1979.03.19	新南威尔士州	顾小杰
2	澳大利亚	墨尔本	1986.06.23	1986.09.11	维多利亚州、塔斯马尼亚州	赵建
3	澳大利亚	珀斯	1994.04.15	1994.10.18	西澳大利亚州	雷克中
4	澳大利亚	布里斯班	2006.09.22（升格）	2005.04	昆士兰州	徐杰
5	澳大利亚	阿德莱德	2015.01.30	2016.01.18	南澳洲	何岚菁（2018年11月到任）
6	奥地利	萨尔茨堡	1994.06.24	未开馆	萨尔茨堡、克恩顿州、蒂罗尔州、拉弗尔格州	无
7	比利时	安特卫普	1985.06.03	未开馆	安特卫普省、东佛兰德省、西佛兰德省	无
8	玻利维亚	圣克鲁斯	2013.12.23	1992.05.06设总领馆 2002.03.01降为领事馆 2013.12.23升为总领馆	圣克鲁斯省	欧箭虹（2018年10月离任）
9	巴西	圣保罗	1984.08.15	1985.11.04	圣保罗州、巴拉那州、圣卡塔林纳州、南里约格郎德州	陈佩洁
10	巴西	里约热内卢	1991.08.05	1992.06.15	里约热内卢州、米纳斯吉拉斯州、圣埃斯皮里托州、巴伊亚州	李杨

续表

序号	国名	驻地	协议日期	开馆日期	领区	2018年在任馆长
11	巴西	累西腓	2013.11.27	2016.02.22	伯南布哥州、帕拉伊巴州、北里奥格朗德州、塞阿拉州、皮奥伊州、马拉尼昂州、阿拉戈斯州、塞尔希培州	李飞月（2018年5月离任）严宇清（2018年6月到任）
12	加拿大	温哥华	1973.10.24	1974.11.17	不列颠哥伦比亚省、育空地区	佟晓玲
13	加拿大	多伦多	1980.08.25	1984.12.20	安大略省、曼尼托巴省	何炜（2018年5月离任）韩涛（2018年8月到任）
14	加拿大	卡尔加里	1997.11.28	1998.10.02	阿尔伯塔省、萨斯喀彻温省、西北地区	陆旭
15	加拿大	蒙特利尔	2010.03.22	2011.06.22	魁北克省、新不伦瑞克省	彭情涛（2018年3月离任）陈学明（2018年7月到任）
16	智利	伊基克	1985.04.29	1997.12.30（2002年4月1日起暂时关闭）2010.10复馆 2011.5.25正式开馆	第一行政区、第二行政区、第十五行政区	陈平
17	朝鲜	清津	1987.01.15	1987.07.01	咸境北道、咸境南道、两江道、罗先特别市	张大兴
18	厄瓜多尔	瓜亚基尔	1984.05.17	1984.09.10	瓜亚斯省、马纳维省、洛斯里奥斯省、埃尔奥罗省	张滔

续表

序号	国名	驻地	协议日期	开馆日期	领区	2018年在任馆长
19	埃及	亚历山大	1967.07.04	1968.02.05	塞得港省、亚历山大省、伊斯梅利亚省、苏伊士省	徐南山（2018年7月离任）赵丽莹（2018年8月到任）
20	赤道几内亚	巴塔	2013.05.13	2014.06.25	海岸省、中南省、基埃–恩特姆省及维勒–恩萨斯省	顾稼丰（2018年2月离任）徐庄声（2018年3月到任）
21	法国	马赛	1980.10.17	1985.12.19	普罗旺斯–阿尔卑斯–蓝色海岸大区的6个省，奥克西塔尼大区的13个省，科西嘉地方行政区	朱立英（2018年4月离任）陆慧英（2018年5月到任）
22	法国	斯特拉斯堡	1997.03.21	1998.04.28	大东部大区和勃艮第–弗朗什–孔泰大区的14个省	凌军
23	法国	里昂	2006.09.13	2009.12.02	奥弗涅–罗纳–阿尔卑斯大区的12个省	郭玮（2018年9月离任）陆青江（2018年11月到任）
24	法国	圣但尼	2007.06.25	2010.02.06	法国留尼汪大区（海外省区）	陈志宏
25	德国	汉堡	1979.10.24	1984.05.14	汉堡州、不来梅州、下萨克森州、石勒苏益格–荷斯泰因州	孙从彬（2018年11月离任）杜晓晖（2018年12月到任）
26	德国	慕尼黑	1995.07.13	1997.06.07	巴伐利亚州	毛静秋

续表

序号	国名	驻地	协议日期	开馆日期	领区	2018年在任馆长
27	德国	法兰克福	2003.12.01	2005.06.23	黑森州、巴登–符腾堡州、莱茵兰–普法耳茨州、萨尔州	王顺卿（2018年11月离任）
28	德国	杜塞尔多夫	2014.03.28	2015.12.19	北莱茵–威斯特法伦州	冯海阳
29	印度	孟买	1991.12.13	1992.12.08	孟买市、马哈拉斯特拉邦、卡纳塔克邦	郑曦原（2018年6月离任）唐国才（2018年6月到任）
30	印度	加尔各答	2006.11.21	2008.09.07	西孟加拉邦、奥里萨邦、查提斯加尔邦、贾坎德邦、比哈尔邦	马占武（2018年10月离任）
31	印度	金奈	2015.05.15	未开馆	泰米尔纳德邦、喀拉拉邦和安德拉邦	无
32	印度尼西亚	泗水	2005.02.28	2006.11.09	东爪哇省、中爪哇省、日惹特区、北马鲁古省、马鲁古省	顾景奇
33	印度尼西亚	棉兰	2009.11.30	2011.09.08	北苏门答腊省、南苏门答腊省、西苏门答腊省、占碑省、朋古鲁省、廖内省、廖内群岛、邦加和勿里洞省、楠榜省、亚齐特区	孙昂
34	印度尼西亚	登巴萨	2013.09.27	2014.12.08	巴厘省、东努沙登加拉省、西努沙登加拉省	苟皓东（2018年3月到任）
35	伊拉克	埃尔比勒	2014.05.04	2014.12.30	埃尔比勒省、苏莱曼尼亚省、代胡克省	谭邦林（2018年3月离任）倪汝池（2018年4月到任）

续表

序号	国名	驻地	协议日期	开馆日期	领区	2018年在任馆长
36	意大利	米兰	1979.11.06	1985.06.11	伦巴第大区、艾米利亚-罗马涅大区、皮埃蒙特大区、威尼托大区	宋雪峰
37	意大利	佛罗伦萨	1997.11.03	1998.06.01	托斯卡纳大区、翁布里亚大区、马尔凯大区、利古里亚大区	王辅国
38	日本	大阪	1975.08.15	1976.03.08	大阪府、京都府、兵库县、奈良县、和歌山县、滋贺县、爱媛县、香川县、高知县、德岛县、岛根县、鸟取县、广岛县、冈山县	李天然
39	日本	札幌	1980.02.01	1980.09.10	北海道、青森县、秋田县、岩手县	孙振勇
40	日本	福冈	1984.12.26	1985.05.04	福冈县、佐贺县、大分县、熊本县、鹿儿岛县、宫崎县、冲绳县、山口县	何振良
41	日本	长崎	1984.12.26	1985.05.04	长崎县	刘亚明
42	日本	名古屋	2007.07.17	2007.08.20	爱知县、岐阜县、富山县、石川县、三重县、福井县	邓伟
43	日本	新潟	2009.06.25	2010.06.24	新潟县、山形县、福岛县、宫城县	孙大刚
44	哈萨克斯坦	阿拉木图	2007.08.18	2008.12.23	阿拉木图市、南哈萨克斯坦州、江布尔州、东哈萨克斯坦州、阿拉木图州	张伟
45	吉尔吉斯斯坦	奥什市	2011.9.14	2013.05.03	巴特肯州、贾拉拉巴德州、奥什州、奥什市	宋利群（2018年9月离任）崔少纯（2018年11月到任）
46	老挝	沙湾拿吉	1991.12.25	未开馆	沙湾拿吉省、沙拉湾省、占巴塞省、色贡省、阿速坡省、甘蒙省	无

续表

序号	国名	驻地	协议日期	开馆日期	领区	2018年在任馆长
47	老挝	琅勃拉邦	2012.08.14	2013.12.25	琅勃拉邦省、丰沙里省、乌多姆塞省、琅南塔省、波乔省、华潘省	黎宝光
48	列支敦士登	瓦杜兹	1950.09.14	1988.09.15	全国（驻苏黎世总领事兼任馆长）	高燕平（2018年5月离任）赵清华（2018年5月到任）
49	马来西亚	古晋	1993.10.18	1994.08.03	沙捞越州	付吉军（2018年1月离任）程广中（2018年1月到任）
50	马来西亚	哥打基纳巴卢	2014.05.29	2015.04.27	沙巴州和纳闽联邦直辖区	梁才德
51	马来西亚	槟城	2014.05.29	2015.12.22	槟榔屿州、玻璃市州、霹雳州、吉打州	吴骏（2018年5月离任）鲁世巍（2018年7月到任）
52	墨西哥	蒂华纳	1984.10.10	1985.08.15	北下加利福尼亚州、南下加利福尼亚州、奇瓦瓦州、索诺拉州	于波
53	蒙古	扎门乌德	2012.12.27	2014.07.03	东戈壁省、南戈壁省、中戈壁省、苏赫巴托省、东方省	柴文睿
54	缅甸	曼德勒	1993.08.19	1994.08.22	曼德勒省、克钦邦、掸邦	王宗颖
55	荷兰	威廉斯塔德	2013.06.11	2014.09.25	由库拉索、阿鲁巴、圣马丁、圣俄斯塔休斯、博纳尔、萨巴组成的荷兰王国加勒比地区	张维欣
56	新西兰	奥克兰	1991.05.09	1992.06.15	奥克兰区、怀卡托区、北部区	许尔文

续表

序号	国名	驻地	协议日期	开馆日期	领区	2018年在任馆长
57	新西兰	克赖斯特彻奇	2010.06.14	2011.12.02	整个南岛，即坎特伯雷、魔尔伯勒、尼尔森、奥塔戈、塔斯曼、西岸和南部地区	汪志坚
58	尼日利亚	拉各斯	2003.08.27	2003.09.03	拉各斯州、奥贡州、奥逊州、埃基提州、翁多州、科吉州、埃多州、三角州、巴耶尔萨州、阿南布拉州、依莫州、河流州、埃努古州、阿比亚州、阿夸伊博姆州、纳萨拉瓦州、贝努埃州、埃邦伊州、十字河州、塔拉巴州	巢小良
59	巴基斯坦	卡拉奇	1966.05.16	1966.08.05	卡拉奇省、信德省、俾路支省	王愚
60	巴基斯坦	拉合尔	2014.07.09	2015.09.30	除拉瓦尔品第外的旁遮普省35个县	龙定斌
61	菲律宾	宿务	1994.12.08	1995.10.02	伊洛伊洛省、西内格罗省、保和省、宿务省、东内格罗省、锡基霍尔省、东萨马省、莱特省、北萨马省、西萨马省、南莱特省	施泳（2018年9月离任）贾力（2018年10月到任）

续表

序号	国名	驻地	协议日期	开馆日期	领区	2018年在任馆长
62	菲律宾	达沃	1996.11.26	2018.10.28	三宝颜锡布格省、北三宝颜省、南三宝颜省、西米萨米斯省、布基农省、北拉瑙省、东米萨米斯省、卡米昆省、东达沃省、西达沃省、康坡斯特拉山谷省、南达沃省、北达沃省、南哥打巴托省、苏丹库达拉省、北哥打巴托省、萨兰加尼省、北阿古桑省、南阿古桑省、南苏里高省、北苏里高省、迪纳加特群岛省、塔威塔威省、巴西兰省、苏禄省、马京达瑙省、南拉瑙省	黎林（2018年3月到任）
63	波兰	革但斯克	1954.04.07	1958.12.01	滨海省、库亚瓦–滨海省、西滨海省、瓦尔米亚–马祖里省	赵秀珍
64	韩国	釜山	1992.12.30	1993.09.06	釜山市、庆尚南道、庆尚北道	郭鹏
65	韩国	光州	2008.10.20	2009.06.18	光州广域市、全罗北道、全罗南道	孙显宇
66	韩国	济州	2012.01.04	2012.07.14	济州特别自治道	冯春台
67	罗马尼亚	康斯坦察	1978.08.21	1985.12.16（暂时闭馆）	康斯坦察市、康斯坦察省、图尔恰省、加拉茨省、布勒依拉省	梁才德（2017年6月闭馆）
68	俄罗斯	圣彼得堡	1985.06.13	1986.12.10	圣彼得堡市、列宁格勒州、卡累利阿自治共和国、摩尔曼斯克州、普斯科夫州、阿尔汉格尔斯克州、诺夫哥罗德州	郭敏

续表

序号	国名	驻地	协议日期	开馆日期	领区	2018年在任馆长
69	俄罗斯	哈巴罗夫斯克	1990.09.25	1992.09.09	哈巴罗夫斯克边疆区、阿穆尔州、萨哈（雅库特）共和国、犹太自治州	郭志军（2018年3月离任）崔国杰（2018年8月到任）
70	俄罗斯	叶卡捷琳堡	2004.10.14	2009.09.25	克拉斯诺亚尔斯克边疆区、新西伯利亚州、鄂木斯克州、斯维尔德洛夫斯克州、秋明州、车里雅宾斯克州	耿丽萍
71	俄罗斯	伊尔库茨克	2006.12.22	2009.12.18	布里亚特共和国、图瓦共和国、哈卡西共和国、伊尔库茨克州、赤塔州	曹云龙
72	俄罗斯	符拉迪沃斯托克	1993.04 达成设领协议 2005.03.01 开馆（领办） 2015.09.03 达成协议升格为总领馆	2017.04.06 总领馆开馆	堪察加边疆区、滨海边疆区、马加丹州、萨哈林州、楚科奇自治区	闫文滨
73	俄罗斯	喀山	2015.09.03	2018.08.22	巴什科尔托斯坦共和国、马里埃尔共和国、莫尔多瓦共和国、鞑靼斯坦共和国、乌德穆尔特共和国、下诺夫哥罗德州、奥伦堡州、奔萨州、萨马拉州、萨拉托夫州、乌里扬诺夫斯克州、基洛夫州、彼尔姆边疆区、楚瓦什共和国	吴颖钦

续表

序号	国名	驻地	协议日期	开馆日期	领区	2018年在任馆长
74	沙特阿拉伯	吉达	1992.08.14	1993.04.25	吉达市、塔伊夫市、麦加省、麦地那省	安瓦尔（2018年2月离任）谭邦林（2018年4月到任）
75	南非	约翰内斯堡	1997.12.30	1999.02.03	豪登省中兰德以南地区、自由州省	阮平
76	南非	开普敦	1997.12.30	1999.02.09	西开普省、东开普省、北开普省	康勇（2018年8月离任）
77	南非	德班	1997.12.30	1999.02.09	夸祖鲁–纳塔尔省	王建州（2018年8月离任）费明星（2018年11月到任）
78	西班牙	巴塞罗那	1984.11.05	1987.04.06	巴塞罗那省、赫罗那省、莱里达省、塔拉戈纳省	林楠
79	瑞典	哥德堡	1996.07.03	1997.04.07	韦尔姆兰、斯科耐、延雪平、哈兰德、克鲁努贝里、布莱金厄、西约特兰省（2006.1.17双方就重新确认领区达成协议）	刘春（2018年2月离任）顾晖（2018年6月到任）
80	瑞士	苏黎世	1986.06.13	1988.09.15	苏黎世州、圣加伦州、图尔高州、阿尔高州、楚格州、施维茨州、沙夫豪森州、格劳宾登州、格拉鲁斯州、外阿彭本策尔州、内阿彭策尔州、卢塞恩州	高燕平（2018年5月离任）赵清华（2018年5月到任）
81	坦桑尼亚	桑给巴尔	1999.01.11	1964.05.24	桑给巴尔地区	谢小武

续表

序号	国名	驻地	协议日期	开馆日期	领区	2018年在任馆长
82	泰国	清迈	1988.07.22	1991.04.10	清迈府、清莱府、夜丰颂府、南奔府、南邦府、拍天府、难府、帕府、程逸府、彭世洛府、素可泰府、达府	任义生
83	泰国	宋卡	1993.08.26	1994.07.27	宋卡府、春蓬府、拉廊府、素叻他尼府、攀牙府、普吉府、甲米府、洛坤府、董里府、博他伦府、沙敦府、北大年府、也拉府、陶公府	周海成（2018年8月离任）
84	泰国	孔敬	2012.04.17	2012.10.23	孔敬府、呵叻府、乌隆府、廊开府、那空帕侬府、沙功那空府、乌汶府、四色菊府、素林府、武里南府、穆达汉府、玛哈拉沙堪府、猜也蓬府、黎府、加拉信府、汶甘府、益梭通府、黎逸府、侬布兰普府、安那乍愣府	廖俊云（2018年3月到任）
85	土耳其	伊斯坦布尔	1984.10.02	1985.07.26	伊斯坦布尔省、特基尔达省、科贾埃利省、布尔萨省、巴尔克西尔省、查纳卡累省、马尼萨省、埃迪尔内省、克尔克拉雷利省、亚洛瓦省	崔巍（2018年1月到任）
86	土耳其	伊兹密尔	2014.01.23	2015.09.28	伊兹密尔省、乌沙克省、艾登省、代尼兹利省、厄斯帕尔塔省、穆拉省、布尔杜尔省、安塔利亚省	刘增先
87	乌克兰	敖德萨	2005.06.14	2011.11.29	敖德萨州、尼古拉耶夫州、赫尔松州、基洛沃格勒州、扎波罗热州、顿涅茨克州、克里米亚自治共和国、塞瓦斯托波尔直辖市	赵向荣（2018年10月离任）宋利群（2018年10月到任）

续表

序号	国名	驻地	协议日期	开馆日期	领区	2018年在任馆长
88	阿联酋	迪拜	1988.03.14	1989.02.14	迪拜、沙迦、阿治曼、乌姆盖万、哈伊马角、富查伊拉	李凌冰（2018年11月离任）
89	英国	曼彻斯特	1984.04.17	1986.06.30	大曼彻斯特郡、泰恩和威尔郡、兰开夏郡、北约克郡、南约克郡、默西赛德郡、西约克郡、达勒姆郡、德比郡	孙大立（2018年6月离任）郑曦原（2018年7月到任）
90	英国	爱丁堡	1996.09.02	1997.11.04	苏格兰（2014年2月21日就在贝尔法斯特设领达成协议，其中同意驻爱丁堡总领馆领区由苏格兰和北爱尔兰调整为仅包括苏格兰，双方同意广州、爱丁堡总领事馆换照的第二条已做修订）	潘新春
91	英国	贝尔法斯特	2014.02.21	2015.06.08	北爱尔兰	王淑英（2018年12月离任）张美芳（2018年12月到任）
92	美国	休斯敦	1979.08.24	1979.11.20	密西西比州、亚拉巴马州、阿肯色州、俄克拉荷马州及联邦领地波多黎各、佐治亚州、路易斯安那州、佛罗里达州、得克萨斯州	李强民
93	美国	旧金山	1979.08.24	1979.12.13	加利福尼亚州北部48个县、俄勒冈州、华盛顿州、阿拉斯加州、内华达州	罗林泉（2018年7月离任）王东华（2018年8月到任）

续表

序号	国名	驻地	协议日期	开馆日期	领区	2018年在任馆长
94	美国	纽约	1981.06.16	1981.12.12	纽约州、新泽西州、康涅狄格州、马萨诸塞州、新罕布什尔州、宾夕法尼亚州、佛蒙特州、缅因州、俄亥俄州、罗德岛州	章启月（2018年5月离任）黄屏（2018年11月到任）
95	美国	芝加哥	1981.06.16	1985.07.26	伊利诺伊州、印第安纳州、威斯康星州、密歇根州、密苏里州、堪萨斯州、艾奥瓦州、明尼苏达州、科罗拉多州	洪磊（2018年8月离任）
96	美国	洛杉矶	1981.06.16	1988.03.02	夏威夷州及美属太平洋岛屿、亚利桑那州、新墨西哥州、加利福尼亚州南部10个县	张平
97	越南	胡志明市	1992.11.22	1993.05.28	胡志明市、芹苴市、庆和省、宁顺省、同奈省、平顺省、平阳省、巴地–头顿省、隆安省、前江省、槟椥省、永隆省、茶荣省、后江省、薄辽省、金瓯省	陈德海（2018年5月离任）吴骏（2018年6月到任）
98	越南	岘港	2016.06.27	2017.10.13	岘港市、广南省、广义省、承天–顺化省、平定省、富安省	郗慧
99	也门	亚丁	1990.05.26	1990.06.01（暂时闭馆）	亚丁、拉赫杰、阿比洋、夏瓦布、哈达拉毛、马哈拉拉	无

（2）领事馆

序号	国名	驻地	开馆日期	领区	2018年在任馆长
1	喀麦隆	杜阿拉	1993.12.21（暂时闭馆）	滨海省（含杜阿拉）、西南省、西部省、西北省	无（2017年4月闭馆）
2	哥伦比亚	巴兰基亚	1990.06.26（暂时闭馆）	大西洋省、马格达莱纳省、玻利瓦尔省	王惠君（2017年6月闭馆）
3	法国	帕皮提（塔希提）	2007.09.12	法属波利尼西亚	沈智良
4	马达加斯加	塔马塔夫	1996.05.17（暂时闭馆）	塔马塔夫省（含塔马塔夫市）和迪耶果–苏瓦雷斯省	无（2015年4月闭馆）
5	菲律宾	拉瓦格	2007.04.11	科迪勒拉行政区（阿拉布省、阿巴尧省、本格特省、伊夫肴省、卡林巴省、高山省）、第一地区（北伊罗戈省、南伊罗戈省、拉允隆省、班诗兰省）和第二地区（巴坦省、卡加延省、伊莎贝拉省、新比斯开省、基里诺省）	王建群

（3）领事办公室

序号	所在国	所在地	所属馆	开馆年份
1	柬埔寨	暹粒	驻柬埔寨使馆	2017
2	老挝	孟赛	驻老挝使馆	未开馆
3	泰国	普吉	驻宋卡总领馆	2014

2. 外国在中国内地设立领事机构一览表

（1）总领事馆

序号	国名	驻地	领区	协议日期	开馆日期
1	安哥拉	广州	广东、福建、海南、广西	2014.09.17	2015.11.06
2	阿根廷	广州	广东、福建、海南、广西	1988.05.16	2009.07.21
3	阿根廷	上海	上海、江苏、浙江、安徽	1995.10.04	2000.05.25
4	亚美尼亚	广州	广东、海南、湖南、福建、江西、广西	2016.12.15	未开馆
5	澳大利亚	上海	上海、江苏、浙江、安徽、江西、湖北	1978.09.18	1984.07.02
6	澳大利亚	广州	广东、广西、海南、福建、湖南	1992.05.27	1992.12.09
7	澳大利亚	成都	四川、贵州、云南、重庆	2012.11.08	2013.07.30
8	澳大利亚	沈阳	辽宁、吉林、黑龙江	2017.03.28	未开馆
9	奥地利	上海	上海、江苏、浙江、安徽	1994.06.24	1994.07.15
10	奥地利	广州	广东、海南、湖南、广西	2007.04.06	2007.11.25
11	奥地利	成都	四川、贵州、云南、重庆	2017.12.05	2018.04.11
12	孟加拉国	昆明	云南、广西、重庆、四川、贵州	2011.09.20	2013.05.12
13	白俄罗斯	上海	上海、江苏、安徽、江西、浙江、福建	2008.08.05	2008.12.21
14	白俄罗斯	广州	广东、海南、湖南、云南、贵州、广西	2016.09.29	2017.12.29
15	比利时	上海	上海、江苏、浙江、安徽	1996.06.10	1996.10.01
16	比利时	广州	广东、云南、海南、福建、广西	2005.10.10	2005.12.20
17	玻利维亚	广州	广东	1987.10.16	暂时闭馆
18	巴西	广州	广东、海南、福建、广西、贵州、云南、湖南	1991.12.23	2010.04.15
19	巴西	上海	上海、江苏、浙江、安徽、山东	2002.09.30	1994.05.22
20	保加利亚	上海	上海、江苏、浙江、安徽、江西、福建	2005.01.25	2005.08.25
21	柬埔寨	广州	广东、福建、海南	1997.12.25	1998.07.01
22	柬埔寨	上海	上海、江苏、浙江、安徽	1999.05.28	1999.07.02
23	柬埔寨	昆明	云南、四川、贵州	2003.09.23	2004.02.23
24	柬埔寨	重庆	重庆、湖北、湖南	2004.07.30	2004.12.10

续表

序号	国名	驻地	领区	协议日期	开馆日期
25	柬埔寨	南宁	广西	2005.07.29	2005.10.20（2006.04暂时闭馆，2007.02重新开馆）
26	柬埔寨	西安	陕西、甘肃、宁夏	2015.06.17	2017.01.01
27	加拿大	上海	上海、江苏、浙江、安徽、湖北	1980.08.25	1986.04.30
28	加拿大	广州	广东、广西、福建、海南、江西、湖南	1997.11.20	领事馆于1994.09.28开馆1997.11.20升格为总领事馆
29	加拿大	重庆	重庆、四川、贵州、云南	2011.11.29	领事馆于1998.05.18开馆2011.11.29升格为总领事馆
30	智利	上海	上海、江苏、浙江、安徽	1985.04.29	1996.06.17
31	智利	广州	广东、海南、福建、广西	2010.04.27	2012.12.19
32	哥伦比亚	上海	上海、江苏、浙江、安徽、福建、江西	2011.12.22	2012.12.03
33	哥伦比亚	广州	广东、海南、云南、贵州、广西	2013.07.15	2014.12.12
34	刚果共和国	广州	广东、福建、海南、广西	2014.06.04	2014.08.15
35	哥斯达黎加	上海	上海、江苏、安徽、浙江	2015.02.03	2016.08.22
36	科特迪瓦	广州	广东、福建、海南、江西、广西	2013.10.16	2014.07.12
37	古巴	上海	上海、江苏、浙江、安徽	1989.06.08	1990.09.01
38	古巴	广州	广东、广西、海南	2006.11.08	2006.11.08
39	捷克	上海	上海、江苏、浙江、安徽	1987.03.07	1995.01.11
40	捷克	成都	四川、贵州、云南、重庆	2015.07.02	2015.09.08
41	丹麦	上海	上海、江苏、浙江、安徽、江西	1994.03.25	1994.06.20
42	丹麦	广州	广东、广西、福建、海南	1998.08.04	1998.09.23
43	丹麦	重庆	重庆、四川、贵州、云南	2012.11.06	2005.01
44	朝鲜	沈阳	辽宁、吉林、黑龙江	1986.02.13	1986.09.06
45	厄瓜多尔	上海	上海、江苏、浙江、安徽	1984.05.17	2009.08.10
46	厄瓜多尔	广州	广东	2009.03.17	2009.09.08
47	爱沙尼亚	上海	上海、安徽、福建、江苏、江西、浙江	2010.09.06	暂时闭馆

续表

序号	国名	驻地	领区	协议日期	开馆日期
48	埃塞俄比亚	广州	广东、湖南、福建、江西、海南、广西	2009.05.31	2009.06.14
49	埃塞俄比亚	重庆	重庆、四川、贵州	2011.09.20	2011.12.01
50	埃塞俄比亚	上海	上海、江苏、浙江、安徽	2012.03.31	2012.04.19
51	埃及	上海	上海、江苏、浙江、安徽	1983.03.11	1999.05.01
52	斐济	上海	上海、江苏、浙江、安徽	2011.07.11	2014.08.19
53	芬兰	上海	上海、江苏、浙江、安徽、江西	1995.07.06	1995.11.01
54	芬兰	广州	广东、福建、海南、广西、云南	2004.11.01	暂时闭馆
55	法国	上海	上海、江苏、浙江、安徽	1980.10.17	1980.10.21
56	法国	广州	广东、广西、福建、海南	1997.03.12	1997.04.24
57	法国	武汉	湖北、湖南、江西	1998.04.03	1998.10.10
58	法国	成都	四川、云南、贵州、重庆	2005.07.18	2005.11
59	法国	沈阳	辽宁、吉林、黑龙江	2007.08.22	2008.10.27
60	德国	上海	上海、江苏、浙江、安徽	1979.10.24	1982.10.15
61	德国	广州	广东、广西、福建、海南	1995.07.13	1995.11.07
62	德国	成都	四川、贵州、云南、重庆	2003.12.01	2004.12.05
63	德国	沈阳	辽宁、吉林、黑龙江	2011.11.28	2012.10.12
64	加纳	广州	广东、福建、海南、广西	2018.07.06	未开馆
65	希腊	上海	上海、江苏、浙江、安徽、江西、湖北	2004.02.11	2004.10.16
66	希腊	广州	广东、福建、海南、广西、贵州、湖南	2006.08.14	2007.05.15
67	匈牙利	上海	上海、浙江、江苏、安徽、福建	2004.04.07	2004.08.16
68	匈牙利	重庆	重庆、四川、云南、贵州、陕西、甘肃	2010.01.25	2010.02.04
69	冰岛	上海	上海、江苏、浙江	2009.09.18	暂时闭馆
70	印度	上海	上海、江苏、浙江	1991.12.13	1993.01.16
71	印度	广州	广东、福建、湖南、海南、广西、江西	2006.11.21	2007.10.18
72	印度	成都	四川、云南、贵州、重庆	2015.05.15	未开馆
73	印度尼西亚	上海	上海、江苏、浙江、安徽、江西	2002.03.24	2012.03.15
74	印度尼西亚	广州	广东、广西、福建、海南	2002.03.24	2002.12.12

 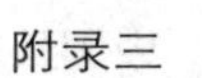 

续表

序号	国名	驻地	领区	协议日期	开馆日期
75	伊朗	上海	上海、江苏、浙江、安徽	1988.09.26	1989.02.20
76	伊朗	广州	广东、福建、湖南、广西	2011.02.28	2011.12.23
77	爱尔兰	上海	上海、江苏、浙江、安徽、江西	2000.01.19	2000.08.01
78	以色列	上海	上海、江苏、浙江、安徽	1993.10.08	1994.09.08
79	以色列	广州	广东、福建、海南、广西	2008.09.08	2009.03.22
80	以色列	成都	四川、重庆、贵州、云南	2013.08.23	2014.11.17
81	意大利	上海	上海、江苏、浙江、安徽	1979.11.06	1985.06.21
82	意大利	广州	广东、广西、福建、海南、湖南、江西	1997.11.03	1998.11.04
83	意大利	重庆	重庆、四川、云南、贵州	2013.03.18	2013.12.30
84	日本	上海	上海、江苏、浙江、安徽、江西	1975.08.15	1975.09.02
85	日本	广州	广东、海南、福建、广西	1980.02.01	1980.03.01
86	日本	沈阳	辽宁、黑龙江、吉林	1985.12.03	1986.01.16
87	日本	重庆	重庆、四川、贵州、云南、陕西	2004.12.03	2005.01.01
88	日本	青岛	山东	2008.12.18	2009.01.01
89	哈萨克斯坦	上海	上海、江苏、安徽、浙江、江西、福建	2005.03.25	2005.05.15
90	科威特	上海	上海、浙江、江苏、安徽	2008.01.02	未开馆
91	科威特	广州	广东、福建、海南、广西	2008.01.02	2008.02.21
92	吉尔吉斯斯坦	广州	广东、福建、江西、湖南、海南、广西	2011.09.14	2014.04.08
93	老挝	昆明	云南	1991.12.25	1993.04.25
94	老挝	南宁	广西	2009.09.02	2009.10.19
95	老挝	上海	上海、江苏、浙江、安徽	2012.08.14	2013.09.05
96	老挝	广州	广东、福建、海南、江西	2013.08.21	2014.07.09
97	老挝	长沙	湖南、湖北、河南、贵州	2017.08.22	2017.12.23
98	卢森堡	上海	上海、江苏、浙江、安徽、福建	2006.01.23	2006.05.19
99	马来西亚	广州	广东、福建、海南、江西、湖南	1993.10.18	1993.10.24
100	马来西亚	上海	上海、江苏、浙江、安徽	1999.09.20	1999.12.23
101	马来西亚	昆明	云南、四川、重庆	1999.11.04	2004.03.08
102	马来西亚	南宁	广西、贵州	2014.05.29	2015.06.19
103	马来西亚	西安	陕西、甘肃、宁夏	2015.08.28	2017.10.01
104	马里	广州	广东、福建、海南、广西	2011.06.08	2011.07.18
105	马耳他	上海	上海、安徽、江苏、浙江	2014.06.30	2014.09.05
106	墨西哥	上海	上海、江苏、浙江、安徽	1984.10.10	1993.10.18

续表

序号	国名	驻地	领区	协议日期	开馆日期
107	墨西哥	广州	广东、广西、海南、湖南、福建、江西	2008.04.25	2008.04.25
108	蒙古	呼和浩特	内蒙古自治区呼和浩特市、包头市、乌海市、赤峰市、通辽市、鄂尔多斯市、巴彦淖尔市、乌兰察布市和阿拉善盟	1989.03.30	1990.07.10
109	缅甸	昆明	云南、贵州、四川、重庆	1993.08.19	1993.09.01
110	缅甸	南宁	广西、广东、湖南	2009.10.15	2009.10.20
111	尼泊尔	拉萨	西藏	2016.01.11	1958.05.11
112	尼泊尔	广州	广东、广西、福建、海南	2016.06.16	2017.04.25
113	荷兰	上海	上海、江苏、浙江、安徽	1994.08.23	1994.09.12
114	荷兰	广州	广东、广西、福建、海南	1997.04.01	1997.09.15
115	荷兰	重庆	重庆、四川、陕西	2013.06.11	2013.09.20
116	新西兰	上海	上海、江苏、浙江、安徽	1991.05.09	1992.07.17
117	新西兰	广州	广东、广西、海南、湖南、福建	2007.03.24	2007.04.26
118	新西兰	成都	四川、贵州、云南、重庆	2014.06.11	2014.11.12
119	尼日利亚	上海	上海、江苏、浙江、安徽、福建	2007.10.08	2008.01.16
120	尼日利亚	广州	广东、海南、广西	2014.03.21	2014.07.09
121	挪威	上海	上海、江苏、浙江、安徽、江西	1996.06.28	1996.09.16
122	挪威	广州	广东、福建、海南、广西	2007.12.25	2008.02.18
123	巴基斯坦	上海	上海、江苏、浙江、安徽	1996.12.01	2004.12.09
124	巴基斯坦	成都	四川、贵州、云南、重庆	2006.11.24	2007.04.19
125	巴基斯坦	广州	广东、福建、湖南、海南、广西	2007.12.11	2008.06.27
126	巴拿马	上海	上海、浙江、江苏、安徽、江西、湖北	2017.10.09	2018.01.02
127	巴拿马	广州	广东、福建、海南、贵州、湖南、广西	2018.09.27	未开馆
128	秘鲁	上海	上海、江苏、浙江、安徽、福建、江西	2002.02.20	2002.05.30
129	秘鲁	广州	广东、广西、贵州、海南、云南、湖南	2006.04.13	2013.09.23
130	菲律宾	厦门	福建、江西	1994.12.08	1995.01.22
131	菲律宾	广州	广东、广西、海南、湖南	1996.11.26	1997.05.23
132	菲律宾	上海	上海、江苏、浙江、安徽、湖北	2001.10.30	2002.04.18
133	菲律宾	重庆	重庆、贵州、云南	2008.08.21	2008.12.30
134	菲律宾	成都	四川	2008.11.25	未开馆

续表

序号	国名	驻地	领区	协议日期	开馆日期
135	波兰	上海	上海、江苏、浙江、安徽、福建	1954.04.01	1954.10.22
136	波兰	广州	广东、广西、海南	1987.11.11	1989.07.22
137	波兰	成都	四川、云南、贵州、重庆	2015.04.16	2015.06.18
138	葡萄牙	上海	上海、浙江、江苏、安徽、江西	2005.10.16	2005.12.07
139	葡萄牙	广州	广东、广西、福建、海南、湖南	2016.05.24	2017.07.17
140	卡塔尔	广州	广东、广西、海南、福建	2015.06.30	2015.11.10
141	韩国	上海	上海、江苏、浙江、安徽	1992.12.30	1993.06.11
142	韩国	青岛	山东	1993.12.22	1994.09.12
143	韩国	广州	广东、广西、福建、海南	2000.10.08	2001.08.28
144	韩国	沈阳	辽宁、吉林、黑龙江	2002.12.27	驻沈阳领办于1999.07.08开馆，2002.12.27升格为总领事馆
145	韩国	成都	四川、云南、贵州、重庆	2004.01.21	2005.02.26
146	韩国	西安	陕西、甘肃、宁夏	2006.06.13	2007.09.20
147	韩国	武汉	湖北、湖南、江西、河南	2009.09.17	2010.10.25
148	罗马尼亚	上海	上海、江苏、浙江、安徽	1984.10.10	2000.02.01
149	俄罗斯	上海	上海、江苏、浙江、安徽	1985.06.13	1986.12.15
150	俄罗斯	沈阳	辽宁、吉林	1990.09.25	1991.05.07
151	俄罗斯	广州	广东、福建、海南、云南、江西、广西	2005.10.06	2007.04.05
152	俄罗斯	哈尔滨	黑龙江、内蒙古自治区呼伦贝尔市	2015.09.03	未开馆
153	俄罗斯	武汉	湖北、湖南、贵州、四川、重庆	2015.09.03	未开馆
154	沙特阿拉伯	上海	上海、江苏、浙江、福建	1992.08.14	未开馆
155	沙特阿拉伯	广州	广东、广西、海南、福建	2015.09.14	2017.01.01
156	塞内加尔	广州	广东、福建、广西、海南	2016.06.07	2017.03.06
157	塞尔维亚	上海	上海、江苏、浙江、安徽、江西、福建	1998.02.11	1998.06.15
158	塞舌尔	上海	上海、江苏、浙江、安徽	2013.05.06	2013.11.18
159	新加坡	上海	上海、江苏、浙江、安徽	1991.10.25	1996.01.01
160	新加坡	厦门	福建、江西	1995.10.25	1996.01.10

续表

序号	国名	驻地	领区	协议日期	开馆日期
161	新加坡	广州	广东、海南、湖南、贵州、云南、广西	2006.04.13	2006.04.13
162	新加坡	成都	四川、陕西、重庆	2011.02.28	驻成都领办于2006年5月开馆,2011.02.28升格为总领事馆
163	斯洛伐克	上海	上海、江苏、浙江、福建、安徽、江西	2004.07.30	2004.09.01
164	南非	上海	上海、山东、江苏、浙江、安徽、福建、广东	1997.12.30	2002.11.08
165	西班牙	上海	上海、江苏、浙江、安徽、江西	1984.11.15	1999.05.07
166	西班牙	广州	福建、广东、湖南、广西、海南、贵州、云南	2007.04.05	2009.06.14
167	斯里兰卡	上海	上海、安徽、浙江、江苏、湖南	2008.04.18	2005.10.01
168	斯里兰卡	广州	广东、福建、江西、海南、广西	2012.01.12	2012.03.27
169	苏丹	广州	广东、江西、福建、湖南、贵州、云南、浙江、广西	2017.01.23	2017.05.15
170	瑞典	上海	上海、江苏、浙江、安徽	1996.07.03	1996.09.16
171	瑞典	广州	广东、广西、福建、海南	2002.09.10	暂时闭馆
172	瑞士	上海	上海、江苏、浙江、安徽	1995.02.15	1995.04.26
173	瑞士	广州	广东、福建、海南、广西、湖南、江西	2005.08.05	2005.10.10
174	瑞士	成都	四川、贵州、云南、重庆	2016.08.22	2016.11.30
175	泰国	广州	广东、海南	1988.07.22	1989.02.12
176	泰国	昆明	云南、贵州、湖南	1993.08.26	1994.07.01
177	泰国	上海	上海、江苏、浙江、安徽	1996.03.25	1996.11.12
178	泰国	成都	四川、重庆	2006.05.17	驻成都领办于2005年4月开馆，2006.05.17升格为总领事馆
179	泰国	厦门	福建、江西	2006.05.17	驻厦门领办于2005.09开馆，2006.05.17升格为总领事馆

续表

序号	国名	驻地	领区	协议日期	开馆日期
180	泰国	西安	陕西、甘肃、宁夏	2008.05.20	驻西安领办于2006.11.28开馆，2008.05.20升格为总领事馆
181	泰国	南宁	广西	2008.05.20	驻南宁领办于2006.04.07开馆，2008.05.20升格为总领事馆
182	泰国	青岛	山东	2014.03.14	2014.03.14
183	土耳其	上海	上海、江苏、浙江、安徽	1996.04.15	1997.03.18
184	土耳其	广州	广东、福建、海南、广西	2011.05.23	2012.01.12
185	乌干达	广州	广东、福建、广西、海南	2011.07.05	2011.08.15
186	乌克兰	上海	上海、江苏、浙江、安徽、福建、江西	2000.03.02	2002.01.30
187	乌克兰	广州	广东、贵州、海南、湖南、广西	2011.06.20	2012.05.30
188	阿联酋	上海	上海、浙江、江苏、安徽、福建	2008.09.19	2009.07.06
189	阿联酋	广州	广东、海南、广西	2015.06.03	2016.06.15
190	英国	上海	上海、江苏、浙江、安徽	1984.04.17	1985.02.11
191	英国	广州	广东、广西、福建、海南、湖南、江西	1996.09.02	1997.01.14
192	英国	重庆	重庆、四川、贵州、云南	1999.04.14	2000.03.01
193	英国	武汉	湖北	2014.02.21	2016.01.29
194	美国	广州	广东、广西、福建、海南	1979.01.31	1979.08.31
195	美国	上海	上海、江苏、浙江、安徽	1979.01.31	1980.04.28
196	美国	沈阳	辽宁、吉林、黑龙江	1980.09.17	1984.05.30
197	美国	成都	云南、贵州、四川、西藏、重庆	1980.09.17	1985.10.16
198	美国	武汉	河南、湖北、湖南、江西	1980.09.17	2008.11.20
199	乌拉圭	上海	上海、江苏、浙江、安徽	2002.08.26	2003.09.04
200	乌拉圭	广州	广东、广西、海南、贵州、福建	2017.11.08	2018.08.27
201	乌兹别克斯坦	上海	上海、浙江、江苏、安徽、江西、湖南、福建	2005.07.12	2006.06.20
202	瓦努阿图	上海	上海、江苏、浙江、安徽	2000.10.12	2007.06.25
203	委内瑞拉	上海	上海、浙江、江苏	2005.07.05	2006.01.23

续表

序号	国名	驻地	领区	协议日期	开馆日期
204	委内瑞拉	广州	广东、海南、福建、湖南、江西、广西	2018.04.29	2018.10.26
205	越南	广州	广东	1992.11.22	1993.01.18
206	越南	昆明	云南	2003.10.16	2004.04.30
207	越南	南宁	广西	2003.10.16	2004.05.02
208	越南	上海	上海、江苏、浙江	2010.06.11	驻上海领办与2007.11.30开馆，2010.06.11升格为总领事馆
209	赞比亚	广州	广东、福建、广西、海南	2016.06.07	2016.06.28

（2）领事馆

序号	国名	所在地	领区	协议日期	开馆日期
1	蒙古	二连浩特	内蒙古自治区锡林郭勒盟	2005.09.12	驻二连浩特领办于1996.09开馆，2005.09.12升格为领事馆
2	蒙古	呼伦贝尔	内蒙古自治区呼伦贝尔市和兴安盟	2014.02.24	2015.06.19开馆2017.06.30暂时闭馆
3	斯洛文尼亚	上海	上海、江苏、浙江、安徽	2010.06.17	2010.06.24
4	斯里兰卡	成都	四川、云南、贵州、陕西、重庆	2009.09.28	暂时闭馆
5	马尔代夫	昆明	云南、四川、贵州、重庆、广西	2017.01.25	未开馆

（3）领事代理处

序号	国名	所在地	领区	协议日期	开馆日期
1	蒙古	上海	上海、江苏、浙江	2008.03.31	2011.12.12

（4）领事办公室

序号	国名	所在地	办公室名称	协议日期	开馆日期
1	朝鲜	丹东	朝鲜驻沈阳总领事馆驻丹东领事办公室	2008.11.18	2009.08.25
2	日本	大连	日本驻沈阳总领事馆常驻大连领事办公室	1993.01.01	1993.06.15
3	老挝	景洪	老挝驻昆明总领事馆常驻景洪办公室	1998.04.29	2010.08.10
4	韩国	大连	韩国驻沈阳总领事馆驻大连领事办公室	2011.08.09	2012.08.29
5	也门	上海	也门驻华大使馆驻上海领事办公室	2006.01.05	未开馆
6	也门	广州	也门驻华大使馆驻广州领事办公室	2006.01.05	未开馆

（5）名誉领事

序号	国名	所在地	领区	协议日期	开馆日期
1	几内亚	上海	未定	2002.02.25	尚未委派
2	牙买加	上海	未定	1999.11.15	尚未委派
3	马尔代夫	上海	上海	2004.09.30	2006.10.31
4	摩纳哥	上海	上海、江苏、浙江、安徽	2000.05.22	2002.01.25
5	摩纳哥	北京	北京	2007.02.13	2008.08.06
6	尼泊尔	上海	未定	2002.07.10	2003.01.16
7	尼日尔	广州	未定	2001.09.21	暂时闭馆
8	巴布亚新几内亚	上海	未定	2005.07.15	2006.08.28
9	坦桑尼亚	广州	未定	2001.03.08	尚未委派

3. 外国在中国香港设立领事机构一览表

（1）总领事馆

序号	国名	领区	保留（设立）总领事馆协议日期
1	安哥拉	香港	2005.06.28
2	安提瓜和巴布达	香港（可在澳门执行职务）	1998.06.19
3	阿根廷	香港、澳门	1997.01.31 1999.06.17（扩领）

续表

序号	国名	领区	保留（设立）总领事馆协议日期
4	澳大利亚	香港（可在澳门执行职务）	1996.09.26 1999.09.08 （可在澳门执行职务）
5	奥地利	香港（可在澳门执行职务）	1997.06.20
6	孟加拉国	香港（可在澳门执行职务）	1997.01.29
7	比利时	香港（可在澳门执行职务）	1997.02.03
8	巴西	香港、 澳门	1996.11.08 1999.12.15（扩领）
9	文莱	香港、澳门	2006.07.14
10	保加利亚	香港	1997.05.05
11	柬埔寨	香港、 澳门	1997.04.16 2002.02.22（扩领）
12	加拿大	香港（可在澳门执行职务）	1996.09.19
13	智利	香港（可在澳门执行职务）	1996.11.06 1998.05.06 （可在澳门执行职务）
14	哥伦比亚	香港（可在澳门执行职务）	1996.10.21 1999.12.17 （可在澳门执行职务）
15	捷克	香港（可在澳门执行职务）	1997.06.27
16	丹麦	香港（可在澳门执行职务）	1997.06.06
17	多米尼克	香港	2014.08.08
18	朝鲜	香港	1999.06.01
19	厄瓜多尔	香港	1997.03.21
20	埃及	香港、 澳门	1996.11.11 2000.03.31（扩领）
21	芬兰	香港（可在澳门执行职务）	1996.12.09
22	法国	香港（可在澳门执行职务）	1997.05.15
23	德国	香港（可在澳门执行职务）	1997.06.23
24	希腊	香港（可在澳门执行职务）	1997.03.18 1999.11.18 （可在澳门执行职务）
25	匈牙利	香港、澳门	1998.05.19
26	印度	香港（可在澳门执行职务）	1996.11.29

续表

序号	国名	领区	保留（设立）总领事馆协议日期
27	印度尼西亚	香港、 澳门	1996.12.06 2008.03.17（扩领）
28	伊朗	香港、 澳门	1999.07.05 2005.11.28（扩领）
29	爱尔兰	香港、澳门	2014.06.19
30	以色列	香港（可在澳门执行职务）	1997.02.04
31	意大利	香港（可在澳门执行职务）	1997.06.05
32	日本	香港（可在澳门执行职务）	1997.03.29
33	哈萨克斯坦	香港、澳门	2003.07.02
34	科威特	香港、 澳门	1999.06.30 2007.02.27（扩领）
35	老挝	香港、澳门	1999.04.30
36	马来西亚	香港（可在澳门执行职务）	1997.05.14
37	墨西哥	香港、 澳门	1996.11.22 1999.10.29（扩领）
38	蒙古	香港、澳门	2011.02.24
39	缅甸	香港、 澳门	1997.04.25 2000.06.02（扩领）
40	尼泊尔	香港、 澳门	1997.05.20 2001.02.06（扩领）
41	荷兰	香港（可在澳门执行职务）	1996.11.12
42	新西兰	香港（可在澳门执行职务）	1997.01.22
43	尼日利亚	香港（可在澳门执行职务）	1997.04.28
44	巴基斯坦	香港（可在澳门执行职务）	1996.12.01 1999.06.28 （可在澳门执行职务）
45	秘鲁	香港、 澳门	1997.06.23 1999.11.26（扩领）
46	菲律宾	香港	1996.11.26
47	波兰	香港（可在澳门执行职务）	1997.05.19
48	卡塔尔	香港、澳门	2013.07.10
49	韩国	香港（可在澳门执行职务）	1997.04.24
50	罗马尼亚	香港、澳门	2003.08.11
51	俄罗斯	香港（可在澳门执行职务）	1997.06.27
52	沙特阿拉伯	香港、澳门	1998.04.29

续表

序号	国名	领区	保留（设立）总领事馆协议日期
53	新加坡	香港、 澳门	1997.02.05 2008.01.21（扩领）
54	南非	香港、 澳门	1997.12.30 1999.06.07（扩领）
55	西班牙	香港（可在澳门执行职务）	1997.06.18
56	瑞典	香港（可在澳门执行职务）	1996.11.03
57	瑞士	香港（可在澳门执行职务）	1997.04.11
58	泰国	香港（可在澳门执行职务）	1997.04.02
59	土耳其	香港（可在澳门执行职务）	1997.05.08
60	阿联酋	香港	1998.10.29
61	英国	香港（可在澳门执行职务）	1996.09.26 1999.10.29 （可在澳门执行职务）
62	美国	香港（可在澳门执行职务）	1997.03.25
63	瓦努阿图	香港	2015.09.29
64	委内瑞拉	香港、 澳门	1996.11.13 1999.10.11（扩领）
65	越南	香港、 澳门	1996.12.19 2003.05.16（扩领）
66	津巴布韦	香港、澳门	2008.05.31
67	巴拿马	香港、澳门	2018.11.09

（2）名誉领事

序号	国名	领区	保留（委派）名誉领事协议日期
1	阿尔巴尼亚	香港	2003.11.04
2	巴哈马国	香港	2008.12.23
3	巴林	香港	2001.04.05
4	巴巴多斯	香港	1997.04.30
5	贝宁	香港	1997.02.28
6	不丹	香港	2004.04.27
7	博茨瓦纳	香港	2006.03.10
8	布隆迪	香港	2006.02.10
9	喀麦隆	香港	1997.06.02
10	中非	香港	2001.09.28

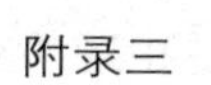

续表

序号	国名	领区	保留（委派）名誉领事协议日期
11	刚果（布）	香港	1997.02.26
12	科特迪瓦	香港、澳门	1997.06.02
13	克罗地亚	香港	2002.05.15
14	古巴	香港	1996.12.31
15	塞浦路斯	香港、澳门	1997.02.03
16	吉布提	香港	1997.01.22
17	刚果（金）	香港	1999.12.29
18	赤道几内亚	香港	1997.04.08
19	厄立特里亚	香港、澳门	2005.08.10
20	爱沙尼亚	香港	1998.12.11
21	埃塞俄比亚	香港、澳门	2002.06.18
22	斐济	香港	1997.06.20
23	加蓬	香港	1996.08.22
24	加纳	香港	1997.05.05
25	格林纳达	香港	2006.07.27
26	几内亚	香港	1997.05.05
27	冰岛	香港、 澳门	1996.12.17 2009.09.14（扩领）
28	牙买加	香港	1997.05.29
29	约旦	香港	1997.02.03
30	肯尼亚	香港、澳门	2003.12.09
31	拉脱维亚	香港	2002.08.12
32	莱索托	香港	2001.09.05
33	利比里亚	香港	2004.09.07
34	列支敦士登公国	香港	2012.06.20
35	立陶宛	香港、 澳门	1997.05.29 2008.09.03（扩领）
36	卢森堡	香港	1997.04.23
37	马达加斯加	香港	1997.05.28
38	马尔代夫	香港、 澳门	1997.04.15 2009.05.21（扩领）
39	马里	香港	1997.04.22
40	马耳他	香港	1997.04.09
41	毛里求斯	香港	1997.04.14
42	密克罗尼西亚	香港	2011.06.17

续表

序号	国名	领区	保留（委派）名誉领事协议日期
43	摩纳哥	香港	1997.05.06
44	摩洛哥	香港、澳门	1996.12.25
45	莫桑比克	香港	1997.05.07
46	纳米比亚	香港、澳门	1997.01.30 2000.08.18（扩领）
47	尼日尔	香港	1999.03.01
48	挪威	香港、澳门	2003.09.10
49	阿曼	香港	1997.04.04
50	巴布亚新几内亚	香港	1996.07.16
51	葡萄牙	香港	2005.01.07
52	卢旺达	香港、澳门	2000.07.26
53	萨摩亚	香港	2004.07.22
54	圣马力诺	香港、澳门	2005.07.05 2010.07.01（扩领）
55	塞内加尔	香港	2009.06.17
56	塞舌尔	香港、澳门	1997.01.03 2009.03.06（扩领）
57	斯洛伐克	香港、 澳门	1997.06.19 2011.09.30（扩领）
58	斯洛文尼亚	香港、澳门	1997.06.20 2006.01.12（扩领）
59	斯里兰卡	香港、澳门	1997.05.21 2004.08.04（扩领）
60	苏丹	香港、澳门	2005.12.19 2009.03.10（扩领）
61	苏里南	香港	1997.02.17
62	坦桑尼亚	香港、澳门	1998.04.08
63	多哥	香港	1996.12.19
64	汤加	香港	2003.01.22
65	特立尼达和多巴哥	香港	1997.03.24
66	突尼斯	香港	1997.05.02
67	乌干达	香港	1999.01.08
68	乌克兰	香港	2003.08.20
69	乌拉圭	香港、澳门	2002.12.23 2003.08.08（扩领）
70	也门	香港	2005.10.24

4. 外国在中国澳门设立领事机构一览表

（1）总领事馆

序号	国名	领区	保留（设立）领事馆协议日期
1	安哥拉	澳门	2006.07.26
2	菲律宾	澳门	2000.09.25
3	葡萄牙	澳门、 香港（扩领）	1999.07.28 2003.10.15（扩领）
4	莫桑比克	澳门	2014.03.31

（2）名誉领事

序号	国名	领区	保留（委派）名誉领事协议日期
1	不丹	澳门	2000.01.12
2	佛得角	澳门	2000.10.11
3	爱沙尼亚	澳门	1999.08.25
4	法国	澳门	1999.12.14
5	格林纳达	澳门	2005.04.26
6	几内亚	澳门	1999.05.24
7	几内亚比绍	澳门	1999.11.22
8	马里	澳门	1999.03.18
9	尼日尔	澳门	2002.07.03
10	秘鲁	澳门	1999.11.26
11	苏里南	澳门	1999.11.16
12	英国	澳门	1999.10.29

（六）中国与外国互免签证协议（协定）或安排一览表

（按协议国国名英文字母顺序排列，截至2018年12月31日）

截至2018年12月31日，中华人民共和国与下列国家缔结互免签证协定。中国公民持所适用的护照前往下列国家短期旅行通常无需事先申请签证。

序号	协议国	互免签证的证件类别	生效日期	备注
1	阿尔巴尼亚	外交、公务护照	1956.08.25	
2	阿富汗	外交护照	2015.07.16	
3	阿根廷	中方外交、公务护照；阿方外交、官员护照	1993.08.14	
4	阿联酋	外交护照	2012.03.21	
		公务、公务普通护照	2016.01.11	
		普通护照	2018.01.16	
5	阿曼	中方外交、公务护照；阿方外交、公务和特别护照	2010.04.16	
6	阿塞拜疆	外交、公务、公务普通护照	1994.02.10	
		团体旅游	1994.05.01	
7	爱尔兰	中方外交护照、公务和公务普通护照（公务和公务普通护照限于随部长级及以上代表团出访者）；爱方外交护照、官员护照（官员护照限于随部长级及以上代表团出访者）	2015.09.23	
		欧盟通行证	2017.01.01	
8	埃及	中方外交、公务护照；埃方外交、特别护照	2007.01.27	
9	埃塞俄比亚	外交、公务、公务普通护照	2015.12.07	
10	爱沙尼亚	外交护照、欧盟通行证	2017.01.01	③
11	安哥拉	外交、公务护照	2015.04.11	
12	奥地利	外交护照、欧盟通行证	2017.01.01	③
13	巴巴多斯	中方外交、公务、公务普通护照；巴方外交、官员护照	2014.08.02	
		普通护照	2017.06.01	

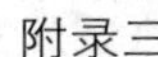

续表

序号	协议国	互免签证的证件类别	生效日期	备注
14	巴哈马	中方外交、公务、公务普通、普通护照；巴方外交、官员、普通护照	2014.02.12	
15	巴基斯坦	中方外交、公务护照；巴方外交、官员护照	1987.08.16	
		公务普通护照	1988.04.30	
16	巴林	中方外交、公务、公务普通护照；巴方外交、特别护照	2018.10.25	
17	巴拿马	中方外交、公务、公务普通护照；巴方外交、公务护照	2017.10.28	
18	巴西	中方外交、公务护照；巴方外交、官员护照	2004.08.10	
19	白俄罗斯	外交、公务护照；团体旅游	1993.03.01	
		普通护照	2018.08.10	
20	保加利亚	外交、公务护照	2012.04.04	
		欧盟通行证	2017.01.01	③
21	贝宁	中方外交、公务、公务普通护照；贝方外交、公务、附有“公务证明”的普通护照	1993.11.06	
22	比利时	外交护照、欧盟通行证	2017.01.01	③
23	秘鲁	中方外交、公务护照；秘方外交、特别护照	2004.05.12	
24	冰岛	外交护照	2017.06.01	
25	博茨瓦纳	中方外交、公务、公务普通护照；博方外交、公务、官员护照	2018.12.22	
26	波黑	中方外交、公务、公务普通护照；波方外交、公务护照	1980.01.09	①
			2017.10.04	
		普通护照	2018.05.29	
27	波兰	外交、公务护照、海员证、机组人员证件	1992.07.27	
		欧盟通行证	2017.01.01	③
28	玻利维亚	中方外交、公务护照；玻方外交、官员护照	1987.11.15	
		公务普通护照	2008.01.18	
29	布基纳法索	中方外交、公务、公务普通护照；布方外交、公务护照	2018.11.18	
30	布隆迪	外交、公务、公务普通护照	2014.11.25	
31	朝鲜	外交、公务护照	1956.10.01	
		中方公务普通护照、朝方公务团体护照	1965.01.01	
32	赤道几内亚	中方外交、公务护照；赤方外交、官员护照	2006.01.01	
		中方公务普通护照、赤方特别公务护照	2017.08.06	
33	丹麦	外交护照、欧盟通行证	2017.01.01	③
34	德国	外交护照、欧盟通行证	2017.01.01	③

续表

序号	协议国	互免签证的证件类别	生效日期	备注
35	东帝汶	外交、公务、公务普通护照	2015.06.24	
36	多哥	外交、公务、公务普通护照	2015.05.07	
37	多米尼克	中方外交、公务、公务普通护照；多方外交、官员护照	2014.03.29	
38	厄瓜多尔	中方外交、公务护照；厄方外交、官员护照	1987.07.11	
		中方公务普通护照；厄方特别护照	1988.12.25	
		普通护照	2016.08.18	
39	厄立特里亚	外交、公务、公务普通护照	2015.04.15	
40	俄罗斯	团体旅游	2000.12.01	
		外交、公务护照，随车、飞机、船执行公务的国际列车车组人员、机组人员、持海员证船员	2014.04.26	
41	法国	外交护照、欧盟通行证	2017.01.01	③
42	斐济	外交、公务、公务普通、普通护照	2015.03.14	
43	菲律宾	中方外交、公务护照（限临时访问人员）；菲方外交、官员护照（限临时访问人员）	2005.02.28	
44	芬兰	外交护照、欧盟通行证	2017.01.01	③
45	佛得角	外交、公务护照	2015.07.11	
46	冈比亚	中方外交、公务、公务普通护照；冈方外交、公务护照	2018.06.10	
47	刚果（布）	外交、公务、公务普通护照	2014.08.07	
48	格林纳达	中方外交、公务护照；格方外交、官员护照	2010.01.17	
		公务普通、普通护照	2015.06.10	
49	哥伦比亚	外交护照	1987.11.14	
		中方公务护照；哥方官员护照	1991.11.14	
50	哥斯达黎加	外交、公务护照	2008.01.15	
51	格鲁吉亚	外交、公务、公务普通护照；团体旅游	1994.02.03	
52	古巴	中方外交、公务、公务普通护照；古方外交、公务、官员护照	1988.12.23	
53	圭亚那	中方外交、公务、公务普通护照；圭方外交、官员护照	1998.08.19	
54	韩国	外交护照	2013.08.10	
		中方公务护照；韩方官员护照	2014.12.25	
55	哈萨克斯坦	外交、公务护照	1994.02.01	
56	荷兰	外交护照、欧盟通行证	2017.01.01	③
57	黑山	外交、公务护照	2013.03.01	

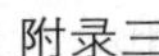

续表

序号	协议国	互免签证的证件类别	生效日期	备注
58	加纳	外交、公务护照	2017.03.28	
59	加蓬	外交、公务、公务普通护照	2016.02.05	
60	吉布提	外交、公务、公务普通护照	2014.12.04	
61	吉尔吉斯斯坦	外交、公务护照	2003.06.14	
62	几内亚	外交、公务、公务普通护照	2017.09.16	
63	柬埔寨	外交、公务护照	2006.09.14	
64	捷克	外交护照、欧盟通行证	2017.01.01	③
65	津巴布韦	外交、公务护照	2014.11.12	
66	喀麦隆	外交、公务护照	2017.08.12	
67	卡塔尔	中方外交、公务、公务普通、普通护照；卡方外交、特别、公务、普通护照	2018.12.21	
68	克罗地亚	中方外交、公务护照；克方外交、官员护照	1995.04.09	
		欧盟通行证	2017.01.01	③
69	科摩罗	外交、公务、公务普通护照	2016.02.26	
70	科特迪瓦	外交、公务、公务普通护照	2015.12.19	
71	科威特	中方外交、公务、公务普通护照；科方外交、特别护照	2014.10.17	
72	肯尼亚	中方外交、公务护照；肯方外交、官员护照	2014.08.17	
73	拉脱维亚	外交护照、欧盟通行证	2017.01.01	③
74	莱索托	中方外交、公务护照；莱方外交、官员护照	2016.08.24	
75	老挝	中方外交、公务、公务普通护照；老方外交、公务、加注有效公务签证的普通护照	1989.11.06	
76	利比里亚	外交护照	2016.02.10	
77	立陶宛	外交、公务护照、海员证（随船）	1992.09.14	
		欧盟通行证	2017.01.01	③
78	卢森堡	外交护照、欧盟通行证	2017.01.01	③
79	卢旺达	中方外交、公务、公务普通护照；卢方外交、公务护照	2018.12.23	
80	罗马尼亚	外交、公务护照	1981.09.16	
		欧盟通行证	2017.01.01	③
81	马尔代夫	外交、公务护照	1984.11.27	
82	马耳他	外交、公务护照	2008.03.06	
		欧盟通行证	2017.01.01	③
83	马里	外交、公务、公务普通护照	2015.05.09	
84	马来西亚	中方外交、公务护照；马方外交、官员护照	2011.05.18	

续表

序号	协议国	互免签证的证件类别	生效日期	备注
85	北马其顿	中方外交、公务、公务普通护照；马方外交、公务、标有“公务”字样的普通护照	1994.07.19	
86	毛里求斯	外交、公务、公务普通、普通护照	2013.10.31	
87	毛里塔尼亚	中方外交、公务、公务普通护照；毛方外交、公务护照	2017.05.15	
88	蒙古	外交、公务、公务普通护照	1989.04.30	
89	孟加拉国	中方外交、公务、公务普通护照；孟方外交、官员、加注“政府公务”或“免费”字样的普通护照	1989.12.18	
90	缅甸	中方外交、公务护照；缅方外交、官员护照	1998.03.05	
91	摩尔多瓦	中方外交、公务、公务普通护照；摩方外交、公务、加注“公务”字样的普通护照；团体旅游	1993.01.01	
92	摩洛哥	外交、公务护照	2014.03.06	
		中方公务普通、摩方特别护照	2016.06.09	
93	莫桑比克	外交、公务护照	2016.05.14	
94	墨西哥	中方外交、公务护照；墨方外交、官员护照	1998.01.01	
95	南非	外交护照	2010.11.27	
		公务护照	2016.03.01	
96	南苏丹	中方外交、公务护照；南方外交、特别护照	2011.07.09	
97	尼泊尔	中方外交、公务护照；尼方外交、官员护照	2006.10.16	
98	尼日尔	中方外交、公务、公务普通护照；尼方外交、公务护照	2018.12.15	
99	尼日利亚	外交、公务、公务普通护照	2014.02.01	
100	挪威	外交护照	2018.06.18	
101	葡萄牙	外交护照、欧盟通行证	2017.01.01	③
102	瑞典	外交护照、欧盟通行证	2017.01.01	③
103	瑞士	外交护照	2016.01.29	
104	萨摩亚	中方外交、公务护照；萨方外交、官员护照	2011.02.18	
105	塞尔维亚	中方外交、公务、公务普通护照；塞方外交、公务、加注“公务”字样的普通护照	1980.01.09	①
		普通护照	2017.01.15	
106	塞拉利昂	中方外交、公务、公务普通护照；塞方外交、公务护照	2018.12.24	
107	塞内加尔	外交、公务、公务普通护照	2014.05.03	

续表

序号	协议国	互免签证的证件类别	生效日期	备注
108	塞浦路斯	外交、公务护照	1991.10.02	
		欧盟通行证	2017.01.01	③
109	塞舌尔	外交、公务、公务普通、普通护照	2013.06.26	
110	圣多美和普林西比	中方外交、公务、公务普通护照；圣普方外交、特别公务护照	2018.02.03	
111	圣马力诺	外交、公务、普通护照	1985.07.22	
112	斯里兰卡	中方外交、公务、公务普通护照；斯方外交、官员护照	2013.04.18	
113	斯洛伐克	中方外交、公务护照；斯方外交、公务、特别护照	1956.06.01	②
		欧盟通行证	2017.01.01	③
114	斯洛文尼亚	外交、公务护照	1994.07.01	
		欧盟通行证	2017.01.01	③
115	苏丹	中方外交、公务护照；苏方外交、特别、官员护照	1995.10.26	
116	苏里南	外交、公务护照	2014.05.06	
117	塔吉克斯坦	中方外交、公务、公务普通；塔方外交、公务、加注“公务”字样的普通护照	1993.06.01	
118	泰国	中方外交、公务护照；泰方外交、官员护照	2003.10.18	
119	坦桑尼亚	外交、公务护照	2005.07.11	
120	汤加	中方外交、公务、公务普通护照；汤方外交、官员护照	2012.11.10	
		普通护照	2016.08.19	
121	特立尼达和多巴哥	中方外交、公务护照；特方外交、官员护照	2006.11.23	
122	突尼斯	中方外交、公务护照；突方外交、特别护照	2006.09.29	
123	土耳其	中方外交、公务、公务普通护照；土方外交、公务、特别护照	1989.12.24	
124	土库曼斯坦	中方外交、公务、公务普通护照；土方外交、公务、加注“公务”字样的普通护照；团体旅游	1993.02.01	
125	委内瑞拉	外交、公务护照、公务普通护照	2014.01.08	
126	文莱	中方外交、公务护照；文方外交、官员护照	2005.06.18	
127	乌克兰	外交、公务护照和海员证	2002.03.31	

续表

序号	协议国	互免签证的证件类别	生效日期	备注
128	乌拉圭	中方常驻乌方使领馆人员所持外交、公务护照，乌方常驻中方使领馆人员所持外交、官员护照	1988.11.07	
		外交护照	1994.01.01	
		中方外交、公务、公务普通护照；乌方外交、公务护照	2017.01.07	
129	乌兹别克斯坦	外交护照	2010.07.09	
130	西班牙	外交护照、欧盟通行证	2017.01.01	③
131	希腊	外交护照、欧盟通行证	2017.01.01	③
132	新加坡	外交、公务、公务普通护照	2011.04.17	
133	匈牙利	外交、公务护照	1992.05.28	
		欧盟通行证	2017.01.01	③
134	牙买加	中方外交、公务护照；牙方外交、官员护照	1995.06.08	
135	亚美尼亚	中方外交、公务、公务普通护照；亚方外交、公务、公务普通、加注“公务”字样的普通护照	1994.08.03	
136	意大利	外交护照、欧盟通行证	2017.01.01	③
137	伊朗	外交、公务护照	1989.07.12	
138	伊拉克	外交护照	2016.11.02	
139	以色列	外交、公务护照	2016.01.17	
140	印度尼西亚	外交、公务护照（限临时访问人员）	2005.11.14	
141	英国	中方外交护照、公务和公务普通护照（公务和公务普通护照限于随部长级及以上代表团出访者）；英方外交护照、官员护照（官员护照限于随部长级及以上代表团出访者）	2007.10.25	
		欧盟通行证	2017.01.01	③
142	约旦	中方外交、公务护照；约方外交、公务、特别护照	1993.03.11	
143	越南	外交、公务、公务普通护照	1992.03.15	
144	智利	中方外交、公务护照；智方外交、官员护照	1986.05.07	

注：

① 目前适用中国与前南斯拉夫社会主义联邦共和国有关协议。

② 目前适用中国与前捷克斯洛伐克共和国有关协议。

③ 适用《中国与欧盟关于互免持外交护照人员短期停留签证的

协定》。

* 免签入境并不等于可无限期在协定国停留或居住，根据协定要求，持有关护照免签入境后，一般只允许停留不超过30 日。持照人如需停留30日以上，按要求应尽快在当地申请办理居留手续。

（七）2018年中国参加的多边条约一览表

序号	名称	签订日期地点	生效日期	中国采取行动情况	备注
1	关于沿亚洲公路网国际道路运输政府间协定	2016.12.08 莫斯科	2018.09.21	2016.12.08签署 2018.02.20核准 2018.09.21对中国生效	适用于香港特区，暂不适用于澳门特区
2	亚太贸易协定第二修正案	2017.01.13 曼谷	2018.07.01	2017.01.13签署 2017.10.07接受 2018.07.01对中国生效	不适用于香港特区和澳门特区
3	2004年国际船舶压载水和沉积物控制和管理公约	2004.02.13 伦敦	2017.09.08	2018.05.30加入	尚未对中国生效
4	预防中北冰洋不管制公海渔业协定	2018.10.03 伊卢利萨特	尚未生效	2018.10.03签署	

（八）2018年中国对外缔结的主要双边条约一览表

序号	条约名称	签署日期	签署地点
1	中华人民共和国政府和约旦哈希姆王国政府关于在约旦设立中国文化中心的协定	2018.01.08	安曼
2	中华人民共和国政府和刚果共和国政府民用航空运输协定	2018.01.09	北京
3	中华人民共和国政府和安哥拉共和国政府关于简化签证手续的协定	2018.01.14	罗安达
4	中华人民共和国政府和约旦哈希姆王国政府航班协定	2018.01.15	安曼
5	中华人民共和国政府和乌拉圭东岸共和国政府关于简化商务人员签证手续的协定	2018.01.24	蒙得维的亚
6	中华人民共和国政府与大不列颠及北爱尔兰联合王国政府关于动物卫生及动物检疫的合作协定	2018.01.31	北京
7	中华人民共和国政府和巴基斯坦伊斯兰共和国政府文化合作协定2018至2022年执行计划	2018.02.05	北京
8	中华人民共和国和奥地利共和国关于刑事司法协助的条约	2018.04.08	北京
9	中华人民共和国政府和乌拉圭东岸共和国政府关于在乌拉圭设立中国文化中心的谅解备忘录	2018.04.16	北京
10	中华人民共和国政府与日本国政府关于合作摄制电影的协议	2018.05.09	东京
11	中华人民共和国政府和日本国政府社会保障协定	2018.05.09	东京
12	中华人民共和国与布基纳法索关于恢复外交关系的联合公报	2018.05.26	北京
13	关于修订《中华人民共和国政府和智利共和国政府对所得避免双重征税和防止逃避税的协定》的议定书	2018.05.29	圣地亚哥
14	中华人民共和国政府与俄罗斯联邦政府国际道路运输协定	2018.06.08	北京
15	中华人民共和国政府和白俄罗斯共和国政府关于互免持普通护照人员签证的协定	2018.06.10	青岛

续表

序号	条约名称	签署日期	签署地点
16	中华人民共和国政府和科特迪瓦共和国政府民用航空运输协定	2018.06.25	阿比让
17	中华人民共和国和塞浦路斯共和国引渡条约	2018.06.29	北京
18	中华人民共和国政府和保加利亚共和国政府科学技术合作协定	2018.07.06	索非亚
19	中华人民共和国政府与波斯尼亚和黑塞哥维那部长会议关于动物卫生及动物检疫的合作协定	2018.07.07	索非亚
20	中华人民共和国政府和卡塔尔国政府关于互免签证的协定	2018.07.09	北京
21	中华人民共和国政府和阿拉伯联合酋长国政府关于海关事务的合作与互助协定	2018.07.19	阿布扎比
22	中华人民共和国政府和阿拉伯联合酋长国政府关于互设文化中心的谅解备忘录	2018.07.19	阿布扎比
23	中华人民共和国和塞内加尔共和国关于刑事司法协助的条约	2018.07.21	达喀尔
24	中华人民共和国和塞内加尔共和国引渡条约	2018.07.21	达喀尔
25	中华人民共和国政府和卢旺达共和国政府民用航空运输协定	2018.07.23	基加利
26	中华人民共和国政府和科特迪瓦共和国政府关于互设文化中心的协定	2018.08.30	北京
27	中华人民共和国政府与布基纳法索政府经济、贸易、投资和技术合作协定	2018.08.31	北京
28	中华人民共和国政府和加蓬共和国政府对所得避免双重征税和防止逃避税的协定	2018.09.01	北京
29	中华人民共和国政府和利比里亚共和国政府海运协定	2018.09.05	北京
30	中华人民共和国政府和刚果共和国政府对所得消除双重征税和防止逃避税的协定	2018.09.05	北京
31	中华人民共和国政府和亚美尼亚共和国政府航空运输协定	2018.09.16	广州
32	中华人民共和国政府和拉脱维亚共和国政府科学技术合作协定	2018.09.18	北京
33	中华人民共和国和安哥拉共和国对所得消除双重征税和防止逃避税的协定	2018.10.09	北京
34	中华人民共和国政府和塔吉克斯坦共和国政府关于海关事务的合作与互助协定	2018.10.13	杜尚别

续表

序号	条约名称	签署日期	签署地点
35	中华人民共和国政府和日本国政府海上搜寻救助合作协定	2018.10.26	北京
36	中华人民共和国政府和多米尼加共和国政府民用航空运输协定	2018.11.02	北京
37	中华人民共和国政府和法兰西共和国政府互认换领机动车驾驶证的协议	2018.11.23	巴黎
38	中华人民共和国和巴拿马共和国引渡条约	2018.12.03	巴拿马城
39	中华人民共和国政府与巴拿马共和国政府文化合作协定	2018.12.03	巴拿马城
40	中华人民共和国政府和巴拿马共和国政府关于互为对方持普通护照人员颁发多次有效签证安排的协定	2018.12.03	巴拿马城
41	中华人民共和国和厄瓜多尔共和国关于刑事司法协助的条约	2018.12.12	北京

（九）2018年中国与各建交国双边贸易总值表

（按国名英文字母顺序排列）

金额单位：千美元

国家（地区）	进出口		出口		进口	
	金额	同比(%)	金额	同比(%)	金额	同比(%)
亚洲						
阿富汗	691,686	27.0	667,577	23.3	24,109	603.4
亚美尼亚	520,038	16.5	213,146	48.2	306,892	1.4
阿塞拜疆	897,942	-6.9	515,925	33.3	382,018	-33.8
巴林	1,286,367	25.3	1,136,332	25.9	150,035	21.0
孟加拉国	18,738,401	16.8	17,753,982	17.0	984,419	12.5
文莱	1,841,703	86.1	1,593,805	150.0	247,898	-29.5
柬埔寨	7,386,336	27.6	6,009,608	25.6	1,376,729	36.6
朝鲜民主主义人民共和国	2,430,785	-51.2	2,217,634	-31.7	213,152	-87.7
格鲁吉亚	1,149,465	17.3	1,095,567	20.0	53,898	-20.3
印度	95,531,858	13.2	76,697,150	12.7	18,834,709	15.2
印度尼西亚	77,361,003	22.2	43,192,725	24.3	34,168,278	19.6
伊朗	35,131,555	-5.4	14,027,646	-24.5	21,103,909	13.7
伊拉克	30,397,724	37.3	7,903,223	-5.1	22,494,501	62.8
以色列	13,915,839	6.0	9,274,525	4.0	4,641,314	10.3
日本	327,732,671	8.1	147,067,724	7.1	180,664,947	9.0
约旦	3,183,347	3.3	2,969,165	5.9	214,182	-23.3
哈萨克斯坦	19,882,479	10.8	11,352,730	-1.8	8,529,749	33.7
科威特	18,663,326	54.9	3,312,682	6.4	15,350,644	71.8
吉尔吉斯斯坦	5,611,179	3.5	5,556,857	4.1	54,322	-37.6
老挝	3,472,202	14.8	1,453,896	2.4	2,018,306	25.8
黎巴嫩	2,018,207	-0.8	1,969,224	-2.1	48,984	112.6
马来西亚	108,599,787	13.0	45,380,018	8.8	63,219,769	16.2
马尔代夫	397,285	34.1	396,252	34.0	1,033	66.5
蒙古	7,987,774	24.8	1,645,089	33.1	6,342,685	22.7

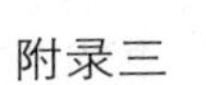

续表

国家（地区）	进出口		出口		进口	
	金额	同比(%)	金额	同比(%)	金额	同比(%)
缅甸	15,236,344	13.1	10,548,975	17.9	4,687,368	3.6
尼泊尔	1,100,039	11.7	1,078,040	11.5	22,000	23.2
阿曼	21,731,405	38.4	2,864,629	23.7	18,866,776	41.0
巴基斯坦	19,136,246	-4.7	16,961,225	-7.1	2,175,022	18.6
巴勒斯坦	73,755	6.6	73,311	6.2	444	277.6
菲律宾	55,666,405	8.5	35,053,351	9.3	20,613,054	7.1
卡塔尔	11,625,897	43.8	2,481,712	47.5	9,144,184	42.9
大韩民国	313,453,678	11.8	108,769,094	5.9	204,684,584	15.3
沙特阿拉伯	63,302,847	26.3	17,428,960	-5.1	45,873,887	44.4
新加坡	82,762,839	4.4	49,053,371	9.0	33,709,468	-1.6
斯里兰卡	4,578,422	4.1	4,256,539	4.1	321,883	3.8
叙利亚	1,273,641	15.4	1,272,772	15.4	869	-34.8
塔吉克斯坦	1,505,221	11.7	1,428,377	9.8	76,844	64.4
泰国	87,514,952	9.2	42,884,506	11.3	44,630,446	7.3
东帝汶	135,404	0.9	132,390	-0.2	3,014	91.6
土耳其	21,548,817	-1.6	17,789,739	-1.8	3,759,079	-0.6
土库曼斯坦	8,436,230	21.5	316,860	-13.9	8,119,370	23.5
阿拉伯联合酋长国	45,900,672	11.9	29,651,330	3.2	16,249,342	32.0
乌兹别克斯坦	6,267,910	48.5	3,943,454	43.4	2,324,455	58.0
越南	147,846,698	21.2	83,887,639	17.1	63,959,059	27.0
也门	2,592,108	12.6	1,874,553	14.1	717,555	8.7
非洲						
阿尔及利亚	9,104,704	25.9	7,926,960	16.8	1,177,744	162.7
安哥拉	28,064,843	22.3	2,253,850	-0.2	25,810,993	24.7
贝宁	2,197,726	8.9	2,149,401	11.6	48,325	-47.2
博茨瓦纳	295,913	11.1	281,683	21.1	14,230	-57.6
布基纳法索	318,114	56.3	222,996	21.8	95,118	365.4
布隆迪	49,252	-5.6	37,324	-17.5	11,928	72.1
佛得角	78,557	13.4	78,266	13.0	290	3,526.3
喀麦隆	2,789,907	47.1	1,694,220	22.0	1,095,687	115.5
中非	73,187	78.2	18,937	46.1	54,250	93.0
乍得	280,534	-29.0	184,588	60.0	95,945	-65.7
科摩罗	79,224	16.9	79,196	16.9	28	-25.5

续表

国家（地区）	进出口		出口		进口	
	金额	同比(%)	金额	同比(%)	金额	同比(%)
刚果共和国	7,256,067	62.7	444,833	-10.6	6,811,233	71.9
科特迪瓦	2,145,899	16.0	1,891,548	11.8	254,351	61.1
吉布提	1,863,982	-14.3	1,863,777	-14.3	204	1,219.4
刚果民主共和国	7,440,806	74.7	1,774,389	82.9	5,666,417	72.2
埃及	13,830,660	27.7	11,988,204	26.4	1,842,456	37.3
赤道几内亚	2,284,200	38.4	145,146	-12.7	2,139,054	44.2
厄立特里亚	355,641	66.5	42,845	-0.2	312,796	83.3
埃塞俄比亚	2,876,120	-4.8	2,530,815	-5.0	345,305	-3.4
加蓬	3,371,013	23.0	385,858	-13.5	2,985,155	30.2
冈比亚	446,253	-10.3	426,191	6.9	20,062	-79.7
加纳	7,253,424	8.6	4,813,501	-0.2	2,439,923	31.7
几内亚	3,546,856	31.0	1,353,433	9.2	2,193,423	49.5
几内亚比绍	37,470	9.8	29,832	-11.5	7,639	1,798.4
肯尼亚	5,371,102	3.3	5,197,162	3.2	173,940	4.3
莱索托	94,228	9.4	64,139	4.6	30,089	21.1
利比里亚	2,044,703	-4.1	1,955,439	-7.0	89,263	209.3
利比亚	6,207,756	159.7	1,428,172	38.9	4,779,583	250.8
马达加斯加	1,210,174	-2.0	1,010,079	0.3	200,095	-11.9
马拉维	249,785	-13.6	222,430	-15.1	27,356	0.1
马里	434,015	7.1	345,506	2.4	88,509	30.4
毛里塔尼亚	1,898,702	15.4	1,036,858	20.7	861,844	9.6
毛里求斯	841,599	7.3	804,155	5.5	37,444	66.9
摩洛哥	4,390,034	14.7	3,680,601	15.9	709,433	9.0
莫桑比克	2,495,212	35.9	1,861,780	42.5	633,432	19.8
纳米比亚	826,345	45.1	323,270	18.8	503,075	69.1
尼日尔	287,359	45.9	116,246	18.8	171,113	72.7
尼日利亚	15,264,585	10.8	13,407,895	10.3	1,856,690	14.3
卢旺达	204,917	30.1	165,590	28.7	39,327	36.2
圣多美和普林西比	7,305	5.8	7,255	5.1	50	6,946.6
塞内加尔	2,271,245	3.7	2,142,736	5.0	128,509	-14.2
塞舌尔	61,353	22.0	61,327	25.6	25	-98.3
塞拉利昂	430,142	-25.9	252,998	4.4	177,144	-47.6
索马里	652,563	34.5	636,011	34.3	16,552	40.2

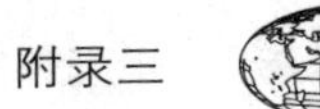

续表

国家（地区）	进出口		出口		进口	
	金额	同比(%)	金额	同比(%)	金额	同比(%)
南非	43,544,042	11.1	16,248,508	9.7	27,295,534	11.9
南苏丹	1,682,108	27.2	77,519	49.2	1,604,589	26.3
苏丹	2,549,806	-9.3	1,880,329	-15.4	669,476	13.3
坦桑尼亚	3,974,347	15.0	3,583,135	14.9	391,213	16.5
多哥	2,134,944	9.0	1,989,182	5.5	145,762	99.2
突尼斯	1,609,528	5.5	1,414,452	6.5	195,076	-1.6
乌干达	752,053	-7.2	705,829	-9.2	46,224	38.3
赞比亚	5,062,582	32.1	969,961	36.7	4,092,621	31.1
津巴布韦	1,335,055	1.5	445,663	0.4	889,392	2.0
欧洲						
阿尔巴尼亚	647,676	-0.4	539,886	18.9	107,790	-45.1
安道尔	2,012	46.4	1,867	46.9	145	40.7
奥地利	9,751,223	16.2	2,827,823	11.9	6,923,400	18.0
白俄罗斯	1,715,801	18.4	1,144,747	22.6	571,054	10.8
比利时	24,026,714	3.2	17,057,846	8.4	6,968,868	-7.7
波斯尼亚和黑塞哥维那	187,131	37.5	109,729	39.2	77,402	35.2
保加利亚	2,587,978	21.0	1,440,189	23.2	1,147,790	18.4
克罗地亚	1,539,054	14.6	1,327,057	14.4	211,997	15.8
塞浦路斯	791,878	37.1	737,911	40.7	53,968	1.2
捷克	16,308,992	30.6	11,909,946	35.4	4,399,047	19.0
丹麦	11,681,750	8.9	7,292,176	12.0	4,389,574	4.2
爱沙尼亚	1,276,702	0.8	1,031,525	2.5	245,177	-5.8
芬兰	7,864,840	10.7	3,085,133	8.4	4,779,706	12.2
法国	62,894,210	15.5	30,674,871	10.9	32,219,338	20.2
德国	183,862,206	9.4	77,536,105	9.0	106,326,101	9.7
希腊	7,061,410	36.3	6,497,936	36.8	563,474	31.0
匈牙利	10,883,576	7.5	6,541,644	8.1	4,341,931	6.5
冰岛	421,347	89.9	255,591	128.6	165,756	50.6
爱尔兰	14,509,418	31.5	3,649,942	25.3	10,859,476	33.8
意大利	54,233,562	9.1	33,170,793	13.6	21,062,769	2.8
拉脱维亚	1,379,845	4.1	1,166,822	1.6	213,023	20.2
列支敦士登	175,825	1.7	51,825	12.1	124,000	-2.0

续表

国家（地区）	进出口		出口		进口	
	金额	同比(%)	金额	同比(%)	金额	同比(%)
立陶宛	2,093,029	12.8	1,762,936	10.2	330,093	29.4
卢森堡	1,117,644	10.8	805,601	14.9	312,043	1.3
北马其顿	156,099	-5.2	107,735	38.1	48,364	-44.2
马耳他	1,780,571	-29.0	1,431,368	-31.7	349,203	-15.0
摩尔多瓦	147,084	11.5	108,695	11.0	38,388	13.0
摩纳哥	130,877	529.3	120,173	806.5	10,703	42.0
黑山	219,911	10.6	178,097	34.5	41,815	-37.0
荷兰	85,171,572	8.6	72,838,862	8.5	12,332,710	9.4
挪威	6,072,005	8.1	2,650,863	6.5	3,421,143	9.3
波兰	24,521,589	15.5	20,876,656	16.8	3,644,933	8.7
葡萄牙	5,999,434	7.4	3,750,624	8.9	2,248,810	5.1
罗马尼亚	6,675,119	19.2	4,507,182	19.3	2,167,937	18.8
俄罗斯	107,089,719	27.2	47,971,115	12.0	59,118,604	42.8
圣马力诺	8,267	-4.8	3,704	-33.3	4,563	45.5
塞尔维亚	952,616	25.8	728,116	33.4	224,500	6.1
斯洛伐克	7,780,310	46.4	2,535,844	-7.1	5,244,467	102.9
斯洛文尼亚	5,015,260	48.3	4,424,227	53.3	591,032	19.3
西班牙	33,712,576	9.0	24,950,626	8.9	8,761,951	9.1
瑞典	17,146,373	15.0	8,191,537	16.6	8,954,837	13.6
瑞士	42,539,126	18.0	4,015,727	27.1	38,523,399	17.1
乌克兰	9,665,104	31.0	7,018,416	39.2	2,646,688	13.1
英国	80,455,646	1.8	56,545,552	-0.3	23,910,093	7.1
美洲						
安提瓜和巴布达	55,475	23.6	55,431	23.5	45	431.1
阿根廷	11,940,145	-13.6	8,418,174	-7.2	3,521,971	-25.9
巴哈马	492,907	64.6	480,030	72.4	12,877	-38.7
巴巴多斯	158,019	19.2	136,744	26.9	21,275	-14.1
玻利维亚	1,166,920	7.7	836,160	14.7	330,760	-6.7
巴西	111,220,820	26.7	33,665,004	16.3	77,555,816	31.8
加拿大	63,524,491	22.6	35,152,508	12.0	28,371,983	38.9
智利	42,700,141	20.0	15,873,318	10.2	26,826,823	26.7
哥伦比亚	14,602,880	28.9	8,717,580	17.2	5,885,300	51.5
哥斯达黎加	2,439,967	6.7	1,662,730	11.2	777,238	-1.8

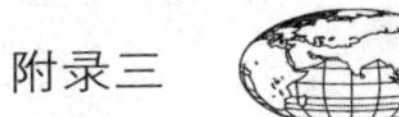

续表

国家（地区）	进出口		出口		进口	
	金额	同比(%)	金额	同比(%)	金额	同比(%)
古巴	1,555,603	-11.4	1,075,617	-20.7	479,985	20.6
多米尼克	34,616	-30.5	34,497	-29.8	119	-83.2
多米尼加	2,288,958	22.4	2,108,340	23.8	180,618	7.8
厄瓜多尔	5,709,306	39.6	3,717,836	25.5	1,991,470	76.6
萨尔瓦多	1,091,633	22.8	927,204	20.0	164,429	41.3
格林纳达	13,149	22.7	13,146	22.9	3	-77.7
圭亚那	265,117	16.8	222,034	17.7	43,083	12.2
牙买加	659,544	16.8	583,266	12.9	76,279	58.6
墨西哥	58,040,806	21.7	44,008,790	22.6	14,032,015	18.9
巴拿马	7,021,146	5.0	6,939,397	4.7	81,749	31.8
秘鲁	23,058,800	13.4	8,064,469	15.9	14,994,331	12.2
苏里南	267,892	31.5	214,860	21.0	53,032	102.1
特立尼达和多巴哥	732,536	19.7	347,105	-19.3	385,431	111.4
美国	633,549,187	8.5	478,413,953	11.3	155,135,234	0.8
乌拉圭	4,620,416	-3.8	2,064,383	-4.1	2,556,033	-3.6
委内瑞拉	8,556,278	-4.6	1,145,790	-34.4	7,410,488	2.6
大洋洲						
澳大利亚	152,927,119	12.1	47,332,413	14.2	105,594,706	11.1
库克群岛	7,689	-41.7	5,187	-30.1	2,502	-56.6
斐济	481,980	25.8	456,670	24.9	25,310	44.4
密克罗尼西亚联邦	40,418	6.5	18,541	-29.5	21,876	87.7
新西兰	16,857,428	16.3	5,774,733	13.2	11,082,695	18.0
巴布亚新几内亚	3,614,327	27.0	785,592	1.4	2,828,735	36.6
萨摩亚	70,975	10.2	70,465	10.3	510	-3.2
汤加	25,066	-12.1	24,947	-10.7	119	-79.7
瓦努阿图	79,051	-1.0	63,368	-3.4	15,683	10.1

注：

以上统计数据由海关总署提供，该数据未包括各建交国与中国香港特别行政区、中国澳门特别行政区和中国台湾省的贸易额。

后记

《中国外交》由外交部政策规划司主编、外交部各地区业务司撰稿、世界知识出版社出版发行，每年出版一卷，向国内外公开发行。

《中国外交》旨在准确、全面地阐述中国的外交政策和中国对国际形势的最新看法，系统、完整地介绍中国上年度对外关系及外交实践。

《中国外交》(2019年版)主要介绍2018年的中国外交，同时发行中文版和英文全译本。

《中国外交》(2019年版)共分九章。

第一章和第二章主要介绍中国对2018年国际形势的看法和中国的外交工作概况。

第三章主要介绍2018年中国与各建交国家的关系。

第四章主要介绍2018年中国与国际和地区组织的关系以及中国对有关问题的立场及观点。

第五章介绍2018年中国外交中的军控、裁军与防扩散工作。

第六章介绍2018年中国外交中的条约法律工作。

第七章介绍2018年中国外交中的边界与海洋

工作。

第八章介绍2018年中国外交中的新闻工作和公共外交工作。

第九章介绍2018年中国外交中的领事工作。

最后为附录，收录了“2018年中国外交重要活动”“2018年中国外交重要文献”目录以及“2018年中华人民共和国外交部组织机构表”“中华人民共和国外交部领导成员名单”和2018年中国与各建交国有关情况的部分资料、数据等。

外交部政策规划司

2019年5月